纪念北京知识产权法院技术调查室成立三周年

技术调查官制度
创新与实践

北京知识产权法院　组织编写

知识产权出版社

全国百佳图书出版单位

图书在版编目（CIP）数据

技术调查官制度创新与实践／北京知识产权法院组织编写．—北京：
知识产权出版社，2019.4
    ISBN 978 - 7 - 5130 - 6187 - 2

    Ⅰ.①技… Ⅱ.①北… Ⅲ.①知识产权—案件—审理—研究—中国 Ⅳ.①D923.404

    中国版本图书馆 CIP 数据核字（2019）第 061614 号

责任编辑：崔开丽 李 晴   责任校对：潘凤越
封面设计：韩建文   责任印制：刘译文

技术调查官制度创新与实践
北京知识产权法院 组织编写

出版发行：**知识产权出版社** 有限责任公司	网 址：http：//www.ipph.cn
社 址：北京市海淀区气象路 50 号院	邮 编：100081
责编电话：010 - 82000860 转 8377	责编邮箱：cui_kaili@ sina.com
发行电话：010 - 82000860 转 8101/8102	发行传真：010 - 82000893/82005070/82000270
印 刷：三河市国英印务有限公司	经 销：各大网上书店、新华书店及相关专业书店
开 本：787mm×1092mm 1/16	印 张：27.5
版 次：2019 年 4 月第 1 版	印 次：2019 年 4 月第 1 次印刷
字 数：440 千字	定 价：98.00 元
ISBN 978 - 7 - 5130 - 6187 - 2	

编　委　会

主　任：王金山

副主任：陈锦川　宋鱼水

委　员：仪　军　李　熙　郭　强　林　冠

　　　　马玉良　李祖布

主　编：仪　军

编　务：余丛薇　李　青

前　　言

北京、上海、广州知识产权法院成立以后，为了满足知识产权技术类案件审理的需要，三地知识产权法院先后成立了技术调查室，由此拉开了我国技术调查官制度构建和探索的序幕。北京知识产权法院技术调查室于2015年10月22日正式成立，至2018年10月已有三年的时间。在此期间，北京知识产权法院就技术调查官的选任、管理、回避、参与诉讼活动的流程、技术意见的出示等进行了一系列的尝试，积累了经验，初步取得了成效。北京知识产权法院非常希望将成立以来在工作中的心得体会与法院同仁、律师、专利代理人等广大知识产权工作者进行交流、分享，于是，在2018年年初有了编写此书的初步想法，并开始着手组织、策划，至2018年11月基本完成。

最高人民法院法官部、知识产权审判庭，北京市高级人民法院知识产权审判庭非常关心我院技术调查官制度的探索、构建和实践。他们不仅多次听取我们的工作汇报，还经常与审判一线的法官团队、技术调查官以及技术调查室的其他工作人员进行交流，并对我院的工作提出了很多具有建设性的指导和建议。我院通过召开新闻发布会、举办律师及其他代理人开放日活动、邀请各界人士座谈等方式，向社会各界通报我院技术调查官的工作情况，征求意见，推进社会对该制度的了解，促进该项制度的建设。社会各界对本书的编写给予了大力支持。此外，我院还就技术调查官制度的具体运作先后与广州知识产权法院技术调查室、上海知识产权法院技术调查室、南京知识产权法庭等兄弟单位和部门进行交流，从他们那里学习到了很多经验，开阔了我们的视野和思路。

　　本书由在我院交流并担任技术调查官的国家知识产权局的审查员和北京知识产权法院技术调查室的工作人员作为主要撰稿人。其他来自行政机关、科研院所、企事业单位的兼职技术调查官，他们在本职工作的基础上，赋予了技术事实查明工作更为丰富的视角，对技术调查室的工作带来了很多启发，对本书的形成也起到了很大的作用。

　　技术调查官制度在我国司法领域还处在探索和完善的阶段，北京知识产权法院在实践中的一些做法也有值得商榷之处。因此我们希望，一是借本书进行交流、沟通，把北京知识产权法院遇到的问题以及解决途径介绍给大家，以求进一步拓宽思路，集思广益，让社会各界了解、支持技术调查工作；二是树立标靶，把尚不成熟的想法、做法展现出来，供业内同仁和广大知识产权工作者批评指正，广纳贤言；三是就我院认为尚需进行补充、完善的方面提出意见建议，以期对制度建设贡献我们的应尽之力，为相关部门的决策提供一些参考。

　　由于平时技术调查官的相关工作比较繁忙，投入本书编写的精力有限，加之对制度构建以及实务操作的研究水平尚有待提升，故在书中提到的观点、做法定有不少谬误，敬请各位读者批评指正！

北京知识产权法院党组书记、院长　　**王金山**

目　录

Contents

第三编 技术调查官笔谈

第四编 相关规范性文件

技术调查官制度创新实践调研

　　我国技术调查官制度是伴随司法改革产生的一项崭新的制度，同其他新制度一样，需要在实践中不断丰富和完善，以形成更加科学化、更加符合我国司法审判实践的模式、体系，从而更好地实现该制度的设立初衷与目的。北京知识产权法院技术调查室自成立以来，一直非常注重技术调查官制度的理论创新与实践总结，每年都会根据技术调查官制度在审判实践中的具体实施情况设立调研课题项目，对在司法实践中出现的问题进行较为深入的研究。自2015年技术调查室成立至今，北京知识产权法院技术调查室组织相关人员共撰写了十余篇调研文章。本编收录了其中具有代表性的十篇。由于每篇文章撰写之初都是作为独立课题研究进行的，所以当把十篇文章放在一起时，难免在背景内容介绍等方面有所重复，但为了体现文章的完整性，也方便读者阅读，体现制度研究脉络，我们没有对文章进行删减。同时，虽然在制度总体介绍、域外制度借鉴等部分有所重复，但因各课题研究角度不同，看似重复的部分内容所说明和阐述的重点是不一样的。从十篇调研文章中，也能看出，随着技术调查官实践的不断深入，我们对于技术调查官运行模式构想的变化、演进与创新。

第一编作者简介

仪　军　　北京知识产权法院技术调查室负责人

许　波　　北京知识产权法院法官

陈存敬　　国家知识产权局专利局机械发明审查部压缩机械处副处长
　　　　　北京知识产权法院 2016—2017 年度交流技术调查官

陈晓华　　国家知识产权局专利复审委员会研究处副处长
　　　　　北京知识产权法院 2016—2017 年度交流技术调查官

刘秀艳　　专利审查协作北京中心电学发明审查部电力工程二室主任
　　　　　北京知识产权法院 2017 年度交流技术调查官

轩云龙　　专利审查协作北京中心机械发明审查部通用机械三室主任
　　　　　北京知识产权法院 2017 年度交流技术调查官

温国永　　专利审查协作天津中心审查业务部培训与研究室主任
　　　　　北京知识产权法院 2017 年度交流技术调查官

李　熙　　国家知识产权局专利复审委员会信息技术应用申诉处副处长
　　　　　北京知识产权法院 2018 年度交流技术调查官

郭　强　　专利审查协作北京中心光电技术发明审查部副主任
　　　　　北京知识产权法院 2018 年度交流技术调查官

马玉良　　专利审查协作天津中心机械发明审查部包装机械室主任
　　　　　北京知识产权法院 2018 年度交流技术调查官

李祖布　　专利审查协作湖北中心电学部计算机工程室主任
　　　　　北京知识产权法院 2018 年度交流技术调查官

林　冠　　国家知识产权局专利局审查业务管理部主任科员
　　　　　北京知识产权法院 2018 年度交流技术调查官

李　青　　北京知识产权法院法官助理

余丛薇　　北京知识产权法院法官助理

论我国技术调查官制度的构建与完善

——以北京知识产权法院对我国技术调查官制度的探索为视角*

许　波　仪　军

【摘要】《最高人民法院关于知识产权法院技术调查官参与诉讼活动若干问题的暂行规定》对我国技术调查官制度进行了框架性的顶层设计，进一步丰富了我国技术事实查明体系。北京知识产权法院结合审判实际，从技术调查官制度的适用范围，以及技术调查官的定位、类型、来源、选任、退出、工作职责、参与诉讼活动规则等具体方面进行了深入探索，为我国技术调查官制度的有效构建与进一步完善提供了可资借鉴的实践样本和经验。在此基础上，提出了技术调查官制度未来运行中应当注意的有关回避、技术事实与法律事实区分和法官让渡司法裁判权三方面问题。

2014 年 12 月 31 日，最高人民法院发布《最高人民法院关于知识产权法院技术调查官参与诉讼活动若干问题的暂行规定》（以下简称《技术调查官参与诉讼活动规定》），技术调查官正式进入公众视野。可以预见，在专家辅助人、司法鉴定等现有技术事实查明机制基础上，技术调查官制度将进一步丰富我国技术事实查明体系，也为未来知识产权诉讼模式的变革带来了想象空间。

《技术调查官参与诉讼活动规定》对我国技术调查官制度进行了框架性

---

* 本文成文时间为 2016 年 1 月。

的顶层设计。在此基础上，北京知识产权法院结合审判实际，从具体操作层面进行了深入探索，为我国技术调查官制度的构建与完善提供了可资借鉴的实践样本和经验。自 2014 年 11 月 6 日成立以来，北京知识产权法院受理了大量的涉技术类知识产权案件，涉及通信、电子、生物、医药、材料等诸多高新技术领域。为有效应对审判需求，北京知识产权法院从管理规范和工作规则两个维度入手，初步构建起具有中国特色的技术调查官制度。

一、我国技术调查官制度的基本构架

（一）技术调查官制度的适用范围

根据《全国人民代表大会常务委员会关于在北京、上海、广州设立知识产权法院的决定》及《最高人民法院关于北京、上海、广州知识产权法院案件管辖的规定》的相关规定，知识产权法院主要管辖所在市辖区内的专利、植物新品种、集成电路布图设计、技术秘密、计算机软件等专业技术性较强的知识产权案件。由于知识产权法官通常不具备理工科背景，我国也没有如德国专利法院的技术法官，故为增强法官对涉技术类案件技术事实的查明能力，可以在上述案件的审理中按需引入技术调查官，为法官定分止争提供技术辅助。

在上述案件范围之外，知识产权司法实践中与互联网相关的侵权纠纷、不正当竞争纠纷往往也会涉及很多复杂、前沿的技术问题。尤其是在互联网发展日新月异的时代背景下，知识产权法官面临着更加多元化的挑战，对互联网及相关技术[①]的理解经常成为裁判的事实基础，因此，技术调查官制度也应适用于与互联网相关的知识产权案件审理。

（二）技术调查官的诉讼身份及能力定位

根据《技术调查官参与诉讼活动规定》，我国技术调查官属于司法辅助人员。基于此种诉讼身份，一方面，技术调查官是法官审理涉技术类知识产权案件的技术助手，负责为法官查明案件技术事实提供技术咨询、出具技术

---

① 例如竞价排名、垂直搜索、Robots 协议等。

审查意见等。此时，技术调查官就像法官的技术翻译，通过将技术术语转换为法官能够理解的语言，为法官作出司法裁判提供技术上的帮助。另一方面，技术调查官属于司法辅助人员，虽然可以参与谈话、庭审、评议等诉讼活动，但对案件裁判结果不具有表决权，故又显著区别于享有审判权的审判员和人民陪审员。另外，技术调查官也不同于鉴定人、专家辅助人或法官自行咨询的相关专家，其职责在于代表法院，公开、公正、独立地查明案件相关技术事实。

技术调查官应当具备一定的技术能力，这是其作为司法辅助人员参与诉讼活动的前提。但也并不要求技术调查官成为相关技术领域内的顶尖专家，从而确保其在专利授权确权行政纠纷案件审理中，能够更好地从本领域普通技术人员的角度作出判断，不致人为地拔高专利授权确权的司法审查标准。

（三）技术调查官的类型和来源

《技术调查官参与诉讼活动规定》规定，技术调查官属于知识产权法院在编人员，但对人员来源、选任条件、薪酬待遇等具体方面未作规定。结合当前我国知识产权审判实际，为使技术调查官制度作用得以有效发挥，还应当在法院正式编制之外，谋求其他途径予以补充。原因在于，知识产权法院以"机构扁平、人员精简"原则建院，核定的政法专项编制数量有限，技术调查官编制更是只在其中占很小比例，① 无法覆盖当今日益广泛和细分的技术领域，故仅通过在编的技术调查官难以应对涉技术类知识产权案件的实际审理需求。

为此，北京知识产权法院一方面探索通过购买社会服务的方式，在正式编制之外，聘用相关技术人员进入法院工作；另一方面通过交流和兼职的形式，灵活机动地配置各领域技术调查官，以尽可能全面地覆盖知识产权案件所涉及的技术领域。具体而言，首先，在编的和聘用的技术调查官由知识产权法院自主进行招聘，并可考虑以聘用制公务员的形式实现人员补充；其次，国家机关、大专院校、科研机构、行业协会、企事业单位等可以向知识产权法院派驻交流人员，经任命后作为交流的技术调查官开展工作，但相关组织

---

① 例如，北京知识产权法院经核定的政法专项编制仅100名，其中政法编技术调查官仅5名。

人事关系不变动，薪酬待遇仍由原单位保障；最后，兼职的技术调查官可以由各单位向知识产权法院推荐，技术人员也可进行自我推荐，经聘用后组织人事关系不变动，薪酬待遇仍由原单位保障。根据案件审理需要，兼职的技术调查官由技术调查室通知其参与诉讼活动并领取报酬。

（四）技术调查官的选任和退出

基于知识产权案件特点，技术调查官应当尽可能广泛地覆盖到各个技术领域。尤其是在通信、电子、医药、化学、材料、机械等知识产权审判中经常涉及的技术领域，应当每个领域配备至少1名非兼职的技术调查官常驻法院，以确保技术事实查明的效率、质量和稳定性。而对于相对较少涉及的集成电路布图设计、植物新品种等领域，则可以根据个案审理需要，通过来源更加广泛、形式更加灵活的兼职技术调查官予以解决。

在任职条件方面，以北京知识产权法院为例，该院作了以下规定：（1）具有大学本科及以上学历。（2）具有相关技术领域教育背景。（3）从事相关技术领域的专利审查、专利代理或者其他实质性技术工作5年以上。（4）年龄不超过45周岁，兼职的技术调查官可以不受该年龄限制。特殊情形下，经审判委员会同意，非兼职技术调查官可以不受年龄限制。（5）品行端正、身体健康。

同时，具有以下情形之一的，不得担任技术调查官：（1）曾受党纪、政纪处分且仍在受处分期间的；（2）因涉嫌违法违纪问题正接受审查的；（3）曾被开除公职或者被辞退未满5年的；（4）不适合担任技术调查官的其他情形。

需要注意的是，当今技术发展日新月异，只有长期处于相关领域之中，才能确保跟上技术发展的步伐，从而降低误判技术问题的可能性。基于此，北京知识产权法院对各类技术调查官的任职期限也分别进行了规定，避免技术调查官因长期脱离所属技术领域而产生的不利影响。简言之，对于在编和聘用的技术调查官，任职期限为其在法院的工作期限；对于交流的技术调查官，任职期限通常为1年，经与原单位协商一致后，可以延长至2年；对于兼职的技术调查官，任职期限为3年，期满视情况可以续聘。

当技术调查官任职期限届满时，由法院免除其技术调查官职务。但在任职期间内，技术调查官如果出现犯罪、严重违纪、连续两年被考核为不称职或者其他不适宜继续担任技术调查官情形的，也应免除其技术调查官职务。

二、技术调查官的工作规则

（一）技术调查官的工作职责

《技术调查官参与诉讼活动规定》第 6 条对技术调查官的工作职责进行了较为详尽的规定：（1）通过查阅诉讼文书和证据材料，明确技术事实的争议焦点；（2）对技术事实的调查范围、顺序、方法提出建议；（3）参与调查取证、勘验、保全，并对其方法、步骤等提出建议；（4）参与询问、听证、庭审活动；（5）提出技术审查意见，列席合议庭评议；（6）协助法官组织鉴定人、相关技术领域的专业人员提出鉴定意见、咨询意见；（7）完成法官指派的其他相关工作。

由此可知，技术调查官可以接受法官就案件所涉技术问题的咨询，也可以根据案件审理需要，参与保全、勘验、调查取证、庭前准备、开庭审理、案件评议等诉讼环节，并提出意见和建议。但应注意的是，技术调查官应当在法官的授权或许可下参与诉讼活动，不得自行决定与当事人取得联系，且工作范围也仅限于查明案件所涉的技术事实。

（二）技术调查官参与诉讼活动的具体方式

技术调查官参与诉讼活动尚属我国司法实践中的新生事物，需要以问题为导向，先行先试并不断修正完善。在具体程序设置上，北京知识产权法院主要从五个方面进行了探索。

（1）关于启动。法官在案件审理中遇到自身难以解决的技术问题时，可以书面申请技术调查室指派技术调查官参与诉讼。书面申请应当载明案件基本信息、所涉技术领域和基本技术方案，以及需要技术调查官查明的技术事项。技术调查室收到该书面申请后，应当在 3 个工作日内（紧急情况下在 1 个工作日内），针对案件所涉及的具体技术领域，选择指派具备相应技术能力的技术调查官参与诉讼，并同时建立针对该案的《技术调查案件档案》。法官如果认为指派的技术调查官不能胜任技术辅助工作或者不适宜参与诉讼的，可以在说明具体理由后请求技术调查室另行指派。需要说明的是，如果仅需技术调查官就案件特定技术问题提供咨询意见，例如对技术术语和技术方案的理解、公知常识的判断等，而无须技术调查官全程参与诉讼活动，则法官可以直接向在编、聘用或交流的技术调查官进行咨询，并由技术调查官将相关咨询情况记入《技术调查官工作记录表》。

（2）关于回避。尽管技术调查官对案件裁判结果不具有表决权，但不可否认的是，其在辅助法官查明技术事实方面发挥着重要作用，而该技术事实又在很大程度上左右着最终的裁判结果。此外，引入技术调查官参与诉讼活动也旨在解决长期存在的法官查明技术事实时的不公开、不透明问题。因此，在技术调查官确定之后，法官应当将其姓名、工作单位、技术领域、技术职称等情况及时告知各方当事人，[①] 当事人据此可以申请技术调查官回避。存在相关回避事由的，技术调查官也应自行回避。根据《技术调查官参与诉讼活动规定》，技术调查官的回避可以参照适用诉讼法中审判人员回避的相关规定。但由于技术调查官没有审判权，其与法官助理、书记员均属于为合议庭审理案件提供诉讼支持的司法辅助人员，故其回避可以由审判长决定。申请人对回避决定不服的，可以在接到决定时申请复议一次。

（3）关于庭审。由于技术调查官系代表法院参与诉讼活动，故其在开庭审理时，应当身着法院制服，并落座于法官助理左侧。[②] 尽管会涉及复杂的技术问题，但庭审程序仍应在审判长的主持下进行，技术调查官在征得审判长同意后，可以就案件所涉技术问题向当事人发问，相关询问及答复均应记入庭审笔录。而对技术调查官在庭审中能否向合议庭进行陈述或说明的问题，目前尚存争议。有观点认为，这涉及技术调查官在法庭上的陈述和说明的法律效力，以及该陈述和说明是否可以作为证据而免除当事人相关举证责任等问题，容易使技术调查官显失公正和中立。[③] 该观点具有合理性，应当予以

---

① 为确保技术事实查明的透明性，对于仅向技术调查官进行咨询的情形，北京知识产权法院也要求法官将相关咨询情况及时告知当事人。

② 书记员位于法官助理右侧。

③ 宋晓明、王闯、吴蓉："《关于知识产权法院技术调查官参与诉讼活动若干问题的暂行规定》的理解与适用"，载《人民司法·应用》，2015 年第 7 期，第 34 页。

充分考虑。但从司法实践入手，如果相关技术事实的明确是案件继续审理的前提和基础，则此时若不允许技术调查官向合议庭进行必要的解释和说明，恐怕会影响到庭审效率和质量。因此，对该问题应当灵活处理，由合议庭决定是否允许技术调查官进行必要的解释和说明，并同时告知相关当事人并不因此而免除其举证责任。

（4）关于评议。技术调查官可以根据法官要求，列席所参与或咨询案件的评议。评议时，技术调查官应当就合议庭关注的技术问题发表意见，但不参与对案件结果的表决，所发表的技术意见应当如实记入评议笔录，并由其签字确认备查。

（5）关于技术审查意见。技术调查官以个人名义，独立就其所参与或咨询案件出具书面技术审查意见。法官经审理认为无须提交书面技术审查意见的，技术调查官也可口头说明相关技术问题。撰写技术审查意见时，技术调查官应当根据案件情况和法官要求，以相关科学理论和专业实践为基础，以技术领域之外非专业人员能够理解为标准进行撰写，并载明以下内容：①案号、案由、合议庭组成、当事人情况等案件基本信息；②对案件所涉技术问题的归纳；③针对各技术问题的技术审查意见及理由；④相关参考资料的内容及来源；⑤其他阐明案件技术问题的必要内容。由于技术调查官并非相关技术领域的顶尖专家，故当其面临自身难以解决的疑难、复杂技术问题时，可以建议法官申请技术调查室召开技术专家①委员会会议进行讨论。技术专家委员会会议由技术调查室主任主持召开，并应有 3 名以上相关技术领域的技术专家出席，合议庭成员和经办技术调查官可以列席会议，所形成的会议纪要作为经办技术调查官出具书面技术审查意见的参考。但需注意的是，书面技术审查意见并非案件证据，仅是合议庭认定案件技术事实的参考，对法官不具有约束力，当事人也无权查阅。

三、我国技术调查官制度运行中应当注意的问题

在知识产权审判中引入技术调查官是完善我国诉讼模式、提升涉技术类

---

① 截至 2015 年 10 月，北京知识产权法院通过与北京市科委建立合作机制，首批任命了 27 名技术专家。

知识产权案件审理水平和公信力的有益尝试，相关实践经验亦可在未来运用于更加广泛的涉技术类案件的审理之中。但该制度在未来运行中还应注意以下三个方面的问题。

（一）关于技术调查官的回避

以北京知识产权法院为例，该院所任命的交流型技术调查官主要来源于专利行政审查部门或其下属事业单位，在其以技术调查官身份参与专利行政纠纷案件审理时，难免会受到案件当事人对其中立性和公正性的质疑，实践中也的确发生了以此为由申请回避的情形。而在兼职型技术调查官中，也有由中华全国专利代理人协会推荐的专利代理人，其可能与案件当事人存在过业务往来关系，从而受到对方当事人的质疑。不可否认，上述兼具技术知识与法律知识的技术调查官无疑更受法官青睐，但当事人的质疑同样不容忽视。因此，下一步迫切需要以更加细化、明确、公开的回避规则及配套的监督制约机制来确保技术调查官制度始终运行在正确的轨道上。

（二）关于技术事实与法律事实的区分

如前所述，技术调查官的工作职责被严格限定在仅与案件技术事实相关的范围之内。如果说特定技术术语、技术方案、技术背景等还属于较为明确的技术事实的范畴，那么对于相关技术方案是否属于公知常识、技术改进是否容易想到、技术特征是否等同等，则属于技术与法律相互纠缠、难以界分的问题。在此方面，技术调查官应当如何发挥其司法辅助作用，技术审查意见又应如何撰写或者撰写到何种程度，才能有效避免技术审查意见异化为实质上的判决书，也是未来尤其需要关注和警惕的问题。

（三）关于法官让渡司法裁判权

在涉技术类知识产权案件的审理中，法官往往依赖专业人员出具的技术意见作出裁判，故社会上对法官变相让渡司法裁判权的质疑长期存在。类似现象在涉及司法鉴定的其他案件中亦普遍存在，鉴定者在很大程度上左右着裁判结果。显然，构建技术调查官制度旨在帮助法官提升涉技术类知识产权案件的审理水平，而非为法官回避技术问题提供一个替代途径。虽然大多数法官不具备技术背景，但司法审判中的技术问题终将转化为法律问题，而适用法律既是法官之所长，也是法官行使司法裁判权定分止争的职责所在。因此，法官不应简单地将技术调查官作出的事实认定直接等同于法律认定，从而在实质上将司法裁判权让渡给技术调查官，如果长此以往必将致使技术调查官制度发生异化。因此，应当从根本和制度层面上，进一步明确技术调查官与法官在工作职责和内容上的差异，并对技术调查官超越其职责范围的行为，以及法官怠于履行其司法职责的行为明确予以规定，将技术调查官和法官所做出的不当行为分别记入《技术调查官人员管理档案》和法官个人档案，以考核、司法责任制等方式予以规制。

我国知识产权审判领域
技术调查官选任问题探析*

仪 军 李 青

【摘要】科学、公正审理知识产权技术类案件对于国家创新发展和企业知识产权保护具有重要的推动作用，查明专业领域的技术事实是技术类案件审理的关键，技术调查官制度很大程度上提高了知识产权技术类案件的专业化审理水平。技术调查官制度的运行、技术调查官作用的发挥与技术调查官的人员选任有着直接关系，本文立足于我国现有技术调查官选任相关规定及存在的不足，分析借鉴域外技术事实查明人员的选任经验和做法，结合笔者所在的北京知识产权法院技术调查官制度运行一年多来的实践，对我国知识产权审判领域技术调查官的选任问题进行探讨。

近年来，在国家创新驱动发展战略推动下，企业技术创新和成果保护的需求日益强烈，与此同时，法院受理的涉及专利、计算机软件、技术秘密、植物新品种、集成电路布图设计等知识产权技术类案件数量也呈逐年递增趋势。以北京知识产权法院为例，该院 2015 年共受理技术类案件 1885 件，2016 年受理 2276 件，分别占全年总收案数的 20.5% 和 21.4%。加强对专利、计算机软件、技术秘密等核心知识产权的司法保护，对于高新技术企业生产经营和国家创新战略推动具有重要影响；公正、高效审理技术类案件，直接

---

* 本文成文时间为 2016 年 12 月。

关系到高新技术企业的生存发展和国际竞争力的提升。知识产权技术类案件审理中，技术事实的查明、认定以及法律适用是关键，而高度专业化的技术事实查明对于大多数法律专业毕业的法官来说，存在较大困难。2014 年12 月，最高人民法院制定发布《最高人民法院关于知识产权法院技术调查官参与诉讼活动若干问题的暂行规定》（以下简称《暂行规定》），在我国首次提出了"技术调查官"的概念，并率先在北京、上海、广州三地知识产权法院试行技术调查官制度。技术调查官制度运行以来也得到社会各界的广泛关注，而构建符合知识产权技术类案件审理需要的技术调查官选任机制是技术调查官制度科学运行的关键。

一、我国现有技术调查官选任的规定及存在的不足

对于技术调查官的具体选任条件及任职类型，《暂行规定》第 1 条规定："知识产权法院配备技术调查官，技术调查官属于司法辅助人员。知识产权法院设置技术调查室，负责技术调查官的日常管理。"从上述规定的文字含义来看，技术调查官应为法院正式工作人员，即行政在编人员。行政编制的性质具有相对的稳定性，一定程度上能够保证技术调查官的中立性，也便于人员的管理与考核，但从审判需求角度出发，仅设置在编型一种技术调查官任职类型，不利于技术调查官作用的充分发挥，也难以满足知识产权法院专业化案件审判工作的多元需要，这主要体现在：

（1）行政编制的技术调查官专业技术覆盖面不够广泛。现行公务员行政编制人数有限，技术调查官的编制数量是以法院行政编制总量为基础，很难根据审判实践的变化随时增加编制，因此，有限的在编技术调查官无法覆盖技术类案件涉及的诸多专业技术领域。以北京知识产权法院为例，2016 年北京知识产权法院受理各类技术类案件 2276 件，案件涉及机械、材料、通信、医药、光电、计算机等多个专业技术领域。随着科学技术的迅猛发展，专业化不断加强，技术领域分工细化的趋势日益显现；司法实践中，不少案件又涉及多技术领域问题的交叉。在此情况下，有限的在编技术调查官无法满足现有技术类案件对专业技术领域广泛性和专业研究分类精细化的要求。

（2）行政编制的技术调查官知识更新存在困难。法院并非技术应用的一线单位，与技术应用一线部门的联系交流较少，在编技术调查官在单纯的司法环境中难以及时进行知识更新和实践应用。在当今技术发展日新月异的形势下，这就容易导致相关人员的知识更新与技术发展相脱节，难以达到"本领域普通技术人员"的技术水平要求，不利于发挥技术调查官在技术事实查明中应有的作用。

（3）行政编制的技术调查官可招录的人员范围受限。司法实践中的技术事实查明工作要求技术调查官具有本领域技术人员的专业水平，同时由于大部分技术类案件与生产实践紧密联系，因此还要求技术调查官具有一定的生产、科研经验。从这个角度来说，应届毕业生由于缺乏实践经验，不适合直接担任技术调查官。但对于有一定生产应用实践经验的技术人员来说，无论是现阶段行政编制下的工资待遇，还是在专业化的技术职业发展方面，法院一般都不在该类技术人员职业发展规划的考虑范畴之内。因此，在行政编制条件下，招录能够胜任技术事实查明工作的技术人员存在一定困难。

（4）行政编制的技术调查官职业发展受限。从技术调查官的职业发展角度出发，对于愿意来法院工作的具有相应技术水平的人员来说，要实现个人在专业发面的不断发展，需要通过不断参与研发、技术研究、应用实践等方式进行"回炉锻造"，但在目前法院普遍面临巨大审判压力的情形之下，技术调查官一定时间内脱离岗位专注科研和实践的可能性较小。此外，现阶段法院的行政在编人员仍是实行行政职级制，但对于被选任的专业技术人员而言，据此确定其职级、薪酬显然存在不合理之处。

二、外国及我国台湾地区技术调查官或其他技术事实查明人员的选任模式及比较分析

其他国家和地区对于涉及专业技术问题的案件中的技术事实查明所采用的模式各有不同，如韩国、日本及我国台湾地区专门设置了技术调查官（有的国家或地区称为技术审理官或技术审查官）。我国现行技术调查官制度也主要是借鉴了日本、韩国和我国台湾地区有关技术调查官的规范和成熟经验。德国主要采用技术法官的方式，美国等国家采用的是专家证人或专家咨询与技术助理相结合的模式。虽然德国、美国等国家的制度模式与技术调查官制

度有所不同，但其对于参与技术事实查明的人员的选任实践对于我们技术调查官的选任也具有一定的借鉴意义。

（一）韩国、日本、我国台湾地区关于技术调查官的选任情况

1. 韩国

对于技术审理官的任用资格，《韩国技术审查官规则》规定："在专利局从事审查官或者审判官5年以上者、作为一般公务员从事产业技术7年以上者，或者负责科学技术相关事务5年以上并曾在职5级以上者、科学技术相关领域取得硕士学位且从事相关领域或者研究10年以上者、科学技术相关领域取得博士学位者、取得国家技术资格法规定的技术师资格者"。实践中，对于技术审查官的选拔渠道，一般有三个方向。一是政府机构内部选拔，具有5年以上经验的专利局的审查员，或者具有5年以上法官经验的，或者具有7年以上科技工作经验且为5级及以上公务员资格的人员；二是在科技领域的研究人员中选拔，科学技术领域获得博士学位的，或者在科技领域获得硕士学位且从事经营或研究活动满10年的人员；三是从通过相关技术资格考试的人员中选拔，如根据韩国法律获得相关技术许可资格的人员。①

2. 日本

日本同时设置了技术调查官和技术咨询专家制度。日本的技术调查官从来源看，主要来自特许厅的审查员或复审员，少数曾经是专利律师。审查员或复审员大多拥有20多年的专利审查经验。技术调查官是法院的正式工作人员，任期一般为两年，两年之后，他们可以选择回到原来的工作岗位，也可以选择继续留任。技术咨询专家中，大学教授约占50%，公立研究机构和民间企业研究人员约占30%，专利代理人约占20%。技术咨询专家是最高法院统一任命的兼职人员，一旦任命，他们便具有法院工作人员的身份，然而，与一般法院工作人员不同，他们只有被指派作为技术咨询专家参与案件审理时才具有法院工作人员的身份。技术咨询专家隶属于最高法院指定的法院，

---

① 马浛菲、韩元牧："简述技术事实之审查——从我国知识产权法院设立技术调查官制度谈起"，载《中国发明与专利》，2015年第3期。

接受其所在法院的指派参与相关案件审理，任职期限为两年。[①]

3. 我国台湾地区

根据台湾地区"智慧财产法院组织法"第15条的规定，智慧财产法院设技术审查室，置技术审查官。台湾地区"智慧财产法院约聘技术审查官遴聘办法"第3条规定："具下列资格之一者，得受聘为约聘技术审查官，但具'公务人员任用法'第二十八条第一项情事者，不予聘用，已聘用者，应予解聘：（一）曾任专利或商标高级审查官、审查官，成绩优良并具证明；（二）曾任专利或商标助理审查官三年以上，成绩优良并具证明；（三）曾任'经济及能源部智慧财产局'约聘专利或商标审查员三年以上，成绩优良并具证明；（四）曾任公立或立案之私立专科以上学校或教育部承认之外国专科以上学校相关科、系、所讲师六年以上，助理教授、副教授、教授合计三年以上，有智慧财产权类专门著作并具证明；（五）曾任公、私立专业研究机构研究员、副研究员、助理研究员合计六年以上，有智慧财产权类专门著作并具证明；（六）具有国内外少见之特殊技术或科技研发专长且有证明；（七）经专利师考试及格、执行业务三年以上、申请发明专利件数达二十件以上者。"[②]

（二）其他国家从事技术事实查明的人员的选任情况

1. 德国

对于技术事实的认定，德国主要采用的是技术法官制度。对于技术法官选任方面的要求，在《德国法官法》第120条和《德国专利法》第65条中都有明确规定，被任命为技术法官的人必须在德国或欧盟境内的大学、技术学校或相关科研机构毕业，同时要求通过技术或自然科学相关方面的国家级或学院级考试，且有5年以上的工作经历。技术法官通常会从德国专利商标局中的资深技术审查员中挑选。在德国的专利法院，技术法官的地位与普通法官是一样的，而非司法辅助人员，技术法官与其他职业法官一样，享有终

[①] 凌宗亮："日本知识产权审判中的技术事实查明制度"，载《上海法治报》，2016年3月2日第B06版。

[②] 宋汉林："知识产权诉讼中的技术事实认定——兼论我国知识产权诉讼技术调查官制度"，载《西部法学评论》，2015年第5期。

身任职的地位。①

2. 美国

在美国，技术事实的查明主要以专家证人或专家咨询模式进行，但在法院内部，也配备有具有理工科技术背景的法官技术助理，如联邦巡回上诉法院每个法官均配有法律助理和技术助理。②但美国技术助理的选任条件较为宽松，与我国的法官助理类似，以相关专业的毕业生为主。

（三）域外技术调查人员选任模式分析

综合上述国家和我国台湾地区从事技术调查的人员的选任模式和人员来源，可以发现有以下特点：

（1）任职方式上基本都是法院正式工作人员，但任期有所不同。如德国的技术法官，是与法官一样终身任职。日本和我国台湾地区一般有相对固定的任期限制（日本技术咨询专家的法院工作人员身份具有临时性）。技术调查人员属于法院工作人员的性质，使其相对来说能够独立于各方当事人，从而一定程度上保证其技术调查工作的中立性。

（2）人员来源广泛。如韩国、日本、我国台湾地区的技术调查官的选任条件规定，符合一定条件的专利审查人员、科研机构、学者都可以选任为技术调查官。日本的技术咨询专家还可以从专利代理人中选任。技术调查人员来源的广泛性有利于扩大技术调查的专业覆盖面，特别是生产、科研一线人员对于专利创新及前沿技术的敏感度较高，有利于更好地完成技术调查工作。

（3）人员的选任条件相对较高。除美国的技术助理外（美国主要是以专家证人、专家咨询为主，技术助理对于技术事实查明的作用相对专业技术调查官较小），大多数都要求至少5年以上的专业技术工作从业经历，或要求在专业研究方面具有较为突出的成就。可以看出，虽然涉及专利等技术问题的案件需要技术调查官从普通技术人员的角度对专业问题进行解读，但经验相对丰富的专业技术人员或科研人员能够更准确地把握案件涉及的专业技术问题。

---

① 马浴菲、韩元牧："简述技术事实之审查——从我国知识产权法院设立技术调查官制度谈起"，载《中国发明与专利》，2015年第3期。

② 徐雁："论我国知识产权专家参审制度之完善"，载《东南司法评论》2012年卷。

三、北京知识产权法院对技术调查官选任的探索与实践

北京知识产权法院技术调查室成立于 2015 年 10 月 22 日，在《暂行规定》未对技术调查官选任等问题作出明确规定的情况下，结合相关文件精神和知识产权审判的实际需要，北京知识产权法院制定了《北京知识产权法院技术调查官工作规则》（以下简称《工作规则》）和《北京知识产权法院技术调查官管理办法》（以下简称《管理办法》），对于技术调查官的任职类型、选任条件、任期等作了进一步探索和细化。

（一）技术调查官任职模式

《管理办法》中区分技术调查官的不同类型和来源渠道，设置了以下几种技术调查官的选任模式：（1）在编的技术调查官，其属于法院正式行政编制人员，由法院自主进行选拔选任；（2）聘用的技术调查官，由法院面向社会公开自主进行招聘，签订相关劳务合同，解决组织人事关系、薪酬待遇等问题；（3）交流的技术调查官，由国家机关、行业协会、大专院校、科研机构、企事业单位等向法院派驻，任命后组织人事关系不变动，薪酬待遇由原单位保障；（4）兼职的技术调查官，由法院通过单位推荐、自我推荐等形式，从相关领域的技术人员中选择聘用，聘用后组织人事关系不变动，薪酬待遇由原单位保障。此外，在 2016 年 6 月北京知识产权法院审理的一起技术类案件中，因现有技术调查官的专业技术领域与案件所涉及的技术问题均不完全符合，为了确保案件技术事实的准确查明，采用了临时聘用的方式聘请该技术领域的专业人员担任该案的技术调查官，为解决案件中的特殊技术问题进行了有益的尝试。但根据个案具体需要临时聘用的技术调查官仅在所参与的具体案件中具有技术调查官的身份。

（二）技术调查官的选任条件

对于技术调查官的选任条件，《管理办法》中作出了如下规定：（1）具有大学本科及以上学历；（2）具有相关技术领域教育背景；（3）从事相关技术领域的专利审查、专利代理或者其他实质性技术工作 5 年以上；（4）年龄不超过 45 周岁，兼职的技术调查官不受该年龄限制，特殊情形下，在编的、

聘用的和交流的技术调查官经本院审判委员会同意，可以不受年龄限制；
（5）品行端正、身体健康。

上述条件中，对于相关技术性工作 5 年以上从业经验的要求主要是考虑司法实践中，大多数技术类案件所涉及的专业技术知识往往具有技术前沿性强、复杂程度高、涉及利益大等特点，技术调查官只有经过较长时间实践，积累一定经验，达到本领域中等技术人员的水平，才能准确地理解案件涉及的技术内容，知晓技术应用的实际情况，从而为完成技术事实查明工作奠定基础。

（三）现有技术调查官人员情况及工作实践效果

基于上述考虑，结合受理的技术类案件的数量、类型、涉及的技术领域等，截至 2015 年 10 月，北京知识产权法院首批选任了 3 名交流技术调查官、31 名兼职技术调查官和 27 名技术专家，暂时没有选任在编的和聘用的技术调查官。3 名交流的技术调查官来自专利审查协作北京中心，交流年限为一年；31 名兼职的技术调查官中有 12 名来自专利审查协作中心，16 名来自企事业单位、高校或科研机构，3 名来自专利代理机构。27 名技术专家都来自高校或科研机构，全部具有正高职称。2016 年，共有包括 27 名技术调查官参与了 352 件案件的技术事实查明工作，提交技术审查意见 262 份，同年北京知识产权法院技术类案件审结数量同比增加 85%，技术类案件审判质效得到明显提升。

通过实践发现，北京知识产权法院推行的技术调查官选任模式的优势主要体现在：（1）技术调查官来源广泛，专业技术领域覆盖面较广，能够基本满足现阶段技术类案件审判需要；（2）技术调查官总体人数及技术类案件涉及较多的几个技术领域的技术调查官人数比较充足，为使用调配提供了必要空间；（3）来自高校、科研机构及生产应用一线的技术调查官数量占比较高，能适应目前技术迅猛发展和知识高速更新的形势，有利于更好地完成技术事实查明工作；（4）来自国家知识产权局系统的技术调查官不仅具有专业技术背景，且在准确适用专利法规定方面较之其他来源的技术调查官更有优势，为法官审理技术类案件，特别是专利授权确权行政案件提供了切实、有效的帮助。

在实践中也发现现行选任模式亦存在一定的不足，主要表现在：（1）现有交流及兼职技术调查官的人事关系仍在原工作单位，在其所研究或从事的专业技术领域内履行技术调查官职责时，可能与案件的处理存在一定的利害关系或者易被外界认为存在利害关系，影响技术调查工作的公正性和科学性；（2）在人员管理上，由于兼职和交流技术调查官人事关系不在法院，对其工作业绩考核的标准和人事管理的方式还需要进一步探索完善；（3）兼职技术调查官由于不在法院定点办公，且都有本职工作，无法及时与法官进行庭前沟通或庭后评议；（4）从非专利审查部门选任的技术调查官缺乏专利法等基础性法律知识，无法准确把握技术类案件审理中涉及的与技术问题紧密相关的法律概念，一定程度上限制了其作用的发挥。

四、完善我国技术调查官人员选任的建议

技术调查官制度的核心在于专业性、中立性和公开性。探索符合中国知识产权审判实践的技术调查官选任方式，也要从始至终以上述三项原则为指导方向。技术调查官的选任，专业性是基础，要求选任的技术调查官具有相关技术领域的实践经验，能够较为准确地把握案件中涉及的专业技术问题；中立性是技术调查官选任的内在要求，要求选任的技术调查官在进行技术调查工作时，与案件各方当事人不存在潜在的利害关系，公正履职，客观地提出审查意见；公开性是技术调查官科学选任的程序保障，要求技术调查官的选任透明、经过严格的评审程序，最终选任的人选应当向社会公开。根据专业性、中立性、公开性的原则，我们认为可以从以下几个方面完善我国知识产权审判领域技术调查官的选任工作。

（一）技术调查官的来源

借鉴国外及我国台湾地区技术调查官及相关技术调查人员的选任实践，我们认为技术调查官的选任来源应当具有广泛性，建议从"四个一线"领域中进行选任，即生产一线、教学一线、科研一线和审查一线。"四个一线"领域的技术人员与专业领域的技术发展情况紧密接触，专业技术素养较高，能够满足技术调查官专业性的要求。同时，从"四个一线"选任技术调查

官，选任余地较为广阔，也能够满足当下法院审理的知识产权技术类案件涉及专业面广的实际需求。具体来说，"四个一线"涉及的行业及领域包括但不限于：专利审查行政部门、科研机构、高等院校、生产性企业、专利代理机构及律师事务所。目前，一些观点认为出于利害关系的考量，不应当从专利审查行政部门和专利代理机构等选任技术调查官。但我们认为，首先，从国外和台湾地区的做法来看，存在大量从专利行政部门选派或从专利代理机构选任的技术调查官。这部分人员较高的专业技术能力和其知晓相关法律规定的优势对于技术类案件的审理具有很大帮助。其次，反对观点的主要理由在于，来自专利行政部门和专利代理机构的技术调查官的中立性难以保证，但我们认为可以通过完善技术调查官公正中立履职的制度规范来解决这一问题。北京知识产权法院技术调查官制度运行一年多来的实践也充分表明，通过技术调查官个人利益冲突排查、向当事人释明、保障当事人依法行使提出回避的权利等制度建设能够较为有效地保证技术调查官中立履职，因此，我们认为，不应当简单实行"一刀切"而排除专利行政部门和代理机构、律所作为技术调查官的来源渠道。

（二）技术调查官的任职模式、选任条件及职业发展

1. 任职模式

鉴于行政编制技术调查官在选任方面存在的问题，我们建议设置灵活多样的技术调查官任职类型。技术调查官制度的目的在于借助技术调查官的专业知识，辅助法官查明案件技术事实。以该目标为导向，我们认为可以探索多种任职方式相结合的技术调查官任职方式。具体来说，可以采用以下任职模式，或者将以下方式灵活组合运用：（1）在编型的技术调查官，行政在编的技术调查官属于法院的正式工作人员，相对独立于各方当事人，因此，应该保留此种技术调查官的任职类型，在编型的技术调查官具有法院正式工作人员的身份，受我国《公务员法》的约束；（2）交流型的技术调查官，从"四个一线"性质的单位进行选派，其人事组织关系仍在原单位，由原单位解决工作待遇等问题，交流期限一般不少于1年；（3）兼职型的技术调查官，从"四个一线"性质的单位进行选派，其人事组织关系仍在原单位，由

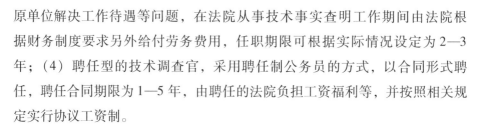

原单位解决工作待遇等问题，在法院从事技术事实查明工作期间由法院根据财务制度要求另外给付劳务费用，任职期限可根据实际情况设定为2—3年；（4）聘任型的技术调查官，采用聘任制公务员的方式，以合同形式聘任，聘任合同期限为1—5年，由聘任的法院负担工资福利等，并按照相关规定实行协议工资制。

2. 选任条件

在选任条件方面，对于各种任职类型的技术调查官，我们认为应当采用较为一致的选任标准：（1）具有普通高等院校理工科专业本科及以上学历；（2）具有5年以上相关专业技术领域生产、管理、研究工作经验；（3）达到中级以上专业技术资格；（4）年龄不超过45周岁，特殊情况下，经技术调查官选任专门委员会同意，可以不受该年龄限制。对于聘任制的技术调查官，还应当参照中组部及各地人力资源部门关于聘任制公务员选聘的相关规定。

同时，在廉洁性方面还应有一定的要求，如规定具有以下情况的，不能选任为技术调查官：（1）曾因犯罪受过刑事处罚的；（2）曾被开除公职或者因违规违纪被解除劳动合同、聘用合同和聘任合同的；（3）受过党纪政纪处分的；（4）涉嫌违法违纪正在接受审查尚未结案的；（5）有其他不适宜担任技术调查官情形的。

3. 职业发展与规划

职业规划问题主要针对的是在编型和聘任型的技术调查官，因为交流和兼职的技术调查官任期相对较短，且人事和组织关系、工资等仍保留在原单位，因此，其在法院工作期间，仍是按照原单位的规定和要求进行职级晋升。

要充分考虑在编型和聘任型的技术调查官的专业技术知识更新和专业技术职级晋升方面的要求，使其能够胜任技术不断发展情形下技术类案件的审判需要，并能科学地实现其个人职业发展。可以从以下几方面进行完善：（1）对在编型和聘任型技术调查官，不适用行政级别，可以单独制定专业技术类公务员管理规则。根据我国《公务员法》的规定，行政编制的公务员可划分为综合管理类、专业技术类和行政执法类等类别，我国目前还未出台针对专业技术类公务员管理的规定，但某些地方自行制定的该类规范，也可以参考。如有观点认为，可以对应普通公务员设置技术调查官的职务层次；关于技术调查官的技术职称评定问题，可以在最高人民法院设立技术职称评审委员会，各省、自治区、直辖市高级人民法院可根据实际情况建立相应技术职务评审组织。[①]（2）在任期方面，符合一定条件的聘任型技术调查官可以续聘或签订无固定期限劳动合同，以加强聘任制技术调查官的稳定性。（3）在灵活采用不同任职类型组合模式的前提下，合理调配交流型、兼职型技术调查官的工作任务量，给予在编型和聘任型技术调查官从事一线科研、学习和实践的时间与机会，可以通过与其他技术一线部门进行人员交流或让技术调查官参与技术课题研究等方式实现其技术知识更新。

（三）技术调查官工作中立性的探索

无论何种任职模式的技术调查官，中立、公正履职都是必然的要求，技术调查官的职责在于辅助法官查明案件技术事实，其出具的技术审查意见仅能作为法官判案的参考，但在大多数法官不具有专业知识背景的情况下，技术调查官的意见对于案件技术事实的查明以至后续的法律认定具有重要的影响。因此，应当采取有效措施确保技术调查官客观中立履职。笔者认为可以从以下几个方面进行完善。

（1）加强制度建设，建议上级法院根据技术调查官制度的运行实践对技术调查官工作中立性、回避等问题作出进一步的详细规定。实际上北京知识产权法院已在 2016 年年底在全国率先制定实施了《北京知识产权法院技术调查官回避实施细则》，根据技术调查官来源的不同及可能存在的不同潜在利害关系情形，规定了不同的回避事由，明确了技术调查官的自行利益排查机制和应回避而未回避、导致严重后果的处罚机制，有效保护了案件当事人的合法权益。

（2）严格技术调查官选任，做到选任条件、选任程序公开，明确技术调查官选任和不予选任的事项。在选任程序上，采用个人自荐与单位推荐相结合的方式，成立技术调查官选任的专门委员会，实现选任流程的透明和公开。选任的技术调查官的实际情况要及时向社会公开并接受监督。

（3）以管理促中立，在技术调查官的日常管理方面，针对技术调查官工

---

① 杨海云、徐波："构建中国特色的技术性事实查明机制"，载《中国司法鉴定》，2015 年第 6 期。

作中可能出现的廉政风险点，制定相应的防控措施，强化技术调查官中立履职方面的培训，并将廉政作为技术调查官考核的重要组成部分，促进技术调查官中立履职意识的养成。

（4）完善技术事实查明机制，为防止技术调查官"一家之言"左右案件裁判结果，积极探索由专业化人民陪审员、技术调查官、司法鉴定机构、专家辅助人共同参与的"四位一体"技术事实查明机制，多方听取技术审查意见，研究各方技术审查意见的合理运用与协调。

（5）探索技术审查意见的采信机制。在现阶段技术调查官出具的技术审查意见不对当事人公开的情况下，探索通过法官适度"心证公开"的方式引导当事人对技术焦点问题发表进一步的意见，要求法官不得一味依赖技术审查意见，应当在裁判文书中对于各方争议焦点进行详细说理和论证。

（6）加强内外部监督，采用多种方式及时听取法官、律师等社会各界对技术调查官工作的评价和意见，总结分析内外部意见、建议，并有针对性地加以改进。

总之，技术调查官制度在我国是一项全新的制度，需要在实践中不断探索和完善。技术调查官的科学选任，是实现技术调查官制度良性、科学发展的基础。在现行体制下，技术调查官的选任需要考虑案件类型、人事制度、职业保障等多方面的因素，但首要的是技术调查官的选任要能满足知识产权领域技术类案件的审判需要。在此前提下，可以大胆创新技术调查官的不同选任方式，各地法院可以根据知识产权审判需求，灵活设置技术调查官的任职类型，并围绕技术调查官制度的专业性、中立性和公开性的要求，不断进行探索和实践。

知识产权审判中的技术事实查明机制研究[*]

陈存敬 仪 军

【摘要】技术事实查明一直是法官在审理技术类知识产权案件时的短板，本文从影响知识产权审判中技术事实查明的因素出发，分析当事人、法官、人民陪审员以及专家辅助人、技术鉴定、专家咨询和技术调查官等辅助机制在技术事实查明过程中所起的作用，着重分析了各自的优缺点。然后，通过考察域外技术事实查明机制，分析了对我国技术类知识产权案件审判的借鉴意义和启示。在此基础上，针对能够促进知识产权审判中技术事实查明工作准确、高效进行的工作机制提出了意见建议。

一、引言

在知识产权案件的审判中对技术事实及争议判断的短板是各国法官共同面临的难题。比林斯·勒尼德·汉德（Billings Learned Hand）法官早在1911年的帕克·戴维斯案中就提出在没有权威的科学辅助的情况下由法官对技术性的发明作出外行的主观评价是错误的。① 1946年，在通用电气案中，汉德法官再次指出法官所面临的困难，即在专利案件中，法院的法官在技术方面都是外行，却要在审判中合理评估发明的可专利性。

在我国，法官大多是法学出身，没有自然科学的学术背景和技术知识储

---

* 本文成文时间为 2017 年 11 月。

① Parke-Davis & Co. v. H. K. Mulford Co. , 189F. 95, 103 (C. C. S. D. N. Y. 1911).

备，而且，即便是有技术背景，也不可能要求一个法官对所有技术领域都了解。法官在审判工作中可能会遇到各个技术领域的专利案件，因此我国知识产权法官存在的技术短板问题尤为突出。北京市高级人民法院知识产权审判庭通过对 2015 年二审改判案件的分析发现，被改判发回的专利纠纷案件中七成以上均涉及技术事实未查明的情形，原因主要是全市知识产权法官多数不具有技术背景，缺乏有效的手段查明技术事实。① 因此，有必要分析目前我国知识产权审判中的技术事实查明机制，研究知识产权审判中促进技术事实查明的机制。

二、影响知识产权审判中技术事实查明的因素分析

（一）当事人或者代理人的举证和阐释

知识产权案件中的当事人往往是涉案所属技术领域的践行者或从业者，他们熟知所属技术领域的普通技术知识并具有熟练应用所属技术领域的常规实验手段的能力，了解所属技术领域当前面对的技术难题及相关的已有手段。而专利案件一旦进入诉讼阶段，那么至少在一定程度上意味着涉案专利对当事人来说具有一定的经济价值，当事人或者其专利代理人、律师从其利益出发最希望法官能够理解涉案专利和相关现有技术，因此会尽其所能地向法官解释清楚其所主张的技术事实。当然，也由于当事人各方都在追求各自的利益，在某些技术问题上可能会有偏向、隐瞒，甚至误导的情况。但是，不可否认，在法官查明技术事实的过程中，各方当事人的举证、法庭陈述等方式在使法官尽快地趋近于"所属技术领域的技术人员"过程中发挥着最重要的作用。至少法官通过阅读书面证据、查看电子影像证据和勘验实物证据，并结合庭审过程中各方当事人的陈述和辩论，可以尽快了解涉案所属技术领域的一些无争议技术事实，这对于争议技术事实问题的查明也起着至关重要的基础作用。在此基础上，通过法庭辩论中各方当事人对争议技术事实的对抗式讨论，法官亦能查明大多数技术争议。

---

① "北京高院整理发布当前知识产权审判中需要注意的若干法律问题（专利）"，载中国知识产权网，http：//www.cnipr.com/sfsj/zjkf/201605/t20160511_196810，访问时间 2017 年 6 月 14 日。

（二）裁判者自身的自然科学技术背景

1. 法官

虽然说法官即便有相关理工科教育背景，也不可能了解所有的技术领域，但是，理工科教育背景可以帮助法官建立技术人员的逻辑思维方式。这种逻辑思维方式有助于法官透彻理解案卷相关证据的内容，对于普通技术类案件，法官自己就能理解案件相关技术内容，再结合当事人的举证、陈述等，法官不需要借助外力即可完成技术事实查明。在此基础上，有助于法官把握并判断案件争议技术焦点，展开法庭调查和法庭辩论，并最终在综合技术事实查明和法律判断的基础上形成心证。

2. 人民陪审员

知识产权审判实践中的普遍做法是选择案件所属技术领域的专业人员作为案件的人民陪审员。首先应该肯定的是，有针对性地选择案件所属技术领域的专业人员作为人民陪审员对于该案件技术事实查明起着积极的推动作用。作为合议庭成员，人民陪审员可以基于自身对行业及发展、运作等方面的宏观专业优势，在庭审时向当事人提出更贴近于生产研发实践的技术问题，这将使得当事人或者代理人尽可能追求其所阐述技术问题的正确性、准确性，不会为了自身利益随意发表误导法官的陈述。否则，法官可能会对其诚实信用产生质疑，进而影响其陈述的观点被采信的程度，最终有可能会影响法官的心证形成。

同时，不可否认的是，具有专业技术知识的人民陪审员和普通的人民陪审员一样存在陪而不审或者参与度不高的现象，另外，由于其缺乏相关法律知识和司法经验，在将技术事实判断和法律适用的结合上存在短板。

（三）技术事实查明辅助机制

目前我国的技术事实查明辅助机制主要包括专家辅助人、技术鉴定、专家咨询和技术调查官。

1. 专家辅助人

专家辅助人，也有人称为专家证人，严格意义上讲，这两种称呼都不是规范的法定名词。在 2001 年《最高人民法院关于民事诉讼证据的若干规定》

技术调查官制度创新与实践

和 2012 年《民事诉讼法》中都使用了"有专门知识的人"的表述。① 专家辅助人通常是相关技术领域的专家，因此有利于基本技术事实查明和确认，从而能够迅速确定技术争议焦点。但是由于专家证人通常由当事人聘请，他们难免被对方当事人质疑其观点的客观性。

从实践来看，尽管专家辅助人由于其身份而导致陈述观点的客观性、中立性可能存在问题，可能遭受到对方当事人的质疑，但是基于其专业优势，专家辅助人可以把其所代表一方的观点充分表达出来，逻辑性强，观点、证据之间能够相互印证，能帮助法官更好地厘清该一方当事人意见。当这种辅助机制能扩展到另一方当事人，甚至第三人时，有利于使中立的倾听者、裁判者更加全方位地厘清各方当事人的意见，作出更加准确、客观的判断。

2. 技术鉴定

技术鉴定相对于专家辅助人来说客观性、中立性较强，属于法定证据，公信力相对较高，而且技术鉴定涉及技术领域广泛，可以解决需要专业仪器设备等检测分析才能作出判断的争议技术问题或者完成内容固定但工作量巨大的技术事实查明工作，因此技术鉴定在各技术事实查明辅助机制中具有不可或缺的重要地位。但由于其成本高、进度慢，并不为法院所广泛采用。另外，技术鉴定仅对预先设定的当事人争议问题给出意见，并不能实时对法官需要查明的技术事实给出意见。

3. 专家咨询

目前，最高人民法院和一些地方人民法院先后组建了知识产权审判技术咨询专家库。通常是法官主动找相关技术领域的技术咨询专家。他们通常是所属技术领域的专家或者权威人士。法官的咨询形式多样，所形成的专家咨询意见可以作为法官认定技术事实的参考。这些咨询意见会对法官认定技术事实产生一定影响。由于技术咨询专家在所属行业的独特地位，对于涉及一些极为专业的技术或者高精尖技术的疑难案件，在其他辅助机制不能够完全

---

① 张玲玲："我国知识产权诉讼中多元化技术事实查明机制的构建——以北京知识产权法院司法实践为切入点"，载《知识产权》，2016 年第 12 期，第 32—37、57 页。

查明技术争议问题，或者不能使法官形成内心确认的情况下，专家则可以给出权威且符合该行业生产研发实践及发展前景的意见。专家咨询意见对于解决知识产权案件中涉及的疑难技术事实查明问题起着重要作用。但是，一般认为专家高于普通技术人员的水平，且当事人并不能知晓法官咨询的问题及专家的相关答复，专家咨询制度立法上的缺位导致其公正性、推广性受到质疑。

4. 技术调查官

相对于前面几种传统的技术事实查明机制，技术调查官制度是在知识产权法院成立后才得到实行的技术事实查明机制。根据 2014 年 12 月 31 日发布的《最高人民法院关于知识产权法院技术调查官参与诉讼活动若干问题的暂行规定》（以下简称《暂行规定》），技术调查官的定位是司法辅助人员，其可以参与的诉讼活动主要是专业技术性较强的知识产权民事和行政案件，并且明确了其职责主要是针对技术问题开展各项工作。基于《暂行规定》，广州、北京、上海知识产权法院相继成立技术调查室并聘任了数量不等的技术调查官。其中，北京知识产权法院还根据自身情况先后制定并发布了《北京知识产权法院技术调查官工作规则（试行）》《北京知识产权法院技术调查官管理办法（试行）》《北京知识产权法院技术类案件咨询费用管理办法（试行）》《北京知识产权法院技术调查官回避实施细则（试行）》（以下简称《回避实施细则》），对技术调查官参与诉讼活动的各方面事项进行了更具有针对性、更加具体和具有可操作性的规定，对内规范了技术调查官参与诉讼活动的流程、工作内容和责任等，保障了技术调查官参与诉讼活动时的中立性、专业性；向外则保障了技术调查官参与技术事实查明过程中当事人的认识权、陈述权、证明权，彰显了技术调查官参与诉讼活动的公开性、公平性、公正性。

根据当前的实践，技术调查官受技术调查室指派参与诉讼活动，并在法官的法律思维引领下结合案卷、庭审以及勘验等情况进行技术事实查明，主要是对案件中涉及的具体的、独立性的技术问题进行判断，能帮助法官解决绝大多数的技术方面的问题。由于技术调查官已经具备了相关技术领域的普通技术知识，所以工作具有高效性。属于法院内部编制的技术调查官或者到法院交流的技术调查官，因为日常工作在法院，还具有工作便捷性。但由于担任技术调查官的人员来源不同，且技术审查意见书并不向当事人公开，因此在一定程度上受到当事人质疑。此外，技术调查官制度与其他几种技术事实查明辅助机制之间的协调关系也受到业界的普遍关注。

三、域外技术事实查明机制及对我国的借鉴意义

（一）德国的技术法官模式

1. 技术法官参与知识产权案件审理工作机制

德国联邦专利法院除了设置法律法官，还设置技术法官，共同负责审理技术类的知识产权案件，这是一种典型的采用技术法官查明技术事实的模式。技术法官应当具备一定的技术资质并同时具有法律专业知识、专利法职业培训及职业经验，一般从专利局的资深审查员中选任，与法律法官一样可以终身任职，并具有同等的权力。

根据德国联邦专利法院网站公布的信息，2014年12月31日该法院拥有约112名法官，其中65名技术法官、47名法律法官，分属于29个审判庭，除商标上诉审判庭和法律上诉审判庭外均设技术法官，但是不同庭室的合议庭成员人数、技术法官人数和职责不同，（专利）无效庭、实用新型上诉审判庭和植物品种保护上诉审判庭都由法律法官担任审判长，只有技术上诉审判庭由技术法官担任审判长。①②③

通过表1中德国联邦专利法院2006—2014年的结案情况可以看出，技术法官与法律法官组成合议庭参与审判的这种模式在联邦专利法院中发挥着重

---

① "组织机构图"，载德国联邦专利法院官网，https：//www.bundespatentgericht.de/cms/media/Das_ Gericht/Organisation/organigramm_ en.pdf，访问时间2017年6月14日。
② "联邦专利法院：任务｜组织架构｜展望"，载德国联邦专利法院官网 https：//www.bundespatentgericht.de/cms/media/Oeffentlichkeitsarbeit/Veroeffentlichungen/Informationsbroschueren/infobroschuere_ chin.pdf，访问时间2017年6月14日。
③ 郭寿康、李剑："我国知识产权审判组织专门化问题研究——以德国联邦专利法院为视角"，载《法学家》，2008年第6期，第59—65页。

要作用，技术法官的参与，一定程度上解决了法律法官因缺乏技术背景而无法很好地站在"所属技术领域技术人员"角度判断技术事实的问题。

表1 德国联邦专利法院2006—2016年各庭案件审结情况①

年份	无效庭	法律上诉审判庭	技术上诉审判庭	商标上诉审判庭	实用新型上诉审判庭	植物品种上诉审判庭	合计	专利案件占比
2006	199	65	1039	1895	82	–	3280	40.2%
2007	235	54	998	1704	79	–	3070	42.7%
2008	237	44	1062	1471	85	–	2899	47.7%
2009	227	57	1013	1190	83	–	2570	51.5%
2010	242	30	1008	1196	121	–	2597	52.8%
2011	276	40	790	1133	58	–	2297	48.9%
2012	258	54	742	1334	42	1	2431	42.9%
2013	262	86	722	1188	62	–	2320	45.1%
2014	261	65	757	944	59	1	2087	51.6%
2015	242	42	663	621	47	–	1615	58.9%
2016	206	36	601	856	41	–	1740	48.7%

2. 借鉴意义或启示

德国这种技术法官与法律法官共同负责审理技术类知识产权案件的模式有利于准确认定技术事实，保障了高质量的审判效果，充分体现了专利法制为技术发展服务的理念，使得德国专利制度及专利品质得到了认可。但是，这种模式对技术法官的资质要求较高，既要有技术能力又要有法律素养，选任难度较大；此外，技术法官数量有限，所覆盖的技术范围有限，故技术法官制度在具备科学性的同时也存在着一定局限性，这也是这种模式没有在世界范围内得到广泛推广的一个重要原因。

我国虽然没有推行技术法官的模式，但是这种模式下所带来的高质量审

---

① 表中数据根据德国联邦专利法院的统计年报数据整理而得，统计年报目录页网址为https://www.bundespatentgericht.de/cms/index.php? option = com _ content&view = article&id = 29&Itemid = 18&lang = en。

判效果不容忽视。第一，技术法官本身兼具一定技术资质和法律知识，这是准确查明技术事实的基础。在我国当前的知识产权审判中虽然不能要求法官都具有理工科教育背景，但是至少可以要求技术类知识产权案件的承办法官或者法官助理具有技术背景，比如，既可以是具有理工科教育背景，也可以是曾经多年从事技术类案件的审判工作，尤其是在遴选新任法官或法官助理时应该考虑其技术背景。第二，在技术法官与法律法官共同审理知识产权案件时，技术法官的参与程度和数量根据案件类型以及案件的争议焦点来决定。我国在采用技术调查官查明技术事实过程中也可以考虑根据案件情况调整技术调查官的数量，以保障对技术事实认定结果的正确性、准确性。第三，技术法官选任有难度是因为对一个人的技术能力和法律素养两方面均有要求，但是对于技术调查官而言，其主要任务是在法官的法律思维的引导下进行技术事实查明，因此仅具备专业技术知识即可完成技术事实查明的工作任务。只是如果同时具备法律知识会在与法官的沟通中能更好地领会争议的技术焦点问题以及需要查明的技术事实，因此，知识产权法院在聘任技术调查官时既可以聘任具备专业技术知识和相关法律知识的人，也可以聘任仅具备专业技术知识的人。如果同时聘任了这两种技术调查官的话，还可以在具体技术类知识产权案件的诉讼活动中同时指定这两种技术调查官进行技术事实查明，这种方式将可以避免当前仅指定一名来自专利局的审查员作技术调查官时社会上对其身份所带来的有关中立性的质疑。

（二）美国专业法官与技术助理协同下的专家介入模式

1. 专业法官与技术助理协同下的专家介入工作方式

在美国多元化的教育体系下，法律硕士和法律博士教育必须首先经历非法学教育，加之美国联邦法院的法官都是经过严格的遴选程序，因此法官本身具有一定的专业技术背景。另外，法官技术助理又可以帮助法官处理技术事实认定问题。因此，在知识产权案件的审判中解决技术问题时，最基本的方法是通过双方当事人的主张和说明，法官和法官技术助理即可查明技术事实并对争议问题作出认定。除此之外，可以协助法官查明技术事实、帮助其准确站位"所属技术领域的技术人员"的方法还有：（1）专家证词

（Testimony by Experts）。美国具有典型的证据开示制度，各方当事人均可以提交专家证词。（2）专家证人（Court-Appointed Experts）。双方当事人可以聘请专家证人，法官可以依职权或依申请选任专家证人。该专家证人可以应双方当事人的要求在庭外接受询问、出庭作证，还要接受双方当事人的交互诘问。（3）特别专家。依据联邦民事程序法，法院可以指定专家（或称为特别专家）来协助参与诉讼，但需要双方当事人同意。按照法院指定的范围，并且在双方当事人同意的权限内，该专家可以接受证据并听证，在此基础上制作报告并向法官提出建议。双方当事人有权对该专家制作的报告提出异议或提出更正请求。此外，美国联邦巡回上诉法院认为，对于例外的、高科技案件，法官为了发现真相，可以寻求技术顾问的帮助，从而帮助其进行技术事实查明、明确和解决技术争议，但技术顾问在法官心证形成过程中所起的作用遭到了业界的质疑。[①]

2. 借鉴意义或启示

从美国专业法官与技术助理协同工作的模式中，我们可以看出法官以及技术助理的专业技术背景对于查明技术事实的积极意义。另外，从各种专家参与查明技术事实的方式可以看出技术专家的重要作用。专家证词是在证据开示制度下可以引入的证据，强调了当事人的举证责任，而专家证人和特别专家在参与案件诉讼活动过程中的工作都受到当事人的监督，从其专家的身份和给出的建议内容来看，专家的参与仅限于技术事实的认定，应当给予当事人帮助法官找出事实真相的机会，这是对当事人权利的保障。

在我国知识产权教育以及复合型人才培养越来越受到重视的情况下，加强对技术类知识产权案件的承办法官及法官助理的技术背景要求具有一定可行性。另外，可以考虑对于技术调查官给出的技术审查意见中仅涉及技术事实认定的意见向当事人公开，而对于涉及法律含义下某个技术问题的认定，比如某特征是不是公知常识，对比文件之间是否有结合的动机和启示等，则应该在庭审过程中通过提问的方式给予当事人充分发表技术和法律观点的机会。

---

① 易玲、熊英灼：“认同中的抵抗：当技术与专利审判相遇时——对美、德、台应对举措的反思”，载《科技与法律》，2015 年第 5 期，第 1056—1077 页。

（三）亚洲技术调查官模式

1. 存在些微差异的技术调查官工作方式

韩国于 1998 年 3 月 1 日在首尔成立专利法院，是亚洲最早设立专利法院的国家。为了强化专利案件中的技术专业性，韩国专利法院设技术审理官，目前拥有 17 名技术审理官。《韩国法院组织法》对技术审理官的任用资格根据其工作背景作了规定。在韩国专利法院，技术审理官只能参与案件审理，没有最终决定权。技术审理官在技术类案件审理过程中，根据案情需要，或者提供技术咨询，或者可以参与准备程序及开庭审理，在庭审过程中可以向当事人询问技术方面的问题。

由于技术审理官在实际专利案件审判中发挥的重要作用，日本的调查官制度根据韩国技术审理官制度进行了改革。[①] 在日本，为了实现知识产权案件的审判专业化，于 2005 年 4 月 1 日在东京高等法院内设立了知识产权高等法院，专属管辖日本特许厅作出决定的诉讼案件和知识产权民事诉讼二审案件，相应的知识产权民事诉讼一审案件由东京地方法院和大阪地方法院专属管辖。为了解决专利案件的技术问题，依据《日本裁判所法》和《日本民事诉讼法》的规定，在这三个法院设立了调查官制度和专门委员制度，并分别以常勤公务员的方式配置有 11 名、7 名、3 名技术调查官，截至 2009 年 7 月 1 日，专门委员的人数达到了 200 名以上。调查官属于法院内部的人员，主要从日本特许厅的专利审查员中选任，也可以从资深的专利代理人中选任。与调查官的身份和来源不同，专门委员不属于法院内部人员，是最高法院任命的兼职官员，主要是大学教授、研究机构和私人企业中的研究人员、专利律师等。调查官应法官的要求参与案件审理的各个程序，一方面可以向当事人询问涉案的技术事实，另一方面需要向法官陈述技术方面的问题，并作出报告、提出建议。另外，专家委员的工作是到庭向法官说明技术问题，即需要在当事人在场的情况下开展工作。[②] 需要提出的是，法官在判断技术事实

---

① 金珉徽："韩国专利法院的建立、现状与未来"，载国家知识产权局官网，http://www.sipo.gov.cn/zlssbgs/zlyj/201608/t20160812_1285804.html，访问时间 2017 年 6 月 14 日。

② 郃中林："境外知识产权专门法院制度对我国的启示与借鉴"，载《法律适用》，2010 年第 11 期，第 84—88 页。

时虽然会参考调查官和专门委员所作的技术审查意见或报告，但仍然有可能会持有与其不同的观点，因而对于技术事实的认定法官可以根据案情酌定；而且为避免当事人对调查官的观点产生不必要的争议或对诉讼造成不必要的拖延，当事人并不能看到其出具的报告。从调查官和专门委员的来源、工作方式可以看出，虽然他们都是帮助法官解决技术问题，但着力解决的问题不同。调查官由于具有专利法方面的法律素养，能够容易地帮助法官梳理确定技术争议焦点并解决基本的技术争议问题，而专门委员可以帮助解决技术争议中较为疑难的问题，因此这种调查官与专门委员并存的模式产生的合力较强。但对于调查官与专门委员的工作方式、调查官的选任条件、技术意见是否接受当事人质询等，在学界也存在争议。

我国台湾地区"智慧财产法院"借鉴了韩国和日本的经验，也设置了技术审查官帮助法官解决技术事实认定方面的问题。

2. 借鉴意义或启示

多国或地区的实践已经证明，技术调查官制度的基础是中立性、专业性和公开性。技术调查官或者再结合技术专家是一种容易施行并且行之有效的帮助法官查明技术事实的方式，在技术类知识产权案件的审理中发挥了积极的推动作用。日本的技术调查官结合专门委员的工作模式解决了疑难复杂技术事实查明的问题，且专家委员需要在当事人在场的情况下工作，保障了当事人对纯技术问题发表意见的机会。不过技术调查官和专门委员所做的技术审查意见或报告不向当事人提前公开的做法虽然一致，但都受到了社会质疑。一方面是针对具体案件中技术审查官参与诉讼活动的质疑，主要包括技术调查官针对哪些关键争议问题发表了技术审查意见，技术审查意见是否客观、准确，技术审查意见书对相关争议技术问题的解释和认定是否足够充分以能被法官准确理解等；另一方面是针对规定本身合法性的质疑，主要是技术审查意见的不公开是否会使当事人丧失听审请求权，是否会造成突袭裁判，比如我国台湾"智慧财产法院"的"智慧财产案件审理细则"第 16 条关于"技术审查官制作的报告书，不予公开"的规定，是否违背了"智慧财产案件审理法"第 8 条关于"法院已知的特殊专业知识，应给予当事人有辩论的机会，方可以作为裁判的基础"的规定。① 因此，至少对于纯技术问题的认定应该给予当事人针对其发表意见的机会，以保证法官在技术问题上不发生明显错误的情况下形成心证。

四、对我国知识产权审判中技术事实查明机制的意见建议

（一）应提高当事人举证责任意识，保证出庭人员专业技术水平

1. 鼓励当事人积极举证

对于当事人所主张的技术事实，鼓励其根据所主张的观点来丰富其举证形式，具体来说，应该结合案件争议问题提交与争议技术事实有关的各种证据，而不仅仅限于已有对比文件的罗列。让当事人意识到充分举证可以提高其观点得到认可的可能性，并通过判决中对相关技术问题的判断过程体现其举证的重要性，从而不断提高当事人举证的责任意识和积极性。

2. 鼓励当事人选择具有相关专业技术知识的人出庭

通过本文作者作为技术调查官以及其他技术调查官的实践经验可知，在庭审过程中就争议技术焦点问题进行法庭调查和法庭辩论时，如果当事人一方参与出庭的人具有相关专业技术知识，尤其是具有案件所属行业的技术从业背景，那么围绕争议技术焦点问题展开的讨论会更有针对性，对于技术调查官所提出的问题，虽然有可能因为代表当事人一方的利益有所偏向，但是立足于其所掌握的专业技术知识，大多数专业技术人员能够更加准确、有效地回答需要调查的技术问题。对于处于中立地位的倾听者、裁判者而言，并不担心一方当事人对其所主张观点的夸大或偏向，在各方当事人都能够充分表达其所主张观点的前提下，会更有利于倾听者、裁判者作出更加客观、准确的判断。因此，应当鼓励当事人选择具有相关专业技术知识的人出庭，或者必要的情况下鼓励当事人聘请专家辅助人。

（二）进一步完善技术调查官制度，加大技术调查官参与力度

1. 调整技术调查官的数量和组合方式

从目前的实践来看，技术调查官参与诉讼活动的方式主要是技术调查室

---

① 黎淑兰，等："技术调查官在知识产权审判中的职能定位与体系协调——兼论"四位一体"技术事实调查认定体系的构建"，载《中国知识产权法学研究会 2015 年年会论文集》。

根据案件所属技术领域指派 1 名技术调查官进行技术事实查明工作，只在涉及交叉技术领域或者重大、疑难专利案件中指派 2 名技术调查官。面对社会上一部分人对于技术调查官来源身份的质疑，北京知识产权法院还制定了《回避实施细则》，尽可能避免可能由此产生的不公正问题。从德国专利法院参与审理的技术法官数量对其审判质量的影响得到广泛认可的角度来看，在条件允许的情况下可以采取每个案件指派 2 至 3 名技术调查官且其来源不同的方式。选任国家知识产权局审查员作为技术调查官，可以为其他仅具有专业技术知识的技术调查官解释需要查明的技术事实，多个技术调查官对同一个技术问题进行调查、讨论并最终形成结论，既保障了技术事实认定的正确性、准确性，又能打消技术调查官来源身份给当事人带来的疑虑。

2. 确立技术领域覆盖广、数量充足的技术调查官选择范围

虽然到法院交流的技术调查官数量受到各种因素的限制，但是在专门的知识产权法院和国家知识产权局之间可以签署框架协议，利用国家知识产权局的审查员专业技术覆盖范围广的优势解决交流和兼职技术调查官所不能解决的技术领域覆盖问题，同时也能够解决实践中只懂技术不懂专利法的技术调查官在技术事实查明过程中和给出技术审查意见时与法官的交流障碍问题；同时建议通过行业协会扩充来自生产一线、科研一线、大专院校教学一线的专业技术人才作为技术调查官，从多个维度扩充技术调查官来源的人员类型。一方面，使得技术调查官的来源身份多样化，消除专利行政案件中当事人对来自国家知识产权局的审查员作为技术调查官的身份上的疑虑，另一方面，也可以在很大程度上弥补一些专利审查员同样缺少行业一线从业经验的缺憾，使得对技术事实的认定更符合行业发展现状。

3. 充分发挥技术调查官在技术事实查明机制中的桥梁纽带作用

技术调查官在协助法官进行技术事实查明中起到的积极推动作用已经得到各方认可，尤其是在当事人提出保全申请时，技术调查官可以对保全申请进行评估，帮助法官判断当事人是否已经满足其举证责任以及是否可以进行保全，同时对于具体的保全措施及注意事项给出专业的建议；在勘验过程中还可以对勘验的具体方案提出合理化建议。但是，仍然有些疑难案件或者需要查明的技术事实涉及新兴技术领域，更新速度特别快，仅通过技术调查官

对案卷的阅读和庭审时对当事人进行询问无法对技术问题作出认定，这就需要相关领域的专家给出更为专业的解答，因此，技术调查官可以对是否同意当事人聘请专家辅助人的申请或者法官是否需要咨询技术专家给出合理建议；或者有些需要查明的技术事实需要借助特殊设备或者需要特别长的时间才能得出结论，这就需要通过技术鉴定来解决技术争议焦点问题。不管是对于询问专家辅助人、技术专家，还是对于采用技术鉴定，相对于当事人来说，技术调查官均能够给予法官更为客观的意见建议，而且可以对需要咨询技术专家的问题或者对需要进行技术鉴定的问题给出合理建议。对于需要询问的专家辅助人、需要咨询的技术专家或者技术鉴定机构来说，技术调查官则可以在技术层面上提出更为专业、准确的问题。因此，在采用其他技术事实查明手段的过程中，应该充分发挥技术调查官的桥梁纽带作用。

4. 应该重视技术调查官参与诉讼活动时当事人的程序权利

《暂行规定》并未规定技术审查意见是否提前向当事人公开。根据当前实践，各国的技术审查意见书不向当事人提前公开的做法引发了各种质疑。然而，技术审查意见可能会对法官自由心证的形成产生重要影响，甚至直接影响裁判结果。因此，除了让当事人知晓参与诉讼活动的技术调查官及其所进行的技术事实查明工作，还应当对当事人适时、适度公开技术审查意见，以充分保障当事人的程序权利，避免造成"突袭裁判"。

（1）技术调查官出具的技术审查意见中涉及的纯技术问题可以提前向当事人公开。美国知识产权审判中特别专家出具的技术意见提前向当事人公开，日本的专家委员向法官说明技术问题时需要受到当事人监督，这些都保证了技术专家对纯技术问题发表意见时当事人的知情权和纠正错误的权利。因此，面对技术审查意见书不向当事人提前公开而产生的各种质疑，同时考虑到法官的法律判断需要在对技术事实正确认定的基础上进行，可以将技术调查官出具的技术审查意见中涉及的纯技术问题提前向当事人公开，给予当事人质疑的机会，以共同追求技术事实真相，保障法官适用法律基础的正确性。只是需要考虑技术审查意见公开的形式以及效力，但不管采取哪种形式，都需要至少在庭上给予当事人足够陈述意见和争辩的机会。

（2）技术调查官出具的技术审查意见中对争议焦点技术问题的认定均应

以当事人提交的证据以及庭审陈述为基础。技术类知识产权案件，尤其是专利案件涉及的技术争议焦点问题往往并非单纯的技术问题，例如在对2016年北京知识产权法院技术调查官参与机械领域案件诉讼活动出具的技术审查意见书的分析后发现，其中涉及的技术争议焦点问题通常包括：技术术语解释、公知常识、区别特征认定、对比文件结合的技术启示判断以及是否超范围、是否清楚、所解决的技术问题等，公知常识、对比文件结合的技术启示都不是单纯的技术问题，而对比文件结合的技术启示问题占比最高。为了避免当事人遭受突袭性裁判，技术调查官应当在庭审时围绕所争议的问题进行提问，让当事人对其作出认定所依据的关键点有所预期，给予当事人充分发表意见的机会，最终所作出的技术审查意见书中对技术争议焦点问题的认定应该以当事人提交的证据和庭审陈述为基础，技术调查官可以自行查阅相关技术资料，但仅能用于向法官解释涉案专利所属领域的技术发展状况、发明内容、证据公开的内容等，最多是用于说明对技术问题认定的正确性，不能依据自行查找的资料对争议技术问题作出认定。

（三）应加强审判主体专业化程度，法律、技术两手都要硬

1. 法官或者法官助理的技术背景

虽然业界有人认为法官不必懂技术，[①] 但是法官直接决定着案件的最终判决结果，作为技术事实查明的第一责任主体，如果具有技术背景则能够使得法官具有一定的技术思维，更容易理解专利案件相关技术内容和争议，而且根据德国技术法官和美国专业法官协同技术助理的工作模式可以看出，裁判者自身的技术背景对于技术类知识产权案件中技术事实查明的积极意义。从我国知识产权复合型人才教育来看，这种要求也是具有一定可行性的。目前阶段来看，可以考虑技术类知识产权案件的承办法官或者法官助理具有技术背景，比如，既可以是具有理工科教育背景，也可以是曾经多年从事技术类案件的审判工作，尤其是在遴选新任法官或法官助理时，在满足其他条件的情况下可以考虑向同时具有技术背景的人员倾斜。同时，还可以通过培训、

---

① 孔立明："关于重建知识产权案件技术事实查明机制的构想"，载《中国知识产权杂志》微信公众号，访问时间2017年6月14日。

交流等手段使得法官、法官助理在一定时间段内能保有其具有技术背景的这种优势。

2. 加强有专业技术知识的陪审员的参与有效性

一方面，应该通过对案件审理过程的管理加强具有专业技术知识的陪审员的参与程度。（1）知识产权法院在任命人民陪审员时应考虑其技术背景；（2）应该根据案件的技术领域分配具有该领域专业技术知识的人民陪审员；（3）通过比如开庭笔录、庭后合议记录等材料评价陪审员在案件审理过程中所发挥的专业作用。

另一方面，应该对参与技术类知识产权案件的人民陪审员进行相关法律法规的培训，使其了解基本的相关法律知识，或者通过人民陪审员校对判决文书来让其理解法官对案件争议焦点问题的判断思路，从而使人民陪审员能够很好地理解法官需要查明的技术事实，并为人民陪审员在庭审时能够有针对性地提问打下基础。

我国知识产权领域技术调查官
管理和使用模式探究*

陈存敬　　陈晓华

2014 年 12 月，最高人民法院制定发布《关于知识产权法院技术调查官参与诉讼活动若干问题的暂行规定》（以下简称《暂行规定》），"技术调查官"首次进入公众视野。

截至 2017 年 6 月，北京、上海和广州三个知识产权法院均设立了技术调查室，共聘任 61 名技术调查官，形成技术调查与专家辅助、司法鉴定、专家咨询有效衔接的多元化技术事实查明机制。技术调查官在 1144 件案件中为法官提供专业技术咨询，确保了技术事实认定的中立性、客观性和科学性。[1]

虽然我国大陆技术调查官制度主要借鉴日本、韩国及我国台湾地区有关技术调查官的立法和成熟经验，但是与日本、韩国和我国台湾地区不同的是，我国大陆技术调查官制度还与司法实践中采用的专家辅助人、司法鉴定、专家咨询等事实查明机制相互衔接和配合，从而形成了一个解决知识产权案件中技术事实查明问题的总体机制。

为了构建和完善具有中国特色的技术事实查明机制，本文主要以北京知识产权法院技术调查官制度的构建和探索为基础，并结合对域外技术调查官制度的分析借鉴，旨在从技术调查官的管理和使用层面上对技术调查官制度

---

* 本文成文时间为 2017 年 12 月。

[1] "知识产权法院'成绩单'上的那些漂亮数字"，载《人民法院报》，2017 年 8 月 29 日。

的完善进行进一步的探究。

一、北京知识产权法院技术调查官的管理和使用情况

（一）技术调查官的管理现状

1. 全方位、多层次的管理制度体系已初步建成

北京知识产权法院成立技术调查室后，根据《暂行规定》的原则和内容，制定、实施了《北京知识产权法院技术调查官管理办法（试行）》和《北京知识产权法院技术调查官工作规则（试行）》，对技术调查官的选任条件、职能定位、职责范围、参与诉讼活动的流程等事项进行了细化的规定。并且，制定实施了《北京知识产权法院技术调查官回避实施细则（试行）》和《北京知识产权法院技术类案件咨询费用管理办法（试行）》等规范性文件，并结合审判实践以及技术调查官制度运行的实际情况，多次修改、完善《技术调查官工作记录表》和《技术审查意见》的撰写模板。在该制度体系的规范下，经过实践检验，技术调查官可以有条不紊地规范开展其日常的工作。

2. 灵活采用多种选任模式，严格把关技术调查官的选任

截至 2017 年 10 月，北京知识产权法院技术调查室仅有 5 名交流技术调查官，很难满足技术类案件审判工作的实际需要，因此，除了在编的技术调查官以外，还设置了聘用的技术调查官、交流的技术调查官和兼职的技术调查官等技术调查官模式：在编的技术调查官属于本院正式行政编制人员，由本院自主进行选拔招录；聘用的技术调查官由本院面向社会公开自主进行招聘，签订相关劳务合同，解决组织人事关系、薪酬待遇等问题；交流的技术调查官由国家机关、行业协会、大专院校、科研机构、企事业单位等向本院派驻，任命后组织人事关系不变动，薪酬待遇由原单位保障；兼职的技术调查官由本院通过单位推荐、自我推荐等形式，从相关领域的技术人员中选择聘用，聘用后组织人事关系不变动，薪酬待遇由原单位保障。结合北京知识产权法院受理技术类案件的数量、类型、涉及的技术领域等审判实际情况，截至 2017 年底共选任了 5 名交流技术调查官、37 名兼职技术调查官和 27 名

技术专家①，但暂时没有选任在编的和聘用的技术调查官②。5 名交流的技术调查官来自国家知识产权局专利局、专利复审委员会、专利审查协作北京中心和天津中心，交流年限为一年或两年；37 名兼职的技术调查官中有 16 名来自专利审查协作中心，18 名来自企事业单位、高等院校或科研机构，3 名来自专利代理机构。上述技术调查官的灵活选任方式弥补了技术调查官编制不足的缺陷，扩大了专业技术领域的覆盖面。同时，"中级以上技术水平"的选任条件也保障了技术调查官具备履职能力，这一做法能够为法官准确认定技术事实并在此基础上作出正确的法律认定提供参考。

3. 注重培训，建立专业化技术调查官队伍

为了建立专业化技术调查官队伍，根据技术调查官的背景以及履职经验，采取有针对性的培训：

（1）对新任技术调查官进行初任培训。

使新任技术调查官尽快熟悉技术调查官的工作内容和工作流程，全面了解案件的审理机制和进程，从整体上把握技术调查官的职能定位；明晰参与诉讼活动的各个环节，从承上启下的角度出发，根据法官团队的需求，充分了解每一个其可能参与环节的工作内容、工作要求以及和其他环节的相互关系。

（2）持续培训已经有履职经验的技术调查官。

通过多种方式帮助技术调查官提高庭审技巧以及与法官团队的配合默契度，提高技术事实查明的针对性，提高技术审查意见的撰写质量。例如，组织技术调查官观摩庭审，使其切身体会真实的庭审并熟悉庭审流程；邀请法官结合具体案件介绍实际工作需求以及和技术调查官合作的感受，使技术调查官知晓、理解法官最希望技术调查官做什么、如何做、做到什么程度；请资深技术调查官"现身说法"，分享自己与法官沟通的心得体会，帮助技术调查官进一步明确自己的角色定位；规范技术调查官在询问当事人时的语言，以保证表达的准确性和中立性。

---

① 《北京知识产权法院技术调查官管理办法（试行）》第 8 条【技术专家委员会】：对于技术调查官难以解决的相关技术领域内的重大、疑难、复杂技术问题，可由技术专家委员会专家提供咨询意见。

② 《知识产权法院技术调查官选任工作指导意见（试行）》第 2 条：经省级公务员主管部门批准，知识产权法院可以按照聘任制公务员管理有关规定，以合同形式聘任技术调查官。

（3）协助法官充分发挥庭审的职能和作用。

在对技术调查官的培训过程中始终坚持贯彻、落实"诉—审—判一致"原则，要求技术调查官紧密围绕庭审这一重要环节，做好庭前的准备工作，协助法官准确界定技术事实争议焦点问题，让各方当事人在庭审中就这些问题进行充分陈述并展开交锋，切实发挥技术调查官在技术事实查明工作中的引导作用。同时，技术调查官在全面听取各方当事人意见的基础上，形成自己的认识和判断，作为审查意见的重要基础。

（4）通过现代技术手段补充集中培训的"短板"。

针对技术调查官队伍中部分来自高等院校和企业的兼职技术调查官的法律知识特别是专利法知识相对薄弱和庭审技巧欠缺等问题，同时考虑到这些兼职的技术调查官有自己的本职工作，不容易进行集中培训的因素，技术调查室利用微信群创建"微信课堂"，在微信群中定期发布专利法和专利审查方面的专业法律知识，介绍北京知识产权法院各项亮点工作；定期组织各技术领域的技术类案件的庭审观摩，使技术调查官熟悉庭审流程，并在庭审后邀请审判经验丰富的法官进行进一步点评，使得技术调查官通过观摩庭审学习"实战经验"。

（5）做好新老技术调查官的工作衔接。

为了克服新老交替时的衔接培训问题，[①] 建立北京知识产权法院与国家知识产权局等部门之间的有效沟通机制，形成北京知识产权法院和知识产权局等部门人员的定期交流学习工作机制。在技术调查官人选确定之后开始正式工作之前，由在院工作的交流技术调查官对这些即将履职的技术调查官进行"岗前培训"，以便其能更快地适应新的工作环境，进入新的工作角色。施行由专利审查经验相对丰富的交流技术调查官引领的示范机制，有针对性地提高新任技术调查官的技术事实查明能力。

4. 健全档案资料，完善案件管理和人事管理

在日常管理上，坚持为每个技术调查官建立人事管理档案，为每件案件

---

① 一年期的交流技术调查官在年初时集体到法院开始工作，年底同时回到原单位工作，周而复始，因此每一年的年初来报到的技术调查官都需要重新培训并且缺少有经验的技术调查官传授经验。

建立案件工作档案。技术调查官的人事管理档案包括：姓名、出生年月、性别、单位、职务/职称、技术领域、联系方式，《年度考核表》和《工作记录统计表》，其作用在于及时掌握各位技术调查官的个人基本情况的变化以及工作表现，强化技术调查官的责任意识和履职意识。案件工作档案应该包括：《申请技术调查官参与诉讼活动登记表》、《指派技术调查官参与诉讼活动通知书》、《技术审查意见》和/或《技术调查官工作记录表》以及判决文书，其作用在于可依据案件工作档案定期对涉及技术事实查明的案件进行统计分析，根据事实深挖原因，为进一步完善技术调查制度提供依据和参考。

5. 完善管理考核，提升技术调查官的职责意识

目前，北京知识产权法院正在探索制定《技术调查官考核规定》，拟参照正式在编人员的人事管理和考核制度，及时记录和完善技术调查官参与案件诉讼活动和教育培训的情况，探讨设置技术调查官工作评价指标，力图全面科学考量技术调查官工作，为后续技术调查官的选任、管理和技术调查工作的完善打下基础。

（二）技术调查官的使用情况

2015 年，技术调查室成立后 2 个多月时间里，技术调查室共指派 15 位技术调查官参与了 70 多件案件的技术事实查明工作，提交的技术审查意见近 15 万字，技术类案件庭审效率提升的效果初步显现，技术类案件结案率同比上升 5 个百分点。

2016 年，共有包括 5 名交流技术调查官在内的 27 名技术调查官参与了 352 件案件的技术事实查明工作。技术类案件结案数同比 2015 年增加 85%。仅 2016 年，交流的技术调查官平均每人接受法官普通咨询的时间为 14 小时，接受咨询并出具审查意见平均用时 4 天，每次出庭平均时长为 3 小时。粗略计算，5 位交流技术调查官人均出具的技术审查意见的总字数超过 30 万字，每位技术调查官的工作量不少于一位法官。2017 年，技术调查官共参与了 329 件案件的审理工作。技术调查官制度运行以来，为北京知识产权法院较好地完成审判任务，特别是为技术类案件的审结，发挥了积极作用，做出了

突出贡献。实践中，北京知识产权法院的做法是：

1. 技术调查官充分参与庭前质证、庭审、案件评议工作，并提交高质量的技术审查意见

为充分保障技术调查官与法官的庭前沟通工作，技术调查室明确要求承办法官需至少在庭审前五日申请指派技术调查官参与诉讼活动，技术调查室无特殊情况在一天内完成技术调查官的指派，以保证技术调查官有较为充分的时间了解案情。庭审前，技术调查官与承办法官就案件进行充分合议，归纳技术争议焦点，庭审中围绕技术争议焦点问题进行事实调查和询问，庭后针对焦点问题进行评议，评议后紧扣技术焦点问题撰写技术审查意见，有效地推动了法官查明技术事实的进度并提高了法官裁判文书的撰写工作效率。对于前期未申请技术调查官参与诉讼活动的案件，在庭审结束后，法官在认为必要的情况下，可通过庭后咨询的方式申请技术调查官参与案件技术事实查明工作。同时，为保障当事人的诉讼权利，对于庭后咨询的申请审批、当事人告知等流程也作了明确规定，要求技术调查官在现有证据材料的基础上提供技术审查意见，当事人认为有诉辩意见需要当面向技术调查官陈述的，通常还会建议承办法官再次组织谈话或开庭。在判决文书初步完成之后，技术调查官还协助法官审核判决书中技术事实查明部分，帮助完善相关技术术语、技术事实的准确表述。

2. 延伸职能，探索技术调查官全方位参与诉讼活动机制

在技术类案件中，技术调查官越来越多地参与到证据保全、勘验、庭前质证等环节。更早地介入诉讼程序，就能更详尽地了解技术方案，更全面地掌握各方观点，更多地了解与案件有关的情况，以最大可能保障技术审查意见的客观、公正。2017年，技术调查官共参与案件329件，参与证据保全及勘验案件43件，占全年总参与量的13%，其中证据勘验33件，证据保全10件。法官和技术调查官共同进行证据勘验，能够有效发挥各自的特点，确保勘验的效果。法官利用法律思维确保勘验过程的合法性、严谨性，技术调查官则利用自身的技术优势，为保全、勘验的顺利进行提供可行性分析和必要的工作准备，排除勘验过程中由于当事人不配合而设置的技术障碍，确保涉案产品相关技术细节的获取。与此同时，技术调查官参与的案件类型

不断丰富，除专利、技术秘密案件外，在涉及信息网络技术和计算机软件技术的著作权纠纷以及技术合同类纠纷的案件审理中，技术调查官也发挥了积极作用，提供专业意见，协助法官进行勘验，为法官判定是否侵权提供了技术支持。

3. 大胆创新，为存在技术领域交叉的案件指派两名以上技术调查官，并探索启动临时聘用技术调查官的机制

截至 2017 年底，北京知识产权法院共有 42 名技术调查官，来源于国家专利行政机关或专利代理人协会、企事业单位、高校、研究机构，且仅有交流和兼职两种类型。技术调查官的专业涵盖医药、通信、材料、化工、光电等受理案件经常涉及的领域。但伴随科学技术的迅猛发展和知识产权法院受理案件类型的不断丰富，部分案件所涉及的技术问题涉及多个技术领域的交叉应用，在此情况下，根据个案案情需要，由两名以上技术调查官共同参与，才能够更加准确、充分地查明技术事实，满足审判的需要。有时，案件所涉及的技术领域超出已有技术调查官的专业研究领域，可以通过采取聘请技术专业对口的临时技术调查官的方式予以解决。这种情况在司法实践中曾经出现一例，在现有交流及兼职技术调查官的专业领域无法准确对应审判需要的情况下，北京知识产权法院启动了临时聘用技术调查官的预案，聘请与案件中涉及的技术问题直接相关的专业领域的技术人员，参与案件庭审，并就案件中涉及的技术问题向合议庭做出专业说明及解释，协助法官准确和科学地理解涉案技术难点。这种做法也得到了当事人的认可。

4. 在"四位一体"技术事实查明机制中切实发挥技术调查官的协调、沟通作用

选任专业化人民陪审员①，对技术类案件的审理形成技术调查官、专家辅助人、司法鉴定人、专业化人民陪审员均可参与、相互配合、从不同角度发挥作用的格局：技术调查官作为司法辅助人员，主要负责协助法官解决案

---

① 《最高人民法院关于审理侵犯专利权纠纷案件应用法律若干问题的解释（二）》（法释〔2016〕1 号）规定：专业化人民陪审员是指来源于社会各阶层和各行业，可以不具备丰富的法律知识，但应该熟知自身行业和领域的知识技能，具备相应的专业技术分析能力和认知水平，能够代表和反映社会民意的人民陪审员。

件中的具体技术问题；专家辅助人一般由当事人自行聘请，在法庭上帮助当事人就技术问题进行专业性的说明，协助当事人分析鉴定结论，发表对技术问题的评论、意见等；司法鉴定人主要侧重于借助设备、仪器等进行检测并通过分析、对比查明相关的技术事实；专业化人民陪审员是案件的裁判者，可以对专业问题、鉴定结论进行审查、判断，其中立地位是案件公正审理的保证①。在越来越多的案件中，充分发挥了"四位一体"技术事实查明机制的作用并取得了很好的效果。通过多方共同努力，在庭审前迅速梳理技术事实并锁定争议焦点，引导当事人在庭审中把重点放在对有争议的技术问题的陈述以及交锋上，使技术调查官的工作更加具有针对性，做出审查意见的依据也更加充分、翔实，为技术类案件的公正、高效审理奠定基础。同时，技术调查官还需要居中承担司法鉴定委托人（原告、被告）和司法鉴定机构的沟通协调作用，从客观的技术事实出发，确定可行的、最优化的司法鉴定方案以便最终的鉴定结果能够成为有证明力的证据，真正推动审判进程。

5. 启动基层法院使用技术调查官工作，探索上下级法院共同利用技术调查官制度的工作模式，助力司法审判

2017 年 4 月，北京知识产权法院开始了全国首例技术调查官赴基层法院参与诉讼活动的尝试，截至 12 月，北京知识产权法院已经应基层法院的申请，三次指派技术调查官协助法官进行技术事实的查明工作，并在司法实践中取得了很好的效果。为了进一步开展该项工作，北京知识产权法院召开了"基层法院申请指派技术调查官参与诉讼活动工作意见征求会"，并出台了《基层法院申请指派技术调查官参与诉讼活动相关事项（征求意见）》，对技术调查官赴基层法院参与诉讼活动的案件范围、技术事实查明工作范围以及指派流程等征求意见。未来，将在基层法院利用技术调查官协助法官查明技术事实经验的基础上继续探索上下级法院使用技术调查官的工作模式。

---

① 吴广强："知识产权专家陪审之正当性与制度完善"，载《人民司法》，2014 年第 23 期。

二、存在的问题及原因分析

（一）实际操作中存在的主要问题

（1）北京知识产权法院目前的制度中，交流的技术调查官是定期派遣和轮换的方式，这在一定程度上导致技术调查官队伍的不稳定性和不连续性问题。交流的技术调查官主要来自专利行政单位，其任期为一年或者两年，通常都是自然年的年初到法院开始技术调查官的工作，年底结束返回原单位。因此，年初，一同来报到的交流技术调查官就会面临同时都是"新手"的情形。初来乍到的技术调查官对法院工作模式、人员情况以及技术调查官工作的开展有一个从陌生到熟悉的过程，因此给技术调查室工作的持续、稳定开展带来挑战。虽然在交流人员确定之后会提前对其进行衔接性的培训，但是授课式的培训效果有限，技术调查官的能力需要在"实战"中才能得到切实的培养和提高，而不是一两次培训就能解决的事情，因此，如何解决这一问题仍是需要继续思考的。

（2）兼职和交流技术调查官的管理和考核机制尚待完善。现有交流及兼职技术调查官的人事关系仍在原工作单位，在日常的人事管理和工作业绩考评的衔接方面存在一些需要解决的问题。人事管理方面，由于人事关系没有转到法院，对其在法院工作期间的记录等无法及时归入其个人档案中；在业绩考评方面，不同领域技术调查官的收案量存在一定差别，采用合理的统一量化考核指标对其进行考核存在一定困难。

（3）兼职技术调查官受多种因素影响，作用尚未得到充分发挥。一是兼职技术调查官都有本职工作，不在法院定点、定时办公。他们根据案件的审理以及保密的需要，会多次往返法院进行阅卷、开庭、评议等，因此法官与兼职技术调查官之间的沟通联络方面产生了不便；二是部分兼职技术调查官由于本职工作繁忙，没有比较充裕且随需的时间参与诉讼活动；三是兼职技术调查官不同于有专利审查经验的交流技术调查官，其所从事的工作涉及的技术领域具有专一性，即使是所属上位技术领域的案件，有的兼职技术调查官因长期集中精力于较为细化领域的研究，也无法胜任技术领域与之相关的案件的技术事实查明工作；四是部分兼职技术调查官来源于专利代理人协会、大型知名企业等，因此回避限制较其他兼职技术调查官多，无法充分参与案件诉讼活动。

（4）技术调查官的廉政问题会随着技术调查官的广泛使用而愈加凸显，成为未来的廉政风险点之一。技术调查官所从事的技术事实查明工作是法官进一步作出司法审判的基础，因此技术调查官的中立性显得尤为重要。如果作为法院在编的工作人员，其身份的中立性不容置疑①，并且其法律地位相较于专家辅助人更具有立场的客观公正性，在技术事实查明上不受制于法官，更不会受制于当事人。但目前的实践中，北京知识产权法院所涉案件的技术领域涵盖面广，受限于编制原因，技术调查官采用交流和兼职的选任模式以实现技术领域的全面覆盖。但是，交流和兼职技术调查官的人事关系在原单位，并且兼职技术调查官主要从事的仍是本职工作，受工作的限制和其他各种因素的影响，其中立性可能未能得以保障，需要通过制度建设和实践不断予以完善。

（5）如果设置在编和聘用的技术调查官，如何保证技术调查官的知识更新将是一个需要解决的难题。在编和聘用制技术调查官长期固定在法院这一非"技术一线"单位工作，容易导致不能及时了解最新科技动态，其技术水平与所属专业领域的技术发展脱节的问题。如果不能得到妥善解决，技术调查官可能不能在技术事实查明工作中发挥预期作用。因此，保障技术调查官的知识更新是使在编和聘用制技术调查官制度得以落实必须考虑的问题。

（6）存在部分法官过度依赖技术调查官所出具的技术审查意见，让渡司法审判权的问题。根据《暂行规定》的精神，技术调查官仅负责技术事实查明工作，不对案件法律适用问题发表意见。技术审查意见系法官审理案件的参考，不是法官断案的必然依据。但实践中，技术类案件审理难度相对较大的压力，且有部分技术调查官来自专利审查行政部门，熟悉《专利法》以及专利审查工作，可能存在法官希望技术调查官在技术事实查明问题之外就法

---

① 黎淑兰，等："技术调查官在知识产权审判中的职能定位与体系协调——兼论"四位一体"技术事实调查认定体系的构建"，载《中国知识产权法学研究会2015年年会论文集》。

律适用问题发表观点，甚至"替"法官给出结论的情形。个别法官在收到技术调查官的技术审查意见后，未进行深入的理解、分析，甚至不进行案件评议，而直接在判决书中原样照搬技术审查意见书的内容，补充几句简单的论述就完成判决书的撰写。尤其是在庭审前准备工作不充分的情况下，该种做法降低了判决书的说理性，无法体现法官的判案思路，实质上是法官让渡司法裁判权的体现，长此以往，不利于法官业务水平的提升，也必然影响案件判决的公正性。

（二）问题的分析

技术调查官制度在我国运行时间较短，但是却为技术类案件的公正、高效审理提供了有力保障。这一点，从前述技术调查官制度在北京知识产权法院运行的情况来看，就能得到充分的佐证。作为知识产权法院的配套制度，技术调查官在我国大陆是一个全新的制度。新制度，就存在一个不断探索和完善的过程。分析目前技术调查官的管理和使用中所存在的问题，可以主要归纳出以下三方面的原因：

1. 在编和聘用制技术调查官的"缺席"导致目前的技术调查官队伍不够稳定，并由此引起一系列人事考核、培训以及廉政方面的问题

在当前加大知识产权保护的大背景之下，北京知识产权法院受理的案件量大幅度增长。为了进一步准确、全面地查明技术事实，技术调查官履职范围愈来愈广泛。如诉前或者诉中的证据保全，现场和当庭的技术勘验，技术调查官在协助法官查明技术事实的过程中的作用日益凸显。虽然，技术调查官仅对技术事实查明发表意见，但技术事实在技术类案件的审理中却是法官作出法律判断的基础，技术事实无定论，又何谈法律观点的得出。如此重要的角色定位，应当需要一支稳定、"训练有素"、专业化的技术调查官队伍。

交流的技术调查官虽然会有一段时间稳定地在法院内部工作，但是仍然存在一年或者两年轮换的问题，而兼职技术调查官只是根据工作需要偶尔到法院工作。因此整体来说，目前的技术调查官队伍内部的互相交流、联系不充分，技术调查官个体与法院的联系也不够紧密，由此导致了如上所述的培训衔接问题、管理考核问题甚至廉政问题等。并且，短期在法院工作或者是

偶尔到法院参与工作的模式也决定了技术调查官的工作对大多数技术调查官来说仅仅是"第二职业",当本职工作与技术调查官工作出现冲突的时候,技术调查官通常会先选择本职工作,而推掉到法院的技术事实查明工作。由此常常出现需要联系多人才能找到一位适合且能参与工作的技术调查官的现象,也就不难理解有些法官团队不太愿意使用兼职技术调查官的原因了。此外,作为技术调查官的职业荣誉感、归属感的缺失,以及本职工作所带来的身份中立性的隐患,也是出现廉政问题的诱因。

2. 技术调查官是一种特殊的职业角色,需要具备丰富、全面的知识以及较高的职业能力

对技术调查官的角色定位,不应该简单等同于《专利审查指南》中的"本领域技术人员",也不能简单归结为"法官的技术翻译、技术助手、技术参谋"。

首先,在目前的审判实践中,技术类案件主要来源于两大方面:一方面来自涉及专利授权确权的知识产权行政案件,另一方面则来自知识产权民事案件中涉技术案件,其中包括专利侵权、不正当竞争、商业秘密、计算机软件及技术合同类案件。在专利行政诉讼中,尚可将"技术调查官"的技术水平等同于《专利法》意义上的"本领域技术人员"。但是,在知识产权民事案件中对技术调查官的需求却不能简单地移植"等同于"的概念。在这些案件中,技术调查官的知识储备不再局限在专利申请日或者优先权日之前,而是审理案件之时,本领域的行业发展状况、技术发展趋势、相应的技术手段都是技术调查官应当了解的内容。

其次,技术调查官不仅仅需要具备专业知识,他们对庭审程序的熟悉,对庭审技巧的掌握,甚至与法官团队配合的默契程度也直接影响到技术调查官工作的效率和质量。在特定案件的审理过程中,技术调查官还面临着主持有各方当事人参加的技术争议焦点问题的归纳以及现场勘验的任务。在司法实践中,当事人故意利用技术问题"搅局"或者在明显的技术事实面前仍然为了自己的利益而"睁眼说瞎话"的情况并不少见。因此,技术调查官还需要很强的临场应变能力和沟通协调能力。在主持各方就技术事实进行说明的过程中,技术调查官巧妙地将需要调查的事实辨析、提炼并固定下来,这些

才能作为之后审理工作的基础。实践中，和法官团队配合默契的技术调查官会在庭审过程把控技术事实查明的主动权，由法官来控制案件审理的进程，因此整个过程详略得当、松弛有度，庭审效率得以提高。由此可见，仅仅将技术调查官定位为法官的技术助手、技术翻译、技术参谋，会忽略技术调查官在技术事实查明过程中发挥"主观能动性"和运用"技术事实查明技巧"的作用。

鉴于技术调查官工作内容和任务的特色，对技术调查官的培养不能仅靠一朝一夕之功，更需要长期积累之力。如同培养法官是需要经历海量案件的磨练，对技术调查官的培养也同样需要"实战"中的锻炼和提高。因此，针对不同选任模式的技术调查官又应当赋予其在技术调查官队伍中不同的角色定位。在编的技术调查官可以利用工作地点固定、时间固定以及身份中立的特点发挥中枢和纽带作用，促进兼职技术调查官与法官团队的沟通交流。同时，不同类型的技术调查官的培训也需要针对其特点有针对性地进行。

3. 目前，法官团队建设的进一步完善和业务能力的提高还存在较大的提升空间

分析部分法官过度依赖技术审查意见的原因不难发现，主要存在客观和主观两个方面的原因。客观上，目前法官的审判压力过大，案件积压非常严重，这导致法官可以用在每个案件上的时间和精力都受到限制。法官团队的人员流失也成为阻碍法官团队高效工作的掣肘。并且，大量毕业于法学专业的法官常常与具有理工科背景的技术调查官在思维方式和知识储备上有很大的不同，这些都使得法官团队在介入技术类案件的审判时显现出"力不从心"。主观上，畏难情绪，接受新知识的意愿和能力在法官团队之间也存在差异，因此也就造成了一些法官在面对技术类案件的时候有些"不知所措"。不可否认，有些法官已经有了驾驭技术类案件的较强能力，但是就整体的平均水平而言，依然有较大的提升空间。具备技术和法律双重背景，具备丰富工作经验的技术调查官，是一项极好的资源。完全可以利用这项资源来滋养法官团队。技术调查官团队和法官团队互相学习、取长补短，才能更好地做好司法审判中技术类案件的审判工作。

三、域外技术事实查明人员的管理和使用模式及对我国的启示

（一）韩国、日本、我国台湾地区技术调查官的管理和使用

1. 日本技术调查官与专门委员协同管理和使用模式

日本是建立技术调查官制度最早的国家，在知识产权高等法院成立以前，日本最高法院即已存在技术调查官。日本东京高等法院于 1949 年 4 月最初建立了技术调查官制度，后被韩国和我国台湾地区借鉴。日本在专门审理发明专利、实用新型、计算机软件等知识产权案件的大阪地方法院、东京地方法院和东京高等法院（即知识产权高等法院）均设置了技术调查官，日本法院目前共有 21 位技术调查官在职①。

日本的技术调查官主要是从特许厅的工作人员中进行选拔，通常派遣人员在特许厅工作达到 15—30 年并具备审判实务经验。派遣人员担任技术调查官的年限一般为 3 年，在担任技术调查官期间不参与原单位的工作，在 3 年后返回特许厅工作。另外，随着知识产权案件审理对技术调查官的需求越来越大，只从特许厅中选任是不够的。因此，东京高等法院从 2002 年开始、东京地方法院从 2003 年开始任用律师出身的调查官。现在，前述两院各有一名律师出身的调查官在编。

据《日本裁判所法》第 57 条的相关规定，调查官接受法官的委任，负责案件（在地方法院，仅限于工业所有权或租税相关的案件）的审理及法院所需的相关调查。凡涉及专利等案件的技术问题时，法官可以要求调查官就某一技术问题进行研究，作出报告向法官说明，包括解释专利保护范围、被告涉嫌侵权产品或方法的技术内涵等内容，对双方进行对比但不作判断，以解决法官不熟悉、不懂得的技术性问题。日本知识产权高等法院成立后，由于知识产权案件，尤其是专利案件，涉及更加专业的技术问题较多、技术领域覆盖面更广，而技术调查官囿于自身专业技术领域，知识存在局限性，因此在具体实践中，技术调查官对法官审理案件的助益受到限制。从 2005 年 4

---

① 强刚华："试论中国知识产权法院技术调查官制度的建构"，载《电子知识产权》，2014 年第 10 期。

月起，根据修改后的《日本民事诉讼法》第 92 条之 8 规定，技术调查官的
权限得到了扩大：不仅可以参与诉讼程序并对当事人进行提问，而且可以向
裁判官陈述参考意见。技术调查官要根据法官的指示制作报告书，技术审查
报告对法官不具有绝对约束作用，仅具有参考作用。在实际操作中，由于大
部分法官不了解专业技术知识，所以调查报告所提供的意见普遍被法官采
纳。① 但技术调查官不接受当事人的询问，调查报告的内容也是不对外公开
的。② 为了保证技术调查官的中立性，使案件能够公正审理，日本的民事诉
讼法还设立了技术调查官的回避制度。③ 即诉讼当事人可以向法院申请可能
会影响案件公正审判的技术调查官回避，在申请回避期间，该技术调查官不
得参与案件审理。④ 日本技术调查官和专门委员均适用回避之规定，遇有需
要回避之事项应予回避。⑤

　　日本在 2003 年的法律修订中新设置了专门委员制度，即学者或技术人员
等特定领域的专家，作为专门委员参与诉讼程序并为裁判员提供解释说明的
制度。⑥ 因此，技术调查官的身后还有提供支持的专门委员会。专门委员系
各技术领域的专家，包括大学教授、研究机构的研究员、专利律师等。据统
计，在实践中，知识产权高等法院频繁利用专门委员制度，而地方法院对于
专门委员制度较少利用，截至 2009 年 7 月 1 日专门委员的人数达到了 200 名
以上⑦。专门委员的职能是对专业程度特别高的技术问题进行说明，或技术
调查官在调查后仍存疑问的情况下也可听取专门委员的说明。其与技术调查
官的区别在于，专门委员并非全日制在法院工作，而仅对法院指派的案件提

① 王睿婧："我国知识产权审判机制研究"，华东交通大学硕士学位论文，2015 年 6 月 8 日，第
19 页。
② 强刚华："试论中国知识产权法院技术调查官制度的建构"，载《电子知识产权》，2014 年第
10 期。
③ 沈露："知识产权法院体系框架研究"，湘潭大学硕士学位论文，2016 年 6 月 1 日，第 22 页。
④ 李慧婷："中国知识产权审判技术调查官制度构建研究"，湘潭大学硕士学位论文，2016 年 5
月 30 日，第 16 页。
⑤ 宋汉林："知识产权诉讼中的技术事实认定——兼论我国知识产权诉讼技术调查官制度"，载
《西部法学评论》，2015 年第 5 期，第 11—19 页。
⑥ 易涛："日本知识产权高等法院"，载《科技与法律》，2015 年第 1 期，第 108—129 页。
⑦ 罗超："论我国知识产权法院的制度建设"，上海师范大学硕士学位论文，2016 年 6 月 1 日，
第 24 页。

供意见供法官参考；专门委员参与诉讼的方式是需征求当事人同意而由法院聘请；专门委员重在提出专业意见，为法官及当事人提供解释说明[1]。当事人也可以向专门委员提问，专门委员针对技术问题在向法官说明时，当事人必须亲自在场[2]，且也仅在法院技术调查官对于最尖端的技术领域新出现的各种技术的认知有困难时，法院才挑选相关专门委员予以协助[3]。

2. 韩国技术审理官的管理和使用模式

为了强化专利案件中的技术专业性，韩国专利法院设技术咨询室，[4] 目前拥有 17 名具有机械、通信、电力、电子、化学、药学、农学和建筑学专业知识的技术审理官。技术审理官的规范在《韩国法院组织法》等法律中得以体现，韩国最高法院还颁布了专门的《韩国技术审理官规则》，对技术审理官的法律地位、任职资格和职责等内容作出了详细的规定。韩国专利法院的审判合议庭由三名法官和一名技术审理官组成，技术审理官只能参与案件审理，没有最终决定权。技术审理官在技术类案件审理过程中可以参与全过程，根据案情需要，随时向法官提供技术咨询，或者可以参与准备程序及开庭审理，参与研究诉讼记录、与技术相关的证据判断、事实问题的调查研究，向法院提出有关专门知识的意见书或者口头报告研究结果或意见；在案件审理中向诉讼关系人提问；在合议庭合议过程中对事实关联的技术事项陈述意见[5]。此外，技术审理官根据以上条款提供的观点和书面意见，不向公众公开。[6]

虽然技术审理官没有最终决定权，但是技术审理官的技术性意见对判决结论的影响也很大。在这种情况下，业界关于技术审理官成为实际上的裁判

① 李慧婷："中国知识产权审判技术调查官制度构建研究"，湘潭大学硕士学位论文，2016 年 5 月 30 日，第 17 页。

② 梁艳芬："知识产权审判的专业化路径分析"，华南理工大学硕士学位论文，2016 年 6 月 4 日，第 18 页。

③ 杨海云、徐波："构建中国特色的技术性事实查明机制"，载《中国司法鉴定》，2015 年第 6 期（总第 83 期），第 7—13 页。

④ 廖子珣：《专利案件审理的技术查明机制》，载《法制博览》，2016 年 4 月，第 118—120 页。

⑤ 李慧婷："中国知识产权审判技术调查官制度构建研究"，湘潭大学硕士学位论文，2016 年 5 月 30 日。

⑥ 王晶晶："韩国专利法院介绍"，载《中国发明与专利》，2015 年第 1 期，第 15—19 页。

者的质疑不无道理。此外，和日本技术调查官制度一样，韩国技术审理官来自韩国专利局的出身也引发了另一个担忧，即在处理与专利局相关案件时的中立性问题[①]。

3. 我国台湾地区的技术审查官模式

我国台湾地区"智慧财产法院"根据"智慧财产法院组织法"第 15 条的规定设技术审查室，置技术审查官，其同样属于诉讼辅助人员。技术审查官的职责是："承法官之命，办理案件之技术判断、技术资料之收集、分析及提供技术之意见，并依法参与诉讼程序"。又据"智慧财产案件审理法"第 4 条的规定，技术审查官可以根据法官的命令执行以下任务：（1）为使诉讼关系明确，就事实上和法律上之事项，基于专业知识向当事人做出说明或提问；（2）向证人或鉴定人直接提问；（3）就本案向法官为意见之陈述；（4）于证据保全时协助调查证据。

另外，台湾地区"智慧财产案件审理细则"第 13 条对技术审查官的职责进行了进一步的明确：（1）对卷宗资料，经过自身专业的分析研究，整理出案件的争议内容，明确案件事实的争议焦点，向法官进行解释说明，向法官提供与案件有关的专业书籍参考资料。（2）对证据调查的过程、调查的顺序，以及取证的途径向法官陈述意见；（3）在庭审过程中，经过法官同意，可以向诉讼参与人询问与案件事实有关的问题，对于法庭上的诉讼参与人所提供的证据材料中的专业术语向法官作出解释和说明；（4）在勘验过程中，对于一些特殊标的物要向勘验工作人员说明应当注意的事项，协助法院对标的物的操作处理工作；（5）对于一些包含要写明技术信息的裁判书，要协助法官进行制作；（6）在最后的合议庭评议阶段，可在审判长的准许下，参与案件的评析，发表对判案有直接关系的技术事实认定意见并预先提交书面的评述意见。然而在台湾地区的司法实践中，技术审查官参与案件评议的情况却是极少数。[②]

台湾地区的技术审查官仅就案件涉及的技术事实为法官提供咨询意见，

[①]　贺伟："专利诉讼中技术调查官制度研究"，湘潭大学硕士学位论文，2016 年 6 月 1 日。

[②]　蒋竹婷："关于我国知识产权法院技术调查官制度思考——以大陆法系技术事实查明制度为视角"，广东外语外贸大学硕士学位论文，2016 年 5 月 16 日，第 21 页。

该咨询意见不作为证据，不向当事人公开，也不接受当事人质询，仅供法官在认定事实时促成心证的参考。台湾地区"智慧财产法院"共有 10 名左右技术审查官，涉及机械、化工、医药等领域①。技术审查官之回避，参加各程序应适用之法律同于法官回避之规定，但是技术审查官是否参与诉讼，完全由法官决定。

4. 小结

多国或地区的实践已经证明，技术调查官制度的基础是中立性、专业性和公开性。技术调查官制度是一种容易施行并且行之有效的帮助法官查明技术事实的方式，在技术类知识产权案件的审理中发挥了推动作用。

（1）从技术调查官的管理角度来看技术调查官制度。

根据这些国家或地区的实践，技术调查官的主要来源是这些国家或地区专利局的审查员，对于来自专利局审查员的技术调查官身份中立性的质疑是受到社会广泛关注的一个重要问题。

从目前北京知识产权法院技术调查官的来源来看，交流的技术调查官均是来自国家知识产权专利局及专利审查协作中心、专利复审委员会的审查员，兼职的技术调查官也有一半以上来自专利审查协作中心。从北京知识产权法院《2016 年技术调查工作分析报告》可知，2016 年共有包括 5 位交流技术调查官在内的 27 位技术调查官参与了 352 件案件的技术调查工作，其中 5 位交流技术调查官承担了 279 件，占总量的 79%。北京知识产权法院管辖因专利复审委员会作出的行政决定而提起诉讼的专利行政案件的一审，同样也容易使外界尤其是当事人因技术调查官来源身份进而对其中立性产生质疑，因此需要通过制度建设完善管理，减少由于技术调查官具有审查员身份所带来的负面影响。

另外，从日本特许厅派遣的技术调查官工作年限一般为 3 年，担任技术调查官时间较长，使得新任的技术调查官有足够的时间熟悉工作。这在一定程度上可以解决技术调查官队伍的稳定性和连续性问题。

---

① 刘新平："台湾知识产权审判制度对大陆的借鉴"，载《海峡两岸司法实务热点问题研究（2011）》，北京：人民法院出版社，2012 年。

（2）从技术调查官的使用角度来看技术调查官制度。

根据这些国家或地区的实践，技术调查官制作的技术报告书不向当事人公开在社会上所引起的质疑也是该制度运行中突出的问题。

从北京知识产权法院《2016 年技术调查工作分析报告》可知，通过 2016 年技术调查官参与诉讼的已结案件判决书与相应的技术审查意见的对比可以发现，绝大多数案件的承办法官采纳了技术调查官关于技术事实的认定意见，从判决书的撰写情况来看，有 20 件案件的判决书对技术事实认定的相关表述与技术审查意见基本一致，49 件案件的判决书对技术审查意见中技术事实认定的表述进行了适当调整，仅 1 件与技术审查意见的认定不一致。由此可见，技术调查官所出具的技术审查意见对最终判决的作用之大。因此，在我国知识产权案件审判中，在目前不公开技术审查意见的前提下，应该至少通过规范技术调查官的使用来尽可能减少技术审查意见不公开所引起的当事人对公正性、科学性方面的质疑，从而使得当事人即便不能了解审查意见的内容，也能够对技术调查官需要重点调查的关键争议问题有所了解，并确保当事人拥有充分发表意见和举证的机会。

日本的技术调查官结合专门委员的工作模式解决了疑难复杂技术事实查明的问题，且专门委员需要在当事人在场的情况下工作，这一要求在一定程度上解决了技术调查官出具的技术报告书不向公众公开所带来的质疑问题。

（二）其他国家从事技术事实查明的人员的管理和使用

1. 德国的技术法官的管理和使用模式

德国联邦专利法院除了设置法律法官，还设置技术法官，并共同负责审理技术类的知识产权案件，这是一种典型的采用技术法官查明技术事实的模式。技术法官应当具备自然科学或技术学科的学历背景，还需具备多年的实际工作经验以及必要的法律知识，尤其是专利法方面的知识，一般从专利局的资深审查员中选任。技术法官不仅是技术专家或内行人士，还与法律法官一样可以终身任职，并具有同等的权力。技术法官被任命为终身制的职业法官，这是德国司法领域的特色，在世界范围内也是特例。联邦专利法院的技术法官们分别在各自不同的专业技术领域内拥有丰富经验，因此经常被委任审理相关技术领域的知识产权案件。

根据德国联邦专利法院网站公布的信息，2014 年 12 月 31 日该法院拥有 112 名法官，其中 65 名技术法官、47 名法律法官，分属于 29 个审判庭，除商标上诉审判庭和法律上诉审判庭外均设技术法官，但是其中合议庭成员人数、技术法官人数和职责不同，（专利）无效庭、实用新型上诉审判庭和植物品种保护上诉审判庭均由法律法官担任审判长，只有技术上诉审判庭由技术法官担任审判长，并且在审判庭由 4 名法官组成的情况下，表决时出现表决数相同的情况时以审判长的意见为准。[1][2][3]

德国的这种技术法官与法律法官共同负责审理技术类知识产权案件的模式有利于准确认定技术事实，保障了高质量的审判效果，充分体现了专利法制为技术发展服务的理念，使得德国专利制度及专利品质得到了认可。但是，这种模式对技术法官的资质要求较高，既要求其具有技术能力又要有法律素养，因此选任难度较大；此外，技术法官数量有限，所覆盖的技术范围有限，故技术法官制度在具备科学性的同时也存在着一定局限性，这也是这种模式没有在世界范围内得到广泛推广的一个重要原因。

我国虽然没有推行技术法官的模式，但是这种模式下所带来的高质量审判效果不容忽视。首先，技术法官本身兼具一定技术资质和法律知识，这是准确查明案件相关技术事实的基础。我国采用的技术调查官制度意在补足法官技术背景的缺乏，但是如果技术调查官对案件所涉及的法律知识了解不多，甚至完全不知道法律判断中某些特定用语的含义，那么就会影响法官与技术调查官之间的沟通效果，技术调查官也就不能很好地做好法官所需要的技术事实查明工作。如前所述，从北京知识产权法院技术调查官工作实践也可以看出，来自企业和大专院校的技术调查官虽然具有较好的专业背景和应用经验，但是缺乏专利法等基础性法律知识，无法准确把握技术类案件审理中的

① "组织机构图"，载德国联邦专利法院官网，https：//www.bundespatentgericht.de/cms/media/Das_Gericht/Organisation/organigramm_en.pdf，访问时间 2017 年 6 月 14 日。

② "联邦专利法院：任务｜组织架构｜展望"，载德国联邦专利法院官网，https：//www.bundespatentgericht.de/cms/media/Oeffentlichkeitsarbeit/Veroeffentlichungen/Informationsbroschueren/infobroschuere_chin.pdf，访问时间 2017 年 6 月 14 日。

③ 郭寿康、李剑："我国知识产权审判组织专门化问题研究——以德国联邦专利法院为视角"，载《法学家》，2008 年第 6 期，第 59—65 页。

争议焦点，更难以撰写出高质量的技术审查意见。因此，对这一类技术调查官加强相关法律法规的培训是提升其履职能力、改善与法官沟通效果的重要管理工作。其次，在技术法官与法律法官共同审理知识产权案件时，技术法官的参与程度和数量根据案件类型以及案件的争议焦点来决定，专利无效案件和技术上诉案件的5人合议庭中均有3名技术法官参与，而且技术上诉案件由技术法官担任审判长。参考德国的模式，我国在采用技术调查官查明技术事实过程中也可以考虑根据案件难易程度调整参与诉讼活动的技术调查官的数量，以保障技术事实认定结果的准确性和公正性。

2. 美国专业法官与技术助理协同下的专家介入模式

在美国多元化的教育体系下，法律硕士和法律博士教育必须首先经历非法学教育，加之美国联邦法院的法官都要经过严格的遴选程序，因此法官本身具有一定的专业技术背景。另外，法官的技术助理可以帮助法官处理技术事实认定问题。因此，在知识产权案件的审判中解决技术问题时，最基本的方法是通过双方当事人的主张和说明，法官和法官技术助理即可查明技术事实并对争议问题作出认定。除此之外，可以协助法官查明技术事实、帮助其准确站位"所属技术领域的技术人员"的方法还有：（1）专家证词（Testimony by Experts）。根据《美国联邦证据规则》第702条的规定，各方当事人均可以提交专家证词。（2）专家证人（Court-Appointed Experts）。双方当事人可以聘请专家证人，法官可以依职权或依申请选任专家证人。经法院选任的专家证人，不须经双方当事人同意，但必须让双方当事人知悉，该专家证人可以应双方当事人的要求在庭外接受询问、出庭作证，还要接受双方当事人的交互诘问。只是实务上由法院选任专家证人的情形非常少见。（3）特别专家。依据联邦民事程序法，法院可以指定专家（或称为特别专家）来协助参与诉讼，但需要双方当事人同意。按照法院指定的范围，并且在双方当事人同意的权限内，该专家可以接受证据并听证，在此基础上制作报告并向法官提出建议。双方当事人有权对该专家制作的报告提出异议或提出更正请求。此外，美国联邦巡回上诉法院认为，对于例外的高科技案件，法官为了发现真相，有权寻求技术顾问的帮助。技术顾问可帮助法官进行技术事实查明，明确和解决技术争议，但技术顾问在法官心证形成过程中所扮演的角色遭到了业界的质疑。[①]

从美国专业法官协同技术助理的工作模式中，我们可以看出法官以及技术助理在具有专门法律知识之外的专业技术背景对于查明技术事实的积极意义。另外，专家证人和特别专家在参与案件诉讼活动过程中的工作都受到当事人的监督，从其专家的身份和给出的建议内容来看，专家的参与仅限于技术事实的认定，应当给予当事人帮助法官找出事实真相的机会，这是对当事人权利的保障。总体来说，在美国之所以会对专家参与诉讼的资格进行审查，会对给出的建议内容进行完全公开和接受质询，是因为在美国将"专家"定位于诉讼中的证据，这是基于美国衡平法体系下当事人主义的对抗原则而进行的选择。

在我国知识产权审判中，技术调查官是法院聘任的，其参与诉讼的立场是中立的，因此在聘任时对其资格的审查应严格把关，而在指派其参与具体案件时应当重点考虑其是否具备专业技术知识以及对于具体案件来说是否存在回避事由。对于技术调查官出具的技术审查意见可以根据案件具体情况区分，例如，对于单纯的技术问题，可以考虑由技术调查官在庭审之前对该争议焦点问题予以释明，并让各方当事人发表意见；对于既涉及法律适用又与技术事实认定密切相关的争议焦点问题的认定，比如说明书是否公开充分等难以将法律和技术完全分开的问题，可以考虑由技术调查官在庭审过程中通过提问的方式给予当事人充分发表意见的机会，再由合议庭作出评判。

3. 英国技术陪审员的管理和使用模式

1999 年，英国实施了新的《英国民事诉讼规则》，建立了技术陪审员制度。英国的技术陪审员适用于知识产权案件的审理，但并不仅限于知识产权案件的审理。技术陪审员协助法院处理其掌握技术和经验之事项，[②] 完全忠实于法律，忠实于科学，具有较大的独立性。根据该规定，法院可委托一名或多名人士担任技术陪审员，协助法院处理技术事实认定问题。技术陪审员

---

① 易玲、熊英灼："认同中的抵抗：当技术与专利审判相遇时——对美、德、台应对举措的反思"，载《科技与法律》，2015 年第 5 期，第 1056—1077 页。

② 徐昕译：《英国民事诉讼规则》，中国法制出版社，2001 年版，第 123 页。

可以根据法官指令参与诉讼程序，出席全部或者部分开庭审理，向法官提供技术报告，并由法院向当事人送达。技术陪审员不出庭，以言词方式作证，或者接受交叉询问或者询问。[①] 技术陪审员与当事人不发生直接联系，其独立性至高无上。技术陪审员的报酬由法院决定并构成诉讼费用的组成部分，可以向当事人"转嫁"。法院可以责令任何当事人在法院办公室存入一定金额的款项，作为技术陪审员的费用，如法院作出如此命令，则唯有在有关当事人交存有关费用之后，方得请求技术陪审员行为。如技术陪审员的报酬由议会拨款经费解决，则无需当事人存入款项。[②] 技术陪审员的委任程序应保障当事人的程序参与权，法院须在委任技术陪审员的 21 日之前向当事人书面通知提名技术陪审员的姓名、协助事项及资质，当事人可对其资质提出质疑，法院对当事人提出的质疑进行审查并决定是否委任。同时，技术陪审员出具的任何报告副本均应送达双方当事人。

从英国的技术陪审员制度运行规则可以看出，其技术陪审员的工作职能和韩国、日本、我国台湾地区的技术调查官工作职能类似，而且也是相应于当事人主义下技术专家独立性不足而产生的，但是，技术陪审员属于法院在编的人员，而且其出具的任何报告副本均送达双方当事人，可以在很大程度上解决韩国、日本、我国台湾地区的技术调查官因身份和技术报告不公开而受到质疑的问题。

四、完善我国技术调查官管理和使用的建议

（一）技术调查官的管理

1. 以在编技术调查官带动交流和兼职技术调查官形成分领域技术调查官团队

首先，不管是韩国、日本、我国台湾地区的技术调查官，还是德国的技术法官、英国的技术陪审员，都属于有法院编制的人员，其参与案件审判的

---

① 宋汉林："知识产权诉讼中的技术事实认定——兼论我国知识产权诉讼技术调查官制度"，载《西部法学评论》，2015 年第 5 期，第 11—19 页。
② 徐昕：《专家证据的扩张与限制》，载《法律科学·西北政法学院学报》，2001 年第 6 期（总第 114 期），第 84—98 页。

立场是法院。虽然在技术调查官任期结束后其仍然可能返回原单位工作，但至少在其任期内其人事关系和薪资均属法院管理。考虑到目前我国在人事管理方面的相关规定，对交流的技术调查官在交流期间进行人事调动尚有较大困难。但是，有一定数量的技术调查官属于法院在编人员还是十分必要的。这些技术调查官作为法院的司法辅助人员，会有更强的职业荣誉感和归属感，同时，他们可以作为技术调查官队伍的团队联系人，按技术领域划分，发挥对所属技术领域的其他类型技术调查官的引领示范作用和部分管理工作。通过法院在编技术调查官带动交流、兼职技术调查官，可在一定程度上缓解由于身份问题受到质疑的压力。这种在编技术调查官、挂职交流的技术调查官和兼职技术调查官等多种选任形式并存的制度，可以发挥各种选任形式技术调查官各自具有的优势，也正好与《最高人民法院关于印发〈知识产权法院技术调查官选任工作指导意见（试行）〉的通知》（以下简称《选任工作指导意见》）第2条所列出的技术调查官形式相契合。

其次，根据《选任工作指导意见》并结合北京知识产权法院的司法实践，法院在编的技术调查官任期一般比交流的技术调查官时间长，因此，在编的技术调查官可以起到承上启下的作用，从而解决目前只有交流和兼职技术调查官所带来的技术调查官队伍不够稳定和工作衔接不连续的问题，促进技术调查官整体工作水平的可持续性提升。也就是说，不同身份的技术调查官发挥的作用各有侧重，在编的技术调查官主要起到人员衔接、辅助管理、业务引导的作用，而相对而言，交流的和兼职的技术调查官则更侧重于协助具体审判工作的完成。

最后，相应于不同类别的技术调查官的考核应当有所区别：对在编技术调查官应按照行政编制的公务员考核办法对其进行考评。而对于兼职技术调查官的考核，则可主要通过绩效考核的方式，考察其参与案件的数量、质量以及工作态度，可以对其提交的技术审查意见进行统计分析和评议，综合法官团队的反馈以及上级法院在审理上诉案件时对其的评判，每年定期给出相应的评价，并且根据评价结果及时调整对兼职技术调查官的聘任，做到"能上能下"，以服务审判为宗旨。

2. 注重培训，提高技术调查官的履职能力

对技术调查官知识的培训包括三个方面，相关知识产权法律法规基础培训、技术知识的更新和参与诉讼活动能力的培养。同时，在案件审判过程中对于技术调查官参与诉讼时履职能力的需求是相同的，但不同身份来源的技术调查官本身所具有的知识和能力是不同的，因此，还应该针对不同身份来源的技术调查官展开有针对性的培训。

（1）相关知识产权法律法规基础培训。

对于来自大专院校、科研单位和生产企业的技术调查官来说，由于其长期处于教学、生产、科研的一线，因此其专业技术知识已经足够，但在与法官的沟通过程中常常由于法律知识相对缺乏而出现对法官的法律思维、法律术语不够理解，进而不能通过技术审查意见有针对性地回应法官的辅助需求的情形，因此对于这一部分技术调查官需要着重补充的是《专利法》及知识产权领域其他法律知识。

对于来自专利局和专利代理人协会推荐的技术调查官，由于其本身兼具专利审查的相关工作经验和专业技术知识，因此，对于这一部分技术调查官来说更需要补充的是诉讼程序方面、民事诉讼规则以及知识产权领域中其他相关法律的培训。

对于在编的技术调查官来说，由于能够在较长时间内接受法院内部的业务培训，并在日常工作中逐步积累经验，因此，只有新入职的在编技术调查官需要接受这一方面的培训。

（2）技术知识的更新。

对技术调查官的知识更新可以采取灵活多样的方式进行，除了普通的集中培训以外，还可以采取以下途径对技术调查官的知识和能力进行更新。

首先，在技术事实查明中，可以借助双方的技术辅助人员和专家证人的技术知识，尽可能去还原技术真相。技术调查官不等于技术专家，他不能也不需要对最新的技术知识都掌握，而应当具备本领域中具有中等水平的技术人员需要具备的技术知识。他可以引导双方的技术辅助人员甚至专家证人，通过询问的方式来进行技术事实的查明。这个过程也是技术调查官对自身知识进行补充和更新的过程。因此，需要专业的技术调查官做一个有心人，在

审查案件的过程中不断地学习和总结，从而让自己的"竞技状态"始终保持长盛不衰。

其次，对于来自专利局的技术调查官，其专业技术知识通过专利审查工作以及专利局内部的专业技术知识更新的相关培训、实践和调研已经得到相应的更新。来自专利代理人协会推荐的技术调查官通过专利代理工作以及与发明人的沟通也已经得到一定程度的更新。但法院在编的技术调查官对于技术知识更新的需求较为突出，法院应当适当提供一些机会，让在编技术调查官"走出去"。可以根据案件所涉领域定期赴科研和企业一线通过调研、交流、承担课题等方式促进技术调查官的知识更新，也可以参与专利局内部的专业技术知识更新培训或者相关的调研、实践项目，甚至法院也可以在行业协会、或者以行业协会为依托在相关企业中建立培养技术调查官的实践基地，解决在编和聘用制技术调查官因长期在法院固定工作导致的与前沿技术、生产一线脱节的问题。

最后，同一技术领域的技术调查官可以组成学习小组，定期开展组内讨论和学习，互相取长补短，也可以采取"请进来"的方式将行业内的专家请进法院，以便技术调查官掌握行业动态和进行知识更新。

（3）参与诉讼活动能力的培养。

在提高审判经验方面，注重以审判实践为核心，邀请有技术类案件审判经验的法官对技术调查官开展业务培训，主要针对法官团队反映较多的技术调查官庭审询问技巧、与当事人沟通的方式方法、技术审查意见的撰写等方面开展多种形式的定期与不定期培训。同时，有经验的技术调查官，也可以总结自己参与诉讼活动的经验，和其他技术调查官分享，从而实现共同进步。

3. 定期统计分析，合理配置各领域技术调查官数量

对技术调查官制度运行以来的各技术领域案件数量以及对技术调查官的需求量进行统计分析，根据审判的实际需求，及时调整各个技术领域技术调查官的人员配置，加大技术热点领域的技术调查官的数量。

在此基础上，在编技术调查官作为带头人，在所属领域中协助组织案件的合理分配，为兼职技术调查官进行工作示范、讲解，承担兼职技术调查官和法官的沟通桥梁的角色，从而解决兼职技术调查官与法官沟通不畅所导致的问题。

（二）技术调查官的使用

1. 通过调整技术调查官的数量和组合方式提高技术意见的科学性

从实践来看，技术调查官参与诉讼活动的方式主要是技术调查室根据案件所属技术领域指派 1 名技术调查官进行技术事实查明工作，只在涉及交叉技术领域或者重大、疑难专利案件中指派 2 名以上技术调查官。为了保证技术调查官参与诉讼活动的公正性，北京知识产权法院制定了《北京知识产权法院技术调查官回避实施细则（试行）》，自实施以来也取得了较好的效果。从德国专利法院参与审理的技术法官数量对其审判质量的影响得到广泛认可的角度来看，在条件允许的情况下可以采取每个案件指派 2 至 3 名来源不同的技术调查官共同参与诉讼活动的方式，如由在编或者交流的技术调查官和兼职的技术调查官组成技术调查组，充分利用调查组在技术事实查明中有"共同语言"的优势，通过在编或交流的技术调查官向兼职的技术调查官进一步解释需要查明的技术事实等方式，相互配合，对同一个技术问题进行调查、讨论并最终形成结论，保障技术事实认定的科学性。同时，还能通过法院在编和非国家知识产权局系统的兼职技术调查官的参与打消当事人关于技术调查官身份来源的疑虑。对此，北京知识产权法院已经在部分案件中进行了尝试，并取得了较好的实践效果。

2. 充分发挥技术调查官在"四位一体"技术事实查明机制中的桥梁纽带作用

通过司法实践，技术调查官在协助法官进行技术事实查明中起到的积极推动作用已经得到各方认可。但是，有些疑难案件需要查明的技术事实涉及新兴技术领域，更新、发展速度极快，仅通过技术调查官依据现有证据和对当事人进行询问还无法对技术事实作出准确的认定，这就需要相关领域的专家进行说明。因此，技术调查官可以对是否同意当事人聘请专家辅助人的申请或者法官是否需要咨询技术专家给出合理建议；或者有些需要查明的技术事实需要借助特殊设备或者方法才能得出结论，这就需要对争议的技术问题作出司法鉴定。无论是询问专家辅助人、向技术专家进行咨询，还是与司法鉴定人进行沟通，相对于当事人来说，技术调查官在技术事实查明方面均能给予法官更为客观、具体的意见建议。因此，在采用了其他技术事实查明手段的同时，尤其是在采用了专家辅助人、司法鉴定的情况下，尽早由技术调查官参与诉讼活动，能够充分地发挥技术调查官的桥梁纽带作用。

3. 通过流程控制充分保障当事人的程序权利

2015 年颁布的《北京知识产权法院技术调查官工作规则（试行）》，对法官需要技术调查官参与诉讼活动的情形进行了规定。从实践来看，有的案件当事人或者代理人在了解了技术调查官制度后，也提出技术调查官参与诉讼活动的要求。在此情况下，当事人应当向案件承办法官提出书面申请，由法官根据案件审理需要作出是否准予技术调查官参与诉讼活动的决定。一般而言，基于当事人对案件的重视程度以及案件所涉技术问题复杂程度，法官应当准许当事人的请求，尊重当事人的程序权利，而不宜仅依据对当前诉讼材料的理解而予以拒绝，以免因对案情的了解不够准确、深入，造成技术调查官未能及时参与诉讼活动，影响案件的顺利审理。

技术审查意见采信机制的构建[*]

刘秀艳　轩云龙　温国永　李　青

一、技术审查意见的内容、作用和性质

《最高人民法院关于知识产权法院技术调查官参与诉讼活动若干问题的暂行规定》（以下简称《暂行规定》），经最高人民法院审判委员会第 1639 次会议通过，于 2014 年 12 月 31 日发布。自此，各地知识产权法院开始摸索并尝试使用技术调查官制度来审理技术类案件。

依照《暂行规定》，并结合司法实践的做法，技术调查官可以在案件审理的不同阶段根据法官要求，分别提出技术审查意见。技术审查意见是技术调查官集合各方当事人的主张、证据以及陈述，综合运用自己所掌握的知识，对案件有关技术事实的说明和分析，属于技术调查官执行职务的工作成果，同时也是法官审理技术类案件得出处理意见的重要参考。

（一）技术审查意见的内容

技术调查官的职责是协助法官理解和查明案件所涉的技术事实，为技术类案件的审理提供技术支持。

根据《暂行规定》第 6 条的规定，其具体职责如下：

"（一）通过查阅诉讼文书和证据材料，明确技术事实的争议焦点；

（二）对技术事实的调查范围、顺序、方法提出建议；

＊　本文成文时间为 2017 年 11 月。

（三）参与调查取证、勘验、保全，并对其方法、步骤等提出建议；

（四）参与询问、听证、庭审活动；

（五）提出技术审查意见，列席合议庭评议；

（六）必要时，协助法官组织鉴定人、相关技术领域的专业人员提出鉴定意见、咨询意见；

（七）完成法官指派的其他相关工作。"

其中，技术审查意见是技术调查官在参与知识产权案件审理过程中，对案件所涉及的技术问题进行分析研究所得出的个人意见，是技术调查官在履行自己的职责时所作出的业务成果。结合北京知识产权法院的司法实践，技术审查意见的内容一般包括：

对涉案技术方案的解释说明，包括技术背景、现有技术的相关情况，技术术语的解释说明等；

对涉案相关证据内容的认定，包括该证据披露的技术领域的认定，技术方案的理解，技术术语的解释说明等；

经评议明确的争议的技术焦点问题，即分析各方当事人的诉辩主张，依据提交的证据找到各方当事人存在争议的技术事实，同时确认不存在争议的技术事实；

针对技术争议涉及的技术事实进行分析，并综合运用自己所掌握的知识给出参考意见；

其他有必要向合议庭说明的问题。

需要指出的是，这些内容并不强制要求在每一份审查意见中都要写，而是根据案件的具体情况结合法官的具体要求来撰写。技术审查意见不应只有结论，而应该进行有理有据的分析，并且不应涉及法律问题。

（二）技术审查意见的作用

众所周知，知识产权案件包含了专业性极强的案件，尤其是专利权类的案件，这些案件要求法官查明具有专业性的复杂技术事实，并基于此客观事实对案件所涉及的法律问题做出正确的法律判断。对于法官来说这是一个不小的难题。

而技术审查意见的作用在于能够帮助法官在审理案件的过程中查明案件的客观事实、确立案件的争议焦点，为法官进行法律上的判断提供事实基础。

法官在审判的过程中，技术难点往往集中在：对涉案技术方案的理解、证据公开的内容、证据与涉案技术方案的差异、公知常识的认定、技术术语的理解等。

技术审查意见中包含对涉案技术方案的解释说明，可以帮助法官较好地理解技术方案，使得法官了解相关领域的背景知识、发展现状，使得法官更好地理解涉案技术方案对现有技术所做出的贡献。

技术审查意见中包含的对证据公开内容的认定，可以帮助法官了解证据的内容，不受不同术语、不同表述的干扰，明确涉案技术方案与证据之间的相同之处和实质区别。

技术审查意见中涉及的对争议焦点的梳理，可以帮助法官快速了解争议焦点，在庭审的过程中，有的放矢，对焦点问题充分听取双方意见，提高审判效率。

技术审查意见中涉及的针对焦点问题的解释说明，是技术审查意见中非常重要的组成部分，是技术调查官结合自己的专业知识对争议问题的分析判断，例如技术特征是否属于公知常识，技术特征是否被证据公开等，这些分析判断是法官进行法律判断的重要参考。

经过实践，技术调查官制度在技术类案件的审理过程中发挥了重要的作用，较好地推动了知识产权类案件的审理。据统计，技术调查官在 1144 件案件中为法官提供专业技术咨询，确保了技术事实认定的中立性、客观性和科学性。[①]

（三）技术审查意见的性质

《暂行规定》第 9 条指出："技术调查官提出的技术审查意见可以作为法官认定技术事实的参考。"但对于技术审查意见的性质，是作为证据、鉴定意见，或是法院内部的参考，目前尚存在不同观点。

技术调查官不同于技术鉴定专家，其所出具的技术审查意见自然有别于

---

① 数据来源：《知识产权库》微信公众号。

鉴定意见，而且"证据是当事人为证明其主张提交的或法院为了查清事实依职权调取的。如果要认定技术调查官的文件属于证据，只能归为法院依职权调取的证据。但法院依职权调取的证据一般是对已发生事实且当事人无法获得，同时也是法官根据案情需要而调取的。而技术审查意见是按照法官的指示，根据现有当事人提供的证据及其自身专业知识作出的主观性意见"①，因此，技术审查意见与法院依职权调取的具有客观性的证据不同，不属于民事诉讼法中现有的证据类型，只能作为辅助法官审理案件的参考。即使存在技术审查意见，法官仍应就技术事实组织当事人进行举证、质证，当事人也不能因为技术调查官的参与而不承担其应当承担的举证责任。②

法官在审理案件时，综合案件的情况判断决定是否采纳技术审查意见。案件事实的认定应由法官决定。我国目前实行责任终身制，法官基于案件事实所作出的判决要对当事人负责，技术调查官不需要承担事实认定错误的责任。从这一点看来，技术审查意见只是法官断案的辅助性材料，其不能作为证据在法庭上使用。

二、域内外技术调查官相关制度的介绍

(一) 德国相关制度

依《德国专利法》第 65 条、《德国法官法》第 120 条的规定，德国联邦专利法院的法官包括法律法官和具有技术专长的技术法官。审判庭的技术法官要在一所德国高校完成自然科学或技术学科的学业之后再通过一项国家级或学术性的结业考试。在诉讼过程中，技术法官和法律法官享有同等的审判权利。专利法院根据案件专业技术含量的高低决定法律法官和技术法官在合议庭中的组成比例。技术法官和法律法官具有相同的权利和义务，技术法官主要处理案件中技术事实的认定问题，同时也在法律判断上行使话语权，这使得技术类案件的审理不再过度依赖外部力量，提升了审判的效率。

---

① 强刚华："试论中国知识产权法院技术调查官制度的建构"，载《电子知识产权》，2014 年第 10 期，第 87 页。

② 黎淑兰，等："技术调查官在知识产权审判中的职能定位与体系协调——兼论"四位一体"技术事实调查认定体系的构建"，载《中国知识产权法学研究会 2015 年年会论文集》，第 988 页。

（二）日本相关制度

日本知识产权高等法院成立以前，技术调查官制度就已经存在。日本在专门审理发明专利、实用新型、计算机软件等知识产权案件的大阪地方法院、东京地方法院和东京高等法院（即知识产权高等法院）设立了调查官制度。据《日本裁判所法》第 57 条的相关规定，调查官接受法官的委任，负责案件的审理及法院所需的相关调查。凡涉及专利等案件的技术问题时，法官可以要求调查官就某一技术问题进行研究，作出报告向法官说明，提出一些建议，以解决法官不熟悉、不懂得的技术性问题。技术调查官可以在法庭上向当事人询问案件的有关问题。

日本技术调查官的职能范围主要有：（1）口头审理和辩论阶段可向当事人发问；（2）在证据调查阶段可向证人、当事人和鉴定人发问；（3）在和解阶段可说明专门意见；（4）可向法官表达对案件的意见。其中，技术调查官的最主要职能为向法官书面或口头说明技术事项，并形成"调查报告书"，但调查报告的内容是不对外公开的，而且，技术调查官也不接受当事人的询问。尽管技术调查官形成的"调查报告书"不对外公开，但根据案件需要，技术调查官会将该报告书的整体思路向当事人说明，并给予其争辩机会。可见日本的技术调查官主要是为法官提供技术方面的支持，提出案件技术事实的参考意见，但不作法律判断，其出具的技术调查报告也不具有任何约束作用，仅仅具有参考作用。为保证案件的公正审理，《日本裁判所法》第 92 条还设立了调查官的排除、回避制度，在申请排除、回避期间，该调查官不得参与有关案件的审理。就日本的实践情况来看，来自国家知识产权机关的技术调查官也不能参加专利无效行政案件的审理，但仍然可以参加专利复审行政案件的审理。

（三）韩国相关制度

韩国技术审理官制度的特点在于结合了德国的技术法官与日本技术调查官制度。其运作非常成熟，相关的立法也较为健全，技术审理官的规范在《韩国法院组织法》等法律中得以体现，韩国最高法院还颁布了专门的《韩国技术审理官规则》，对技术审理官的法律地位、任职资格和职责等内容作出了详细的规定。

韩国专利法院的审判合议庭由三名法官和一名技术审理官组成，技术审理官参与审判的全部过程，并随时为法官就技术事项提供咨询，参与研究诉讼记录、与技术相关的证据判断、事实问题的调查研究，向法院提出有关专门知识的意见书或者口头报告研究结果或意见；在案件审理中向诉讼关系人提问；在合议庭合议过程中对事实关联的技术事项陈述意见。

根据韩国最高法院《韩国技术审理官规则》第4条，技术审理官有权履行下述职责：（1）受院长指示，经常就案件技术、专业问题，提供咨询和建议；（2）除商标案件外，受院长指示，查阅诉讼案件卷宗，认定技术证据，调查、认定事实；（3）除商标案件外，受院长或审判长指示，在诉中、诉前程序中向诉讼参加人提问；（4）除商标案件外，受院长或审判长指示，在有关案件中就技术问题发表意见。

韩国的技术审理官只是参与案件的审理，对于最终的结果并没有决定权。在上条第（4）款情况下，技术审理官根据法官需要在作出合议之前出具技术审查意见。关于技术审查意见是否公开，韩国最高法院《韩国技术审理官规则》第4条第3款规定，技术审理官提供的观点和书面意见不向公众公开。但是在实际案件的审理中，技术审理官会经常参与准备程序及辩论等审理环节，向诉讼参加人提出诸多详细的问题，其起到的作用是极为重要的，而且技术审理官的技术性意见对判决结论的影响也很大。

（四）我国台湾地区相关制度

在我国台湾地区，技术审查官为法院内部职员，受法官的委托，依法参加诉讼程序。在诉讼过程中，依据台湾地区"智慧财产案件审理细则"第13条的规定履行相关职责，负责技术事实的查明。

根据台湾地区"智慧财产案件审理细则"第16条的规定，技术审查官应对其参与的案件制作报告书，如果案情复杂且有必要时，要分别制作中间报告书及总结报告书。同时也规定，技术审查官制作的报告书，不予公开。但法院因技术审查官提供而获知的特殊专业知识，应当予以当事人辩论的权利，否则不能作为裁判的基础。

"智慧财产案件审理细则"第18条规定，对于技术审查官的陈述，不得直接作为认定待证事实之证据，且当事人就诉讼中待证之事实，仍应依各诉讼法的规定提出证据，以尽其举证责任，不得径行援引技术审查官的陈述作为举证。

从我国台湾地区的相关规定可知，技术审查官仅系辅助法官进行技术判断、技术材料的提供、技术数据的搜集及分析工作。其提供的技术意见在性质上属于咨询意见，并非证据方法，因此该意见并不公开，仅供法官参考。在司法实务中，我国台湾地区的法院比较注意适当公开心证，给予当事人以辩论机会，法官根据当事人的全部证据及辩论意见进行综合评判，并不受技术审查官提供的意见的约束。

（五）小结

技术调查官制度已经在日本、韩国以及我国台湾地区得到了多年的发展，实践证明，该制度在专利案件的技术事实查明上起到了非常重要的作用。但同时，对于技术调查官出具的技术审查意见的性质界定、是否公开以及公开方式等方面存在较大争议，也遭到了一些质疑与批评。首先，技术调查官在参与案件审理的过程中，从专业的角度出发为法官提供咨询意见，其中最为关键的就是出具技术调查报告或意见书。但该技术调查报告或意见书的性质难有定论，是作为证据、鉴定报告使用，还是作为内部参考，还有待确认。

其次，在日本、韩国和我国台湾地区知识产权专门法院的审判实践中，技术调查官制作的调查报告或意见书通常不予以公开。但对于法官如何使用技术调查报告或意见书，并对案件事实做出客观的裁判；如何解决外界对于技术调查官提供的技术调查报告或意见对法官裁判影响的质疑，成为亟待解决的问题。

三、我国知识产权案件技术审查意见采信机制的构建

如前文所述，技术审查意见的作用在于帮助法官查明案件涉及的技术事实，为技术事实的认定及案件中的法律适用提供专业性的参考，辅助法官自由心证的形成。所谓"采信"，意思是采纳、相信。采信是司法审判中的重要环节，是对案件中所涉及的证据、事实的论证过程，是法律判断的基础。采信一方面源于证据的合法性形式，另一方面更多地依赖于各方当事人对证据、相关事实的充分质证和论辩，从这个意义上说即"越辩越明"。技术审查意见虽然是技术调查官在现有证据基础上出具的，但不可避免会受到技术调查官个人观点的影响。作为法官断案的重要参考，在目前规定中未说明技术审查意见的效力优于或强于其他形式证据的情况下，我们认为技术审查意见同其他证据形式一样，应当有相应的采信程序，即在一定程度上公开技术审查意见，允许各方当事人对技术审查意见进行质询。

（一）技术审查意见公开的合理性

1. 技术审查意见的内容决定了其可以在一定范围内公开和进行质询

如前文所述，知识产权案件中技术审查意见的内容主要为技术事实认定的相关内容。从技术审查意见的内容来看，大部分内容是在案件中已有证据的基础上出具的意见，同时也存在诸如公知常识和技术启示的认定、权利要求的解释等可能掺杂技术调查官个人观点或受技术调查官个人认知水平因素影响的技术事实认定的相关内容。但即便是有技术调查官个人因素影响的技术审查意见的内容，也是在相关已有知识的基础上做出的，因为要使不具备专业知识背景的法官明白其中涉及的技术问题，技术调查官在技术审查意见中需要对相关技术事实认定的依据做出较为详细的说明，实践中这也是技术审查意见撰写的基本要求之一。因此，技术审查意见内容的依据是案件中已有的证据材料或者案件所涉技术领域中公知的相关参考资料和观点。从这个角度来说，技术审查意见同案件中的其他证据材料一样，具有客观性，可以向各方当事人进行公开并接受其质询。

2. 技术审查意见公开和质询是技术调查工作中立性、公开性和司法公信力的内在要求

技术调查官工作具有专业性、中立性、公开性的"三性"。其中中立性要求技术调查官作为司法辅助人员，同审判人员一样，要遵守回避的相关规定，与各方当事人不存在潜在的利害关系，能够客观、中立地出具技术审查意见。"公开性"要求技术调查官的相关信息要向当事人公开，有技术调查官参与的案件要及时告知当事人，当事人有申请技术调查官回避的权利，除与技术焦点问题无关的技术咨询外，技术调查官应当参加庭审，当面听

取各方当事人的诉辩意见。技术调查工作的公开性是司法公开的重要内容，是司法公信力的重要体现。对于技术审查意见来说，其在一定程度上的公开有利于保障技术调查官工作的中立性，同时也是技术调查工作公开性的要求。通过公开并接受各方的质询，使技术审查意见的内容接受检验，或在当事人质询后进行进一步的修改，有利于提高技术审查意见的客观性，对于可能出现的技术调查官因不中立而导致技术审查意见中的不客观的内容，通过当事人的质询和论辩，进行修正，有利于进一步提升技术调查官工作的中立性。

实际上，实践中，自技术调查官制度正式运行以来，律师及社会各界对于技术审查意见公开的呼声便日益高涨。技术调查官制度对于技术类案件中专业技术事实的查明确实起到了重要作用，但随着技术调查官制度的重要性越来越受到肯定，作为法官断案重要参考的技术审查意见不公开的做法也受到质疑。我们一方面在强调技术调查官制度相对于其他如鉴定、专家辅助人制度在中立性、客观性方面的优势，另一方面却因为技术审查意见的不公开而使得该制度一定程度上遭到质疑，不能不说这是我们必须要思考和解决的一个问题。技术调查官工作的专业性、中立性和公开性是技术调查官制度科学、良性发展的基础和保障，技术审查意见的公开是司法公开的重要体现，是维护司法公信力的必然要求。

3. 技术审查意见公开与法官心证公开的司法理念相契合

技术审查意见从性质和作用上来说是法官断案的参考，通过辅助法官自由心证形成来实现其作用。现代法学研究理论认为，自由心证制度在将法官从法定证据制度所制定的机械僵硬的规则束缚中解脱出来的同时也面临着如何克服法官滥用心证自由的难题。心证公开通过公开机制使得法官心证得以展现并外化为可供当事人评价和检验的对象，是防止法官自由心证滥用的有效途径。心证公开体现的是从程序上防范并抑制法官认定事实主观随意性的产生，法官心证公开有利于提升司法裁判的权威和公信力，也有利于发现案件真实、提高诉讼效率。我国现行法律中没有对法官心证公开制度作出明确规定，但在民事诉讼法等法律中有关法官需在裁判文书中充分说理论证的规定实质上体现了这一司法精神。我国司法审判实践中，也已有法官通过"判前说理"的方式进行心证公开的有益尝试，受到当事人的较好评价。在域外，法国、德国等大陆法系国家都有关于心证公开的规定，我国台湾地区也存在法官心证公开的实践做法。心证公开已经得到学界的肯定，实践中也收到良好的效果。技术审查意见通过辅助法官自由心证的形成而发挥作用，是法官心证的重要参考，技术审查意见公开是法官心证公开的重要体现。

（二）技术审查意见公开与质询的原则

1. 适度公开原则

技术审查意见的内容主要是对技术争议焦点事实的认定，包括技术事实认定的依据，如对当事人提交的证据证明力的评判、对所涉专业技术领域公知常识等证据的解读、补充等，也包括对技术事实问题的结论性意见，比如技术启示的认定、权利要求的范围理解等。我们认为技术审查意见的公开应当是一定范围内的公开、适度的公开，而不应当是全部技术审查意见的公开。具体来说，可公开的内容为技术事实认定所依据的证据材料，不适宜公开的是对于技术事实问题的结论性意见。技术审查意见适度公开主要是基于以下几点考虑：一是从我国现有关于自由心证的法律规定及目前学术界的观点来看，法官心证公开主要是对证据证明效力的认定及法律适用的公开阐明，通过上述内容的公开，使诉讼当事人能够明确法官裁判的依据，同时针对法律适用的阐明将各方争议焦点再进行集中，使各方能够紧紧围绕焦点再进行辩论，以此种方式进一步增强法官的内心确信，因此，从这个角度来说，技术审查意见中技术事实认定所依据的证据材料特别是为补充说明的公知常识、技术启示的证明材料等当事人容易忽略举证的内容应当进行公开并接受当事人质证。二是技术审查意见是法官认定技术事实的重要参考，但并非是唯一性的依赖性的参考，法官在认定技术事实时，需要综合考虑案件证据材料、当事人诉辩主张、专家辅助人意见等，并非完全依照技术调查官出具的技术审查意见做出结论。实践中，也存在大量法官与技术调查官观点不一致，不采纳技术审查意见的例子，因此，技术审查意见的结论应当说仅是技术调查官的观点，不可避免会受到技术调查官个人专业知识水平和认知因素的影响，在这种情况下，技术审查意见中的结论性的认定部分不宜向当事人公开，以免在最终裁判做出之前，当事人产生法官已有既定结论的印象，或者因为结论认定对其不利而对技术调查官个人产生负面想法，甚至因此出现要求技术调查官回避的现象。三是公开技术审查意见中结论做出的依据，而不公开结论认定的做法有利于引导当事人就证据材料等进行进一步强化的客观性的说明，从源头进行补强性的论证和阐述，从而帮助法官综合各方意见最终做出裁判。

2. 兼顾效率原则

技术调查官制度相较于以往其他如鉴定等技术事实查明手段而言，在效率方面具有明显优势。相较于其他传统民商事案件，知识产权技术类案件的审理周期较长，在此情况下，由技术调查官直接出具技术审查意见供法官参考的方式克服了司法鉴定周期长、可鉴定事项受限的缺陷。但技术审查意见的公开一定程度上会降低技术调查官制度的高效性，原因在于技术审查意见部分公开后，针对技术审查意见中不利于自己的观点或证据材料，各方当事人往往会要求司法机关再次给予质证或举证机会和时间收集证据材料进行反证。对于这些反证，可能又需要各方当事人的质证，由此导致循环往复的无休止诉讼，造成司法资源的浪费。这也是现阶段域内外司法实践中，反对技术审查意见公开的重要理由之一。但我们认为，不能因噎废食，在坚持技术审查意见适度公开原则的基础上，可以通过完善技术审查意见的质询程序减少循环举证、质证的问题，给予当事人必要的陈述机会的同时，保证技术调查官制度的高效运行。正如司法实践中规定的举证期限制度一样，任何案件中，若没有对于证据和辩论范围的限制，司法裁判将成为一场没有尽头的拉锯战，进而使司法丧失定分止争、引导人们行为的法律作用。对于技术审查意见的公开，也应当设定当事人对于公开的技术审查意见的内容进行质询的时间限制，并对当事人可以进行质询的次数进行明确规定。在保障当事人合法质询权利的同时，保证知识产权技术类案件的审判效率。

（三）技术审查意见公开及质询的程序构建

技术审查意见公开和质询的时机应当是在最后一次庭审结束、技术调查官在已有证据材料基础上就相关技术事实向合议庭提交技术审查意见后、法官做出最终正式裁判前进行。法官将技术调查官提交的技术审查意见中可公开的部分与不可公开的部分区分开来后，可以类似书面证据交换或再次组织当事人各方庭审质证的方式进行技术审查意见的公开和质询。

对于质询期限，可以参考民事诉讼法中关于答辩和举证期限时间的规定，设定15天左右的针对技术审查意见的答辩和证据期限，超过该期限的证据和诉辩意见不再予以考虑。各方提交的针对技术审查意见的答辩主张和相应的补充材料中的证明材料原则上不再像常规证据一样向对方进行送达和质证，但对于案件最终结论有关键性影响的补充证据应当予以审慎考虑。

当事人提交的针对技术审查意见的质询意见，法官应当转交出具技术审查意见的技术调查官，由技术调查官针对质询意见出具说明，并决定技术审查意见是否进行修改，形成最终的技术审查意见提交法官或合议庭，作为法官认定相关技术事实的参考。

技术调查官参与诉讼活动实践探索与总结[*]

林 冠 余丛薇 仪 军

北京知识产权法院技术调查室于 2015 年 10 月 22 日成立，首批任命34名交流及兼职的技术调查官，标志着北京知识产权法院在技术类案件中开始探索技术调查官制度的构建与实践。在同日开庭审理的一起涉及临床治疗转移性乳腺癌等疾病制剂的专利确权行政纠纷案中，北京知识产权法院首次指派技术调查官参与诉讼活动。在技术调查官的参与下，当事人在庭审中能够把更多精力放在技术观点的交锋上，而不是花费大量时间做背景技术、技术术语的解释，从而大大节省了庭审时间，提高了庭审效率。之后，在首次有技术调查官参与的案件现场勘验中，也由于技术调查官发挥了具有专业技术背景的优势，使勘验的重点更加明确，并最终引领双方当事人就技术事实的认定达成了一致意见。

技术调查室成立之初依照最高人民法院发布的《最高人民法院关于知识产权法院技术调查官参与诉讼活动若干问题的暂行规定》（以下简称《暂行规定》），制定了《北京知识产权法院技术调查官管理办法（试行）》及《北京知识产权法院技术调查官工作规则（试行）》，对技术调查官的选任、参与诉讼活动的基本操作进行了具体规定。之后，还制定了《北京知识产权法院技术调查官回避实施细则》，根据技术调查官来源不同，细化各自参与诉讼活动的回避事由，进一步明确技术事实查明工作的中立性要求，促进技术类

---

[*] 本文成文时间为 2018 年 10 月。

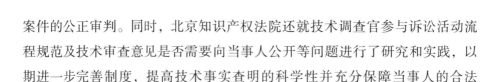

案件的公正审判。同时，北京知识产权法院还就技术调查官参与诉讼活动流程规范及技术审查意见是否需要向当事人公开等问题进行了研究和实践，以期进一步完善制度，提高技术事实查明的科学性并充分保障当事人的合法权利。

一、北京知识产权法院技术调查官参与诉讼活动的基本情况

技术调查室于 2015 年 10 月 22 日成立，技术调查官制度运行的基本情况如下：（1）目前技术调查官参与技术事实查明工作的类型包括：简单咨询、一般咨询（主要包括庭前和庭后咨询）、参与诉讼活动（包括参与质证、庭审、谈话、证据保全、现场勘验等）。（2）在技术类案件的审理中，如果技术调查官能尽早介入诉讼程序，有利于更加全面地了解案件情况，更加详尽地了解技术方案和当事人的观点，为技术审查意见的客观和公正提供保障。有鉴于此，北京知识产权法院还结合审判的需要，继续就技术调查官全方位参与诉讼活动、辅助审判进行探索和实践，如技术调查官参与证据保全、现场勘验、证据交换、庭前质证环节等。（3）技术调查室尝试为涉及交叉技术领域的案件指派两名不同领域的技术调查官参与案件的审理工作；为复杂技术类案件同时指派来自专利审查部门和处在技术应用或科研一线的两名技术调查官。技术调查官相互配合，更有利于保障准确、充分地查明技术事实。（4）技术调查室自 2015 年成立以来，截至 2018 年 6 月共指派 45 位技术调查官参与了 1034 件案件的技术事实查明工作，提交技术审查意见 500 余份。

其中，2015 年，技术调查室共指派 13 位技术调查官参与了 70 多件案件的技术事实查明工作。在成立后 2 个月的时间，技术类案件庭审效率得到了提升，技术类案件结案率同比上升 5 个百分点；2016 年，共有 27 位技术调查官参与 352 件案件的技术事实查明工作，其中简单咨询 175 件，参与出庭、谈话 177 件，涉及保全、勘验的 16 件。技术类案件结案数同比 2015 年增加85%。2017 年，共有 35 位技术调查官参与 329 件案件的技术事实查明工作，其中简单咨询 47 件，参与出庭、谈话 223 件，涉及保全、勘验的 43 件。在技术调查官参与技术事实查明工作的案件数量与前一年基本持平的情况下，参与诉讼活动案件数量增加了 26%；2018 年，截至 6 月，技术调查官的申请量大幅度上升，为 308 件，同比 2017 年增加了 140% 。2018 年上半年技术类案件结案数为 931 件，同比 2017 年结案数增加 102% 。

可以看出，技术调查官制度运行以来，技术调查官在审判工作中发挥了积极的作用，增强了技术事实查明的科学性、中立性和专业性，技术类案件的审判质效显著提升，法官团队对于技术调查官的作用也给予了充分肯定[1]。

虽然技术调查官工作取得了可喜的成绩，但是随着技术调查官参与案件数量的大幅度增加以及参加诉讼活动类型越来越多样化，亟须我们完善技术调查官参与诉讼活动的程序和规范，以适应不断增长的需求和不断出现的新情况。因此，本课题小组通过总结近年来技术调查官参与诉讼活动的经验，从技术调查官工作实践的角度对技术调查官制度的完善作进一步研究，以期能够提出可供参考的合理的意见和建议。

二、技术调查官参与庭审前工作的程序和规范

（一）参与调查取证、证据保全的程序和规范

1. 参与调查取证的相关工作

调查收集证据，是指诉讼主体对进行诉讼所需的各种证据，依照法定程序收集和调查的活动和程序。人民法院调查收集证据即为人民法院作为诉讼主体所进行的证据调查收集的行为。[2] 在技术类案件中，法院调查取证的内容主要涉及当事人及其诉讼代理人因客观原因不能自行收集而在举证期限届满前书面申请法院调查收集的证据。由于行政案件的证据以书证为主，当事人比较容易获得和固定，因此申请法院调查取证的情形很少。而在民事案件中，当事人申请调查取证的情形相对较多，包括对国家有关部门保存的档案材料，涉及国家秘密、商业秘密和个人隐私的材料以及其他当事人及其诉讼代理人因客观原因不能自行收集的证据进行调取，例如在侵害技术秘密纠纷中，涉嫌侵权的产品可能在案外人控制之下，此时如果当事

---

[1] 2017 年 8 月向法官团队发放的调查问卷结果显示，83.3% 的法官认为技术调查官在审判工作中发挥了较好的作用。

[2] 沈德咏主编：《最高人民法院民事诉讼法司法解释理解与适用（上）》，人民法院出版社，2015 年 3 月版，第 322 页。

人或诉讼代理人自行收集可能会涉嫌违法或有侵权的风险，此时就可以由法院依当事人申请启动调查取证①。由于法院对于技术类案件的调查取证往往是为了查明待证的技术事实，因而在调取证据时经常需要技术调查官的全程参与配合。

具体而言，在参与调查取证时，技术调查官的工作包括以下几个方面：

（1）对调查取证申请的审查工作。

合议庭对当事人提交的调查取证申请进行审查，并从当事人申请调取的证据与待查明的技术事实是否存在关联以及该证据能否用于证明待查明的技术事实等因素进行考虑，从而决定是否进行调查取证。因此，在技术类案件中，如果调查取证涉及技术事实的认定，则需要技术调查官完成的工作有：

①帮助法官初步确定待查明技术事实是否为案件的争议焦点或者是为解决纠纷应当查明的技术事实；

②帮助法官理解待查明的技术事实与当事人申请调取的证据间的关联性，此时技术调查官应当通过阅卷全面地了解案情，并对上述问题给出自己的判断和分析说明。

（2）调查取证前的准备工作。

在同意当事人的调查取证申请并进行调查取证之前，技术调查官还需要提前与法官团队进行沟通，并完成以下工作：

①在初步梳理案件技术争议焦点的基础上确认调查取证的目的；

②帮助法官团队初步确定拟调取证据的清单以及调查取证的方法和步骤，是否需要其他技术人员的协助或者借助仪器、设备，以及提示取证时需要注意的事项；

③必要时，技术调查官还可以在调查取证之前参与询问申请人，在调查取证过程中协助书记员制作调查笔录；

④在某些案件中，由于涉及技术秘密或者为防止证据被转移或销毁，技术调查官需要在准备过程中做好保密工作。

---

① 如在北京知识产权法院（2015）京知民初字第1135号案中，某美国公司诉某风电科技公司侵害其技术秘密，承办法官在技术调查官的协助下，前往案外人山东某风电场进行现场调查取证，在预定的时间内圆满完成调查取证工作。

（3）调查取证的现场工作。

在调查取证现场，技术调查官应该在法官主导下，帮助法官助理和书记员做好调查取证过程的记录工作。这里的记录工作既包括文字资料的记录和收集，也包括影音资料的制作和留存，以及软件内容的复制保存等。在整个调查取证过程中，技术调查官应当利用自身所具备的专业知识，对被调查方技术人员的技术操作，尤其是其中可能对证据客观性、真实性造成影响的步骤，进行监督或者必要的协助，帮助法官团队有效并高效地完成调查取证工作，并帮助书记员制作真实、完整反映调查取证过程的调查笔录，避免所调取证据以及笔录内容出现遗漏或错误。

2. 参与证据保全的相关工作

证据保全是指为了防止证据灭失或以后难以取得，人民法院在诉讼前或者对证据材料进行调查前，根据利害关系人、当事人的申请，或者依职权采取措施，对案件有证明意义的证据材料予以提取、保存或者封存的制度。[①]在知识产权案件中，所保全的证据主要用于证明存在侵权行为和确定赔偿数额。在知识产权技术类案件中，有时证据会具有隐蔽性、易更改等特点，并且对某些证据的提取和保存需要具备一定的技术知识，因而此时就需要技术调查官参与证据保全工作，具体工作主要包括以下几方面的内容。

（1）证据保全申请的审查工作。

在当事人提出证据保全申请后，法院需要审查该申请是否符合形式和实质要件，进而考虑是否进行证据保全。如果申请保全的理由、保全的范围以及申请人提交的初步证据的审查涉及技术问题，则需要技术调查官协助法官完成以下工作：

①协助合议庭对申请人的保全申请、保全目的及其提供的初步保全线索进行审查，研究涉案专利、技术秘密或软件著作权的技术方案及原告提交的相关证据，帮助法官来判断申请保全的理由是否充分、保全的范围是否明确

---

① 沈德咏主编：《最高人民法院民事诉讼法司法解释理解与适用（上）》，人民法院出版社，2015 年 3 月版，第 330 页。

以及初步证据是否全面，保全的内容与案件需要解决的技术事实之间是否存在必然联系；

②必要时，技术调查官还可以结合证据就侵权可能性给出自己的初步判断，为法官决定是否启动证据保全程序提供参考。

（2）证据保全的准备和现场工作。

在合议庭决定采取证据保全措施后，技术调查官在其参与的案件中主要承担如下工作：

①认真研究案情，查阅相关资料，与法官一起设计保全的操作步骤和流程，协助其确定保全范围和拟定保全方案；

②如果必要可以进行保全前培训，为参与保全的人员详细讲解保全的操作步骤、流程、注意事项，并针对保全过程中可能发生的不同情况制定相应预案；

③在证据保全现场，技术调查官应该在法官主导下，对整个保全过程进行技术指导，就保全过程中突发的技术问题进行判断和处理，监督被保全单位人员进行的技术操作，保障证据的清理和封存工作顺利进行，并且要对证物保全清单进行核实，避免出现保全物证的遗漏。

3. 参与调查取证、证据保全工作的注意事项

在参与上述调查取证以及证据保全时，技术调查官应当注意以下几点：

（1）一定要做好充足的准备工作，通过提前阅卷和查阅资料等各种方式，做到技术方案以及相关的技术术语和重点了然于心，并结合案件的实际情况对操作过程中可能出现的问题做好解决预案。

（2）实际工作中，技术调查官应当行为规范，举止得体，语言表达清楚、准确，在沟通交流的过程中做到耐心细致，遵循相关规定协助法官团队做好证据的封存和固定，对现场临时发现的涉及技术内容的情况恰当处置，在取证过程中，必要时可以听取当事人的陈述，并对技术问题进行判断。

（3）由于不同技术领域的各自特点，相应技术领域的技术调查官在参与调查取证、证据保全时所要准备的设备，制定的方案以及现场工作的内容也会有所区别。如在计算机软件领域，因为往往要对涉及的软件内容及其使用信息进行调取，因此要准备相应的存储介质、手机和电脑设备并确

保其安全；保全、取证过程中，被保全、取证一方当事人可能出现隐匿或者删除涉案软件的情况，技术调查官要密切关注、记录技术人员的操作过程并在发生上述情况时及时发现、果断制止，必要时还可利用特殊的工具或者软件对删除内容进行恢复。又如，在对仪器设备进行保全、取证时，某些设备的组成比较复杂或庞大，此时，对所有设备均进行取证或保全不太现实。此时就需要在前期准备工作中明确涉案产品中涉及案件争议焦点的部件，并准备如测量仪器、拍摄设备等合适的取证工具，在现场工作时要对涉案产品的关键部件进行全面、准确的保全或取证，不能漏过任何有助于查清案件技术事实的关键部位；而对于某些与技术事实查明无关的部件，在经承办法官同意或者当事人认可后（当事人的意见需要在事前进行沟通）可以不采取相关措施，从而提高工作效率；再如，在涉及多个技术领域的案件中，可能需要不同领域的技术调查官参与，此时每一名技术调查官根据自己领域的特点给出相应的保全或取证方案，并与其他技术调查官进行沟通，使不同领域的方案之间能够相互配合协调，进而保障取证或者保全工作的顺利完成。

（4）调查取证是针对案外人进行，而证据保全是针对案件当事人进行，因此，在司法实践中，由于与案件存在利害关系，被采取证据保全的一方很有可能出现不愿配合、拖延时间、不全面提供资料，甚至隐匿或销毁证据的情况。在此情况下，技术调查官应当结合现场情况以及事先的准备，对取得涉及技术事实证据的可能存放地点、存放方式、可能掌握该证据的技术人员、取得方式等进行判断并提出建议。

（二）参与勘验工作的程序与规范

1. 参与勘验的相关工作

勘验是指人民法院审判人员在诉讼过程中，为了查明一定事实，对与案件争议有关的现场、物品或物体亲自或指定有关人员进行查验、拍照、测量的行为。[1] 在北京知识产权法院审理的知识产权技术类案件中，勘验主要集

---

① 常怡主编：《民事诉讼法学》，中国政法大学出版社，1994年版，第161页。

中于侵犯计算机软件著作权纠纷、侵犯商业秘密纠纷以及涉及大型仪器设备的侵犯专利权纠纷等民事案件中。法官囿于缺少相关技术知识，往往会申请技术调查官参与勘验。为了保证勘验的顺利进行，技术调查官通常需要做好以下两方面的工作：

（1）勘验前的准备工作。

在勘验准备中，技术调查官需要完成的工作有：

①提前熟悉案情并了解当事人的请求，进行资料检索和搜集工作，分析、预判案件可能涉及的技术事实查明工作和勘验条件；

②就勘验方法和步骤提出合理建议，并参与同双方当事人的沟通协调工作。比如，由于某些案件涉及大型化工设备，此类设备通常在高温高压的情况下进行工作，如果要对此类设备进行勘验，还需要被勘验方提前进行停机安全处理，为勘验人员进入提供条件，此时技术调查官也可以结合自己的专业知识提出合理建议并给出安全预案；

③对勘验可能需要的各种仪器、设备，以及是否需要有专业人员参与勘验提出建议，并协助法官团队进行必要的准备。

（2）勘验中的具体工作。

在勘验过程中，技术调查官需要完成的工作有：

①协助或指导勘验人员对涉及技术争议焦点的产品组成或者运行过程进行查验、拍照和测量；

②及时配合法官对双方技术人员就相关的技术问题进行询问，并在考虑各方合理意见的基础上，向法官提出技术建议，为之后的具体比对工作打下良好基础；

③就前述操作的过程指导书记员制作完整、准确的勘验笔录；

④对于勘验现场可能出现的因当事双方情绪对立进而阻碍勘验顺利进行的情况，技术调查官也应该灵活应对，从技术角度给予法官支持。

2. 参与勘验工作的注意事项

勘验对查清技术类案件的技术事实有重要的意义，技术调查官尽职地完成自己的任务是勘验工作能够顺利完成的重要保证，技术调查官在参与勘验时，应当注意以下几点：

（1）由于勘验的设备往往正处于生产经营之中，因此技术调查官需要结合自己的专业知识，在通过各种途径获得全面信息的基础上帮助法官确定一个高效、全面的勘验方案，争取做到在不影响或尽量较少影响当事人生产经营的情况下完成相应工作，并尽可能做到一次勘验成功。

（2）在对涉案产品进行勘验时，有时需要专业的设备和服装，此时需要技术调查官根据领域特点提前建议法官团队做好准备。此外，技术调查官虽然掌握了所属领域的专业知识，但是其对涉案产品的具体构造和运行过程并不一定熟悉，此时可以考虑委托专业的技术人员随同参与相关的勘验工作。在委托专业技术人员时，技术调查官应协助承办法官对该技术人员的资质和身份进行必要的审查，并回应各方当事人可能提出的质疑。

（3）在不同的技术领域，勘验的具体工作内容往往也是不同的，结合司法实践，以下几种情形需要注意：

对化工等各类大型机器设备的勘验往往需要进入设备内部或者利用升降机达到特定高度后对其设备结构进行勘验，设备应当在勘验前停止生产并进行处理从而满足勘验人员进入或在外部检查的必要条件。此时技术调查官就可以结合自己的专业实践对停产期限、设备处理方式等给出自己的建议，同时技术调查官也要协助法官，在专业技术人员的配合下，制订一个合理的勘验方案，在保障勘验顺利完成的前提下，尽量加快勘验进度、减少被勘验人的停产损失。另外需要注意的是，由于化工类的生产设备往往是在高温高压的条件下进行工作，因此存在一定的危险性，技术调查官参与设计的勘验方案还应当严格按照企业生产现场的安全标准，并要提醒法官或当事人准备好特殊的防护设备，如防爆手机、相机等，必须以保障勘验人员及取证设备的安全为前提来完成相应的勘验工作。如果涉案产品属特种设备，数据测量需要专业工具，此时还应当有专业的有资质的测量检测机构参与。

在计算机软件勘验中，由于计算机软件程序存在无形、易更改、不易固定等特点，各方当事人由于意见的不同，常常会对软件版本、软件内容的准确性、不可更改性等问题各执己见，并可能会提出各种技术问题给现场勘验的顺利进行带来阻碍。此时，技术调查官应及时配合法官对双方技术人员针对软件实现细节及流程等问题进行询问，排除当事人给出的具有迷惑性的意见，并考虑各方的合理意见，向法官提出明确的技术建议，帮助法官确认客观技术事实。

（4）证据保全仅是对证据材料进行提取、保存或封存，往往仅有被保全证据的一方当事人在场，而勘验则要对相关物品进行查验、拍照、测量和比对，需要双方当事人在场，因此相较于证据保全，勘验涉及的专业性问题更多，工作的内容也更为细致全面，这就要求技术调查官在勘验前对被勘验产品有相对全面的了解，在参与勘验方案的设计时要有详细周全的考虑，在勘验时也要针对现场发生的各种情况进行沉着应对，从而保障整个勘验比对工作的顺利进行。

（三）参与庭审前准备工作的程序和规范

法官为了保障庭审更加高效和全面地开展，通常会组织庭审前的准备工作，其中，质证以及明确案件的技术争议焦点是最主要的任务，主要包括庭前合议和庭前会议①，被指派的技术调查官也需要参与其中。

1. 参与庭前合议的相关工作

法官团队进行的庭前合议主要是为了对案件涉及的相关事实和法律问题进行充分合议和研究。技术调查官参与庭前合议的相关工作有以下几点：

（1）在参加庭前合议之前，应当先行查阅诉讼文书和证据材料，必要时还需要检索相关的案件资料和背景技术，对案件所涉及的技术问题以及争议焦点形成初步的判断；

（2）在参加庭前合议时，根据需要，技术调查官可以向合议庭介绍案件所涉及的技术背景并对技术术语进行解释说明，同时对证据中，尤其是通过调查取证、证据保全以及现场勘验等获得的证据中涉及的技术事实向合议庭进行阐释，然后根据自己的整理、汇总、分析提出初步确定的技术争议焦点并在听取合议庭的意见后进行完善；

（3）根据需要，技术调查官还可以与法官进一步设计确定在庭审中应当

---

① 《最高人民法院关于适用〈中华人民共和国民事诉讼法〉的解释》第224条：依照民事诉讼法第133条第（4）项规定，人民法院可以在答辩期届满后，通过组织证据交换、召集庭前会议等方式，作好审理前的准备。

查明的技术事实和相应的提问环节，并对技术事实的调查范围、顺序、方法提出建议；

（4）对于法官在听取案件技术事实介绍后所提出的技术疑问，技术调查官也应及时进行解答。

2. 参与庭前会议的相关工作

庭前会议由主审法官主持，参与会议的人员由双方当事人及其诉讼代理人、证人组成，必要时技术调查官也需参加。庭前会议的主要内容是由法官组织各方当事人交换证据材料及清单，并由提供证据的一方说明其证据所要证明的问题，明确案件的争议焦点，同时法官也会告知双方当事人对没有争议的事实不再进行质证，以及庭审调查的事项和重点。[①] 是否召开庭前会议由法官根据案情自行决定，通常而言，庭前会议主要是针对案情复杂，争议焦点和证据较多的案件。庭前会议的内容主要是明确各方当事人的诉辩主张，处理诉讼请求增加、变更等，核对证据的有效性，剔除无关证据，记录质证意见，初步确定各方当事人的争议焦点，必要时合议庭还会组织勘验庭对涉案物品进行勘验。在庭前会议中，技术调查官可以就证据与待证技术事实的关联性向各方当事人进行询问并在庭后向法官提供自己的意见。为了明确当事各方的争议焦点，技术调查官还可以在上述问题的基础上，向当事人询问其他与技术事实有关的问题，并在全面考虑各方合理意见的基础上，帮助法官引导各方当事人对争议焦点进行确认。

3. 参与庭审前准备工作的注意事项

（1）由于技术调查官参与诉讼活动的重要职能是解决具体技术问题，因此技术调查官确定的技术争议焦点的方向务必要准确，问题一定要具体，不能过于笼统概括，这样可以帮助合议庭更准确地理解案件的实质技术内容，进而有利于在庭审时各方当事人围绕具体明确的技术焦点问题发表观点，从而增强庭审的针对性，提升庭审效率，避免出现当庭重新确定争议焦点甚至再次开庭的情况。

---

① 沈德咏主编：《最高人民法院民事诉讼法司法解释理解与适用（上）》，人民法院出版社，2015 年 3 月版，第 590 页。

（2）案件涉及的法律问题不宜由技术调查官进行概括。例如，在专利行政案件中不能仅将问题焦点归结为某权利要求相对于对比文件是否具有创造性，在民事案件中也不能将问题焦点归结为被控侵权产品是否落入原告专利保护范围，等等。

（3）在一些民事案件中，由于认识上的不同，当事人可能会忽略对技术事实的认识和判断，而这些事实却又与案件的处理密切关联，此时技术调查官应该从查明技术事实角度出发，发现需要解决的技术问题，及时向承办法官提出建议，并在庭审中引导各方当事人结合技术问题进行充分的阐述，为法官准确适用法律打好基础。

三、技术调查官参与庭审的程序和规范

（一）参与庭审中的相关工作

北京知识产权法院制定的《北京知识产权法院技术调查官工作规则（试行）》中规定的技术调查官履行的职责中包括：询问当事人、诉讼代理人、证人、鉴定人、勘验人、有专门知识的人。在目前的实践中，技术调查官可在法官提示是否有问题需要询问时向当事人等进行提问。必要时，也可以主动示意法官自己有问题需要进行提问。

总结司法实践的情况，课题小组认为，在法庭调查以及法庭辩论环节，技术调查官可以通过以下操作协助法官完成技术事实查明工作：

（1）必要时，技术调查官可以在法官主持询问时示意法官，在得到法官准许后，就与案件争议焦点相关的技术事实问题向当事人进行提问，或让其明确主张和理由；

（2）技术调查官根据法官的提示并结合案件的审理情况，示意自己是否有问题询问当事人；

（3）在当事人进行陈述或者辩论偏离技术事实争议焦点时，技术调查官应当及时提示法官，或通过其他适当形式将庭审重点重新"拉回"焦点问题；

（4）在庭审中出现新的焦点问题，且法官不能立刻做出准确判断的情况下，技术调查官应当示意法官，并就新的焦点问题向法官和各方当事人进行澄清。必要时，可请合议庭休庭进行合议。

（5）在条件允许时，技术调查官可指导书记员修正、完善庭审笔录，以提高笔录的完整性和准确性。

（二）参与庭审时的注意事项

在司法实践中，曾经出现有的技术调查官针对其中一方当事人的提问过多，或与一方当事人就某一事实问题进行辩论的现象。课题小组认为，技术调查官同合议庭成员一样，在参与诉讼活动时应处于"中立"的地位，不宜在未经合议庭合议的情况下，在参与诉讼活动过程中明确表明自己在技术事实认定上的观点或者结论，故技术调查官参与庭审时需要注意以下几点：

（1）作为司法辅助人员，在参与诉讼活动时，技术调查官应着制服并佩戴法徽。《暂行规定》中规定，技术调查官的座位设在法官助理的左侧，书记员的座位设在法官助理的右侧。经过司法实践，课题小组认为，如案件涉及的技术事实复杂，涉及专业术语较多时，法官助理、书记员、技术调查官三人的座位安排可根据案件审判的需要进行调整。必要时，技术调查官可坐在书记员旁边，以便帮助书记员完善庭审笔录。

（2）在庭审前通过庭前合议确定审理思路和方向，技术调查官应提前准备好需要询问当事人的问题，并与法官议定提问时机和方式，可以做到"一焦点一询问"，避免遗漏案件争议焦点涉及的细节以及问题表述不清晰。

（3）当技术调查官需要就技术事实问题即时向当事人提问时，应与法官形成默契，在向法官示意后或在不打断法官正在进行的询问的情况下进行提问。

（4）技术调查官就技术事实问题进行询问时，应给予各方当事人陈述的机会，以体现技术调查官的中立性。

（5）技术调查官应结合争议焦点有针对性地对各方当事人进行询问，所提问题应当有助于最终技术审查意见的形成。例如，在某案中，技术调查官通过庭前阅卷确定了该案涉及的几个技术争议焦点，这几个焦点对结论的形成十分关键，在庭审中技术调查官针对上述焦点技术问题向当事双方进行了充分、递进式的询问，从而为庭后技术审查意见的撰写打下了坚实的基础。

（6）技术调查官仅就技术事实问题向当事人进行提问。技术审查意见中对技术事实的认定，拟作为案件裁判依据的，应当保证给双方当事人就此充分陈述意见的机会，而无论技术调查官是否已经形成了自己的审查意见。

技术调查官需要参与调解时，同样应就技术事实问题客观、公正地发表意见，不对法律问题发表意见。

（7）参考用语：

经过司法实践，课题小组认为，技术调查官可以参考使用以下语段在庭审过程中进行询问：

①询问当事人时可使用"请原告（被告或者第三人）陈述（或明确或重复，等等）一下……"的句式；一般不使用"您"等语气；不采用口语化的表述或商量的语气；不使用反问、质问的表述，如"难道这就是你方提出该主张的依据吗？"等。

②有关发明内容理解：请专利权人解释一下本专利（申请）的工作原理和取得的技术效果。

③权利要求保护范围的解释：请陈述本领域的技术人员如何理解权利要求1中的特征……说明书中对该特征是否进行了特别定义，是否为惯常用语，是否有本领域的通常理解，具体实施方式如何体现对该特征的理解。

④对比文件是否公开：请原告（第三人）就对比文件1是否公开了本专利权利要求1中的特征……陈述意见。

⑤改进动机：请原告（第三人）就最接近的现有技术即对比文件1客观上是否存在……的技术问题，本领域技术人员是否普遍认识到该技术问题的存在，并有动机对该技术问题作进一步改进进行陈述。

⑥技术启示：请原告（第三人）就对比文件1是否给出了……技术启示或者教导陈述意见。

⑦技术障碍：请原告（第三人）针对将对比文件2中的……技术手段应用于对比文件1中时是否会存在技术障碍进行陈述。

⑧技术效果：请原告（第三人）结合本专利说明书的相关记载说明本专利（申请）权利要求1取得的技术效果。

四、技术调查官参与庭审后工作的程序和规范

（一）提出技术审查意见的程序和规范

结合案件的具体情况和法官的需求，技术调查官可以以口头说明或者撰

写书面技术审查意见的方式提出技术审查意见，具体工作分别如下：

1. 口头说明技术意见

口头说明既可以是针对简单咨询，也可以是针对参与诉讼活动或进行一般咨询后不需要撰写书面审查意见的情形，工作内容如下：

（1）简单咨询。

简单咨询仅限于法官向技术调查官咨询与案件争议焦点无关的技术事实问题的情况，具体包括以下四种情形：

①技术术语的解释，例如某个专业词汇的特定含义，本领域技术人员对该术语的通常理解等；

②技术背景的介绍，例如案件所涉技术领域在申请日前的技术发展水平，普遍应用的技术手段，申请日前该技术领域所存在的问题和缺点等；

③公知常识的理解，例如某一技术手段是否为本领域惯用的技术手段，某物质的性质是否为本领域公知的性质等，但在专利授权确权行政案件中，当事人对专利复审委员会就某一技术手段是否为公知常识的认定有异议的除外；

④其他与案件争议焦点无关的技术事实问题的咨询。

技术调查官在完成简单咨询工作后，应当填写《技术调查官工作记录表》。

（2）参与诉讼活动。

技术调查官根据指派参与了保全、勘验、谈话、庭审等具体诉讼活动后，也有可能以非书面形式完成提出技术审查意见的工作。这是因为在参与诉讼活动过程中，技术调查官可能已经通过多种方式协助法官查明了与案件争议焦点相关的技术事实问题，或者是在庭审结束之后，案件承办法官认为其已经基本把握案件的技术事实认定，没有必要让技术调查官提交书面技术审查意见，在此情况下，技术调查官可以通过口头形式说明相关技术问题。应当注意的是，在完成口头提出技术意见工作之后，技术调查官也需填写《技术调查官工作记录表》。

（3）一般咨询。

一般咨询（主要分为庭前咨询和庭后咨询）是指技术调查官不参与具体

的案件诉讼活动（包括上述谈话、保全、勘验、庭审等与当事人直接接触的诉讼活动环节），但协助法官查明与案件争议焦点相关的技术事实问题的情形。如果在一般咨询工作中，法官认为无须技术调查官撰写书面技术审查意见，此时技术调查官只需填写《技术调查官工作记录表》。

2. 撰写书面技术审查意见的相关工作

撰写书面技术审查意见是技术调查官在综合各方当事人的意见、主张和证据之后，运用自己的专业技术知识，对案件有关技术事实进行说明和分析的一项活动。撰写技术审查意见是技术调查官参与诉讼活动的一项重要工作，既是技术调查官对案件技术事实查明工作成果的体现，也是辅助法官完成审判工作的重要环节，所以必须重视技术审查意见的撰写。

在撰写技术审查意见之前，技术调查官需要与主审法官进行交流，就庭审中对技术争议焦点问题进行审理的相关情况进行沟通，了解法官对案件技术事实的理解以及困惑之处，从而根据法官的具体要求并结合案件的具体情况有针对性地进行撰写。需要注意的是，虽然在审理前准备时技术调查官已经帮助法官确定了案件争议焦点以及拟查清的技术事实，但是由于庭审时当事人可能陈述新的内容以及补交另外的证据，从而导致需要查清的技术问题与原先确定的有所变化或者侧重点不同，此时技术调查官在庭后需要与法官就拟查清的技术问题进行充分沟通，细化需要针对性撰写的内容。

具体而言，结合司法实践，技术审查意见一般包括但不限于以下内容：

（1）案件的基本信息，如案号、案由、合议庭组成、当事人情况等；

（2）对涉案技术方案的解释说明，包括所属技术领域、技术背景的介绍、主要技术方案或相关发明创造的内容、技术术语的解释说明等；

（3）对涉案相关证据证明内容的认定，包括对该证据披露技术方案的理解，技术术语的解释说明，被控侵权产品包含的技术特征以及其功能、作用、效果等；

（4）案件所涉技术争议焦点问题的归纳，包括通过分析各方当事人的诉辩主张、质证意见、庭审时的陈述，对存在争议的焦点技术问题进行分析和认定，同时也可以对不存在争议的技术事实进行确认；

（5）重点针对各技术争议焦点问题进行分析，并对当事人就该技术问题提出的主张有针对性地予以论述并给出是否采纳的意见；

（6）结合上述分析，对技术争议焦点问题给出审查意见；

（7）其他需要说明的与案件技术问题相关的必要内容。

需要说明的是，技术审查意见的上述内容并不一定在每一份审查意见中都予以体现，而是要根据法官的具体需求，结合案件的具体技术事实查明情况撰写。

3. 提出技术审查意见的注意事项

在提出技术审查意见时，需要注意以下几点：

（1）技术调查官在撰写书面技术审查意见前一定要同法官就案件进行充分的交流，了解法官的实际需要，并根据其需求撰写技术审查意见，避免出现根据个人意愿随意撰写，意见针对性不强，参考意义不大的情况。

（2）在案件开庭审理结束后技术调查官应当及时以适当方式提出技术审查意见。根据案件的复杂程度以及对案件技术事实查明的情况不同，技术审查意见的形式和内容也有所不同。如果案情疑难复杂的，技术调查官在必要时应当提出阶段性技术审查意见。对于在庭审后经合议，仍存在疑难技术问题未查清的情形，技术调查官可以建议法官再次开庭审理或者组织当事人进行专门的听证。

（3）技术审查意见的提出应当以相关科学理论和专业实践为基础，而技术问题又常常涉及一些抽象的技术术语、技术概念。由于主审法官往往是本领域之外的非专业人员，其理解案件的技术问题可能会存在技术上的障碍，因此，技术调查官在向法官进行口头解答、说明或者提交书面审查意见时可以用打比方、举例子的方式进行解释，如有必要，还可以通过图形、声音、视频、模型等技术手段或者进行相关的科学试验向其进行解释说明。

（4）应当指出的是，技术审查意见不应只有结论，还要有依据以及逻辑严密的分析，必要时应引用证据表明观点。同时，对于当事人的意见尤其是相反意见，也需要进行相应的分析和论证，说明不能接受的原因或者是考虑的因素。需要注意的是，技术审查意见仅对技术事实进行查明，仅解决案件中的技术问题，因此，技术审查意见的结论仅是针对技术争议焦点的技术结论，对于案件中的法律解释和适用等问题，技术调查官不能在技术审查意见中发表观点。

（二）列席案件评议的相关工作及注意事项

案件评议是合议庭各成员在充分交换意见的基础上，形成对诉讼案件各个问题的判断和裁决，多发生在案件开庭审理完毕之后。由于技术调查官工作的定位是在法官的法律思维引导下的对技术事实的查明和认定，因此技术调查官主要参与案件评议中涉及技术问题的讨论。

技术调查官一般应在参与案件评议前完成技术审查意见的撰写，在列席案件评议时，技术调查官需要向合议庭的成员详细阐述案件所涉及的技术内容和相关事实。并根据其技术审查意见针对案件有关技术问题作出充分说明，对于案件相关技术事实的确定提出自己明确而具体的意见。技术调查官在参与案件评议时，还要接受合议庭成员对技术问题的询问，并对合议庭成员提出的疑问或者异议进行解释、说明。对于当场无法回答或无法确认的技术问题，技术调查官还可以在评议结束后，通过查阅案卷资料以及相关的技术资料，对相关技术事实进行确认，必要时组织专门的听证或者二次开庭，并尽快将意见反馈给合议庭成员，并将相关内容补充至技术调查意见。

需要注意的是，在案件评议中，技术调查官对案件裁判结果不具有表决权，但是技术调查官提出的意见应当记入评议笔录，并由其签名。在司法实践中，技术调查官参与案件评议时也可以应法官要求对案件涉及的法律适用等法律问题与其进行沟通。这是因为在某些情形下，法律问题与技术问题是相互交织、不能完全区分的；同时，技术调查官与法官关于案情的充分交流也有利于加强两者的合作，有助于进一步提升技术审查意见的针对性和质量，从这一角度上讲，技术调查官也有权知晓其技术审查意见与法律适用之间的关联。但是，技术调查官的法律意见不应记入合议笔录，只能作为法官的参考，不能影响最终的判决。

（三）审核裁判文书的相关工作及注意事项

裁判文书的初稿完成之后，法官有时可能需要技术调查官帮助其对判决书中涉及技术事实的相关内容进行审核，主要内容有如下几点：

（1）技术术语的使用以及相关表述是否准确；

（2）技术争议焦点是否有遗漏；

（3）技术争议焦点的总结是否准确；

（4）技术事实的认定是否正确。

在审核过程中，如果发现明显的文字错误或者法条引用错误，技术调查官也可以给出修改的建议，但是技术调查官不对法律适用、法律解释等法律问题的审核负责。在收到待审核的裁判文书初稿后，技术调查官应尽快完成审核，以免影响案件宣判的进度。

"四位一体" 技术事实查明机制中技术调查官作用的发挥*

郭　强　林　冠　仪　军

一、前言

(一) 研究背景和目的

随着我国经济和知识产权事业的快速发展，知识产权在社会经济中的地位与作用日益凸显，随之而来的诉讼案件量亦与日俱增。为适应新形势的要求，加大知识产权保护力度，塑造良好的营商环境，我国的知识产权司法体系建设也在不断完善。从 1993 年北京市高、中级人民法院设立知识产权审判庭，到 2014 年底北京、上海和广州知识产权法院相继成立，再到 2017 年初至 2018 年上半年之间，成都、南京、武汉等地先后成立了 15 家跨区管辖、相对独立的知识产权法庭①。新型 "3 + 15" 知识产权审判体系目前已经基本上覆盖了我国经济发展和科技发达的前沿地带，也勾勒出了我国知识产权司法审判的新体系和新格局。

随着知识产权司法机制的不断完善，关于如何构建客观、中立、高效的知识产权案件技术事实查明机制，近年来也已经成为我国司法体制改革关注

---

　　* 本文成文时间为 2018 年 10 月。

　　① 从 2017 年 1 月 9 日成都知识产权法庭率先挂牌成立，到 2018 年 3 月 2 日郑州知识产权法庭挂牌成立，目前我国 15 家知识产权法庭全部挂牌完毕，分别是：成都、南京、苏州、武汉、合肥、杭州、宁波、福州、济南、青岛、深圳、西安、天津、长沙和郑州知识产权法庭。

的热点与难点。在传统的技术事实查明机制基础上，相伴于知识产权法院的诞生，最高人民法院于2014年12月31日印发了《最高人民法院关于知识产权法院技术调查官参与诉讼活动若干问题的暂行规定》（以下简称《暂行规定》），随后广州、北京、上海知识产权法院相继成立了技术调查室。由此，我国知识产权诉讼体制中初步形成了由专业化人民陪审员、司法鉴定、专家辅助人和技术调查官构成的"四位一体"的技术事实查明机制。

在"四位一体"的技术事实查明机制中，如何使新出现的"技术调查官"与现有的专业化人民陪审员、司法鉴定、专家辅助人等技术事实查明机制相互作用、相互配合，进一步提升技术事实查明的质量和效率，也成为业界研究的热点之一。但是目前业界更多关注的是体系本身的建立和理论研究，对于技术调查官在实际工作中与专业化人民陪审员、司法鉴定、专家辅助人之间的相互配合机制和作用还缺乏全面系统的深入研究。

（二）研究内容和方法

本课题拟从我国技术事实查明机制的历史发展出发，通过对国外一些知识产权司法体制中技术事实查明机制的观察与借鉴，基于我国司法体制现状和发展趋势，结合我国知识产权司法诉讼实践过程中的问题，对我国知识产权审判中技术事实查明体系的构建提出参考意见，主要包括以下方面。

首先，对我国技术事实的查明机制总体发展情况进行梳理，并对域外的技术事实查明机制进行观察研究，以期对技术事实查明机制的整体发展脉络和未来走向能有所了解。

其次，对我国技术调查官的运行机制进行研究，包括技术调查官制度的建立，目前技术调查官的运行模式和运行现状，技术调查官制度的优越性和需要改进的地方等。

再次，对技术调查官制度与其他技术事实查明制度的协同作用进行分析研究，包括技术调查官与专业化人民陪审员的协同，技术调查官在司法鉴定过程中作用的发挥，技术调查官如何促进专家辅助人作用的发挥，以及在疑难复杂类案件中如何运行技术事实查明机制等。

最后，对以技术调查官为纽带的"四位一体"的技术事实查明机制构建进行研究，并对未来技术调查官的发展方向进行展望，并提出建设性意见。

二、"四位一体"技术事实查明机制概述

（一）我国技术事实查明机制的发展历程

在知识产权技术类案件的审理中，技术事实查明一直是审判工作中的一个难点，因此，如何构建一个客观、中立、科学、高效的技术事实查明机制是近十几年来法院不懈探索和研究的热点之一。[①]

早在 2007 年，最高人民法院在《最高人民法院关于全面加强知识产权审判工作为建设创新型国家提供司法保障的意见》中，就指出要妥善处理专业技术事实认定，注重发挥人民陪审员、专家证人、专家咨询、司法鉴定在解决知识产权审判专业技术事实认定难题中的作用。在该意见中，规定了把具有专业技术特长和一定法律知识、普遍公认的专家任命为人民陪审员的程序；并对专家辅助人出庭、专家咨询和司法鉴定等问题进行了说明。

关于专业化人民陪审员参审技术类案件的程序，最高人民法院 2010 年颁布的《最高人民法院关于人民陪审员参加审判活动若干问题的规定》作了进一步细化，其在第 5 条规定："特殊案件需要具有特定专业知识的人民陪审员参加审判的，人民法院可以在具有相应专业知识的人民陪审员范围内随机抽取。"此后，最高人民法院和司法部于 2015 年印发的《人民陪审员制度改革试点工作实施办法》亦规定了专业化人民陪审员信息库的建立和其参审程序。

对于专家辅助人和司法鉴定机构参与技术事实查明工作的程序，2012 年修订的《民事诉讼法》的第 76 条至第 79 条进行了规定。其中，在 2012 年《民事诉讼法》第 79 条明确规定了："当事人可以申请人民法院通知有专门知识的人出庭，就鉴定人作出的鉴定意见或者专业问题提出意见。"该条规定弥补了司法鉴定意见的出具过程中当事人参与不足的缺陷，使得专家辅助人可以代表一方当事人充分地对鉴定意见发表意见，有助于法官更加全面客

---

① 李雅萍："专利案件技术审理方式考察和制度构建"，载《中国社会科学院研究生院学报》，2013 年第 6 期，第 68—72 页。

观地理解司法鉴定意见和案件涉及的技术问题，也使专家辅助人和司法鉴定机构在技术事实查明机制中所起的作用得到有机统一。

伴随着北京、上海和广州三地知识产权法院的设立，为进一步完善技术事实查明机制，2014 年 12 月，最高人民法院制定发布的《暂行规定》标志着技术调查官制度在我国司法审判中开始实施。此后，三地知识产权法院均设立了技术调查室，技术调查官在技术类案件审理中查明技术事实的作用也逐渐凸显并得到案件承办法官的认可。以北京知识产权法院为例，截至 2018 年 6 月，北京知识产权法院共有技术调查官 45 名，技术调查官总共参与了 1034 件案件的技术事实查明工作，提交技术审查意见 500 余份。

至此，在知识产权技术类案件的审判中，逐渐形成了技术调查官与专家辅助人、司法鉴定机构以及专业化人民陪审员共同参与的"四位一体"技术事实查明机制。在多元化的技术事实查明机制中，由于四种技术事实查明方式的任务和功能不同，其在具体案件中有可能会出现一些冲突，其提供给审判人员的技术事实查明结果可能不同甚至是相矛盾的，例如，专业化人民陪审员和专家辅助人关于专业问题的意见相左、专家辅助人当庭质疑司法鉴定意见结论的科学性和客观性以及技术调查官与专家辅助人持不同意见，此时如何对这些结论去伪存真，成为法官需要解决的一个问题。为了使"四位一体"技术事实查明机制在司法实践中相互配合、协同作用，需要我们研究不同技术事实查明方式的性质和作用，探求一条能使它们有机配合、统一协调的路径，从而使技术事实查明机制真正起到助力知识产权案件技术事实查明的作用。

（二）域外事实查明机制观察

我国的知识产权司法体系构建时间相对较晚，在构建过程中借鉴了世界许多先进国家的经验。同样在技术事实查明机制方面，世界上许多法律体系相对完备的国家和地区，基于其各自自身的历史传统和社会经济发展情况积累了诸多丰富的经验，形成了各具风格的独特技术事实查明机制。下面将对知识产权制度较为发达的国家与地区之技术事实查明机制进行分析和研究，以期在技术事实查明机制的构建方面为我们提供一些值得借鉴和参考的经验。

1. 英美法系下的技术事实查明机制

英国的知识产权司法系统相对较为复杂，但是对于技术类案件的审理比较集中，目前此类案件，如专利、注册外观设计、半导体电路布局、植物新品种民事案件的初审由伦敦的高等法院大法官庭下的专利法庭和知识产权企业法庭负责①。技术类知识产权案件对技术有着特殊要求，要求专利法庭的法官要有一定的技术背景。同时涉案技术也被划分成了若干技术等级，其中技术难度在四、五级以上的案件由专门的法官审理，如果案件量较大，或者涉案技术是专门法官不能处理的，由高等法院的其他有技术背景的法官审理。

美国也没有设置专门的知识产权法院，但是在上诉层面，将主要涉及技术类的专利案件统一交由联邦巡回上诉法院（the United States Court of Appeals for the Federal Circuit，CAFC）来管辖。案件技术事实主要由专业法官协同技术助理来进行查明，同时联邦巡回上诉法院的法官也倾向于选择具有专利律师从业经验的人员，因为这类人员在发明专利等技术事实查明难度较大的领域具有丰富的经验。

此外，英美法系民事诉讼庭审中体现诉讼"当事人主义"特色的对抗制既是区别于大陆法系的重要特点，也是帮助法官理清案件事实和争议焦点的一种重要手段。庭审中，双方当事人对各自诉辩请求所依赖的事实具有主张责任，当事人通过诉辩程序来主张各自的事实，通过交替性的事实主张和答辩来明确争议焦点，而专家证人是法庭上当事人为证明技术事实而惯用的一种手段。

2. 大陆法系下的技术事实查明机制

作为大陆法系的典型代表，德国虽然在其法律体系上也具有陪审制度（其具有特殊的名字：参审制）和司法鉴定等机制，但是知识产权法院在案件的技术事实查明机制上采取的主要是技术法官制度。其参审制主要适用于刑事案件中的事实查明，而司法技术鉴定一般更多地被知识产权法院之外的普通法院在确定查明技术事实时使用。技术法官相对于普通案件的法官而言，

---

① 转引自黄晓稣、陈静怡："英国知识产权审判体系"，载《科技与法律》，2015 年第 7 期，第 62—89 页。

兼具法律知识和专业技术双学科教育背景，在知识产权案件审判中，享有和普通法官相同的权利，承担同普通法官相同的义务。具体的，在涉及专利确权的行政纠纷案件中，一般由联邦专利法院作为第一审法院专属管辖，合议庭一般由 3 名具有专业技术背景和 2 名具有法律知识背景的法官构成①。

在亚洲，日本一直是知识产权法律体系构建的先行者，很早就对知识产权案件审判公信力予以大力的关注。其目前在知识产权案件的技术事实查明机制方面主要是借助技术调查官和专业委员会制度共同解决。虽然在法律体系上，日本也具有陪审制度（其陪审团制度称为裁判员制度），但裁判员参与案件的范围与德国类似，主要适用于重大的刑事案件审判。日本的技术调查官制度存在已久，在 2005 年日本知识产权高等法院建立之前，东京地方法院、大阪地方法院和东京高等法院等法院就已经配置有技术调查官，技术调查官以出身于专利局的审查员为主。日本知识产权高等法院成立后，为提高技术相关案件的审判质量，也引入了技术调查官制度，此外考虑到技术调查官数量少及所涉及的领域有限，存在有些案件技术调查官缺位的现象，因此日本又引入了专家委员会制度。

同样是为了弥补法官在技术事实认定上的不足，改善裁判的专业性，韩国和我国台湾地区也设立了相应的技术审查官制度。韩国技术审查官的职责主要包括：一是查阅案件卷宗并就案件中的技术证据与相关事实予以调查和认定；二是就案件中的技术事实认定问题提供相应的咨询、建议或意见；三是在诉讼各个阶段就技术事实有关问题向当事人和其他诉讼参与人发问等。我国台湾地区亦采取同韩国类似的技术审查官制度，以解决法官在审理案件过程中所遇到的技术事实认定难题，其诉讼地位属于诉讼辅助人员。根据台湾地区"智慧财产法院组织法"规定，技术审查官的职责是："承法官之命，办理案件之技术判断、技术资料之收集、分析及提供技术之意见，并依法参与诉讼程序"。在技术调查官的任职资格方面，韩国专利法院的技术审理官大部分具有 10 年以上的专利审查经验或行政官员经历，中国台湾地区"智慧

① 游倬锐："比较法视野下我国知识产权案件技术事实认定之检视——兼论我国知识产权案件技术调查官制度"，载《法制与社会》，2018 年第 2 期（上）。

财产法院"的技术审查官也均为来自台湾地区"经济部智慧财产局"的资深
专利审查委员。

3. 域外技术事实查明机制的比较分析

由前面介绍的国家与地区在知识产权案件审判中的技术事实查明机制可
以看出,在知识产权案件技术事实查明上主要采用了专业化法官、技术法官、
技术调查官、专家证人等机制,而事实查明机制的构建与该国家或地区传统
的法律体系构建以及社会经济发展具有密切的关系。

德国和英国、美国虽然法律体系不同,德国的技术法官和英美的专业化
法官在运用体制上也有很大差异,但都是借助于法官这一审判主体。而无论
是英国和美国的专业化法官,还是德国的技术法官,由于他们兼具法律知识
和专业技术知识背景,在技术事实的认定上能够保持中立性和客观性,因此
从理想化的角度考虑,采用具有专业化背景的法官来进行事实查明应该是最
经济有效的方式。但是这样对于法官的资质要求很高,需要有相应的法官培
养体系予以支撑。很多国家囿于国内法律职业教育现状,拥有技术背景的知
识产权法官数量非常少,且由于法官的培养方式非一时可以解决,所以对于
其他国家来说借鉴推广的难度很大。

英美法系下的庭审对抗制虽然有助于事实查明,但是对于出庭律师和专
家证人的要求也非常高。律师和专家证人受雇于当事人,其必然从当事人的
利益出发来进行陈述。在对案件事实进行查明的过程中,虽然受限于法律约
束,也会客观进行表述,但是必然是选择有利于己的证据或者事实进行阐述,
而对于不利于己的进行选择性的回避。如果没有完善的抗辩体制基础和足够
的满足需求的专业化律师人才,也就很难借助于庭审抗辩形式对大量技术类
案件进行事实查明。相对于英美法系下的对抗制,大陆法系下虽然也有庭审
中的诉辩对抗,但是主要还是法官主导下的纠问制,因此大陆法系下的诉辩
对抗对技术事实查明的作用一定程度上依赖于法官对案件事实的了解程度。
日本、韩国、我国台湾地区实行的技术调查官制度可以使具有专业技术背景
人员在法官的要求下参与案件,法官可以借助于技术调查官更全面、更快捷
地对案件事实进行查明,同时技术调查官制度的构建相对于专业化法官和专
业化律师的培养更便捷,所以在事实查明机制方面,技术调查官制度也被亚

洲知识产权发展比较快的国家和地区普遍借鉴。

综上，各个国家或地区知识产权案件事实查明机制的构建离不开该国家和地区法律体系的传统影响，也离不开社会经济的发展需求。随着知识产权事业的发展，各个国家与地区需要基于自身的历史传统和现实需求来探索寻求适合自身发展的更高效、更优质的事实查明方式与机制。

三、我国技术调查官的运行机制模式

（一）我国技术调查官制度的建立

我国最早提出引进技术调查官制度的纲领性文件是中央深化改革领导小组于 2014 年 6 月审议通过的《关于司法体制改革试点若干问题的框架意见》。其中提出要"在知识产权法院中围绕技术案件的审理，建立符合中国国情具有中国特色的技术调查官制度"，为该制度正式登上知识产权审判舞台作了制度设计上的铺垫。

2014 年底最高人民法院发布的《暂行规定》是我国首次以司法解释的形式引进技术调查官制度，标志着我国技术调查官制度的正式建立。《暂行规定》明确了法官在审理专利、植物新品种、集成电路布图设计、技术秘密、计算机软件等专业技术性较强的民事、行政案件时，可以要求指派技术调查官协助进行技术事实调查，并对技术调查官的功能定位、工作职责、意见价值、适用范围等进行了相应规定。随后广州、北京、上海知识产权法院相继实行了技术调查官制度，并都制定了进一步细化落实技术调查官制度的管理办法与工作规则。一方面厘清了技术调查官的选拔标准及类型属性，设计了包括在编、聘用、交流和兼职在内的不同来源渠道与任职形式；另一方面规范了技术调查官的职权责任与调查手段，明晰了技术调查官参加诉讼活动的工作流程、回避事项、协调机制等履职要求。

目前，技术调查官制度已经在我国知识产权案件审理当中实现了常态化运作，不仅全国三家知识产权法院在大量的技术类案件当中积累了适用经验，而且从最高人民法院到基层人民法院的各级法院的审判实务当中都留下了技术调查官协助法官破解涉案技术难题的身影。一套系统科学的技术事实查明

机制已初露端倪。

(二) 目前技术调查官制度的运行模式

《暂行规定》为我国知识产权诉讼中的技术调查官制度初步规划了蓝图和框架，但对于技术调查官的选任条件、配置数量和管理模式等方面并没有进行限制性的细化规定，为这一新生制度的发展留下了更多的探索空间，需要在实践中不断进行完善，以探寻出最适合中国知识产权现实环境和发展的机制。在《暂行规定》基础上结合一段时间的工作实践，各知识产权法院或法庭通过总结梳理，陆续制定了进一步细化落实技术调查官制度的管理办法与工作规则，例如北京知识产权法院基于实践中的经验相继制定了《北京知识产权法院技术调查官管理办法（试行）》《北京知识产权法院技术调查官工作规则（试行）》《北京知识产权法院技术调查官回避实施细则（试行）》等规范。目前国内各知识产权法院或法庭在技术调查官的运行机制方面既有共同之处，也有各自的独特之处，下面对其运行情况进行对比分析。

1. 技术调查官的聘任模式

北京知识产权法院技术调查官目前主要是采用交流和兼职两种类型。交流的技术调查官均来自国家知识产权局系统，这些人员到法院交流的时间一般为 1 到 2 年。此外法院还从社会聘任了 30 多名兼职技术调查官，包括专利审查员、专利代理人、高校教师、科研院所研究人员以及企业的技术人员等。

上海知识产权法院目前也采用兼职技术调查官制度，同时也有国家知识产权局人员交流到上海知识产权法院。由于审判案件的案源差异，上海知识产权法院不像北京知识产权法院那样需要受理大量的行政案件，所以人员数量上相对北京知识产权法院要少一些。截至 2018 年上半年，上海知识产权法院共有兼职技术调查官 11 人，并有一名来自国家知识产权局专利局的技术调查官。

广州知识产权法院目前采用的是聘任制。在挂牌成立时就预留了技术调查室的机构设置，目前技术调查室编制员额为 9 名，先期已有 6 名技术调查官到岗任职。与北京和上海知识产权法院目前技术调查官主要是"兼职""交流"人员不同，广州知识产权法院目前的技术调查官全部为在编公务员身份，是法院里的专职技术人员，并由广州知识产权法院管理。[①]

南京知识产权法庭于 2017 年首次向社会公开招聘技术调查官，得到了社会的广泛响应，最后通过聘用合同制的方式聘用了 5 名专职技术调查官，全部拥有硕士学历，也都具备 5 年以上的本领域专业工作经历。[②]

2. 技术调查官参与诉讼活动的工作方式和内容

在履职方式上，技术调查官主要的工作方式就是在法官的指导之下，根据双方当事人在技术问题上的分歧找到案件的争议焦点，然后为法官理清解决技术问题的思路，并提出供法官参考的技术审查意见。依据审查流程来分，技术调查官的工作大致可以分为庭审前、庭审中和庭审后三个阶段。

在庭审前，接受指派的技术调查官首先要为合议庭成员讲解案件的技术背景，通过把专业的技术术语"翻译"成通俗易懂的语言，来帮助合议庭人员理解涉案技术方案的具体内容。主要包括涉案专利或涉案申请的技术领域、技术背景、技术方案，重点关注该技术方案解决了现有技术中的什么问题，主要采用了什么样的技术手段，以及达到了什么样的技术效果等。其次，在有当事人参加的庭前会议、证据交换或质证等环节，技术调查官可以围绕技术事实向当事人提问，一方面固定双方当事人无争议的技术事实，另一方面确定双方针对技术事实存在的争议点，辅助法官确定案件审理的重点和思路。最后，技术调查官还可以应法官的要求参与取证保全或现场勘验等诉讼活动。

在庭审中，技术调查官最重要的工作则是听取当事人就技术争议焦点所做的陈述，在得到法官的许可后就争议的技术问题向双方当事人及各自的专家辅助人发问，厘清技术疑问。与此同时，技术调查官还可以利用有计划的递进式提问，对重要技术事实的认定结果进行梳理与固定，帮助法官形成内心确认。

在庭审后，技术调查官还需列席合议庭合议，负责撰写技术审查意见，

---

① "法院这群'技术咖'帮法官防'忽悠'　为当事人省鉴定费"，《南方都市报》，2018 年 7 月 8 日．http://epaper. oeeee. com/epaper/A/html/2017 - 07/08/node_ 13688. htm。

② "南京法院新设技术调查官　知识产权案件太专业　庭审现场有'翻译'"，《南京日报》，2018 年 4 月 28 日．http://njrb. njdaily. cn/njrb/html/2018 - 04/28/content_ 498059. htm? div = - 1。

对技术争议焦点问题进行梳理明确，为承办法官提供技术事实认定的参考意见。

（三）技术调查官参与技术事实查明的工作特点

在"四位一体"技术事实查明机制中，各种查明方式之间存在较大的区别，它们各自的特点和承担的任务有所不同。相较于其他三种事实查明机制，技术调查官制度引入知识产权审判机制的时间较晚，在司法实践中如何充分发挥该制度的作用还需要进一步探索，因此需要通过了解该制度的特点及其在技术事实查明机制中的作用来帮助我们更好地利用该制度。具体而言，技术调查官制度的特点有如下三个方面。[①]

1. 高效性

司法鉴定作为一种传统的技术事实查明手段，是知识产权案件中解决技术问题的重要方式，但是司法鉴定存在耗时长、程序相对烦琐等问题，这一定程度上影响了技术类案件的审理效率。而专业化人民陪审员的选取虽然较为便捷，但是在司法实践中，由于陪审员的选择是随机的，从而导致根据案件的技术需要定向选择专业化人民陪审员存在一定困难，并且人民陪审员还有本职工作，往往无法深度参与案件的技术事实查明工作，这也使得法官不会在具体的技术事实查明上依靠专业化人民陪审员。

相对而言，采用技术调查官参与技术事实查明则更加高效和灵活。三家知识产权法院都成立了技术调查室对技术调查官进行日常管理，并采取聘用、交流或兼职等多种形式选任技术调查官，选任方式灵活、来源广泛，可以相对全面地涵盖知识产权案件所涉的各个技术领域。同时，在选任时也十分重视技术调查官从事工作类型的多样化，人员有来自生产一线企业的，有来自大专院校、科研机构的，还有来自专利行政管理部门的。来源的广泛性和多样性使得技术调查官制度更有利于准确查明技术事实。并且，技术调查官的指派程序相较于司法鉴定程序的启动更为简便，只需由法官团队至少于开庭五日前向技术调查室提出申请，再由技术调查室根据案件所涉领域指派相应

---

① 黎淑兰，等：《技术调查官在知识产权审判中的职能定位与体系协调》，载《中国知识产权法学研究会 2015 年年会论文集》，第 984—991 页。

的技术调查官参与即可。技术调查官的工作内容相较于专业化人民陪审员也更加具体。而且，技术调查官在参与诉讼活动之后，根据法官的指派可以深度参加保全、调查取证、勘验、询问、听证、庭审等各个诉讼环节，有助于其全面了解案件事实和准确把握争议焦点，此外，法官还可以就技术问题随时与技术调查官进行沟通，技术调查官也可以随时查阅案卷。技术调查官制度的上述运行特点有利于技术调查官高效灵活地参与案件的技术事实查明，从而帮助法官提高审判效率。

2. 客观性

相较于技术调查官，其他三种技术事实查明机制获取案件信息的渠道相对有限，如司法鉴定机构只根据法院或者一方当事人提交的材料就需要进行司法鉴定的事项进行鉴定，专家辅助人仅通过一方当事人提供的材料进行技术事实的陈述，而专业化人民陪审员通常只通过参与庭审来获取案件信息。因此，上述三种技术事实查明机制获取信息和资料全面性上的不足，可能会影响技术事实查明的客观性。与之相比，技术调查官能够参与案件的保全、调查取证、勘验、询问、听证、庭审等各个环节的诉讼活动，从而可以更全面地了解案情和接触各类证据材料，其进行技术事实查明所依据的信息和资料也更为丰富。并且，技术调查官还可当庭听取各方当事人的陈述以及鉴定人、专家辅助人的意见，随时查阅案卷，在其他三种技术事实查明方式的基础上再作进一步判断。基于此，技术调查官的技术事实查明结论的客观性更有保障。此外，对于疑难复杂案件，技术调查官还可以建议法官进行技术咨询或者将技术问题提交技术专家委员会讨论，并由技术调查官在此基础上提供技术审查意见，从而确保客观科学地查明技术事实。

3. 中立性

在"四位一体"技术事实查明机制中，专家辅助人系由一方当事人聘请，代表该方当事人对案件技术事实陈述意见，视为当事人的陈述，因此专家辅助人的陈述不可避免地会存在倾向性。而作为司法辅助人员，技术调查官应由技术调查室指派参与到诉讼程序中，其中立性得到了初步保证。最高人民法院发布的《暂行规定》第5条中明确规定"当事人有权申请技术调查官回避。技术调查官的回避，参照适用民事诉讼法、行政诉讼法等有关审判人员回避的规定"。在此基础上，北京知识产权法院制定了《北京知识产权法院技术调查官回避实施细则（试行）》，进一步落实上述司法解释的规定，保障技术事实查明的中立性，具体包括：（1）建立分类回避机制，根据技术调查官所在单位与案件当事人所在行业及所从事业务的关联，规定了不同的回避事由以及把握的尺度；（2）建立利益冲突自行排查机制，由技术调查官对是否存在回避事由进行利益冲突排查；（3）建立违规处罚机制，对于技术调查官明知存在回避情形但未自行提出回避，违反法定程序并导致案件被发回重审、引起再审或造成其他不良后果的，根据技术调查官任职类型的不同，给予不同处罚；（4）建立技术调查官人员信息公开和更新机制，将所有技术调查官个人基本信息，如姓名、所在单位、所属技术领域、职称、任职年限等在北京知识产权法院微信公众号等平台上向公众公开，便于社会监督。以上各种措施有效地保障了技术调查官在案件技术事实查明中的中立性。

四、技术调查官制度与其他事实查明机制的协同互补机制

在"四位一体"技术事实查明机制中，技术调查官制度产生最晚。其他三项制度在技术调查官制度出现之前就运行了相当长的一段时间，并且在过往的技术类案件审理中，对于技术事实查明也发挥了不可忽视的作用。作为技术事实查明机制中的新制度，技术调查官制度的实施，并不是对其他三种机制的否定和替代，恰恰相反，技术调查官制度的出现提供了一个良好的契机，让司法实践可以从新的思路和维度下使这几种机制更好地发挥各自的作用，同时又协调联动、有效互补，形成一个相辅相成的多元技术事实查明机制，从而保障技术事实查明的客观性、中立性和科学性。

（一）技术调查官与专业化人民陪审员的配合

人民陪审员制度是人民群众依法参与司法的基本形式，是落实司法人民性与司法民主的基本路径。在知识产权案件的审判实践中，人民陪审员的参与度也非常高，有力地促进了知识产权案件公平、公正、高效的审判。但在涉及技术类案件的审判时，缺乏专业背景的普通人民陪审员在进行技术事实认定以及在此基础上思考法律适用时就会存在很大的困难。为了解决这一问

题，最高人民法院提出了要把具有专业技术特长和一定法律知识、普遍公认的专家任命为人民陪审员的意见。专业化人民陪审员能够参与对案件所涉专业技术问题的研究、分析，有利于合议庭更为全面地了解所涉及技术领域以及技术所属行业的情况。

对事实进行认定是人民陪审员的一项重要职责，同样对于技术事实的查明认定也是专业化人民陪审员的主要职责之一，因此专业化人民陪审员和技术调查官有一定的共通性。相对于司法鉴定或专家辅助人等其他技术事实查明机制，专业化人民陪审员和技术调查官都能直接参与审判活动，并能够以各自所具有的专业知识，就特定事项向法官提供专业意见，起到协助法官厘清诉讼中的技术事实真相的作用。同时专业化人民陪审员也可以和技术调查官共同协助法官对当事人提交的专业性鉴定证据进行研究、提问并进行认定，以帮助法官对当事人所提交的事实证据和鉴定机构所作出的专业性鉴定意见进行准确和高效的认定。

1. 专业化人民陪审员与技术调查官的对比分析

专业化人民陪审员和技术调查官都能够协助法官进行技术事实的查明，但两者也分别具有各自的特点，主要体现在以下方面。

首先，两者的职责定位不同，专业化人民陪审员与法官共同组成合议庭进行案件审理，不仅直接参与案件的审判，同时在案件的评议中也对案件的事实认定具有表决权[①]，而技术调查官对案件裁判结果没有表决权，其出具的技术审查意见对法庭判决仅具有参考作用。

其次，专业化人民陪审员相对于技术调查官具有人员数量优势，无论是知识产权法院还是知识产权法庭，囿于目前的法院体制，技术调查官聘任的数量相对较少，以聘任技术调查官人员最多的北京知识产权法院为例，截至2018年6月技术调查官为45人，而人民陪审员有196人，而其他知识产权法院或法庭技术调查官相对就更少一些。人员数量的优势使得专业化人民陪审

113

员可以覆盖更宽泛的技术领域，在一定程度上满足法院审理各类技术领域争端的需要。

另外，从对案件的参与程度而言，技术调查官一般会全面参与案件的审理，即使只参与部分的审判程序，通常也会对案件整体情况进行全面深入的了解。而专业化人民陪审员虽然参与庭审和评议过程，但一般对案件中具体技术问题的了解不及技术调查官。在参与度有局限的情况下，如果专业化人民陪审员对案件了解不够全面深入，那么普通案件审理中所存在的"陪而不审""审而不议"的现象在技术类知识产权案件中也难以避免。

2. 技术调查官与专业化人民陪审员的协同配合

技术调查官与专业化人民陪审员各有特点，如何在案件审理中有效发挥他们的协同作用，促进知识产权案件审判的客观、公平、高效，也是业界研究争论的热点话题。对此，课题小组认为，要想充分发挥技术调查官和专业化人民陪审员的协同配合作用，促进优质高效的知识产权审判，可以从以下方面考虑。

首先，如前面所述，人民陪审员具有数量上的优势，因此各知识产权法院或法庭在人民陪审员的配置上要提升专业化人民陪审员的比例。而且在专业化人民陪审员配置过程中要充分考虑专业化人民陪审员的专业背景，尽可能使得其专业技术领域在面上能够全覆盖，同时在具体专业技术点上又具有一定的身份差异性，尤其是在技术调查官未涉及的专业领域方面应该优先考虑配备，以形成两者的专业领域互补。

其次，目前有一定数量的技术调查官和人民陪审员具有专利审查或专利代理等法律背景，有能力在法律框架内聚焦争议焦点，对案件的技术事实进行考量和认定。但是也有相当数量的技术调查官和人民陪审员缺乏法律知识，他们在参与诉讼活动时，还存在就技术而论技术的局限，而这一点很难做到根本性的改变。因此，在合议庭庭审人员的配置上，应当对人民陪审员和技术调查官实行精细化管理，同一案件的审理中尽可能使用具有不同职业背景的人民陪审员和技术调查官搭配，同时在专业上，尽可能使得人民陪审员和技术调查官专业背景都与其参与的案件相关，但是又不完全相同，形成专业背景的微差异，以便能够对案件进行更全面的考虑。

再者，由于对案件事实的查明需要在合议庭的引导下由诉辩双方进行阐述，因此在技术类知识产权案件的审判中，合议庭人员庭前对于案件技术背景和当事人双方对案件事实的争议焦点的了解至关重要，直接影响庭审的效率和庭审质量。由于技术调查官通常会在庭前对案件的技术问题进行全面而深入的了解，因此在庭前应由技术调查官就案件的整体情况向法官和专业化人民陪审员等合议庭成员进行说明，专业化人民陪审员可以基于自身专业背景对于案件技术事实和争议焦点进行补充和完善，通过技术调查官和专业化人民陪审员的专业配合提升对案件事实考虑的全面性。

此外，在对案件技术事实的评议上，要充分发挥技术调查官和专业化人民陪审员不同职责和定位的作用。技术调查官应当更多地注重案件的技术细节和具体技术问题，将案件中所有争议焦点的技术事实查清、弄通；而专业化人民陪审员则可以从案件对产业或行业发展的角度，以及对社会公众的影响等更为宏观的层面来考虑。技术调查官和专业化人民陪审员的有机配合使合议庭能够多层次、多角度和全方位地对案件给予更细致、全面的考虑，从而基于案件事实更好地平衡社会利益，实现司法公正。

（二）技术调查官在司法鉴定中的协调作用

司法鉴定是指在诉讼活动中鉴定人运用科学技术或者专门知识对诉讼涉及的专门性问题进行鉴别和判断并提供鉴定意见的活动，[①] 在传统的知识产权诉讼中是完成技术事实查明工作的重要力量。司法鉴定的实施主体是鉴定人，鉴定人与技术调查官具有相似性，都是依照司法程序，凭借专业知识而参与诉讼。他们不属于诉讼当事人的任何一方，不受任何人意志的左右，也不受诉讼结果的约束，具有相对的中立性，是对案件技术事实进行客观查明的重要保证。鉴定人和技术调查官的作用都是帮助法官进行技术事实的查明，但是鉴定人一般只在技术鉴定与质证阶段才参与诉讼，而技术调查官几乎可以全程参与审判的各个阶段。这是否意味着司法鉴定可以由技术调查官完全取代呢？

---

① 参见《全国人民代表大会常务委员会关于司法鉴定管理问题的决定》第 1 条。

课题小组认为，不同类型的技术事实查明机制均有其存在的必然性，在司法实践中存在不同的技术事实查明需求，客观上也需要有与其相适应的查明机制。具体而言，鉴定人和技术调查官的专业分工不同，鉴定人的主要工作是对证据材料进行鉴识与解读并形成专业报告，而技术调查官虽然具有专业知识，甚至本身也有可能具有鉴定资格，但一是其属于司法辅助人员身份，不能直接对技术事项进行鉴定，二是完成司法鉴定的工作流程往往需要借助专门的仪器设备来进行检验、测定和对比，从而得出鉴定意见，需要耗费大量时间与精力，技术调查官即便与鉴定人同处于一个专业领域，但往往也不具备进行此类技术事实查明工作的条件。因此司法鉴定仍然是技术事实查明机制中不可或缺的重要一环。

1. 鉴定人与技术调查官职责的对比分析

在知识产权诉讼过程中，对于双方当事人争议的技术事项，如果技术调查官凭借其专业知识与经验或者简单的检测就可以得出科学、合理的结论，那么可以在保证程序公正的前提下自行予以认定，而无须进行司法鉴定，以节约司法资源，加速审判进程。但是在需要进行司法鉴定的案件中，如何充分发挥两者的协同作用，提升审判效率，则是审判实践中需要解决的问题。为此我们首先对两者的职责做一对比分析。

首先，技术调查官是由法院根据案件类型和数量进行配置的。他们属于司法辅助人员，由法院进行管理，是作为审判组织成员参与诉讼活动的。而司法鉴定机构与法院没有隶属关系，鉴定人接受鉴定机构的指派进行工作，不受法院管理。这种身份的差异使得二者在法庭座位布局上也有差异，技术调查官的座位设在司法辅助人员席位，而鉴定人出庭时一般坐在证人的位置。技术调查官是法官的技术助手，在法官指派下可以全程参与诉讼活动，如查阅诉讼材料、证据保全、调查取证、参加庭审、列席合议庭评议等。而鉴定人只在鉴定阶段与庭审阶段参与诉讼活动，而不参与其他诉讼环节，故技术调查官参与诉讼活动的程度更为深入。

其次，司法鉴定机构出具的鉴定意见和技术调查官出具的技术审查意见的作用和法律效力不同。两者虽然都要经过司法程序作出，但是鉴定意见必须向当事人公开，而技术调查官的技术审查意见只是提交给承办法官以及其他合议庭成员用以在评议案件时使用。在目前的司法实践中技术审查意见无须向当事人公开。鉴定意见在性质上是证据，应当按照程序进行质证，鉴定人对于当事人就鉴定过程、理由以及结论提出的问题应当予以说明，以符合证据认定的程序性要求。而技术审查意见则是技术调查官就技术事项对法官所做的解释说明和建议，供法官和合议庭参考，不是证据。

最后，在技术事实查明的方式上，技术调查官一般是利用本身的专业技术知识，辅之必要的检索查询、分析论证等方式来对事实进行认定，而司法鉴定机构和鉴定人则更多的是需要借助专业的技术设备、仪器以及分析方法来查明技术事实。

2. 技术调查官在司法鉴定中的协调作用

基于上述的对比分析，可以看出两者在事实查明机制方面各有特点。如果能够在知识产权诉讼中充分利用两者，实现有机配合、优势互补，那么将对客观、公正、高效地查明技术事实产生积极的促进作用。课题小组认为，在需要对技术事实认定进行司法鉴定的案件中，应当尽可能指派技术调查官参与，并从以下方面发挥作用。

首先，帮助法官确定需要司法鉴定的相关事项，做好鉴定准备工作。待鉴定事项的确定是鉴定前的主要准备工作，且在很大程度上与专业技术问题密切相关，但不具备技术知识的法官有时不能做出准确且具体的判断，这就需要技术调查官的协助。具体来说，技术调查官可以在以下三个方面做好鉴定前的准备工作。（1）获取被鉴定物以及所需其他检材。要想使鉴定发挥预期作用，确定被鉴定物和其他送检的证据或相关材料是关键。而如何获取、初步甄别以及妥善保存这些证据、材料需要技术调查官协助法官完成。《暂行规定》第6条第3项规定了技术调查官可以参与调查取证、勘验、保全，并对其方法、步骤等提出建议，因此技术调查官在这些诉讼环节可以参与诉讼活动，发挥其专业的优势。（2）拟定鉴定事项。何种技术事项需要鉴定与双方当事人的争议焦点密切相关。双方当事人都是从自身利益出发提出主张，甚至有的当事人会有意扭曲或模糊争议焦点。这时技术调查官可以发挥自身专长，协助法官厘清双方争议焦点，判断案件中存在争议的证据、材料有无进行鉴定之必要，并使鉴定事项和要求更加细致明确，这样有利于充分发挥其作用，提高司法鉴定的效率。

其次，帮助法官解读鉴定意见。鉴定意见往往解决的是诉讼中的核心技术争议问题，对于审判结果具有重大作用。但是司法鉴定具有专业性与复杂性，对于鉴定意见的取舍，除了需要基础的理论与经验之外，还需要具备鉴定事项所涉及技术领域的专业知识。这样才能解读、判断鉴定意见的合理性。技术调查官的参与有利于法官理解鉴定意见的结论、分析过程以及其他实质性内容，从而帮助法官在裁判文书中能够更好地进行说理，有利于案件审判质量的提升。

最后，技术调查官可以帮助法官与鉴定人之间进行有效沟通。由于专业壁垒，法官与鉴定人之间存在一定程度的沟通障碍，同时鉴定人也往往不具有法律知识，因此可能会在一些关键的技术问题上无法与法官在同一"频道"上进行沟通，影响法官对鉴定意见的正确理解。而技术调查官的解释、澄清、说明则会为法官与鉴定人发挥桥梁作用，使二者沟通更为顺畅、高效。

综上，如果技术调查官在有关鉴定程序的各个环节中都发挥一定的功能，则既可以促使当事人明确争议焦点，准确确定鉴定事项，也可以帮助法官深入理解鉴定意见与待鉴定求证事实的关系，能够促使鉴定人认真履行自己的职责。

（三）技术调查官与专家辅助人的协调互补机制

知识产权技术类案件往往涉及专业性较强的技术问题，需要具有专门知识的人的帮助才能查明案件的技术事实。在技术调查官制度建立之前，专家辅助人作为"具有专门知识的人"在知识产权技术类案件的审理中发挥了一定作用。

在我国司法实践中，专家辅助人并非一个法律规定的概念，相关法律及司法解释对该角色多用"具有专门知识的人"进行描述，最早见于2002年施行的《最高人民法院关于民事诉讼证据的若干规定》，该规定在第61条规定："当事人可以向人民法院申请由一至二名具有专门知识的人员出庭就案件的专门性问题进行说明。人民法院准许其申请的，有关费用由提出申请的当事人负担。审判人员和当事人可以对出庭的具有专门知识的人员进行询问。

经人民法院准许，可以由当事人各自申请的具有专门知识的人员就有关案件中的问题进行对质。具有专门知识的人员可以对鉴定人进行询问。"随后，在 2012 年修订《民事诉讼法》第 79 条中规定，"当事人可以申请人民法院通知有专门知识的人出庭，就鉴定人作出的鉴定意见或者专业问题提出意见"，这意味着专家辅助人制度通过法律的形式得到确立。2015 年公布实施的《最高人民法院关于适用〈中华人民共和国民事诉讼法〉的解释》在第122 条和第 123 条对专家辅助人在诉讼中的申请、活动方式以及有关费用的承担作出了细化规定。

在 2014 年 12 月建立技术调查官制度后，技术调查官作为另一种类型的"具有专门知识的人"参与专业问题的技术事实查明，自此以后，出现了专家辅助人与技术调查官同时参与知识产权技术类案件的情况。在此类案件中，两者必然都会就技术问题发表各自的观点，因此，如何处理专家辅助人与技术调查官的关系就成为亟待解决的问题。为了解决上述问题，需要我们厘清两者的关系和异同点，在诉讼活动中做好协调工作，使两者的作用得到并行不悖的发挥，从而形成合力，协助法官高效地完成案件的技术事实查明工作。

1. 专家辅助人与技术调查官的对比分析

专家辅助人与技术调查官都具有专门的技术知识，参与诉讼也都是为了协助法官查明案件中的技术事实，因此，就参与诉讼的功能和目的而言，两者具有一定的相似性。但如果对专家辅助人与技术调查官作进一步的分析比较，还是可以发现两者在参与诉讼的途径、具体内容以及同当事人的关系等方面存在较大差异，具体如下。

（1）参与诉讼的途径有所区别。虽然专家辅助人与技术调查官都是基于案件的技术事实查明需要被动地参与诉讼，但是两者参与诉讼的途径还是存在较大的不同。专家辅助人必须由当事人向法庭提出申请并经法庭批准才能出庭参与诉讼活动，不存在法官主动要求专家辅助人参与诉讼的情况。与之相反，技术调查官参与诉讼活动，是法官团队根据案件技术事实查明的需要，于开庭五日前主动向技术调查室提出申请，再由技术调查室根据案件所涉领域进行指派；此外，也存在当事人申请技术调查官参与诉讼的情形，如果法官认为当事人的请求合理，也会向技术调查室提出指派技术调查官的申请。

（2）参与诉讼活动的具体内容存在区别。专家辅助人在诉讼中的职能除了通过当事人提交书面意见外，主要的就是出庭代表当事人发表专业意见，具体包括如下三个方面：一是协助当事人对鉴定意见进行质证，对意见中存疑的部分发表观点，帮助法官全面客观地理解鉴定意见；二是在法庭上代表当事人就案件事实所涉的专业问题提出意见，提高己方观点的专业性和说服力；三是接受法庭的询问，或者经法庭允许的对方当事人的询问，又或者与对方的专家辅助人进行对质。相比而言，技术调查官参与诉讼活动则更为深入，工作内容也更加丰富。在庭审前，其可以参与庭前合议，就专业的问题向合议庭进行讲解，并协助合议庭确定案件的技术争议焦点，如有必要，技术调查官还可以参与案件的庭前质证、勘验、证据保全和调查取证等工作；在庭审中，技术调查官可以对包括当事人、鉴定人和专家辅助人在内的诉讼参加人进行询问，还可当庭向法官解释与本案相关的技术问题，而当事人以及专家辅助人无权向技术调查官发问；庭审后，技术调查官还可以参与庭后评议，并根据法官需要以口头或书面形式提出技术审查意见供其参考。

（3）与当事人的关系存在差异。专家辅助人作为一种辅助当事人说明专门的技术问题的具有专门知识的人员，其在法庭上关于技术问题的意见，视为当事人的意见，并且专家辅助人是由当事人申请并由其负担费用的，因此，专家辅助人与当事人的关系十分密切，其意见在一定程度上会"偏向于"己方当事人，因而意见的客观性、准确性往往会受到对方当事人的质疑，法官对意见的采纳往往也是采取十分审慎的态度。而技术调查官作为法官的技术助手，其在诉讼中的地位具有中立性，不允许存在与某方当事人关系密切或有利害关系的情形，因此，《暂行规定》第5条和《北京知识产权法院技术调查官回避实施细则（试行）》对技术调查官回避的情形均进行了规定，这些措施也进一步保障了技术调查官意见的客观性和中立性。

2. 技术调查官与专家辅助人的协调互补

礼来公司诉常州华生制药有限公司侵害发明专利权纠纷案①是最高人民

---

① （2013）苏民初字第0002号判决书（一审）、（2015）民三终字第1号判决书（二审）。

法院指导案例 84 号，该案既是法院首次指派技术调查官出庭参与诉讼活动，也是第一次综合运用技术调查官、专家辅助人、司法鉴定等多种途径进行技术事实查明。技术调查官参加该案庭审时，就本案涉及的专业问题询问了专家辅助人和鉴定人。该案作为最高人民法院的指导案例，对于在审判实践中如何使用技术调查官以及技术调查官与专家辅助人之间如何配合协调均有重要的指导意义。

随着技术调查官制度的日渐成熟，在知识产权技术类案件中同时引入技术调查官和专家辅助人查明技术事实的情况日益普遍，课题小组结合目前技术调查官和专家辅助人参与诉讼活动的职能定位和司法实践，对于如何处理两者关系提出如下几点建议。

（1）技术调查官协助法官判断是否准许专家辅助人出庭。

根据《中华人民共和国民事诉讼法》以及《最高人民法院关于适用〈中华人民共和国民事诉讼法〉的解释》的规定，是否启动专家辅助人制度，采取当事人申请，法院审查并结合审判需要决定是否准许的方式。允许专家辅助人参与诉讼是为了查清技术事实，因此在判断专家辅助人是否有必要参与诉讼程序时，法官除了需要考虑当事人在程序上的正当权利外，还需要结合案件存在争议的具体技术问题，从技术方面来判断专家辅助人是否有参与的必要。但这种情况往往涉及专业技术问题，法官有时不能作出准确的判断，这就需要技术调查官的协助。

技术调查官可以根据案情的复杂程度及其对该领域的熟悉情况判断专家辅助人参与案件诉讼的必要性，并向法官提供自己的意见供参考。对于一些技术事实争议较大且基于现有的证据材料无法全面了解技术事实的案件，技术调查官可以建议法官同意当事人提出的申请。在庭审之前，技术调查官应当提前与法官确定案件技术争议焦点，并在庭前将该焦点告知当事人及专家辅助人。这样，庭审时才能够聚焦争议焦点，才能避免专家辅助人长篇累牍地介绍与争议焦点无关的背景知识，提高庭审效率。

此外，在对专家辅助人资质审查方面，技术调查官可以根据案件所涉及的领域来考察当事人提出的专家辅助人是否适合出庭。如果技术调查官通过对专家辅助人专业背景和从业情况的审核发现该专家辅助人并非该领域的技术人员，其参与诉讼活动对查清案件技术事实的帮助不大，那么技术调查官可以建议法官不准予该专家辅助人出庭。

（2）技术调查官庭前针对专家辅助人书面意见的准备工作。

相关法律及司法解释并未说明专家辅助人能否以书面形式提出意见，但是在一些案件特别是涉及外国专家辅助人的案件中，存在专家辅助人在开庭前以书面形式提交意见的实例。从相关法律以及司法解释来看，专家辅助人提交书面意见不是法定的证据形式，但在司法实践中，在符合一定条件的情况下，可以将此书面意见视为当事人的意见陈述。由于专家辅助人出具的书面意见往往涉及案件的争议焦点，其出庭时通常会在书面意见的基础上作进一步口头陈述，因此技术调查官在庭前阅卷时也需要关注当事人提交的专家辅助人的书面意见，以便提前了解专家辅助人的观点及理由，从而更为准确地把握争议焦点和理解一些专业问题。对于专家辅助人的书面意见，技术调查官可以进行总结分类，对涉及案件争议焦点问题的意见重点关注，要求专家辅助人当庭进行针对性陈述，而对与案情关系不大的意见则可以在庭前与当事人沟通，建议专家辅助人不必在开庭时再进行详述。

当事人向法院提出要求专家辅助人出庭的申请，如果技术调查官在庭前阅读专家辅助人的书面意见，并通过查阅相关专业资料，利用其专业知识与工作经验就可以有一个相对准确的初步判断，那么技术调查官可以建议法官不必让专家辅助人出庭。应当注意的是，此种情况主要是针对技术问题并不复杂且各方当事人争议不大的情况，并且要向申请专家辅助人出庭的一方当事人作充分说明。

（3）庭审阶段技术调查官对专家辅助人的发问。

专家辅助人是基于一方当事人聘请参与诉讼的，意见不可避免地具有主观性，但也应当认识到的是，专家辅助人对于专业问题的解释说明以及对鉴定意见的质证，能够帮助法官更加全面、充分理解专业问题。对于专家辅助人在庭审中的意见，技术调查官可以进行有针对性的提问，通过发问引导专家辅助人就争议焦点问题进行充分的陈述，并使法官能够更加全面地了解当事人相关主张的每一点具体的依据和理由。当然，在听取专家辅助人意见后，在决定是否采纳以及如何采纳时，技术调查官完全可以在全面考量的基础上，去伪存真，筛选出其中对查明技术事实最有价值的内容。

需要注意的是，虽然在庭审阶段的技术事实查明工作中技术调查官起到的作用不可替代，但为了防止法官对其产生过度依赖，也应当在庭审中重视专家辅助人的作用，法官要充分听取意见，因为专家辅助人专业且具有针对性的陈述可以对技术调查官的意见进行补充和完善，保证法官即使面对专业问题还能掌握主动权和保持独立性。

（四）疑难复杂类案件技术调查官纽带作用的发挥机制研究

在知识产权技术类案件中，不可避免地会出现一些疑难复杂案件，这些案件有的涉及交叉技术领域，有些涉及特殊的产业应用，还有一些涉及尖端前沿的科技问题。受数量以及选任资格的限制，现有技术调查官的专业背景不能保证覆盖所有司法实践可能涉及的技术领域，对于有些特别专业和前沿的技术问题技术调查官也未必都了解。对于此类案件，技术调查官可以通过更加灵活的方式发挥作用。

1. 综合运用多种技术事实查明方式

对于一些争议较大，疑难复杂的案件，可以考虑综合运用两种及以上的技术事实查明方式，其中技术调查官纽带作用的发挥是几种查明方式顺利运转、形成合力的关键。在此类案件中，有时需要启动司法鉴定程序借助专门的仪器设备对相关产品进行检测分析，如果出现某方当事人为拖延程序质疑鉴定内容和要求的情况，技术调查官可以帮助法官判断该方当事人理由的正当性和合理性，避免审判程序受到不适当的拖延。对于鉴定意见，一方当事人或其委托的专家辅助人提出反对意见的时候，技术调查官也应当结合自己的专业知识给出自己的意见供法官参考，避免其受到当事人的误导和干扰。在专业化人民陪审员同时参与的案件中，技术调查官还可以与专业化人民陪审员在查明技术事实的基础上，就案件的处理作更为深入的讨论，使法官更专注于对法律问题的判断。

2. 指派多名技术调查官参与案件的审理

随着科技的不断进步发展，越来越多的知识产权技术类案件中出现技术领域的交叉，由于技术调查官通常仅掌握某一个特定专业的技术知识，此时就需要考虑将现有技术调查官资源进行整合使用，例如在此类涉及交叉学科的案件中，指派具有不同专业背景的技术调查官参与同一个案件的审理，有助于技术调查官在此类案件中也能较好地发挥作用，完成对于技术事实的查明。

此外，在一些疑难复杂案件中，即使不涉及领域交叉，也可以采取多名技术调查官联合进行技术事实查明的模式。例如可以在案件中指派不同来源的技术调查官，其中一名技术调查官来自专利行政部门或科研院所，另外一名技术调查官来自产业一线的企业。这样多名技术调查官对同一技术问题从不同角度进行事实查明，可以保证技术事实认定的科学性和客观性。

3. 必要时通过技术专家委员会解决复杂问题

对于有些复杂疑难的案件，被指派的技术调查官完成技术事实查明确有困难的，技术调查官可以建议法官组织技术专家委员会来进行技术事实的进一步查明。但应当注意的是，即使引入了技术专家，协助法官组织相关专业人员提出咨询意见也是技术调查官的一项职能，因而此时也需要尽可能地发挥技术调查官的作用，使其作为法官和专家沟通技术问题的纽带和桥梁。

此类案件的启动一般情况下应当是由技术调查官向法官提出建议，经法官同意后由技术调查室召开技术专家组会议进行讨论；在进入技术专家组讨论环节后，技术调查官要在充分了解案情和查阅资料的前提下，与案件合议庭成员进行沟通讨论从而确定技术事实查明中存在的难点问题，再由法官或技术调查官就已查明的技术事实、争议的技术焦点及技术事实查明中存在的难点问题向专家进行说明和分析；在专家组的各位专家发表对技术焦点问题的观点之后，技术调查官需要结合专家组的意见以及其他技术事实查明的情况撰写最终的技术审查意见供法官参考。

参考文献：

1. 陈存敬、仪军："知识产权审判中的技术事实查明机制研究"，载《知识产权》，2018 年第 1 期。

2. 范怀斌："技术事实查明机制研究——以知识产权民事诉讼为视角"，上海师范大学硕士学位论文，2018 年。

3. 张玲玲："我国知识产权诉讼中多元化技术事实查明机制的构建——以北京知识产权法院司法实践为切入点"，载《知识产权》，2016 年第 12 期，第 32—37、57 页。

4. 凌宗亮："日本知识产权审判中的技术事实查明制度"，载《上海法治报》，2016 年 3 月 2 日第 B06 版。

5. 游倬锐："比较法视野下我国知识产权案件技术事实认定之检视——兼论我国知识产权案件技术调查官制度"，载《法制与社会》，2018 年第 2 期（上）。

6. 李响："知识产权审判中的技术调查官制度刍议"，载《南京大学学报》，2017 年第 6 期。

7. 宋汉林："知识产权诉讼中的技术事实认定——兼论我国知识产权诉讼技术调查官制度"，载《西部法学评论》，2015 年第 5 期，第 11—19 页。

8. 宋晓明等："《关于知识产权法院技术调查官参与诉讼活动若干问题的暂行规定》的理解与适用"，载《人民司法》，2015 年第 7 期，第 32—34 页。

9. 赵新河："刍议专业技术争议的专家陪审制度"，载《河南司法警官职业学院学报》，2017 年 9 月。

10. 蔡学恩："技术调查官与鉴定专家的分殊与共存"，载《法律适用》，2015 年第 5 期，第 90—93 页。

11. 李旭颖："专利技术类案件司法鉴定问题及解决路径分析——基于最高院 34 份判决的实证考察"，载《广西政法管理干部学院学报》，2016 年 11 月，第 31 卷第 6 期。

12. 郭鹏鹏："专利案件中司法鉴定范围界定问题研究"，载《电子知识产权》，2016 年第 10 期。

13. 俞风雷、杨再扬："论知识产权审判中专家辅助制度的改革"，载《湖北社会科学》，2015 年第 2 期，第 144—147 页。

技术专家委员会咨询机制构建及完善[*]

马玉良　余丛薇　仪　军

　　2018 年 2 月，中共中央办公厅、国务院办公厅印发了《关于加强知识产权审判领域改革创新若干问题的意见》，其中指出："知识产权保护是激励创新的基本手段，是创新原动力的基本保障，是国际竞争力的核心要素。"该意见第 4 点"加强知识产权审判队伍建设"中，就加强技术调查官队伍建设要求："探索在编制内按照聘任等方式选任、管理技术调查官，细化选任条件、任职类型、职责范围、管理模式和培养机制，规范技术审查意见的采信机制，充分发挥技术调查官对有效查明技术事实、提高知识产权审判质量效率的积极作用，增强技术事实认定的中立性、客观性和科学性。"

　　北京知识产权法院技术调查室成立之初，在考虑到技术调查官的人员数量、所涉专业广度和深度均有限的情况下，除聘任一批技术调查官之外还聘任了一批更专业、技术经验更丰富的技术专家，主要参与处理涉及更复杂技术问题的案件，成为辅助法官查明技术事实的又一道保障，同时也使技术调查官制度更加完善。

　　如何在知识产权审判中增强技术事实认定的中立性、客观性和科学性，一直是我国司法改革的热点和难点。知识产权审判中技术类案件由于其本身的特殊性，在技术事实的查明上必然存在一定难度，并从根本上影响案件的审判结论。北京知识产权法院技术调查室成立三年以来，不断在制度建设上

---

　　* 本文成文时间为 2018 年 10 月。

进行探索，但尚未就技术专家制度制定出相关规定。在两次启用技术专家委员会会议后也在操作中发现了一些问题。如由于科学技术迅猛发展，技术领域呈现交叉和细分趋势，经常会出现案件所涉及的技术领域与专家库现有技术专家研究领域不匹配的问题。为此，需要结合我国科技发展情况以及技术类知识产权案件审判的实际需求，进行制度设计。本文旨在依托审判实践，对技术调查官制度下的技术专家委员会咨询机制的构建及完善进行分析和研究。

一、北京知识产权法院技术专家委员会咨询机制的运行

（一）技术专家委员会的组成

2015 年 10 月，北京知识产权法院首批聘任技术专家 27 人，首批技术专家主要由大专院校、科研机构内具有正高职称的专业技术人员构成，涵盖电子与通信技术、化学工程、医药、光电和光电子学、材料等在审判实践中经常涉及的疑难、复杂的技术领域。

（二）技术专家委员会的工作机制

1. 技术专家委员会机制的启动

《北京知识产权法院技术调查官管理办法（试行）》第 8 条规定，对于技术调查官难以解决的相关技术领域内的重大、疑难、复杂技术问题，可由技术专家委员会专家提供咨询。《北京知识产权法院技术调查官工作规则（试行）》第 16 条则规定，技术调查官认为技术问题疑难复杂需要进一步确定的，可以报请案件承办法官同意后，提请技术调查室召开相关技术领域的技术专家委员会会议进行讨论。结合审判实践，启动技术专家委员会机制的案件一般包括以下几种：

（1）重大案件。

这类案件或关乎人民群体的利益，或涉案标的额巨大，直接涉及企业生死存亡，或成为新闻关注的焦点，受到行业乃至社会的广泛关注，或该案的裁判可能影响行业或相关技术领域的发展。在此情况下，由所属领域的专家对技术事实进行充分论证和讨论，是保障客观、中立、科学地查明技术事实

的有效方法之一。同时，经过谨慎的论证和讨论亦是对案件当事人乃至整个行业、社会负责。而对于其他有可能引发社会舆论关注的重大案件，经过有经验的技术专家研究讨论出的技术事实查明结论也更容易让当事人及社会接受和信服。因此，对于重大案件的审理，法官可以根据技术调查官的建议提请技术调查室组织技术专家委员会会议对案件的技术事实进行研究并提供咨询意见。

（2）疑难、复杂案件。

对于案情复杂、技术争议焦点较多、技术关系复杂、涉及多个技术标准或技术领域的疑难案件，法官可以根据技术调查官的建议提请技术调查室组织技术专家委员会会议对案件的技术事实进行研究并提供咨询意见。这包括但不限于以下几种情形：

①由于案件本身涉及的技术方案复杂或者属于行业发展的前沿技术，可能导致技术调查官无法准确把握案件所涉及的公知常识或技术发展现状等；

②案件所涉技术问题可能对行业发展具有新的指导意义；

③仅凭现有证据材料不能完全证实案件所涉及的技术问题，技术调查官无法得出客观结论。

在上述情况下，由技术专家委员会对案件技术背景、技术事实等问题进行分析、研究和讨论可以使认定技术事实时考虑的因素更加全面，其结论也更加客观。

（3）技术调查官尚存疑问的案件。

在实际案件处理中，会出现案件所属领域的某些技术事实不为现有技术调查官熟悉或者尚缺乏内心确认的情形。其原因在于，首先，技术调查官人数有限，在技术发展日新月异的情况下，不可能全面覆盖所有技术领域；其次，随着技术领域学科的划分日益细化，解决案件的技术事实查明问题，要求也越发专业化；最后，案件涉及技术问题可能为行业中的一般做法却并非为现有技术调查官所熟悉。因此，需要生产、科研领域的一线专家运用他们的技术实践经验来解决问题。在上述情况下，法官可以根据技术调查官的建议提请技术调查室组织技术专家委员会会议对案件的技术事实进行研究并提供咨询意见。

2. 工作程序

在目前的制度设计以及司法实践中，技术专家委员会会议的启动程序为：出现上述三种情况时，承办法官根据技术调查官的建议，向技术调查室提出申请召开技术专家委员会会议。技术调查室根据案件涉及的技术领域联系适合的技术专家3或5人召开技术专家委员会会议。会议后根据讨论结果和后续工作提出口头或书面意见，最终由技术调查官汇总撰写技术审查意见。截止目前，北京知识产权法院有两起案件因涉及的技术事实查明问题较为复杂，召开了技术专家委员会会议。

首次技术专家委员会会议于2016年7月15日召开，涉及的案件为一起关于"通信系统中的序列分配、处理方法与装置"的发明专利无效行政案件。接到法官团队的申请后，技术调查室通过以下步骤，组织召开了第一次技术专家委员会会议并完成相关技术事实查明工作：

（1）技术调查室根据案件的情况在首批聘请的技术专家中初步选派了通信领域的三位专家组成了技术专家委员会；

（2）根据《北京知识产权法院技术调查官回避实施细则》规定，告知当事人技术专家委员会成员的相关信息。经当事人确认对技术专家委员会成员没有回避请求后，确定技术专家委员会成立；

（3）将承办法官提供的案件相关技术背景材料、证据等发给技术专家委员会成员，由他们预先进行分析、研究，并协商确定召开技术专家委员会会议的时间；

（4）技术专家委员会会议上，首先由法官就案情进行介绍，再由该案技术调查官就已查明的技术事实、争议的技术焦点、各方当事人的主张及技术事实查明中存在的难点问题逐一进行说明和初步分析；

（5）技术专家委员会成员进行讨论，并结合案件的具体情况提出问题，技术调查官做了说明和解释；

（6）鉴于所涉及问题的复杂性，技术专家委员会委员没有在会上当即发表结论性意见。他们于会后进行了深入的论证分析及讨论，取得了一致意见后分别出具了专家审查意见，为技术调查官和法官提供技术事实查明参考；

（7）该案技术调查官参考技术专家委员会出具的专家意见完成技术审查

意见提交给法官参考。

第二次技术专家委员会会议于 2017 年 10 月 24 日召开，案件涉及"抗交变磁场干扰的电子式电能表"的专利无效行政案件，该案涉及较为复杂的电子学、电子测量等专业理论知识和实践。然而与前次不同的是，在北京知识产权法院现有的技术专家委员会成员中没有与上述学科准确对应的合适人选。在此情况下，技术调查室多次协调后，在北京市科学技术委员会协助提供的相关专家库名单中确定了一位与案件所涉专业技术领域相适应的专家，该专家推荐了另外两位具备相关资质条件的专家，最终以临时聘请的形式组成了技术专家委员会。告知当事人技术专家的信息后，当事人未提出回避请求，技术调查室组织召开了技术专家委员会会议。参照前次会议的程序，技术专家经过深入的讨论和分析，就该案焦点问题发表了各自的观点，为案件技术事实的查明提供了重要的意见参考。

虽然筹备第二次技术专家委员会会议的过程曲折，但两起案件均因技术专家的参与使得技术事实查明的难题得以顺利解决，帮助技术调查官形成了最终的技术审查意见，也为法官查明技术事实提供了强有力的支持。利用技术专家委员会解决更加疑难复杂的技术问题是北京知识产权法院对技术调查官制度的创新与探索，亦对疑难复杂技术类案件的技术事实查明形成了另一大保障。

二、实际操作中反映出的问题及原因分析

(一) 实际操作中反映出的问题

1. 技术专家委员会机制启动的次数少

北京知识产权法院聘任的技术专家委员会成员任期为三年①，但截至目前，仅启用两次，故大部分技术专家没有机会在聘期内参与案件的审理工作。北京知识产权法院 2016 年初未结案和全年新收案共计 3668 件，2017 年初未结案和全年新收案共计 4644 件，每年仅各启动一次技术专家委员会会议。且

---

① 截至本文撰写完成时，北京知识产权法院第一期聘请的技术专家委员会技术专家的任期已经届满，尚未进行第二期技术专家委员会专家的选任工作，下一步工作正在计划中。

启动技术专家委员会会议的两起案件为 2014 年及 2015 年受理的案件。可以看出，技术专家委员会机制的启动概率很小。

2. 现有技术专家能够覆盖的技术领域有限

在聘任第一期技术专家委员会委员时，技术调查室对委员所属技术领域无法对应司法实践中遇到的所有案件所涉学科的情况有所预判。由于科研人员的专业性的特点，要求其所研究的技术领域必须十分精确地对应，至少是比较精确地对应所参与的案件，否则，即便专家所属技术领域与案件涉及技术领域属同一大类，也不能保证该技术专家有能力解决该大类项下所有的技术事实查明问题。然而，也不能为覆盖尽可能多的细分领域就大量聘任技术专家，使得专家库无限增大导致后续管理工作难度加大。因此，在该制度今后的运行过程中，遇到找不到对应案件领域技术专家的可能性仍然很大。

3. 组织会议有一定困难

根据前面的分析和已召开的两次技术专家委员会会议的情况来看，在会前准确确定案件涉及的技术领域和最终的技术专家人选是非常重要的，而结合司法实践来看，这项工作是具有一定难度的，尤其在遇到案件涉及的技术领域比较"偏"时，难度会更大。技术调查官确定案件涉及的领域后，技术调查室会对现有专家进行初步筛选，然后根据筛选结果逐一通知每位技术专家，同时提供必要的案件背景资料，供技术专家判断自己所擅长的技术领域是否符合该案的实际需求。顺利的情况下，通过筛选可以找到 3 位最适合的技术专家，并协调确定会议日期。然而，在现有技术专家所擅长的技术领域无法对应案件需要或者人数不足的情况下，则只能通过其他途径寻找、联系。从已召开的第二次技术专家委员会会议的操作来看，寻找、联系的难度较大，而且需要花费大量的时间，会造成案件审理时间的延长。

（二）原因分析

1. 疑难、复杂案件数量相对较少

统计数据显示，北京知识产权法院 2016 年审结技术类案件共计 1430 件，技术调查官参与的案件数为 352 件；2017 年审结技术类案件共计 1702 件，技术调查官参与的案件数为 329 件。总体来看，技术调查官参与的案件数量占比较小。而上述两年审结的技术类案件仅各有一件召开了技术专家委员会会议。另一方面，自技术专家委员会会议机制运行 3 年来也仅召开了两次技术专家委员会会议。究其原因，其中之一是受理的案件中涉及的技术问题能达到召开技术专家委员会会议标准的尚不多见，绝大多数案件中的技术事实查明问题可以由技术调查官以及承办法官凭自身能力解决。然而，由于北京知识产权法院负责审理专利、植物新品种、集成电路布图设计、技术秘密、计算机软件等多种类型的民事和行政案件，这些案件涉及各个学科的专门技术知识，因此遇到疑难复杂案件的可能性较大，需要由技术专家组共同研讨。因此，虽然目前启用次数少，但技术专家委员会仍然是技术调查官制度中的重要组成部分。

2. 法官对技术专家委员会机制缺乏了解

部分技术调查官和法官对技术专家委员会机制了解较少，有部分技术调查官或者法官即使遇到了疑难、复杂或者重大技术类案件，也不会想到申请召开技术专家委员会会议。显然，这和技术调查官制度运行时间较短以及对这项制度的宣传力度不够有关。

3. 技术专家委员会人员有限，规模较小，无法匹配案件所涉及的技术领域

从司法实践中可以发现，随着学科划分的日益细致化，北京知识产权法院审理的技术类案件中涉及细分技术领域及交叉学科的情形将越来越多。该类案件的技术事实查明工作对于技术调查官和技术专家来说都是有挑战性的。在技术专家人数有限、且无法覆盖所有技术领域的情况下，为特定案件寻找到专业精确对应的技术专家协助查明技术事实是一项不小的"工程"。而这便是阻碍技术专家委员会咨询机制顺利运行的另一大原因。

在上述情况下，即便有北京市科学技术委员会提供的技术专家库名单，也因人员数量庞大、未结合知识产权审判进行专门的技术领域分类管理、联系所有可能符合案件需要的技术专家耗时较长、工作量巨大等原因，导致工作效率较低；而在找到相关技术领域合适的技术专家后，也需要经多方沟通后才能最终确定会议时间，影响了会议的及时召开。

三、日本专门委员制度及对我国的借鉴意义

近年来，日本有关某些专门领域，如涉及医药、建筑和知识产权的案件稳定上升，需要相关领域的专家介入相关案件以便正确裁判。《日本民事诉讼法》规定了专门委员制度，其中第 92 条（2）—（7）就专门委员参与诉讼的程序、专门委员的任免、工作范围、数量、性质、津贴、回避申请以及处理等事项进行了规定。[1]

1. 基本内容

日本最高法院统一规定专门委员的任免、参与案件的程序和工作内容，参与诉讼案件依法应分别支付津贴，差旅费用、日常津贴、住宿费用的数额和支付标准以及回避程序等事项。在具体案件中，法庭可以在听取双方当事人意见后，依申请或者依职权决定设置一名或多名专门委员，参与诉讼争论点及证据处理程序、证据调查程序以及和解程序。专门委员应遵守参加诉讼的相关规定，如果当事人提出专门委员的回避申请，相关专门委员应停止参与诉讼，直到法庭作出最终有效的决定。

2. 专门委员制度的实施情况

根据日本知识产权裁判所公布的信息，[2] 知识产权领域的专门委员主要由全国从事最前端的科学技术研究的大学教授和研究者，即"各专业领域的第一人"构成，涉及电气、机械、化学、信息通信、生物工程等多领域，截至 2018 年 4 月 1 日，聘任的专门委员约有 200 人，超过 2000 人次的专门委员参与知识产权诉讼，其中大学教授约占 58%，律师约占 17%，公立研究机构约占 14%，民间企业研究者约占 11%。从现有专门委员的年龄分布来看，[3]专门委员的年龄分布为 50 岁至 70 岁，主要集中于化学、机械和电子工程三大领域，实践中机械领域的案件最多，化学领域的案件次之，但专门委员在

① 李菊丹："中日技术调查官制度比较研究"，载《知识产权》，2017 年第 8 期，第 99—100 页。
② "专门委员制度介绍"，参见 http：//www. ip. courts. go. jp/documents/expert/index. html，2018 年 7 月 27 日访问。
③ 刘影：《日本技术调查官与专门委员制度》，载《中国知识产权》（总第 94 期），2015 年 2 月 15 日。

化学领域案件运用最为频繁。究其原因，是因为化学领域的案件，法官更需要专门委员的协助才能解释权利要求的范围，对专利的有效性进行判断。在知识产权诉讼过程中，根据案件审理需要，可以举行由三名专门委员组成的技术说明会，来说明案件涉及的技术争议，技术说明会一般由法官、专门委员、技术调查官和双方代理人参加，其间可以就案件技术问题进行自由交流。

根据日本最高法院颁布的《民事诉讼程序概览》①，专门委员的应用不限于知识产权有关的案件中，主要根据其专业知识解释技术事实、证据和诉讼请求中包含的专门术语，便利案件的审理和证据的安排。法庭可以直接指令专门委员参与证据审查及和解程序解释技术问题。专门委员提供的解释仅用作法官和当事人更好地理解诉讼请求以及证据的基础，不能作为处理当事人权利的证据，也不得用于法庭决定双方当事人有争议事实的材料。总体来说，专门委员不介入具体的权利义务认定，但该制度的运用，能够促进裁判所对知识产权技术类案件的审理更加准确和快速。

四、构建和完善我国技术专家委员会咨询机制的建议

（一）建立技术专家库

从知识产权审判实际来看，由于科学技术迅猛发展，技术领域呈现交叉和细分趋势，经常会出现案件所涉及的技术领域与专家库现有技术专家研究领域不匹配的问题。为此，需要结合我国科技研究实际情况，多方面挖掘技术专家的来源，比如知识产权法院可以通过科学技术委员会、科研院所、行业协会等渠道建立由较高技术职称的科研人员、教授以及企业高级技术人员等组成的技术专家库。在此基础上，根据审判具体案件的需要，可以通过已经选任的技术专家协助推荐的方式进一步完善技术专家库。在技术专家的人员规模方面，可以参照日本的做法，由人数较充裕的技术专家组成基础技术专家库。此后，根据审判实践的需要对技术专家库成员定期进行增、删等调整。为了提高技术专家库的使用效率，方便技术专家与相应案件的匹配，需

---

① "2014 Outline of Civil Procedure in Japan"，http：//www.courts.go.jp/english/vcms_lf/20140417-civil-design.pdf.

要将技术专家根据技术领域按照专利分类号进行分类整理。

在选任入库技术专家时，根据审判需要，首先需要从技术职称要求、工作年限、技术领域分布等方面进行筛选。技术专家委员会参与的案件通常属于重大、疑难复杂案件，故技术专家原则上应具有教授、研究员职称，或者是教授级高级工程师；技术类案件中需要解决的技术问题一般比较具体，故技术专家需要在生产、科研、教学、审查、代理等一线技术岗位具有至少十年工作经验，保证有充足的工作经验，具有较高的技术水平。由于需要查明的技术事实与生产实践联系紧密，故具有生产实践经验的技术专家应当占有一定比例；且年龄不宜超过 60 岁，有特殊考虑情形的除外。在技术领域分布方面，可以适当增加通信、化学、电学领域人数；其次，还需要完善技术专家的聘任制度，明确技术专家的岗位性质、岗位职责、任期、咨询费用以及退出机制。其他选任要求可参照技术调查官的选任办法。

（二）技术专家库的管理

技术专家库的管理和维护。技术专家的信息随时间的推移有可能发生变化。为了高效便捷地提供技术咨询，需要定期维护和更新技术专家库的个人信息资料，比如研究方向、技术职称、工作单位、联系方式等。另外，需要定期了解各领域技术发展状况，特别是新技术发展迅猛的技术领域，比如计算机、通信等行业。同时根据司法实践需要，在定期科学统计和分析受理案件的基础上，充分利用技术专家熟悉相关技术领域发展状况的优势，通过技术专家协助推荐等方式不断吸收相关领域技术专家进入技术专家库。法院可以定期组织入库技术专家参加法律讲座、参观和技术交流会等，加强技术专家和法院的联系，加深其对知识产权案件审判的认识。此外，对于长时间未参与案件的技术专家，需明确原因，根据原因类型分情况进行管理，聘期到期后，在科学分析受理案件情况的基础上对其进行相应调整。

（三）技术专家委员会的工作机制

（1）技术专家委员会的职责。技术调查室结合案件的实际需要和技术专家的情况组成技术专家委员会。技术专家委员会的主要职能是对重大、疑难、复杂技术案件的技术问题进行解释说明，必要的情况下可以通过试验、模拟的方式进行说明和验证。另外对于技术领域交叉复杂的案件，根据审判需要可以推荐相关细分领域的技术专家。技术专家提供的解释说明用于帮助法官更好地查明案件的技术事实。

（2）技术专家回避制度。启动技术专家委员会机制后，应及时告知当事人。为了确保技术咨询意见的公平、公正和科学性，技术专家参与诉讼活动也需要适用回避制度。技术专家的回避可以参照技术调查官的回避规定，主要包括以下情形：技术专家是诉讼案件的当事人或当事人的近亲属，与诉讼案件有利害关系，或者有其他关系，可能影响咨询结果的公正性。具有上述情形之一者不得参与咨询论证活动。

回避的方式可分为自行回避与申请回避。在法院告知回避义务的情况下，如果技术专家自行排查利益冲突后认为符合上述情形、存在利害关系的，可以采用书面或口头形式说明回避理由，向法院提出自行回避申请。另外，诉讼案件当事人、利害关系人认为咨询专家应当回避的，可以提出回避申请由审判长决定是否回避。技术专家、诉讼案件当事人或者利害关系人提出回避申请的，应当在技术咨询开始前提出回避事由，在咨询过程中得知的也可以在技术咨询意见作出前提出。

（3）技术专家委员会会前准备。由于技术专家通常对专利法等法律不熟悉，而诉讼案件涉及的问题有时无法明确判断其为技术问题还是法律问题，此时需要法官和技术调查官事先整理涉及技术事实查明的焦点问题以及需要重点向技术专家组咨询的相关技术问题，以便技术专家委员会有针对性地开展会前准备工作。

（4）技术专家委员会会议。从司法实践来看，如前所述，一般是在符合技术专家委员会机制启动条件时才有可能召开技术专家委员会会议，根据案件情况，技术专家委员会通常由3名或5名相关领域的技术专家组成。技术专家委员会会议通常应由法官主持，技术调查官应当参加会议，并就相关技术焦点问题向技术专家委员会进行说明并提出问题。

必要时，根据案件审判需要，可以专门组织技术说明会，由技术专家委员会当面聆听当事人就相关技术事实进行的陈述、说明。说明会由承办法官、技术调查官、技术专家委员会成员、原告和被告双方或双方代理人参加。双方当事人可以就相关的焦点问题充分发表意见，以此保障当事人对技术问题发表意见的机会。

（5）技术专家委员会意见的利用。在技术专家就技术事实认定形成一致意见或者多数意见后，由技术调查官协助书记员整理相关会议要点，由技术专家委员会成员阅读无误后签字确认。对于技术专家委员会认为需要通过试验、模拟才能确定的技术事实，若技术专家委员会有条件完成，可在完成相关试验、模拟后由技术专家委员会形成意见，连同相关实验记录一并交付技术调查官。在此基础上由技术调查官撰写技术审查意见，供法官参考。

如果出现技术专家不能形成一致意见或者多数意见的情况，由书记员分别记录相关意见，并由技术专家委员会成员阅读无误后签字确认。技术调查官根据案件技术情况，向法官提出下一步如何完成技术事实查明工作的建议，比如是否需要各方当事人就相关焦点问题并结合技术专家的不同意见再有针对性地陈述意见，是否需要查阅新的资料、委托鉴定或试验，是否需要就未查明的技术事实再次组织相关领域的技术专家委员会会议等，最终采取何种方式推进案件的审理，由法官结合具体情况确定。

三级法院共享技术调查官机制的探索与实践[*]

李祖布　李　熙　陈晓华　仪　军

北京知识产权法院技术调查室于 2015 年 10 月 22 日成立，首批任命了 34 名交流和兼职的技术调查官，标志着北京知识产权法院在技术类案件中开始探索技术调查官制度。结合知识产权审判实际，北京知识产权法院围绕技术调查官制度的建设制定了一系列规章制度，包括《北京知识产权法院技术调查官工作规则（试行）》《北京知识产权法院技术调查官管理办法（试行）》《北京知识产权法院技术调查官回避实施细则（试行）》，并正在制定技术调查官考核办法。截至 2018 年 6 月底，共有 45 名技术调查官参与了 1034 件案件的技术事实查明工作，其中涉及保全、勘验的 66 件，撰写技术审查意见 653 件，提供案件简单咨询 232 件。技术调查官参与诉讼活动后，北京知识产权法院技术类案件审判质效得到了较大程度的提升，法官团队和社会各界对技术调查官的工作给予了积极评价。

根据案件管辖和上诉制度的规定，北京市基层法院知识产权庭和北京市高级人民法院民事审判第三庭在审判实践中也会遇到技术类案件。由于承办法官大部分没有理工科背景，故和北京知识产权法院一样，以上法庭对于这些案件的审理也存在困难。2017 年起，北京市基层法院知识产权庭开始尝试由北京知识产权法院指派技术调查官协助本院法官在审判工作中进行技术事实查明，取得了一定成效。然而，如何做好上下级法院共同使用技术调查官

---

* 本文成文时间为 2018 年 10 月。

的制度设计，如何对不同审级法院的审判实际情况进行综合考量，如何考虑在不同审级中安排使用技术调查官等都还缺乏明确规定。为此，本课题将从审判实践出发，研究三级法院共同使用技术调查官机制，试图给出较为明晰的制度设计及具体操作办法，在一定程度上解决北京市基层法院知识产权庭及北京市高级人民法院民事审判第三庭技术类案件审理中的困难。

一、三级法院共享技术调查官机制的必要性可行性分析

（一）北京市基层法院知识产权庭及北京市高级人民法院民事审判第三庭的需求分析

1. 北京市基层法院知识产权庭审理技术类案件的需求分析

《北京市高级人民法院关于调整本市法院知识产权民事案件管辖的规定》第 3 条规定，基层人民法院管辖诉讼标的额在 1 亿元以下且当事人住所地均在本市的，以及诉讼标的额在 5000 万元以下且当事人一方住所地不在本市或者涉外、涉港澳台的著作权、商标、技术合同、不正当竞争、特许经营合同等一审知识产权民事案件。结合司法实践，涉及侵害信息网络传播权的著作权纠纷、部分技术合同纠纷以及涉及互联网的不正当竞争纠纷等案件可能涉及技术事实查明问题。在侵害信息网络传播权的著作权纠纷案件中，存在如何对深度链接服务进行认定，如何对互联网服务进行定性，如何对时间戳进行认定等技术问题。在涉及技术合同纠纷的案件中，存在双方就是否达到合同约定的技术标准的判定等技术问题。在涉及不正当竞争纠纷的案件中，涉及互联网技术相关的案件也会存在技术事实查明问题。根据《最高人民法院关于互联网法院审理案件若干问题的规定》的规定，互联网法院审理案件的类型至少包括互联网著作权权属纠纷、互联网域名纠纷等。上述案件的审理中，常常会涉及互联网技术的应用，因此也存在技术手段的应用和技术比对等技术事实查明问题。

针对上述案件中的技术事实查明问题，北京市基层法院知识产权庭以往采用的技术事实查明方式一般有专家咨询、司法鉴定或者由当事人申请专家辅助人等。然而上述方式或多或少存在局限性，比如专家咨询不够公开、透明，且专家不能亲自听取案件当事人的意见，司法鉴定周期长，专家辅助人

的意见不够客观中立等。针对上述问题，2017 年以来，北京市基层法院知识产权庭开始尝试使用技术调查官来进行技术事实查明，并取得较好的成效。比如，2017 年 11 月，应某区人民法院知识产权庭申请，北京知识产权法院指派技术调查官参与一起侵害计算机软件著作权纠纷案件的诉讼活动。该案系 2015 年受理的案件，由于涉及计算机软件比对等技术事实的查明工作，承办法官不具有计算机技术背景，也缺乏审理这类型案件的经验，一直没有实质性进展。该案重点需要查明的技术事实是被告的软件源代码与原告的软件源代码的比对问题。庭审过程中，技术调查官引导双方就比对问题充分发表了意见，并最终将焦点锁定在原告的软件是否来自开源软件上，并要求原告就此问题在庭后三天向法庭提交补充意见。庭审后，原告提交了撤诉申请。该案中，技术调查官辅助承办法官准确地找到了案件的技术关键点，即原告的软件是否为开源软件，最终使得原告选择了撤诉，取得了很好的效果。再如，2018 年 6 月，北京知识产权法院指派计算机领域的技术调查官参与某区人民法院知识产权庭一起侵害作品信息网络传播权纠纷案件的诉讼活动，该案的审理涉及对某区块链存证取证、对存证过程进行勘验等技术事实查明问题。开庭前，技术调查官与承办法官当面进行沟通，确认了案件技术争议焦点和软件勘验需要准备的设备，并设计确定了勘验流程。庭审过程中，由技术调查官主持对涉案软件进行了勘验，对关键步骤进行截屏留存，并组织双方当事人对勘验各步骤及结果充分发表意见。庭审结束后，合议庭立刻进行了庭后评议，技术调查官列席，并就技术问题提出技术审查意见。最后，技术调查官分别在勘验笔录、开庭笔录、评议记录上签字，完成本次技术调查工作。该案技术调查官辅助承办法官对软件进行勘验，对最终准确查明案件的技术事实发挥了重要作用。

值得注意的是，根据《最高人民法院关于知识产权法院技术调查官参与诉讼活动若干问题的暂行规定》，技术调查官参与诉讼活动的案件类型并不包括著作权和技术合同（计算机软件开发合同除外）案件以及互联网法院审理的互联网著作权权属纠纷、互联网域名纠纷等，而这些案件的审理，有时因涉及专业技术知识的具体应用，需要技术调查官对其进行分析和认定，查明技术事实。因此，技术调查官参与北京市基层法院（包括互联网法院）知识产权庭涉及技术事实认定案件的审理，是对技术调查官参与诉讼活动内容的进一步丰富，也是对技术调查官制度的有益探索。

2. 北京市高级人民法院民事审判第三庭审理技术类案件的需求分析

根据《最高人民法院关于北京、上海、广州知识产权法院案件管辖的规定》第 7 条的规定，当事人对知识产权法院作出的第一审判决、裁定提起的上诉案件和依法申请上一级法院复议的案件，由知识产权法院所在地的高级人民法院知识产权审判庭审理。由于北京知识产权法院审理了大量技术类案件（2017 全年共受理一审技术类案件 2360 件，2018 年上半年共受理一审技术类案件 1447 件），部分案件上诉至北京市高级人民法院后，北京市高级人民法院在审理过程中相应地也会涉及技术事实的查明问题，比如当事人在上诉时对一审的技术事实查明有异议，或者认为有需要补充，或者当事人对技术事实查明虽无明确的异议，但是二审法官对技术事实还有需要进一步了解的内容等，因此在高级人民法院审理的二审案件中依然存在对技术调查官的需求。

另一方面，根据《北京市高级人民法院关于调整本市法院知识产权民事案件管辖的规定》第 1 条，高级人民法院管辖诉讼标的额在 2 亿元以上且当事人住所地均在本市的第一审知识产权民事案件，以及诉讼标的额在 1 亿元以上且当事人一方住所地不在其辖区或者涉外、涉港澳台的第一审知识产权民事案件。这些案件也可能会涉及技术事实查明问题，故在北京市高级人民法院审理的一审案件中也存在对技术调查官的需求。

根据前述分析，北京市基层法院（包括互联网法院）知识产权庭及北京市高级人民法院民事审判第三庭在技术类案件的审理过程中，都可能涉及专业性较强的技术问题，需要对技术事实进行查明，因此都存在对技术调查官的需求。同时，通过北京知识产权法院 3 年审判实践的探索可以看出，技术调查官制度具有专业、中立、高效等优点，得到了法官团队和社会各界的普遍认可，能够为科学、高效地审结技术类案件发挥积极的作用。因此，在北京市基层法院（包括互联网法院）知识产权庭及北京市高级人民法院民事审判第三庭审理技术类案件时，引入技术调查官机制是具有现实意义的。

（二）构建三级法院共享技术调查官机制的必要性和可行性

如前所述，北京市基层法院（包括互联网法院）知识产权庭及北京市高级人民法院民事审判第三庭审理技术类案件时，引入技术调查官机制是具有现实意义的，但是否需要在三级法院均设立技术调查室并选任技术调查官呢？课题小组认为，构建由北京知识产权法院统一管理的三级法院共享技术调查官机制，即由北京知识产权法院技术调查室负责统一选任、管理、培训、考核技术调查官，并在审判需要时，为各级法院指派技术调查官有其必要性和可行性。

第一，从受理的涉及技术问题的案件类型来看，北京市基层法院（包括互联网法院）知识产权庭主要审理涉及互联网技术的著作权案件，还有少量技术合同纠纷，以及不正当竞争纠纷的案件，北京市高级人民法院民事审判第三庭主要审理北京知识产权法院移送上诉的技术案件以及少量诉讼标的较大的一审技术类案件。而由于审级的原因，北京知识产权法院审理的案件涵盖北京市基层法院（包括互联网法院）知识产权庭和北京市高级人民法院民事审判第三庭审理的涉及技术事实查明的所有类型的案件，案件种类最为齐全。

第二，从受理的涉及技术事实查明案件的数量来看，以 2017 年为例，北京市基层法院知识产权庭审结的涉及技术事实查明案件约 200 件，北京市高级人民法院民事审判第三庭审结的技术类案件约 500 件，而北京知识产权法院审结的各类技术类案件共计 1702 件，数量最多。相应地，对技术调查官的使用也是最多的。

第三，北京知识产权法院一方面是北京市基层法院（包括互联网法院）的二审法院，另一方面，北京知识产权法院审结案件的当事人可向北京市高级人民法院提出上诉，故北京知识产权法院起着承上启下的纽带作用，既能及时了解北京市基层法院（包括互联网法院）审理涉及技术事实查明案件的困难，也能第一时间结合自己受理的技术类案件对技术调查官的人员配置进行调整，以满足北京市高级人民法院对技术调查官的需求。同时，北京知识产权法院也能在大量司法实践的基础上，为北京市高级人民法院和最高人民法院提供素材，不断补充、完善技术调查官制度，以保证其顺畅运行。

第四，从制度的构建和实践情况来看，根据《最高人民法院关于北京、上海、广州知识产权法院案件管辖的规定》第 6 条规定，当事人对知识产权法院所在市的基层人民法院作出的第一审著作权、商标、技术合同、不正当竞争等知识产权民事和行政判决、裁定提起的上诉案件，由知识产权法院审理。《最高人民法院关于互联网法院审理案件若干问题的规定》第 4 条规定，当事人对北京互联网法院作出的判决、裁定提起的上诉案件，由北京市第四中级人民法院审理，但互联网著作权权属纠纷、互联网域名纠纷的上诉案件，由北京知识产权法院审理。由此可见，北京市基层法院（包括互联网法院）知识产权庭移送上诉的涉及技术事实查明的二审案件将由北京知识产权法院审理。《最高人民法院关于知识产权法院技术调查官参与诉讼活动的暂行规定》第 2 条规定，知识产权法院审理有关专利、植物新品种、集成电路布图设计、技术秘密、计算机软件等专业技术性较强的民事和行政案件时，可以指派技术调查官参与诉讼活动。从实际情况来看，北京知识产权法院就技术调查官制度的构建和实践进行了三年的探索，已经结合审判实践初步建立起一整套技术调查官制度，在技术调查官的选任、使用和管理上积累了一定经验。

第五，从技术调查官的组织、管理来看，构建统一管理的三级法院共享技术调查官机制的目的在于统一选任和管理标准，全面覆盖审判实践涉及的技术领域，合理配置各领域技术调查官人数，更加便捷地与各类型技术调查官所在单位进行沟通、协调。而实现上述目的，将统一选任、管理的任务交给北京知识产权法院技术调查室也是适合的。

综上，北京知识产权法院审级承上启下，审理的涉及技术事实查明的案件类型最全，数量最多，实践经验相对丰富，因此落实三级法院共享技术调查官机制的工作由北京知识产权法院技术调查室负责是目前的最佳选择。

二、三级法院共享技术调查官机制的构建

（一）技术调查官参与诉讼活动的基本流程

北京知识产权法院技术调查室经过三年的实践，对技术调查官参与诉讼活动的节点、流程、方式以及具体内容进行探索和完善，目前，北京知识产权法院技术调查官的工作流程如图 1 所示，包括申请技术调查官参与诉讼活动，技术调查官的指派、告知和回避，技术调查官的庭前准备（包括保全、勘验等），技术调查官参与庭审或谈话，技术调查官列席合议庭合议，技术调查官自行或根据技术专家委员会的意见撰写书面技术审查意见等。

该流程涉及技术调查官参与诉讼活动的各个环节，在司法实践中经过了

法官和当事人的实践检验，具有可操作性，北京市基层法院（包括互联网法院）知识产权庭和北京市高级人民法院民事审判第三庭使用技术调查官时可以参考适用。

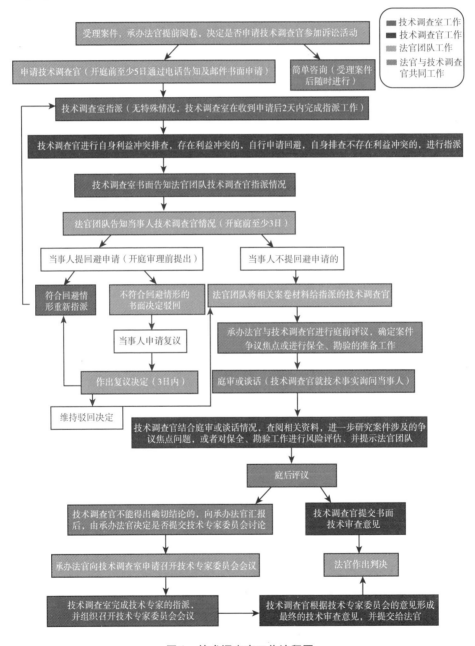

图1　技术调查官工作流程图

（二）技术调查官参与基层法院和高级人民法院诉讼活动时需要考虑的几个问题

由于上述工作流程在设计时仅仅是考虑了北京知识产权法院审理案件的类型及相应的需求，而没有考虑北京市基层法院知识产权庭和北京市高级人民法院民事审判第三庭使用技术调查官时可能遇到的相关情况，因此，需要针对这些情形在操作上作出相应的规定。

1. 在二审程序或发回重审程序中对技术调查官的使用

这类案件是指北京市基层法院（包括互联网法院）和北京知识产权法院移送上诉到二审法院的涉及技术事实查明的案件，以及二审法院经审理后发回一审法院重审的案件，包括但不限于以下情形：

（1）上诉人认为一审法院技术事实查明有误，影响案件审判结论的；

（2）上诉人认为一审法院技术事实查明不全面，需要进行补充查明的；

（3）二审承办法官认为在一审技术事实查明的基础上还需要对某些技术事实做进一步确定的；

（4）二审承办法官认为一审技术事实查明存在错误或严重疏漏，直接改判将导致"审级损失"的。

上述案件均会在随后进行的审判程序中涉及新的技术事实查明问题，会再次指派技术调查官参与诉讼活动。因此，在设计三级法院共享技术调查官机制，涉及案件的二审程序或发回重审程序时，需要考虑技术调查官能否参与同一案件的不同审判程序的问题。

课题小组认为，为保护当事人的诉讼权利，确保技术调查官制度的中立性原则的实现，保障客观、科学、准确地查明技术事实，在二审程序中，凡是涉及技术事实查明问题，无论是对一审程序中技术事实认定的纠正还是补充，均有可能影响案件的审理结论，故在一审程序中参与诉讼活动的技术调查官不能再参与二审的诉讼活动。同理，在发回重审的案件中，在原一审和二审程序中参与诉讼活动的技术调查官不能再参与重审的诉讼活动。

如果不涉及技术事实查明，比如上诉人仅对一审裁判的法律适用问题提出异议，或者二审法院发回一审法院重审的理由仅涉及程序问题（且与技术调查官的指派无关），则在此前程序中参与技术事实查明的技术调查官仍然可以参与案件的诉讼活动。由于不再涉及新的技术事实查明工作，技术调查官在参与这些案件的诉讼活动时，其主要的工作内容是背景技术的介绍、技术术语的理解以及对审查意见的解释和说明等。

2. 技术调查官的选任

三级法院共享技术调查官机制对技术调查官的选任提出了更多要求，需要对不同案件类型、不同审级的情况予以综合考虑。比如，考虑到技术调查官在不同审判程序中存在不能持续参与诉讼活动的情形，在选任技术调查官时需要对此给予相应的考虑，避免因人数不足在指派时捉襟见肘。又如，针对某个技术领域，如果单独设置只针对于北京市基层法院（包括互联网法院）知识产权庭和北京市高级人民法院民事审判第三庭的技术调查官，会造成较大程度的人员浪费。因此，在技术调查官的选任上，应当结合司法实践的实际需求，确定需要有技术调查官参与诉讼活动的技术领域及其细分领域，并要参考选任之前一定时期内该细分领域的案件数量，确保每个细分领域选任有相应合理人数的技术调查官，才能满足审判的需要。

3. 申请指派技术调查官

根据案件审理的需要，北京市基层法院（包括互联网法院）知识产权庭和北京市高级人民法院民事审判第三庭的承办法官可向北京知识产权法院技术调查室提出指派技术调查官参与诉讼活动的申请，说明案件的当事人、案由，并尽可能详细说明案件所涉及的技术领域，以便于北京知识产权法院技术调查室能够精准指派技术调查官，且尽可能减少被指派的技术调查官被提出回避请求及其技术领域与案件不对应的可能性，提升审判效率。

北京市高级人民法院民事审判第三庭的法官申请技术调查官参与诉讼活动的案件如系二审案件，则意味着该案件由北京知识产权法院一审，对此可以分情况考虑。一审已有技术调查官参与的，可简要说明案情、上诉人的上诉理由以及二审承办法官的意向，供北京知识产权法院技术调查室指派时予以考虑；对一审未指派技术调查官参与的，在申请时要详细说明案件的技术领域，以便北京知识产权法院技术调查室能够精准指派技术调查官。

4. 不同审判程序中技术事实认定不同时的处理

课题小组建议，对于有技术调查官参与诉讼活动的一审案件，如二审程序中也有技术调查官参与，且对于同一技术事实的认定与一审不一致时，应当与一审技术调查官进行必要的沟通，以便更准确、全面、有针对性地听取其意见；如果二审技术调查官就技术事实焦点问题不能和一审技术调查官达成一致意见的，可以召开技术专家委员会会议，由技术专家委员会对该技术事实的查明做出进一步研究、分析，并在综合考虑涉及该技术事实认定各类意见后，给出结论性意见供承办法官参考。

对于一审程序中有技术调查官参与，但被二审法院发回重审的案件，重审程序中也需要有技术调查官参与的，在必要时，可以参照前述做法操作。

5. 技术调查官如何与法官进行沟通

相比于北京知识产权法院，指派到北京市基层法院（包括互联网法院）和北京市高级人民法院参与诉讼活动的技术调查官由于不在相应法院实地办公，造成法官与技术调查官的沟通存在诸多不便。从司法实践来看，北京知识产权法院的法官在与兼职的技术调查官进行沟通时，也存在类似的问题。因此，这也是构建三级法院共享技术调查官机制亟须解决的问题。

课题小组认为，由于不具有技术背景的法官对技术问题的理解存在一定难度，因此，案件审理前，技术调查官应与承办法官就案件审理需要解决的技术问题进行当面交流为宜，如介绍技术背景，解释技术术语，说明技术方案，确定案件的技术争议焦点等，如果涉及勘验或保全，还应提前确定是否需要专业设备或者有专业人员参与等，有时还需要借助图片或者视频进行演示。即使不属于疑难复杂案件，也至少需要通过电话或邮件等方式进行前期的沟通，做好准备工作。

在案件审理后，技术调查官向法官提供口头或书面的技术审查意见，并进行相应的解释说明也存在同样的不便。技术调查官列席合议庭合议，并就与技术事实查明有关的问题进行口头说明或者对已经做出的技术审查意见进行解释，对于案件的最终处理显然是十分重要的。

因此，在选任技术调查官时，做好相应的调查了解，确保选任的技术调查官在工作时间上有一定的保障是非常重要的。

三、结语和前瞻

本课题详细分析了建立以北京知识产权法院为主体的三级法院共享技术调查官机制的必要性、可行性，重点介绍了技术调查官参与不同审级案件的回避，技术调查官的申请、选任，技术事实争议下的处理和与法官团队的沟通等。课题小组能力有限，考虑的问题可能不够全面，同时，新技术、新业态发展迅猛，给知识产权审判工作带来了新的挑战，课题小组提出的三级法院共享技术调查官机制还需要在审判实践中不断加以完善。

加强技术调查官队伍建设
提升技术事实查明有效性
——技术事实查明保障机制研究*

李　熙　马玉良　仪　军

一、引言

2018 年 2 月，中共中央办公厅、国务院办公厅印发了《关于加强知识产权审判领域改革创新若干问题的意见》，其中指出："知识产权保护是激励创新的基本手段，是创新原动力的基本保障，是国际竞争力的核心要素。人民法院知识产权审判工作，事关创新驱动发展战略实施，事关经济社会文化发展繁荣，事关国内国际两个大局，对于建设知识产权强国和世界科技强国具有重要意义。"该意见第 3 点"加强知识产权法院体系建设"中，就探索跨地区知识产权案件异地审理机制要求："充分整合京津冀三地法院审判优势资源，探索北京知识产权法院集中管辖京津冀地区技术类知识产权案件，充分发挥知识产权专门化审判在推动京津冀创新驱动发展方面的独特作用，为京津冀形成协调创新共同体、实现经济转型和科学发展提供有力司法支持。"该意见第 4 点"加强知识产权审判队伍建设"中，就加强技术调查官队伍建设要求："探索在编制内按照聘任等方式选任、管理技术调查官，细化选任条件、

---

* 本文成文时间为 2018 年 10 月。

任职类型、职责范围、管理模式和培养机制，规范技术审查意见的采信机制，充分发挥技术调查官对有效查明技术事实、提高知识产权审判质量效率的积极作用，增强技术事实认定的中立性、客观性和科学性"（以下简称"三性"）。

如何在知识产权审判中增强技术事实认定的中立性、客观性和科学性，一直是我国司法改革的热点和难点。知识产权审判中技术类案件由于其本身的特殊性，技术事实查明必然存在一定难度，并从根本上影响案件的审判结论。本课题旨在落实中央要求，对技术调查官制度如何更有效地保障技术事实认定的中立性、客观性和科学性进行专门研究。

二、技术事实查明的内涵及要求

有效查明技术事实是公正审判技术类知识产权案件的基础，为了厘清技术事实查明的内涵和要求，现从中立性、客观性、科学性三个方面进行论述。

1. 中立性

中立，顾名思义即"居中而立""中正独立"。"中立"在现代汉语中是指在对立的两种力量之间，采取不支持不偏袒任何一方的态度[①]。知识产权审判中，技术事实认定的中立性是指，在审判过程中公平公正地对待各方当事人，全面听取他们的意见，不偏不倚，遵循科学原理，准确甄别，最终确定符合客观情况的技术事实认定意见。

具体到履行技术调查官职责时的中立性要求，首先必须从制度上排除显而易见的可能影响中立性的因素，通过严格且具可操作性的回避制度予以规范，例如规定技术调查官本人或其近亲属是案件当事人、诉讼代理人或与案件处理结果有利害关系等情况应当回避。其次，技术调查官应当有意识地避免头脑中基于"先前知识"的固有偏见，防止对其作出公平公正的判断产生不良影响。技术调查官虽然具有较丰富的专业技术知识，甚至具备丰富的所属技术领域的实践经验，但在充分听取双方当事人意见之前，仍应当有意识地避免事前预断，以防"先前偏见"对中立性的影响。总之，中立性是技术调查官公平、公正、客观、科学履职的前提保障。

---

2. 客观性

客观，相对于主观，是指相对于意识之外，不依赖主观意识而存在的，又指按照事物的本来面目去考察，不加个人偏见。[①] 知识产权审判中，技术事实认定的客观性是指，在认定过程中必须以客观实际为本源，按照技术事实的本来面貌来理解。它是进行公平公正的审判的基本要求，也是影响法官或技术调查官声誉的重要因素。

具体到履行技术调查官职责时的客观性要求，首先，技术调查官应当根据客观事实作出认定，即其作出技术事实认定的根据必须具有客观实在性，既不能无中生有，也不能凭空夸大；其次，技术审查意见的表述必须客观，就案件所涉及的技术事实作出准确、严谨的表述。能否达到以上客观性要求，以是否符合本领域技术人员对技术事实的客观认知为判断标准。

总之，客观性是技术事实认定的基础，以客观存在的技术事实作为定案基础，并辅以科学的技术事实查明方法和手段，才能得出客观的技术事实认定结论。

3. 科学性

科学，是关于自然界、社会和思维发展规律的认知体系，它是在人们社会实践的基础上产生和发展的，是实践经验的总结。[②] 科学不仅仅包括已经认识的真理，更包括探索真理的活动，即从事研究的整个过程。知识产权审判中技术事实认定的科学性涉及两个问题，即查明技术事实的人员本身的知识体系以及得出事实认定的结论所采用的方法，两方面均必须满足科学性。

具体到履行技术调查官职责时的科学性要求，首先，担任技术调查官的人员应当在某个具体的技术领域具备一定的知识、经验、技能，这是保证选任的技术调查官具有科学的知识体系的重要因素；其次，技术调查官在履职时，技术事实查明的调查和分析环节应当符合科学性要求，即通过科学的查明技术事实的过程保证技术事实认定结论的科学性和准确性。对此，技术调查官一是需要对调查客体或者对象进行全面、客观而科学的了解、观察或检

---

① 《现代汉语词典》，商务印书馆，1981 年版，第 635 页。
② 《新华字典》，商务印书馆，1987 年版，第 469 页。

查；二是需要设计和选择恰当的调查、检查、勘验方法，并对调查过程、考察视角、考量因素等加以记录，进而结合相关学科的理论知识加以分析，最终提出科学的技术事实认定意见。

总之，技术事实查明的本质是出具技术审查意见之人运用自己所掌握的科学知识和经验，专门针对案件中的技术问题进行科学的分析和识别，因此，技术事实认定结论的生命力在于其科学性。

三、我国技术调查官制度现状及其面临的问题

（一）由技术调查官参与的技术事实查明机制

自 2014 年 8 月全国人大常委会通过《关于在北京、上海、广州设立知识产权法院的决定》后，北京、广州、上海知识产权法院相继挂牌成立。目前，北京知识产权法院正在积极探索构建由专业化人民陪审员、技术调查官、专家辅助人、司法鉴定机构共同发挥作用的"四位一体"技术事实查明机制。据悉，上海知识产权法院也提出了构建由技术调查、技术咨询、专家陪审、技术鉴定"四位一体"的技术事实查明体系。[①] 可见在我国知识产权领域的司法实践中，技术调查官在技术事实查明辅助机制中起到了重要的作用。

相对于传统的技术事实查明机制，比如专家辅助人、司法鉴定和专家咨询等，技术调查官制度是在知识产权法院成立后才进行实践探索的技术事实查明机制。根据 2014 年 12 月 31 日发布的《最高人民法院关于知识产权法院技术调查官参与诉讼活动若干问题的暂行规定》（以下简称《暂行规定》），技术调查官的定位是司法辅助人员，其可以参与的诉讼活动主要是专业技术性较强的知识产权民事和行政案件，其主要职责是针对技术事实查明问题开展各项工作。根据前述规定，广州、北京、上海知识产权法院相继成立技术调查室并选任了数量不等的技术调查官。北京知识产权法院根据自身情况先后制定了《工作规则》《管理办法》《回避实施细则》等规章制度，对技术

[①] 黎淑兰，等："技术调查官在知识产权审判中的职能定位与体系协调——兼论'四位一体'技术事实调查认定体系的构建"，载《中国知识产权法学研究会 2015 年年会论文集》。

调查官参与诉讼活动的各方面事项进行了更具体更具操作性的规定。对内进一步规范了技术调查官参与诉讼活动的流程、工作内容、回避规则和责任等，以期从制度设计上保障技术调查官参与诉讼活动时的中立性、专业性；对外则保障了技术调查官参与技术事实查明过程中当事人的知情权、陈述权、证明权和申请回避的权利，彰显了技术调查官参与诉讼活动的公开性、公平公正性。

（二）技术事实查明"三性"方面面临的问题

法官在审理知识产权技术类案件时，存在引入技术调查官辅助查明技术事实的切实需求。根据当前司法实践，技术调查官应法官的申请、受技术调查室指派参与诉讼活动，并在法官的法律思维引领下，运用技术思维，采用专业的方法和语言，结合证据、庭审以及勘验等情况开展技术事实查明工作，帮助法官解决案件涉及的技术事实认定问题。由于技术调查官具备相关技术领域的技术知识，所以辅助认定技术问题更加准确、高效，对有效查明技术事实、提高知识产权技术类案件的审判质量和效率发挥了积极的推动作用。但根据几年来的实践经验，技术调查官制度仍存在一些需要完善的地方，例如，技术调查官的人员来源，技术调查官出具的技术审查意见能否向当事人公开，技术调查官制度与其他几种技术事实查明辅助机制之间的兼容互补关系等，需要进一步建立或细化规则、明确操作流程。

1. 需进一步合理确定选任技术调查官的人员数量及技术领域

北京知识产权法院技术调查室于 2015 年 10 月 22 日成立，首批任命了 34 名交流及兼职的技术调查官。其自成立以来，截至 2018 年 6 月共指派技术调查官参与了 1034 件案件的技术事实查明工作，提交技术审查意见 500 余份。另据了解，广州知识产权法院目前有 6 位公务员编制的技术调查官，2017 年参与案件诉讼活动 300 多件，出具技术审查意见 100 余份。上海知识产权法院目前有 13 名兼职和交流的技术调查官，自成立至 2018 年 9 月参与案件出庭 218 件，咨询 718 件，出具技术审查意见共计 58 份。此外，南京市中级人民法院知识产权庭也聘任有 5 位专职的技术调查官，自 2017 年 11 月 15 日入职至 2018 年 4 月，参与案件 45 件，出具 33 份技术审查意见。可见，各知识产权法院选任的技术调查官数量、任职方式等在实践中存在一定差异。其中，以北京知识产权法院聘任的技术调查官人数最多，其选用的技术调查官广泛涵盖了机械、电学、通信、光电、医药、化学、材料和计算机软件、互联网等专业技术领域。然而，通过司法实践发现，即使如此，仍然存在由于案件数量逐年增长、现有技术调查官数量不足、所覆盖的技术领域有限等原因导致的技术调查官缺位的现象。未来，各地法院有必要根据各自技术类案件的增长情况，进一步测算技术调查官的人员数量及分布的技术领域，以有效克服技术调查官数量以及所涉技术领域有限的不足，从而适应审判的实际需要。

2. 技术调查官的选任方式尚待进一步明确

如前所述，技术调查官的教育背景、从业背景及其综合运用科学手段进行技术事实查明的能力等，对中立、客观、科学地查明案件技术事实至关重要。针对这一情况，日本、韩国和我国台湾地区等大多通过立法的形式对技术调查官的选聘等作出具体的规定，例如《韩国技术审理官规则》对技术审理官的任职资格进行了严格的规定，[1] 我国台湾地区则专门制定了"智慧财产法院约聘技术审查官遴聘办法"，对技术审查官的选聘条件、业务考核等做出了详细的规定。[2] 在我国，最高人民法院 2017 年 8 月印发的《知识产权法院技术调查官选任工作指导意见（试行）》中对技术调查官的任职资格条件作出了以下规定：具有普通高等学校理工科专业本科及以上学历；具有中级以上专业技术资格；具有 5 年以上相关专业技术领域生产、管理、审查或研究工作经验。同时，该文件指出，符合资格条件的专利行政管理部门的专业技术人员或者其他符合资格条件的专业技术人员可以担任技术调查官。实践中，北京、上海、广州知识产权法院及南京市中级人民法院知识产权庭等在选聘技术调查官时，对人员选任条件、选任方式等有过一些有益尝试。未来，在选聘技术调查官时，有必要在最高人民法院上述文件规定的基础上，进一步完善技术调查官的选任机制，在符合任职资格条件并有意愿承

---

① 贺伟："专利诉讼中技术调查官制度研究"，湘潭大学硕士研究生论文，第 12 页。
② 贺伟："专利诉讼中技术调查官制度研究"，湘潭大学硕士研究生论文，第 13 页。

担技术调查官工作的专业技术人员中，选任最适合知识产权审判工作实际需要的技术调查官群体。并在多维度扩展人员来源的基础上，进一步研究多种聘任方式的利弊。进而，从源头上保障选任的技术调查官的技术知识水平能够胜任岗位要求，履职过程中能够保证技术事实认定的中立性、客观性和科学性。

3. 技术审查意见对当事人是否公开以及如何公开尚需进一步探索

在日本、韩国和我国台湾地区，技术调查官除了接受法官提问、解释技术问题之外，还将制作技术调查报告或意见书，向法官提供技术参考意见。在上述国家或地区，技术调查官出具的调查报告或意见书并不对当事人公开，这也引发了关于该项制度中立性、科学性的讨论。《暂行规定》中规定，技术调查官列席合议庭评议，其提出的技术审查意见将记入评议记录。我国技术调查官的技术审查意见是法官裁判的参考，在司法实践中不向当事人公开。关于技术审查意见是否应该公开，北京知识产权法院技术调查室课题《技术审查意见采信机制的构建》提出了在一定程度上公开技术审查意见，并允许各方当事人对技术审查意见进行质询的观点，本课题小组也比较倾向于该观点。

4. 技术调查官制度如何与其他技术事实查明机制协调融合

在知识产权法院建立以前，我国在司法实践中已经实行了人民陪审员、司法鉴定和专家辅助人等制度，如今又增加了技术调查官制度。这些机制的设置，都是为了帮助法官实现技术类案件审判的客观性和科学性。根据以往的司法实践，人民陪审员、司法鉴定、专家辅助人制度在我国审判实践中发挥了一定的作用，但同时也出现了以下不足：人民陪审员由于缺乏具体的制度规定以及合理的选取机制，导致在实践中陪而不审、审而不议的现象时有发生。司法鉴定由于支付费用高、完成周期长等原因，使得在实践中采用有限。专家辅助人由于受聘于某一方当事人，往往具有明显的利益倾向性，无法单独作为法官认定案件技术事实的依据。而技术调查官制度则建立不久，在实践中与前三种制度如何对接、配合也还需要进一步探索。① 特别是如何在操作中避免各种制度的冲突，如何根据具体案件需要综合优选运用各种辅助手段、优势互补，以利于中立、客观、科学地查明案件技术事实是待解决的问题之一。

5. 探索加强对技术调查官的培训与考核

出具技术审查意见是技术调查官协助法官理解和查明案件专业技术问题的过程中需要履行的工作职责。② 虽然技术审查意见不是案件技术事实认定的当然依据，但不可否认，在司法实践中，技术审查意见对法官判案发挥了重要的辅助决策作用。鉴于技术调查官的设立初衷，要求参与诉讼活动的技术调查官不受任何人的左右（即技术调查官的独立性要求），必须从专业技术角度分析案件事实，尔后用通俗易懂的语言撰写技术审查意见。这就要求技术调查官在知识能力方面，具备符合岗位所需的专业技能；在品行素质方面，具有良好的职业道德和职业操守；此外，根据工作需要，还要具有一定的文字表达能力、语言表述能力、沟通交流能力。因此，技术调查官在任期间，开展符合审判需要的技术调查官培训和定期考评就显得尤为重要。申言之，在规范技术调查官的从业道德方面，应强调技术调查官承接案件前主动进行自身利益排查，并通过考核制度绝对杜绝不当隐瞒利益关系的情况发生。在保障技术调查官专业技术知识储备方面，定期考核其专业知识水平及运用的理论与方法的科学性、可靠性，并定期补入新的、具备实践经验或产业一线技能的新任技术调查官。在表达能力、与法官的沟通交流能力等方面，切实加强培训，避免因技术审查意见表述过于简单、缺乏扎实充分的分析，而导致法官在理解上出现偏差或者影响审判效率。此外，还应当加强对技术调查官参与诉讼活动的规范性培训。

---

① 游倬锐，"案件技术事实认定之检视"，载《法制与社会》，2018 年第 2 期（上），第 27 页。
② 最高人民法院于 2014 年 12 月 31 日发布的《最高人民法院关于知识产权法院技术调查官参与诉讼活动若干问题的暂行规定》第 9 条。

四、域外技术事实查明及借鉴意义

（一）德国的技术法官模式①

1. 技术法官参与知识产权案件审理工作机制

德国联邦专利法院除了设置法律法官，还设置技术法官，并共同负责审理技术类的知识产权案件，这是一种典型的采用技术法官查明技术事实的模式。技术法官应当具备一定的技术资质并同时具有法律专业知识、专利法职业培训及职业经验，一般从专利局的资深审查员中选任，与法律法官一样可以终身任职，并具有与其同等的权力。（专利）无效庭、实用新型上诉审判庭和植物品种保护上诉审判庭均由法律法官担任审判长，只有技术上诉审判庭由技术法官担任审判长。

2. 对提高"三性"的借鉴

德国的这种技术法官与法律法官共同负责审理技术类知识产权案件的模式有利于准确认定技术事实，保障了高质量的审判效果。

我国虽然没有推行技术法官的模式，但是这种模式下所带来的较好审判效果对我国技术类案件的审判有一定的借鉴意义。首先，在技术法官与法律法官共同审理知识产权案件时，技术法官的参与程度和数量根据案件类型以及案件的争议焦点来决定，专利无效案件和技术上诉案件的合议庭中均有 3 名技术法官参与，而且技术上诉案件由技术法官担任审判长。我国在采用技术调查官查明技术事实过程中也可以考虑根据案件情况调整技术调查官的数量和人员构成，以保障技术事实认定结果的客观性、科学性。其次，对于技术调查官而言，其主要任务是在法官的法律思维的引导下进行技术事实查明，尽管仅具备专业技术知识即可完成技术事实查明的工作任务，但如果同时具备法律知识会促进与法官的良好沟通，更好地就确定争议的技术焦点问题以及需要查明的技术事实进行交流。因此，知识产权法院在聘任技术调查官时可以优先考虑聘任同时具有专业技术知识和相关法律知识的人员，或者在聘

① 陈存敬、仪军：《知识产权审判中的技术事实查明机制研究》，载《知识产权》，2018 年第 1 期，第 43—45 页。

任"技术一线"的仅具备专业技术知识的人担任技术调查官时，与来自国家知识产权局系统或者科研领域的技术调查官搭配工作，以提高技术事实查明的客观性和效率。

（二）亚洲（韩、日、我国台湾地区）技术调查官模式①

1. 技术调查官的工作方式

韩国是亚洲最早设立专利法院的国家和地区。为了强化专利案件中的技术专业性，韩国专利法院设技术审理官，技术审理官只能参与案件审理，没有最终决定权。技术审理官在技术类案件审理过程中，根据案情需要，或者提供技术咨询，或者可以参与准备程序及开庭审理，在庭审过程中可以向当事人询问技术方面的问题。

在日本，为了实现知识产权案件的审判专业化，解决专利案件的技术问题，依据《日本裁判所法》和《日本民事诉讼法》的规定，设立了调查官制度和专门委员制度，调查官属于法院内部的人员，主要从日本特许厅的专利审查员中选任，也可以从资深的专利代理人中选任。调查官应法官的要求参与案件审理的各个程序，一方面可以向当事人询问涉案的技术事实，另一方面需要向法官陈述技术方面的问题，并作出报告、提出建议。法官在判断技术事实时虽然会参考调查官和专门委员所作的技术审查意见或报告，但仍然有可能持与其不同的观点，因而对于技术事实的认定法官可以根据案情酌定；而为避免当事人对调查官的观点产生不必要的争议或对诉讼不必要的拖延，当事人并不能看到其出具的报告。对于调查官的工作方式、调查官的选任条件、技术意见是否接受当事人质询等，在学界也存在争议。

我国台湾地区"智慧财产法院"借鉴了韩国和日本的经验，也设置了技术审查官帮助法官解决技术事实认定方面的问题。

2. 对提高"三性"的思考

多国或地区的实践已经证明，技术调查官制度得以发挥作用的基础是中立性、专业性、客观性和独立性。由于技术调查官和专门委员所做的技术审

---

① 陈存敬、仪军："知识产权审判中的技术事实查明机制研究"，载《知识产权》，2018年第1期，第46—47页。

查意见或报告均不向当事人公开，故在一定程度上受到了质疑。一方面是对技术调查官具体工作内容的质疑，主要包括技术调查官针对哪些关键争议问题发表了技术审查意见，技术审查意见是否客观、准确，技术审查意见书对相关争议技术问题的解释和认定是否足够充分以能被法官准确理解等；另一方面是对制度本身合法性的质疑，主要是技术审查意见的不公开是否会使当事人丧失听审请求权①，是否会造成突袭裁判，比如我国台湾地区"智慧财产法院"的"智慧财产案件审理细则"第16条关于"技术审查官制作之报告书，不予公开"的规定，是否违背了上位法"智慧财产案件审理法"第8条关于"法院已知的特殊专业知识，应给予当事人辩论的机会，始得采为裁判之基础"的规定。因此，至少对于纯技术问题的认定应该给予当事人针对其发表意见的机会，以保证法官在技术问题上不发生明显错误的情况下形成心证。

五、对我国知识产权审判中技术事实查明"三性"保障机制的建议

（一）完善回避制度和信息公开制度促进"中立性"

司法中立的核心是要求司法人员在司法活动中做到公正、客观、中立地处理每一个司法案件。对于知识产权审判中就案件技术事实给出意见的司法辅助人员而言，为保障其参与司法工作的中立性，主要需考虑利益关系、情感关系②等对其中立性造成的影响。因此，对应地需要构建回避制度和信息公开制度。

1. 回避制度

当司法人员负责处理的案件涉及亲属性、经历性等情感关系当事人时，可能会因为存在情感型关系和利益关系而对技术审查认定造成影响。因此应当建立相关的回避制度。

---

① 听审请求权，是指法院在对一个人的权利、义务、责任进行判定的时候，他有就案件的事实问题、程序问题及法律问题向法院充分发表自己的意见和主张并以此影响法院的审判程序及其结果的权利。

② 齐吉敏、卞宜亮："防范情感型关系影响保持司法行为中立性"，载《检察日报》，2010年11月15日第3版。

《暂行规定》第 5 条提到当事人有权申请技术调查官回避。技术调查官的回避，参照适用我国《民事诉讼法》《行政诉讼法》等有关审判人员回避的规定。为保障技术调查官依法公正履行职责，确保案件公正审理，消除社会上对技术调查官身份背景的质疑，北京知识产权法院为了进一步细化《暂行规定》的回避制度，制定了《回避实施细则》，在制度设计上尽可能避免由此可能产生的不公正问题。

这里需要着重谈及的是来自国家知识产权局系统的专利审查员担任技术调查官的情况。特别在涉及专利授权、确权行政案件时，公众会对其专利审查员的身份背景产生疑虑。而实际上，由于专利行政案件是当事人对国家知识产权局专利局作出的决定不服，经专利复审委员会复审程序后仍有异议，才向人民法院提起专利行政诉讼，专利局和专利复审委员会之间没有行政隶属关系；在专利审查业务方面，也不存在直接指导和制约关系，因此担任技术调查官的国家知识产权局系统的审查员在组织层面上具有保持中立性的客观基础，可以不予回避。但是，对于涉及本单位审查的专利行政案件，为了确保案件公正审理，排除公众的合理怀疑，需要担任技术调查官的国家知识产权局系统的审查员严格按照《回避实施细则》的有关规定进行排查，经排查不存在其他回避事由的，可根据指派参与案件审理工作。

从司法实践来看，还需要进一步具体规范同一案件经不同审判程序时的回避问题。

2. 信息公开

（1）人员信息公开。

《暂行规定》中规定，法院在确定技术调查官参与诉讼活动后，应当在三日内告知当事人。在此基础上，北京知识产权法院《工作规则》进一步规定，需要同时告知当事人有权对技术调查官提出回避申请。从司法实践来看，还需要考虑在确定技术调查官参与诉讼活动的时间后，在具体诉讼活动开始前，给当事人留出时间，考虑是否提出回避申请，否则有可能导致审判程序的拖延。

公开的信息内容主要有：①基本身份情况，包括姓名、年龄、性别、籍贯、民族等情况；②工作情况，包括所有工作过的单位名称和工作期限；③受教育情况，包括所学专业、学历；④重大个人经历情况。如果上述个人情况有重大变动，也应该及时予以变更后公开。这样便于社会公众、新闻媒体和当事人在了解司法人员相关信息的情况下，判断司法人员是否适合在案件中出具技术审查意见并予以监督。技术调查官按照相关规定在自查回避事项的基础上，自觉接受社会监督。①

（2）技术审查意见的适度公开。

技术审查意见的内容主要是对技术争议焦点事实的认定，包括技术事实认定的依据，如对当事人提交的证据证明力的评判、对所涉专业技术领域公知常识等证据的解读、补充等，也包括对技术事实问题的结论性意见，比如技术启示的认定、权利要求范围的理解等。鉴于当事人希望公开技术审查意见的诉求具有一定的合理性，可以尝试在一定范围内适度公开。适度公开的最主要目的是为了保证技术审查意见的中立性、客观性和科学性，而不是简单地为公开而公开。具体来说，可公开的内容为技术事实认定所依据的证据材料和进行认定时被考虑的因素，而对于技术事实问题的结论性意见则不适宜公开。技术审查意见适度公开主要是基于以下几点考虑：一是从我国现有关于自由心证的法律规定及目前学术界的观点来看，法官心证公开主要是对证据证明效力的认定及法律适用的公开阐明，通过上述内容的公开，使诉讼当事人能够明确法官裁判的依据以及主要考虑的因素，同时针对法律适用的阐明将各方争议焦点再进行集中，使各方能够紧紧围绕焦点再进行辩论，以此种方式进一步增强法官的内心确信。因此，从这个角度来说，技术审查意见中技术事实认定所依据的证据材料，特别是为补充说明公知常识、技术启示以及佐证当事人有关技术事实认定的观点的证明材料等容易被忽略的证据材料应当予以公开并进行质证。二是技术审查意见是法官认定技术事实的重要参考，但并非是唯一性的依赖性的参考，法官在认定技术事实时，需要综合考虑案件证据材料、当事人诉辩主张、专家辅助人意见等，并非一定要完全依照技术审查意见得出结论。司法实践中，也存在法官与技术调查

---

① 北京知识产权法院已于 2018 年 4 月通过官网向社会公开 45 名技术调查官的人员信息。

官在技术事实查明方面观点不一致，不采纳技术审查意见的例子。因此，技术审查意见的结论应当说仅是技术调查官的观点。在此情况下，技术审查意见中的结论性的认定部分不宜向当事人公开，以免在最终裁判做出之前，当事人产生法官已有既定结论的印象。三是公开技术审查意见中结论做出的依据，而不公开结论认定的做法有利于引导当事人就证据材料等进行客观说明，从源头进行补强性的论证和阐述，从而帮助法官综合各方意见最终作出裁判。

（二）以技术调查官为纽带优化"四位一体模式"促进"客观性"

专业化人民陪审员、技术调查官、专家辅助人和司法鉴定机构是目前主要的技术事实查明手段，在知识产权领域的司法实践中发挥了重要作用。为了进一步充分发挥"四位一体"技术事实查明机制的作用，需要以技术调查官为纽带，协调和优化现有的技术事实查明机制。

1. 技术调查官与专业化人民陪审员的配合

由于技术类知识产权案件需要人民陪审员具备一定的专业技术背景才能"听得懂"，进而在审判中发挥人民陪审员的作用，业内诸多人士已经提出构建专业化人民陪审员制度的建议。专业化人民陪审员不仅能有效地协助法官对案件所涉行业问题进行说明，而且能够深入地进行专业分析，使法官对专业性矛盾问题有更全面的认识，有利于合议庭清晰全面地了解情况，并能够结合法律相关规定进行判断和裁决。

在技术类知识产权案件的审判中，技术调查官对于案件的技术细节有更深入的认识和了解，但是可能会忽略案件的处理对行业产生的影响以及所涉技术领域的技术发展趋势对案件处理带来的影响。而具备相关行业经验的人民陪审员能够从更为宏观的产业或行业发展以及对社会影响角度去考虑案件的审判，从而使得合议庭对案件的考虑能够更全面，也更能基于案件事实平衡好社会利益，实现司法公正。

2. 技术调查官在司法鉴定中发挥协调作用

有些需要查明的技术事实需要借助特殊设备或者需要特别长时间才能得

出结论，这往往需要进行司法鉴定。技术调查官在司法鉴定过程中可以发挥以下作用。

首先，技术调查官可以帮助法官确定需要司法鉴定的事项，做好鉴定准备工作。对于何种技术事项需要鉴定的问题，一般取决于双方当事人的争议焦点，但是由于双方当事人各自从自身利益出发，可能有意扭曲或模糊争议焦点。此时技术调查官可以发表中立的专业意见。

其次，帮助法官解读鉴定报告，鉴定报告往往解决诉讼中的核心技术争议问题，对于审判结果有着决定性作用。但是司法鉴定常常具有高度的专业性与复杂性，对于鉴定意见的取舍，除了需要一般的理论与经验法则之外，还需要理解鉴定事项所涉及专业领域的基本观念，才能判断鉴定意见的合理性。

最后，技术调查官的参与，有利于帮助法官与鉴定专家进行沟通，由于专业壁垒，法官与鉴定专家之间常常存在沟通障碍。而此时技术调查官的引入是一种有益的选择，可以在法官与鉴定专家之间发挥桥梁作用，使二者沟通更为顺畅。

3. 技术调查官与专家辅助人的配合协调

技术调查官可以根据案情的复杂程度及其对该领域的熟悉情况判断专家辅助人参与该案诉讼的必要性，并提供意见供法官参考。对于一些技术事实争议较大且基于现有的证据材料无法查清的案件，技术调查官可以建议法官准予当事人提出的专家辅助人出庭申请，提前与法官确定案件技术争议焦点，并在庭前将该焦点告知当事人及专家辅助人，使得庭审时能够聚焦争议焦点，避免专家辅助人长篇累牍地介绍与案件处理关联不大的专业知识或背景情况，以提高庭审效率。

此外，在专家辅助人资质的审查方面，技术调查官可以根据案件所涉及的领域来考察专家辅助人是否适合出庭，如果通过对其专业背景和从业情况的审核发现该专家辅助人并非该领域的技术人员，其加入诉讼程序对查清案件技术事实的意义不大，技术调查官可以建议法官不准予该专家辅助人出庭。

（三）精细化管理提高技术事实查明的"科学性"

1. 调配和优化技术调查官组合，加强与法官的沟通

从目前的实践来看，① 技术调查官参与诉讼活动的方式主要是技术调查室根据案件所属技术领域指派 1 名技术调查官进行技术事实查明工作，只在涉及交叉技术领域或者重大、疑难专利案件中指派 2 名技术调查官。面对社会上一部分人对于技术调查官来源身份的质疑，北京知识产权法院制定的《回避实施细则》，在制度层面可以有效避免不公正的问题。从德国专利法院参与审理的技术法官数量对其审判质量的影响得到广泛认可的角度来看，在条件允许的情况下可以采取每个案件指派来源不同的 2 至 3 名技术调查官的方式。比如由 1 名来自国家知识产权局的审查员和 1 至 2 名来自科研单位或者制造业企业的技术调查官参加。由国家知识产权局审查员作为技术调查官，可以发挥其了解专利法相关规定的优势，为其他仅具有专业技术知识的技术调查官说明需要查明的技术事实。而来自科研单位或者制造业企业的技术调查官则可以利用其在实践应用上的优势，提出更"接地气"的意见。据此，由多个技术调查官对同一个技术问题进行调查、讨论并最终形成结论，既保障了技术事实认定的正确性、客观性，又能打消技术调查官身份来源给当事人带来的疑虑。

2. 完善技术调查官的遴选、培训和考核机制

由于知识产权案件涉及的技术领域非常广泛，在编、聘任和交流的技术调查官由于人数限制在专业领域上无法有效覆盖，知识产权专门法院可以和国家知识产权局签署框架合作协议，以国家知识产权局专利局的审查员专业技术覆盖范围广的优势解决在编、聘任制和交流的技术调查官所不能解决的技术领域覆盖问题，探索审查员以志愿者的身份参与技术调查的工作，同时也能够解决实践中只懂技术不懂专利法的技术调查官在技术事实查明过程中和给出技术审查意见时与法官的交流障碍问题；在遴选专利审查员时，建议优先考虑具有相关技术工作经验以及定期参加实践培训的审查员；另外建议

---

① 陈存敬、仪军："知识产权审判中的技术事实查明机制研究"，载《知识产权》，2018 年第 1 期，第 47 页。

通过行业协会或者学会扩充来自生产一线、科研一线、大专院校教学一线的专业技术人才作为技术调查官，从多个维度扩充技术调查官来源的人员类型，一方面，使得技术调查官的来源身份多样化；另一方面，也可以方便参与同一案件的专利审查员和行业技术一线人员交流，使得对技术事实的认定更加符合行业发展现状。[①]

在多维度扩充技术调查官人员来源类型的情况下，由于专业教育背景、法律基础各不相同，开展符合审判需要的技术调查培训工作显得尤为重要，北京知识产权法院在技术调查官的培训方面进行了有益探索。比如除技术调查官上岗培训外，每年还制订年度培训计划，每年至少组织两次技术调查官的集体培训等。在此基础上，建议完善技术调查官的培训机制，更加科学地制订培训计划，进一步丰富和细化技术调查官的培训内容，比如根据人员来源不同开展有针对性的工作技能培训等。

为有效评估技术调查官的工作，保障高效高质完成技术事实查明的辅助工作，需要建立科学的多维度定期考核机制，重点考虑因技术事实查明问题导致二审改判或发回重审的案件数量，法官对技术调查官工作的意见反馈，参与保全、取证和勘验的表现，技术审查意见撰写的质量，接受指派的工作量以及表达沟通能力等。对于不适合从事技术调查官工作需要的人员，要逐步建立、适用退出机制。

3. 完善不同审级法院共享技术调查官制度，提高技术调查资源管理的科学性

从司法实践来看，除知识产权专门法院外，基层法院审理的比如涉及计算机软件等技术合同纠纷类案件，通常也面临查明技术事实的问题。2017年4月19日北京市海淀法院中关村法庭在审理汉王科技股份有限公司诉北京新国人智慧科技股份有限公司计算机软件著作权转让合同纠纷案时，首次在全国基层法院引入技术调查官[②]。同样，最高人民法院和高级人民法院在审理

---

① 陈存敬、仪军："知识产权审判中的技术事实查明机制研究"，载《知识产权》，2018年第1期，第47—48页。

② "北京海淀法院引入技术调查官审理知识产权纠纷案"，载新浪网，http://news.sina.com.cn/sf/publicity/fy/2017-04-20/doc-ifyepsea9676721.shtml，访问时间：2018年7月26日。

技术类案件时，对于技术事实查明部分，法官通常也需要借助司法辅助力量。2015 年 4 月 22 日，最高人民法院审理礼来公司诉常州华生制药有限公司侵害发明专利权一案中，首次指派技术调查官参与案件诉讼。① 因此，为了实现集约化管理，有必要完善不同级别法院之间共享技术调查官的机制，进一步规范共享技术调查官的申请，参与保全、取证和勘验规则，技术审查意见的撰写要求以及工作情况反馈等。

① "最高法宣判涉外专利侵权案曾启用技术调查官"，载中国法院网，https：//www.chinacourt.org/article/detail/2016/06/id/1910021.shtml，访问时间：2018 年 7 月 26 日。

第二编

技术审查意见及判决精选

　　技术调查官撰写的技术审查意见是技术类案件中法官认定技术事实的参考。技术审查意见是否公开以及公开的具体方式是技术调查官制度中热议的一个问题。本书第一编的《技术审查意见采信机制的构建》一文中，阐述了现阶段我们的观点，即在一定程度上公开技术审查意见。为了业务交流的需要，在本编中，我们也收录了已经作出判决的案件的技术审查意见。这些技术审查意见涵盖了民事、行政案件中常涉及的通信、医药化学、机械、计算机、光电等专业领域。对技术审查意见的内容我们做了适当调整，删除了格式性的内容，保留了技术审查意见的实质性内容。从具体内容上来看，技术审查意见主要是对每个案件涉及的技术焦点问题的分析。与司法裁判文书不同，技术审查意见很难抽象出类似"裁判宗旨"的核心观点。因此，对于非本领域人员来说，读起来会稍显晦涩。但我们收录技术审查意见的目的并不在于让读者完全理解其中涉及的专业技术问题，而在于向读者展示技术调查官撰写技术审查意见的思路，并通过相对应的判决使读者了解法官对于技术审查意见的采用方式，从而更好地理解技术调查官工作模式和技术调查官所起的作用。

专利权侵权诉讼

01 来电公司诉海翼公司、街电公司
侵害发明专利权纠纷案

技术意见

一、涉案专利的相关事实

涉案专利名称为"一种移动电源的租借方法、系统及租借终端"，专利号 ZL201580000024.X，申请日 2015 年 2 月 14 日，授权公告日 2017 年 3 月 15 日，专利权人来电公司。

涉案专利包括 6 项独立权利要求，分别是权利要求 1、6、11、16、21、25，均涉及同一种移动电源的租借方法。其中，方法权利要求 1 及其对应的系统权利要求 6 从"移动终端"角度进行描述，方法权利要求 11 及其对应的系统权利要求 16 从"云端服务器"角度进行描述，方法权利要求 21 及其对应的系统权利要求 25 从"移动电源租借终端"角度进行描述。双方当事人均认可上述各独立权利要求对应的移动电源的租借方法为同一方法。涉案专利授权公告的权利要求书中，独立权利要求 1 的内容如下：

"1. 一种移动电源的租借方法，其特征在于，所述方法包括：

移动终端接收第一借入移动电源的指令；

移动终端接收移动电源租借终端的身份识别号码；

移动终端向云端服务器发送第二借入移动电源的指令，以由云端服务器

判断发送第二借入移动电源的指令的用户是否有租借移动电源的权限；如果有权限，则云端服务器对所述身份识别号码对应的移动电源租借终端中移动电源的数量进行核对，如果移动电源租借终端有库存，则由云端服务器向所述身份识别号码对应的移动电源租借终端发送第三借入移动电源的指令，以由移动电源租借终端传出移动电源，所述第二借入移动电源的指令携带了移动电源租借终端的身份识别号码；

移动终端接收云端服务器发送的处理结果；

移动终端提示处理结果；

所述云端服务器向所述身份识别号码对应的移动电源租借终端发送第三借入移动电源的指令具体包括：

云端服务器根据预先存储的移动电源租借终端中的所有移动电源的状态信息生成第三借入移动电源的指令，所述第三借入移动电源的指令携带可供租借的移动电源的身份识别号码；

云端服务器向所述身份识别号码对应的移动电源租借终端发送第三借入移动电源的指令。"

二、软件流程演示确定的事实

（一）原告对被控侵权产品移动电源租借流程的演示情况

原告来电公司于 2018 年 4 月 17 日庭前会议中提交了针对街电（12 口）移动电源租借视频，具体演示步骤如下：

a. 打开手机移动终端上的微信程序，调出街电公众号；

b. 在手机界面上点击"借还"一栏"借充电宝"（对应于权利要求 1 中的技术特征：移动终端接收第一借入移动电源的指令）；

c. 用手机扫描街电移动电源租借终端上的二维码（对应于权利要求 1 中的技术特征：移动终端接收移动电源租借终端的身份识别号码）；

d. 手机屏幕切换至"选择接口类型"界面，该界面上显示出"iPhone""Android""Type-c"三种接口类型，其中"iPhone"和"Type-c"两按钮呈亮蓝色，可供用户选择；"Android"按钮呈暗灰色，不能供用户选择（对应于权利要求 1 中的技术特征：对所述身份识别号码对应的移动电源租借终端中移动电源的数量进行核对，判断移动电源租借终端是否有库存）；

e. 在手机界面上点击"iPhone"按钮图标，手机屏幕显示"租借前需充值押金"（对应于权利要求 1 中的技术特征：判断发送借入移动电源的指令的用户是否有租借移动电源的权限）；

f. 在手机上操作支付押金成功，手机屏幕显示街电设备 12 口示意图，其中一口标记为亮蓝色并显示文字"请及时从上图指示位置取走充电宝"；街电设备对应端口指示灯闪烁并传出移动电源（对应于权利要求 1 中的技术特征：移动终端接收云端服务器发送的处理结果；移动终端提示处理结果）。

（二）被告对被控侵权产品移动电源租借流程的演示情况

被告街电公司于 2018 年 4 月 17 日庭前会议中提交了针对街电（6 口）移动电源租借视频 4 段。

（1）被告提交的演示一，向一台没有充电宝的街电机器提出租借请求，具体演示步骤如下：

a. 打开手机移动终端上的微信程序，扫描街电移动电源租借终端上的二维码，进入街电公众号；

b. 在手机界面显示"租借充电宝"，该界面上显示出"iPhone""Android""Type-c"三种接口类型，均呈暗灰色，不能供用户选择（对应于权利要求 1 中的技术特征：对所述身份识别号码对应的移动电源租借终端中移动电源的数量进行核对，判断移动电源租借终端是否有库存）；

c. 用手机操作进入"个人中心"一栏中"我的钱包"，显示"充值金额"0 元且"未缴纳押金"（对应于权利要求 1 中的技术特征：判断发送借入移动电源的指令的用户是否有租借移动电源的权限）；

d. 用手机操作返回"租借充电宝"界面，点击"iPhone""Android"暗灰色图标，显示"温馨提示，该接口类型的充电宝可能正在充电或已经被借完了。快看看附近其他机柜"。

（2）被告提交的演示二，向一台有充电宝的街电机器提出租借请求，具体演示步骤如下：

a. 打开手机移动终端上的微信程序，扫描街电移动电源租借终端上的二维码，进入街电公众号；

b. 在手机界面显示"租借充电宝"，该界面上显示出"iPhone""Android""Type-c"三种接口类型，其中"iPhone"按钮呈亮蓝色，可供用户选择；"Type-c"和"Android"两按钮呈暗灰色，不能供用户选择（对应于权利要求 1 中的技术特征：对所述身份识别号码对应的移动电源租借终端中移动电源的数量进行核对，判断移动电源租借终端是否有库存）；

c. 用手机操作进入"个人中心"一栏中"我的钱包"，显示"充值金额"0 元且"未缴纳押金"（对应于权利要求 1 中的技术特征：判断发送借入移动电源的指令的用户是否有租借移动电源的权限）；

d. 用手机操作返回"租借充电宝"界面，点击"iPhone"按钮图标，手机屏幕显示"租借前需充值押金"；

e. 在手机上操作支付押金成功，手机屏幕显示街电设备 6 口示意图，其中一口标记为亮蓝色并显示文字"请及时从上图指示位置取走充电宝"；街电设备对应端口指示灯闪烁并传出移动电源（对应于权利要求 1 中的技术特征：移动终端接收云端服务器发送的处理结果；移动终端提示处理结果）。

（3）被告提交的演示三，向街电机器归还充电宝后再次借出充电宝，具体演示步骤如下：

a. 打开手机移动终端上的微信程序，扫描街电移动电源租借终端上的二维码，进入街电公众号；

b. 在手机界面上点击"借还"一栏"借充电宝"（对应于权利要求 1 中的技术特征：移动终端接收第一借入移动电源的指令）；手机屏幕切换至"选择接口类型"界面，仅"iPhone"按钮呈亮蓝色，可供用户选择，在手机上操作支付押金成功后，操作借出"iPhone"接口移动电源（蓝色数据线）一个；

……

d. 提供一个没有电的"Android"接口移动电源（绿色数据线）归还给街电移动电源租借终端；

e. 在手机上再次进行扫码租借，手机屏幕显示"iPhone""Android""Type-c"三按钮均呈暗灰色，不能供用户选择，并显示"温馨提示，该接口类型的充电宝可能正在充电或已经被借完了。快看看附近其他机柜"。

三、对本案相关技术问题的分析与说明

被控侵权产品执行的软件方法与涉案专利权利要求 1 限定的移动电源租借方法是否相同？尤其是涉案产品是否执行了"第二借入移动电源的指令"相关的具体软件流程步骤。本案主要技术问题在于"第二借入移动电源的指令"的具体执行步骤。在涉案专利权利要求 1 中，对"第二借入移动电源的指令"具体限定为：

"A. 移动终端向云端服务器发送第二借入移动电源的指令；

B. 以由云端服务器判断发送第二借入移动电源的指令的用户是否有租借移动电源的权限；

C. 如果有权限，则云端服务器对所述身份识别号码对应的移动电源租借终端中移动电源的数量进行核对，如果移动电源租借终端有库存，则由云端服务器向所述身份识别号码对应的移动电源租借终端发送第三接入移动电源的指令，以由移动电源租借终端传出移动电源。"

原告主张：原告的演示可以认定被控侵权产品具有涉案专利限定的全部步骤，并通过现象演示证明被控侵权产品实施了涉案专利保护的方法或系统流程。被告的演示均是没有移动电源或充电电源没电的极端操作，其与涉案专利的目的不同，不能用以说明被控侵权产品的租借顺序与涉案专利不同。在正常使用情况下，用户的租借顺序首先是在移动终端上选择"租借充电宝"的选项，然后是"缴纳押金"的步骤，缴纳押金完成后，会进入选择移动电源接口的页面，即选择苹果接口的移动电源还是选择安卓接口的移动电源，或者其他类型的移动电源，这一选择移动电源接口的过程即判断库存核对充电宝数量的过程，所以，被控产品的租借过程同样是"先判断权限，然后判断库存"的步骤，与权利要求限定的步骤相同。

被告认为：原被告的演示均可以证明被控侵权产品先核对移动电源的数量，然后发送租借请求，最后核对权限；而涉案专利先发送租借请求，然后核对权限，最后核对数量。被控侵权产品的租借流程步骤与涉案专利限定的步骤不相同。

分析与说明：

根据原告的演示及被告提交的演示二，用户"借充电宝"步骤中，手机

设备首先显示出"iPhone"和"Type-c"两种接口的充电宝可供用户选择租借，而"Android"接口的充电宝没有库存不能提供用户选择使用（即核对移动电源的数量）；用户在该显示的基础上发送租借"iPhone"接口充电宝后（即发送租借请求）；此时系统才提示"租借前需充值押金"（即核对用户权限）；当用户充值成功具有租借权限后，系统并不如原告所述不再次要求用户选择租借充电宝的接口类型，而是直接送出用户需要的充电宝。因此根据原告演示的现象可以认定，被控侵权产品先核对移动电源的数量，然后发送租借请求，最后核对用户权限，与涉案专利限定的"第二借入移动电源的指令"的具体步骤先后顺序不同。

被告提交的演示一可以证明，对于没有充电宝的机器，当用户发送了租借请求后，系统会先根据移动电源的数量告知用户无法提供租借服务，而并非先核对用户是否具有租借权限。被告演示三证明，即使机器中有充电宝，但充电宝由于没电不能提供服务时，系统也会先根据移动电源的状态告知用户无法提供租借服务，即在用户具体选择充电端口类型发送租借请求之前，系统不仅会考虑移动电源的数量而且会考察移动电源的状态，先行告知用户能否提供租借服务。被告的演示也是用户在使用移动电源租借设备时可能遇到的情况，并非极端情况，其演示同样证明了被控侵权产品先核对移动电源的数量，然后再由用户根据情况发送租借请求，最后核对用户权限。此外，被告的演示还能够证明，在没有移动电源可提供服务的情况下，街电系统不会要求用户先缴纳押金具备租借权限，相对于涉案专利"先判断权限，然后判断库存"的步骤而言，其提高了用户体验，并能够避免云端服务器由于接收租借指令、判断用户权限、接收用户缴费等被占用系统资源。因此，被控侵权产品的流程步骤与涉案专利限定的"第二借入移动电源的指令"的具体步骤，具有不同的技术效果。

技术调查官：李熙

2018 年 5 月 7 日

【技术调查官自评】

对于计算机软件专利而言，其权利要求通常依照计算机程序执行时的方法流程步骤进行限定，权利要求限定的技术方案通常较为抽象，无实体装置或结构部件与其对应。该案中，针对上述计算机软件领域专利的特点，技术调查官在技术审查意见中从运行被控侵权软件演示出的现象入手，将其由抽象转换为具体表征，并由此确定了软件执行各步骤与涉案专利权利要求各特征之间的逻辑对应关系，切入点准确，易于理解。再进一步针对双方的争议焦点，结合计算机软件领域的专业知识，对抽象的软件方法进行了条理清晰、逻辑严密的对比分析，为法官准确把握案件技术争议焦点提供了扎实依据。

【法官点评】

"共享充电宝"案一审判决后，引起社会广泛关注。技术调查官参与了庭前阅卷、保全、勘验、庭前会议、开庭审理、合议及文书审校等全过程。在该系列案件中，本案涉及共享充电宝租借软件程序专利，其技术内容涉及用户端、充电宝设备端、服务器云端三方间软件通信流程，技术调查官多次向合议庭清晰客观地介绍技术方案、梳理技术争议焦点，并应合议庭要求出具了本技术审查意见。本技术审查意见结构完整、文字精练、逻辑清晰、说理充分，尤其是在技术争议焦点的基础上，总结归纳各方当事人主张，并有针对性地对技术意见进行了阐述，为合议庭准确理解涉案专利相关技术问题并作出一审裁判奠定了坚实基础，是一份非常优秀的技术审查意见书。

判决书摘编 （2017）京 73 民初 455 号

原告来电公司诉被告海翼公司、被告街电公司侵害发明专利权纠纷一案，法院于 2017 年 6 月 6 日受理后，依法组成合议庭，并指定技术调查官李熙、轩云龙参加诉讼，于 2018 年 4 月 23 日公开开庭进行了审理。

一、当事人陈述

原告来电公司诉称：（1）原告拥有有效专利权。原告为 ZL201580000024.X 号、名称为"一种移动电源的租借方法、系统及租借终端"的发明专利（以下简称涉案专利）的专利权人，国家知识产权局于 2017 年 3 月 15 日授予专利权，并予以授权公告。本专利按期缴纳了专利年费，现处于有效法律状态。

（2）两被告实施了专利侵权行为。被告海翼公司未经原告许可，为生产经营目的制造"Anker 设计 12 口"产品（以下简称被控侵权产品），该被控侵权产品及其使用的方法落入了涉案专利权利要求 1—28 的保护范围，侵犯了原告对涉案专利享有的权利。被告街电公司未经原告许可，为生产经营目的制造、销售、许诺销售、使用被控侵权产品，该行为同样侵犯了原告对涉案专利享有的权利。（3）两被告的侵权行为损害了原告的合法权益，因此应当承担停止侵权、赔偿损失的民事责任。根据被控侵权产品上的信息及两被告官网介绍可知，被告街电公司为被控侵权产品的制造者，被告海翼公司为被控侵权产品的设计者，两被告未经专利权人许可，为生产经营目的实施涉案专利，违反了《专利法》第 11 条的规定，应当承担停止侵权、赔偿损失的责任。综合考虑被控侵权产品的价值，两被告应当赔偿原告要求其承担的经济损失以及原告为制止侵权行为而支付的律师费、调查费、公证费、差旅费等费用。综上，原告请求法院判令：（1）海翼公司立即停止制造侵犯原告涉案专利权的被控侵权产品，街电公司立即停止制造、销售、许诺销售、使用侵犯原告涉案专利权的被控侵权产品，并销毁在用被控侵权产品及专用模具；（2）两被告共同赔偿原告经济损失 85 万元以及原告为制止两被告侵权所支付的合理支出 15 万元，共计 100 万元；（3）两被告共同承担本案全部诉讼费用。

被告海翼公司辩称：（1）海翼公司不是被控侵权产品的设计者，没有参与产品制造，没有实施侵权行为，不是本案适格当事人，来电公司关于海翼公司是被控侵权产品设计者的主张缺乏事实依据。（2）被控侵权产品及其使用的方法未落入涉案专利保护范围。（3）原告请求的赔偿金额过高。综上，被告海翼公司请求依法判决驳回原告的全部诉讼请求。

被告街电公司辩称：（1）街电公司没有实施权利要求 1、11、21 所述方法，没有实施制造、销售、许诺销售、使用权利要求 6 所述设备的行为，也没有实施销售、许诺销售、使用权利要求 16、25 所述设备的行为。即便不考虑直接侵权行为，由于不满足明知要件，因此，街电公司也不存在帮助侵权行为。（2）被控侵权产品及其使用的方法未落入涉案专利权利要求 1、6、11、16、21、25 的保护范围。（3）原告请求的赔偿金额过高。共享充电宝首先要进行大范围的产品布设，目前街电公司尚处在布设阶段，尚未从该项目中获得收益。综上，被告街电公司请求依法判决驳回原告的全部诉讼请求。

二、经法院审理查明的事实

（一）涉案专利的有关情况

涉案专利系名称为"一种移动电源的租借方法、系统及租借终端"的 ZL201580000024.X 号发明专利，其申请日为 2015 年 2 月 14 日，授权公告日为 2017 年 3 月 15 日，专利权人为来电公司。针对涉案专利，国家知识产权局于 2018 年 2 月 6 日出具《专利登记簿》，其中载明：专利权人为来电公司，该专利权有效。

涉案专利授权公告时的权利要求书内容如下：

"1. 一种移动电源的租借方法，其特征在于，所述方法包括：

移动终端接收第一借入移动电源的指令；

移动终端接收移动电源租借终端的身份识别号码；

移动终端向云端服务器发送第二借入移动电源的指令，以由云端服务器判断发送第二借入移动电源的指令的用户是否有租借移动电源的权限；如果有权限，则云端服务器对所述身份识别号码对应的移动电源租借终端中移动电源的数量进行核对，如果移动电源租借终端有库存，则由云端服务器向所述身份识别号码对应的移动电源租借终端发送第三借入移动电源的指令，以由移动电源租借终端传出移动电源，所述第二借入移动电源的指令携带了移动电源租借终端的身份识别号码；

移动终端接收云端服务器发送的处理结果；

移动终端提示处理结果；

所述云端服务器向所述身份识别号码对应的移动电源租借终端发送第三借入移动电源的指令具体包括：

云端服务器根据预先存储的移动电源租借终端中的所有移动电源的状态信息生成第三借入移动电源的指令，所述第三借入移动电源的指令携带可供租借的移动电源的身份识别号码；

云端服务器向所述身份识别号码对应的移动电源租借终端发送第三借入移动电源的指令。

2. 如权利要求 1 所述的方法，其特征在于，所述移动终端接收移动电源租借终端的身份识别号码之前，所述方法还包括：

移动终端提示用户输入移动电源租借终端的身份识别号码。

3. 如权利要求 1 所述的方法，其特征在于，所述移动终端接收移动电源租借终端的身份识别号码具体为：

移动终端通过扫描移动电源租借终端显示的身份识别二维码获取移动电源租借终端的身份识别号码；或者，

移动终端接收用户手动输入的移动电源租借终端的身份识别号码，或者，

移动终端通过定位附近的移动电源租借终端，并显示移动电源租借终端列表，再由移动终端接收用户选择的移动电源租借终端对应的身份识别号码。

4. 如权利要求 1 至 3 任一项所述的方法，其特征在于，所述移动终端提示处理结果之后，所述方法还包括将借到的移动电源转借给别人的步骤，具体包括：

借出移动终端显示已借入的移动电源信息，并显示转借按钮；

借出移动终端接收用户通过转借按钮发出的转借指令；

借出移动终端提示借入移动终端输入移动电源的身份识别号码；

借入移动终端接收第一借入移动电源的指令；

借入移动终端通过扫描二维码获取已借入的移动电源的身份识别号码；

借入移动终端显示借入成功，并显示已借入的移动电源信息；

借入移动终端向云端服务器发送借入成功信息，所述借入成功信息携带了所借入的移动电源的身份识别号码；

借出移动终端接收云端服务器发送的借出成功信息；

借出移动终端在借入列表取消该移动电源的信息，并在归还列表显示该移动电源信息。

5. 如权利要求 4 所述的方法，其特征在于，在执行所述借入移动终端显示借入成功，并显示已借入的移动电源信息的步骤时，还包括：显示该移动电源对应借出者的用户名；

　　在执行所述借出移动终端在借入列表取消该移动电源的信息，并在归还列表显示该移动电源信息的步骤时，还包括：显示该移动电源的借入者的用户名；

　　所述借出移动终端在借入列表取消该移动电源的信息，并在归还列表显示该移动电源信息之后，所述方法还包括：

　　当接收到点击用户名的指令时，提示对话窗口。

　　6. 一种移动电源的租借系统，其特征在于，所述系统用于内置于移动终端，所述系统包括：

　　第一接收模块，用于接收第一借入移动电源的指令；

　　第二接收模块，用于接收移动电源租借终端的身份识别号码；

　　第一发送模块，用于向云端服务器发送第二借入移动电源的指令，以由云端服务器判断发送第二借入移动电源的指令的用户是否有租借移动电源的权限；如果有权限，则云端服务器对所述身份识别号码对应的移动电源租借终端中移动电源的数量进行核对，如果移动电源租借终端有库存，则由云端服务器向所述身份识别号码对应的移动电源租借终端发送第三借入移动电源的指令，以由移动电源租借终端传出移动电源，所述第二借入移动电源的指令携带了移动电源租借终端的身份识别号码；所述云端服务器向所述身份识别号码对应的移动电源租借终端发送第三借入移动电源的指令具体包括：云端服务器根据预先存储的移动电源租借终端中的所有移动电源的状态信息生成第三借入移动电源的指令，所述第三借入移动电源的指令携带可供租借的移动电源的身份识别号码；云端服务器向所述身份识别号码对应的移动电源租借终端发送第三借入移动电源的指令；

　　第三接收模块，用于接收云端服务器发送的处理结果；

　　第一提示模块，用于提示处理结果。

　　7. 如权利要求6所述的系统，其特征在于，所述系统还包括：

　　第二提示模块，用于提示用户输入移动电源租借终端的身份识别号码。

　　8. 如权利要求6所述的系统，其特征在于，所述第二接收模块具体用于：

　　通过扫描移动电源租借终端显示的身份识别二维码获取移动电源租借终端的身份识别号码；或者，

接收用户手动输入的移动电源租借终端的身份识别号码,或者,

通过定位附近的移动电源租借终端,并显示移动电源租借终端列表,再由移动终端接收用户选择的移动电源租借终端对应的身份识别号码。

9. 如权利要求6至8任一项所述的系统,其特征在于,所述系统还包括用于将借到的移动电源转借给别人的转借模块,所述转借模块具体包括:

第一显示模块,用于借出移动终端显示已借入的移动电源信息,并显示转借按钮;

第四接收模块,用于借出移动终端接收用户通过转借按钮发出的转借指令;

第三提示模块,用于借出移动终端提示借入移动终端输入移动电源的身份识别号码;

第五接收模块,用于借入移动终端接收第一借入移动电源的指令;

第一获取模块,用于借入移动终端通过扫描二维码获取已借入的移动电源的身份识别号码;

第一显示模块,用于借入移动终端显示借入成功,并显示已借入的移动电源信息;

第二发送模块,用于借入移动终端向云端服务器发送借入成功信息,所述借入成功信息携带了所借入的移动电源的身份识别号码;

第六接收模块,用于借出移动终端接收云端服务器发送的借出成功信息;

第二显示模块,用于借出移动终端在借入列表取消该移动电源的信息,并在归还列表显示该移动电源信息。

10. 如权利要求9所述的系统,其特征在于,第一显示模块还用于显示该移动电源对应借出者的用户名;

第二显示模块还用于显示该移动电源的借入者的用户名;

所述系统还包括:

第四提示模块,用于当接收到点击用户名的指令时,提示对话窗口。

11. 一种移动电源的租借方法,其特征在于,所述方法包括:

云端服务器接收移动终端发送的第二借入移动电源的指令,所述第二借入移动电源的指令携带了移动电源租借终端的身份识别号码;

云端服务器根据第二借入移动电源的指令获取移动电源租借终端的身份识别号码；

云端服务器判断发送第二借入移动电源的指令的用户是否有租借移动电源的权限；

如果有权限，则云端服务器对所述身份识别号码对应的移动电源租借终端中移动电源的数量进行核对；

如果移动电源租借终端有库存，则云端服务器向所述身份识别号码对应的移动电源租借终端发送第三借入移动电源的指令，以由移动电源租借终端传出移动电源；

云端服务器接收移动电源租借终端发送的处理结果；

云端服务器根据处理结果作相应的处理；

云端服务器向移动终端发送处理结果；

所述云端服务器向所述身份识别号码对应的移动电源租借终端发送第三借入移动电源的指令具体包括：

云端服务器根据预先存储的移动电源租借终端中的所有移动电源的状态信息生成第三借入移动电源的指令，所述第三借入移动电源的指令携带可供租借的移动电源的身份识别号码；

云端服务器向所述身份识别号码对应的移动电源租借终端发送第三借入移动电源的指令。

12. 如权利要求 11 所述的方法，其特征在于，所述云端服务器对所述身份识别号码对应的移动电源租借终端中移动电源的数量进行核对之后，所述方法还包括：

如果移动电源租借终端没有库存则提示用户无充电宝可借，同时结束租借流程；

所述云端服务器判断发送第二借入移动电源的指令的用户是否有租借移动电源的权限之后，所述方法还包括：

如果没有权限，则结束租借流程，云端服务器向移动终端发送提示；如果没有权限是因为用户已经租借了移动电源尚未归还，则云端服务器会向移动终端发送提示用户先归还用户已租借的移动电源的信息，然后结束租借流程。

13. 如权利要求 11 所述的方法，其特征在于，所述云端服务器向所述身份识别号码对应的移动电源租借终端发送第三借入移动电源的指令具体包括：

云端服务器生成第三借入移动电源的指令；

云端服务器向所述身份识别号码对应的移动电源租借终端发送第三借入移动电源的指令。

14. 如权利要求 11 所述的方法，其特征在于，所述云端服务器接收移动电源租借终端发送的处理结果之前，所述方法还包括：

如果云端服务器在预设的时间内没有接收到移动电源租借终端发送的处理结果，则云端服务器向移动终端发送订单处理超时的提示；

云端服务器接收移动电源租借终端发送的报告用户所租借的移动电源的状态的请求；

云端服务器核对用户所租借的移动电源是否还在移动电源租借终端内；如果在，则向移动终端发送借入失败提示；否则，向移动终端发送借入成功提示。

15. 如权利要求 11 至 14 任一项所述的方法，其特征在于，所述云端服务器向移动终端发送处理结果之后，所述方法还包括将借到的移动电源转借给别人的步骤，具体包括：

云端服务器接收借入移动终端发送的借入成功信息；

云端服务器根据借入成功信息获取移动电源的身份识别号码；

云端服务器根据移动电源的身份识别号码查询到借出者的用户信息；

云端服务器根据借出者的用户信息向借出移动终端发送借出成功信息。

16. 一种移动电源的租借系统，其特征在于，所述系统用于内置于云端服务器，所述系统包括：

第七接收模块，用于接收移动终端发送的第二借入移动电源的指令，所述第二借入移动电源的指令携带了移动电源租借终端的身份识别号码；

第二获取模块，用于根据第二借入移动电源的指令获取移动电源租借终端的身份识别号码；

第一判断模块，用于判断发送第二借入移动电源的指令的用户是否有租借移动电源的权限；

第一核对模块，用于如果第一判断模块判断有权限时，对所述身份识别号码对应的移动电源租借终端中移动电源的数量进行核对；

第三发送模块，用于如果第一核对模块核对移动电源租借终端有库存，则向所述身份识别号码对应的移动电源租借终端发送第三借入移动电源的指令，以由移动电源租借终端传出移动电源；

第八接收模块，用于接收移动电源租借终端发送的处理结果；

第一处理模块，用于根据处理结果作相应的处理；

第四发送模块，用于向移动终端发送处理结果；

所述第三发送模块具体包括：

第一生成模块，用于根据预先存储的移动电源租借终端中的所有移动电源的状态信息生成第三借入移动电源的指令，所述第三借入移动电源的指令携带可供租借的移动电源的身份识别号码；

第四发送模块，用于向所述身份识别号码对应的移动电源租借终端发送第三借入移动电源的指令。

17. 如权利要求 16 所述的系统，其特征在于，所述系统还包括：

第五提示模块，用于如果核对模块核对移动电源租借终端没有库存，提示用户无充电宝可借；

第五发送模块，用于如果第一判断模块判断没有权限，则结束租借流程，向移动终端发送提示；如果没有权限是因为用户已经租借了移动电源尚未归还，则向移动终端发送提示用户先归还用户已租借的移动电源的信息。

18. 如权利要求 16 所述的系统，其特征在于，所述第三发送模块具体包括：

第二生成模块，用于生成第三借入移动电源的指令；

第五发送模块，用于向所述身份识别号码对应的移动电源租借终端发送第三借入移动电源的指令。

19. 如权利要求 16 所述的系统，其特征在于，所述系统还包括：

第六发送模块，用于如果云端服务器在预设的时间内没有接收到移动电源租借终端发送的处理结果，则向移动终端发送订单处理超时的提示；

第九接收模块,用于接收移动电源租借终端发送的报告用户所租借的移动电源的状态的请求;

第二核对模块,用于核对用户所租借的移动电源是否还在移动电源租借终端内;

第七发送模块,用于如果第二核对模块核对用户所租借的移动电源还在移动电源租借终端内,则向移动终端发送借入失败提示;否则,向移动终端发送借入成功提示。

20. 如权利要求16至19任一项所述的系统,其特征在于,所述系统还包括用于将借到的移动电源转借给别人的转借模块,所述转借模块具体包括:

第十接收模块,用于接收借入移动终端发送的借入成功信息;

第三获取模块,用于根据借入成功信息获取移动电源的身份识别号码;

第一查询模块,用于根据移动电源的身份识别号码查询到借出者的用户信息;

第八发送模块,用于根据借出者的用户信息向借出移动终端发送借出成功信息。

21. 一种移动电源的租借方法,其特征在于,所述方法包括:

移动电源租借终端接收云端服务器发送的第三借入移动电源的指令,所述移动电源租借终端是移动终端向云端服务器发送的第二借入移动电源的指令中携带的移动电源租借终端的身份识别号码对应的移动电源租借终端,所述第三借入移动电源的指令是由云端服务器判断发送第二借入移动电源的指令的用户是否有租借移动电源的权限;如果有权限,则云端服务器对所述身份识别号码对应的移动电源租借终端中移动电源的数量进行核对;如果移动电源租借终端有库存时,由云端服务器根据预先存储的移动电源租借终端中的所有移动电源的状态信息生成并向所述身份识别号码对应的移动电源租借终端发送的,所述第三借入移动电源的指令携带可供租借的移动电源的身份识别号码;

移动电源租借终端根据第三借入移动电源的指令控制传出移动电源;

移动电源租借终端向云端服务器发送处理结果。

22. 如权利要求 21 所述的方法，其特征在于，所述移动电源租借终端向云端服务器发送处理结果具体包括：

移动电源租借终端判断是否成功传出移动电源，如果是，则向云端服务器发送借入成功的信息；如果没有成功传出移动电源，则移动电源租借终端向云端服务器发送借入失败的信息。

23. 如权利要求 21 所述的方法，其特征在于，所述移动电源租借终端根据第三借入移动电源的指令控制传出移动电源具体包括：

移动电源租借终端根据第三借入移动电源的指令查询所述移动电源的身份识别号码对应的移动电源的状态；

如果所述移动电源的身份识别号码对应的移动电源的状态正常，则移动电源租借终端控制传出所述移动电源的身份识别号码对应的移动电源；

如果所述移动电源的身份识别号码对应的移动电源的状态异常，则移动电源租借终端自动查询其他状态正常的移动电源；如果没有其他状态正常的移动电源，则移动电源租借终端向云端服务器发送无状态正常的移动电源的信息；如果有其他状态正常的移动电源，则移动电源租借终端控制传出所述其他状态正常的移动电源。

24. 如权利要求 21 所述的方法，其特征在于，所述移动电源租借终端根据第三借入移动电源的指令控制传出移动电源具体包括：

移动电源租借终端根据第三借入移动电源的指令查询移动电源租借终端中所有移动电源的状态，以选择可供租借的移动电源；

如果没有符合要求的移动电源，则移动电源租借终端向云端服务器发送无符合要求的移动电源的信息，然后由云端服务器向移动终端发送无符合要求的移动电源的信息；

如果有状态正常的移动电源，则移动电源租借终端控制传出所述符合要求的移动电源。

25. 一种移动电源租借终端，其特征在于，所述移动电源租借终端统包括：

第十一接收模块，用于接收云端服务器发送的第三借入移动电源的指令，所述移动电源租借终端是移动终端向云端服务器发送的第二借入移动电源的指令中携带的移动电源租借终端的身份识别号码对应的移动电源租借终端，所述第三借入移动电源的指令是由云端服务器判断发送第二借入移动电源的指令的用户是否有租借移动电源的权限；如果有权限，则云端服务器对所述身份识别号码对应的移动电源租借终端中移动电源的数量进行核对；如果移动电源租借终端有库存时，由云端服务器根据预先存储的移动电源租借终端中的所有移动电源的状态信息生成并向所述身份识别号码对应的移动电源租借终端发送的，所述第三借入移动电源的指令携带可供租借的移动电源的身份识别号码；

第一控制模块，用于根据第三借入移动电源的指令控制传出移动电源；

第九发送模块，用于向云端服务器发送处理结果。

26. 如权利要求 25 所述的移动电源租借终端，其特征在于，所述第九发送模块具体包括：

第二判断模块，用于判断是否成功传出移动电源；

第十发送模块，用于如果第二判断模块判断成功传出移动电源，则向云端服务器发送借入成功的信息；如果没有成功传出移动电源，则向云端服务器发送借入失败的信息。

27. 如权利要求 25 所述的移动电源租借终端，其特征在于，所述第一控制模块具体包括：

第二查询模块，用于根据第三借入移动电源的指令查询所述移动电源的身份识别号码对应的移动电源的状态；

第二控制模块，用于如果第二查询模块查询所述移动电源的身份识别号码对应的移动电源的状态正常，则控制传出所述移动电源的身份识别号码对应的移动电源；

第三查询模块，用于如果第二查询模块查询所述移动电源的身份识别号码对应的移动电源的状态异常，则自动查询其他状态正常的移动电源；

第十一发送模块，用于如果第三查询模块没有查询到其他状态正常的移动电源，则向云端服务器发送无状态正常的移动电源的信息；

第三控制模块，用于如果第三查询模块查询到有其他状态正常的移动电源，则控制传出所述其他状态正常的移动电源。

28. 如权利要求 25 所述的移动电源租借终端,其特征在于,所述第一控制模块具体包括:

第四查询模块,用于根据第三借入移动电源的指令查询移动电源租借终端中所有移动电源的状态,以选择可供租借的移动电源;

第十二发送模块,用于如果第四查询模块查询到没有符合要求的移动电源,则向云端服务器发送无符合要求的移动电源的信息;

第四控制模块,用于如果第四查询模块查询到有状态正常的移动电源,则控制传出所述符合要求的移动电源。"

(二) 有关被控侵权行为的事实

2017 年 7 月 6 日,法院工作人员到现场进行证据保全,查封、扣押了被控侵权产品,并制作了笔录。根据设备所在场地提交的《街电项目服务合同》显示,甲方为北京××商业管理有限公司,乙方为街电公司,门店地址为北京市昌平区××路××号××广场购物中心,签订日期为 2017 年 4 月 24 日,该合同规定,乙方拥有充电柜机设备的所有权,并免费提供给甲方使用。

2018 年 4 月 2 日,法院举行庭前会议。在庭前会议上,(1) 来电公司明确其在本案中主张权利要求 1、6、11、16、21、25,并认为海翼公司实施了制造被控侵权产品的行为,街电公司实施了制造、许诺销售、销售、使用被控侵权产品的行为。(2) 关于证据质证情况。海翼公司、街电公司要求核对来电公司提交的律师费发票原件,并对来电公司提交的除海翼公司官网网页外的其他证据的真实性不持异议;来电公司对海翼公司、街电公司提交的全部证据的真实性不持异议。(3) 关于海翼公司的被控侵权行为。针对来电公司提交的网址为 www. oceanwing. com. cn 的部分网页打印件 (其中有海翼公司 ANKER 品牌充电产品的介绍),海翼公司主张该份网页打印件所显示的网站已经关闭,故无法核实,经海翼公司询问相关工作人员亦不清楚具体情况。为证明其未实施被控侵权行为,海翼公司还提交了一份由 Anker Technology Co., Limited (甲方) 与街电公司 (乙方) 于 2017 年 9 月 28 日签订的《商标授权许可协议》,其中记载有:"甲方作为 ANKER 商标的所有人,已经向中华人民共和国国家工商行政管理总局商标局申请注册第 9 类商标,申请号为 20389968；甲方兹授权街电公司在甲方允许乙方生产加工的移动电源租赁柜的移动电源产品上仅为了乙方生产供应端移动电源苹果 MFi 认证的唯一目的而使用甲方商标。上述商标许可是非排他的、不可转让的、不可分许可的、可撤销的普通使用许可"。（4）关于街电公司的被控侵权行为。对于制造行为的主张，来电公司指出被控侵权产品上标注有街电公司名称，法院经查属实；对于销售行为的主张，来电公司提交了被控侵权产品投放市场的照片等证据，其认为本案涉及共享模式，该产品投放市场的行为就是销售行为；对于许诺销售行为的主张，来电公司提交了街电公司官网上对被控侵权产品的介绍、街电公司携被控侵权产品参加"2017 第五届中国（广州）国际自助售货、支付系统与智能设备博览交易会暨中国（广州）国际智能生鲜与冷链技术展"等证据，并认为被控侵权产品供公众使用的公开摆放属于销售、许诺销售、使用行为。针对来电公司的主张，街电公司表示认可其实施了制造被控侵权产品的行为，但否认其实施了销售、许诺销售的行为，同时，其不认可终端用户使用被控侵权产品的行为属于街电公司的使用行为。（5）针对涉案专利权利要求 1、6、11、16、21、25，法院组织了勘验，各方当事人就被控侵权产品及其使用的方法是否包含上述权利要求的全部技术特征发表了意见。

2018 年 4 月 17 日，法院再次举行庭前会议。在庭前会议上，（1）来电公司向法院提交了 12 口充电设备（即被控侵权产品）的租借方法视频，街电公司向法院提交了 6 口充电设备的租借方法视频，来电公司和街电公司核实了对方提交的视频资料，均认可两个视频中的租借操作方法一致。（2）双方当事人进一步陈述了勘验比对意见。（3）关于证据质证情况。海翼公司、街电公司经核实律师费发票的原件，对其真实性不持异议。

在庭前会议后，各方当事人均提交了书面勘验比对意见。针对来电公司的主张，海翼公司和街电公司的比对意见主要如下：

第一，被控侵权产品的使用方法未落入权利要求 1 限定的保护范围。（1）被控侵权产品先核对数量，然后发送租借请求，最后核对权限；权利要求 1 先发送租借请求，然后核对权限，最后核对数量，被控侵权产品使用方法的步骤与涉案专利限定的步骤不相同，也不等同。（2）被控侵权产品核对数量时只核对可供租借的充电宝数量，涉案专利核对数量时不考虑充电宝是否可以租借且核对所有充电宝数量，两者不相同，也不等同。（3）被控侵权产品使用方法中对应第三借入移动电源的指令与涉案专利不相同、不等同。

第二，被控侵权产品的使用方法也与权利要求 6、11、16、21、25 的方案不相同、不等同。权利要求 6、11、16、21、25 中分别限定了与权利要求 1 相对应的技术特征，基于相同的理由，被控侵权产品及其使用方法也未落入权利要求 6、11、16、21、25 的保护范围，不构成专利侵权。

（三）关于来电公司索赔的有关事实情况

2017 年 5 月 8 日，来电公司与北京市××（深圳）律师事务所针对包括涉案专利在内的 7 项专利的维权事宜签订《委托代理合同》，该协议中第 5 条规定，来电公司分别就 12 口和 6 口充电产品在北京知识产权法院和深圳市中级人民法院起诉，每一法院应就每一专利支付律师费 15 万元，来电公司应向该律师事务所支付律师费 180 万元。本案中，来电公司向法院提交了共计 90 万元的律师费发票。

以上事实，有涉案专利授权公告文本、律师费发票、各方当事人提交的证据及当事人陈述等在案佐证。

三、裁判要点

（一）原告来电公司是否具有主张专利侵权的权利基础

根据查明的事实，涉案专利权人为原告来电公司，涉案专利权目前尚在有效期内，故在无证据证明有关行政或司法程序对涉案专利的有效性作出了否定性评价的情况下，涉案专利在本案中应作为有效专利进行保护。

（二）被控侵权产品及其使用方法是否落入涉案专利权利要求的保护范围

原告明确其据以主张专利侵权的权利要求为涉案专利权利要求 1、6、11、16、21、25。

《专利法》第 59 条第 1 款规定：发明或者实用新型专利权的保护范围以其权利要求的内容为准，说明书及附图可以用于解释权利要求的内容。

1. 关于权利要求 1

被告强调，涉案专利的移动电源的租借方法限定了各步骤执行的先后顺序，其先发送租借请求，然后核对用户权限，最后核对移动电源的数量。被告提交的租借视频能够证明，被控侵权产品的使用过程是先核对移动电源的数量，然后发送租借请求，最后核对用户权限；被控侵权产品的使用方法至少在上述租借流程步骤上与涉案专利限定的步骤不相同，也不等同。

原告认为，根据原告提交的租借视频可以认定被控侵权产品的使用方法具有涉案专利限定的全部步骤，视频演示的过程可以证明被控侵权产品实施了涉案专利保护的方法或系统流程。被告提交的租借视频均是没有移动电源提供或移动电源没电的极端操作，其与涉案专利的目的不同，不能用以说明被控侵权产品的租借方法顺序与涉案专利不同。在正常使用情况下，用户的租借顺序首先是在移动终端上选择"租借充电宝"的选项，然后是"缴纳押金"的步骤，缴纳押金完成后，会进入选择移动电源接口的页面，即选择苹果接口的移动电源还是选择安卓接口的移动电源，或者其他类型的移动电源，这一选择移动电源接口的过程即判断库存充电宝数量的过程，所以，被控侵权产品的租借过程同样是"先判断权限，然后判断库存"的步骤，与权利要求 1 限定的步骤相同。

法院认为，根据原告提交的租借视频及被告提交的第二段租借视频，用户"借充电宝"时，手机设备首先显示出"iPhone"和"Type-c"两种接口的充电宝可供用户选择租借，而"Android"接口的充电宝没有库存故不能提供用户选择使用（即核对移动电源的数量）；用户在该显示的基础上发送租借"iPhone"接口充电宝后（即发送租借请求），此时系统才提示"租借前需充值押金"（即核对用户权限）。当用户充值成功而具有租借权限后，系统并非如原告所述会再次要求用户选择租借充电宝的接口类型，而是直接送出用户需要的充电宝。根据上述两段视频所显示的租借过程，可以认定被控侵权产品的使用方法是先核对移动电源的数量，然后发送租借请求，最后核对用户权限，与权利要求 1 限定的"第二借入移动电源的指令"的具体步骤先后顺序不同。

此外，被告提交的第一段租借视频显示，对于没有充电宝的机器，用户发送租借请求后，系统首先告知用户无法提供租借服务，而非先核对用户是否具有租借权限。被告提交的第三段租借视频显示，即使机器中有充电宝，但由于充电宝没电而不能提供服务时，系统也会先根据移动电源的状态告知用户无法提供租借服务，即在用户具体选择充电端口类型发送租借请求之前，系统不仅会考虑移动电源的数量，还会考察移动电源的状态，首先告知用户能否提供租借服务。被告提交的以上两段租借视频是普通用户在使用移动电源租借设备时可能遇到的情况，并非极端情况，上述租借视频同样能够证明被控侵权产品的使用方法是先核对移动电源的数量，然后再由用户根据情况发送租借请求，最后核对用户权限。在没有移动电源可提供服务的情况下，系统不会要求用户先缴纳押金具备租借权限，相对于涉案专利"先判断权限，然后判断库存"的技术方案而言，其优化了用户体验，并能够避免云端服务器由于接收租借指令、判断用户权限、接收用户缴费等被占用系统资源。因此，被控侵权产品使用方法的流程步骤与涉案专利权利要求1限定的"第二借入移动电源的指令"的具体步骤，具有不同的效果，两者不相同也不等同。

因此，被控侵权产品的使用方法未落入涉案专利权利要求1的保护范围。

2. 关于权利要求6、11、16、21、25

涉案专利包括6项独立权利要求，分别是权利要求1、6、11、16、21、25，各方当事人均认可，上述各权利要求均涉及同一种移动电源的租借方法，其保护范围的区别仅在于，方法权利要求1及其对应的系统权利要求6从"移动终端"角度进行描述，方法权利要求11及其对应的系统权利要求16从"云端服务器"角度进行描述，方法权利要求21及其对应的系统权利要求25从"移动电源租借终端"角度进行描述。

在上述已经认定被控侵权产品的使用方法与涉案专利权利要求1限定的方法不相同也不等同，且各方当事人均认可权利要求6、11、16、21、25所述移动电源的租借方法、系统或终端与权利要求1限定的方法一致的前提下，被控侵权产品亦未落入权利要求6、11、16、21、25限定的保护范围。

综上，被控侵权产品及其使用的方法未落入原告所主张的权利要求的保护范围，原告关于被告相关行为侵害其涉案专利权的主张，证据不足，法院不予支持。依照《专利法》第11条第1款、《民事诉讼法》第64条第1款之规定，法院判决如下：

驳回原告来电公司的诉讼请求。

02 宏正公司诉佳和恒兴公司、桂厚公司侵害发明专利权纠纷案

技术意见

一、对涉案专利技术背景的介绍

现有技术中存在 KVM 切换器系统（单用户或多用户键盘—视频—鼠标切换器系统），它能实现单个用户或多个用户之间共享单个键盘、视频设备和鼠标；或者共享多组键盘、视频设备和鼠标。

现有技术存在的问题是，当切换器上连接 USB 外围设备（例如打印机、音响、耳机等），在进行主机切换的时候会导致外围设备的数据流终端，比如打印机的数据丢失、通过音响播放的音乐中断等。

本专利正是为解决上述技术问题而提出的。

提供一种 KVM 切换器，它使得与该切换器相连的所有计算机可以共享任何 USB 外围设备，而在改变该切换器时不中断到该外围设备的数据流。

二、涉案专利的权利要求 7

权利要求 7：

"一种信号切换器，用于在多个计算机系统中的任何一个中共享一个或多个控制台设备和一个或更多个外围设备，该信号切换器包括：

第一通道，用于将所述一个或更多个控制台设备中的一选定控制台设备连接到所述多个计算机系统中的一第一选定计算机系统；

第二通道，用于将所述第一选定计算机系统连接到所述一个或更多外围设备中的一选定外围设备，该第二通道具有所述第一选定计算机系统与所述选定外围设备之间的数据流；

第三通道，用于将所述选定控制台设备连接到所述多个计算机系统给的一第二选定计算机系统；以及

一切换装置，用于在不中断通过所述第一选定计算机系统与所述选定外围设备之间的所述第二通道的数据流的情况下，在所述第一通道与所述第三通道之间切换所述选定控制台设备。"

三、对涉案技术方案的理解

结合说明书及附图来理解权利要求 7 所要保护的技术方案，具体内容如下：

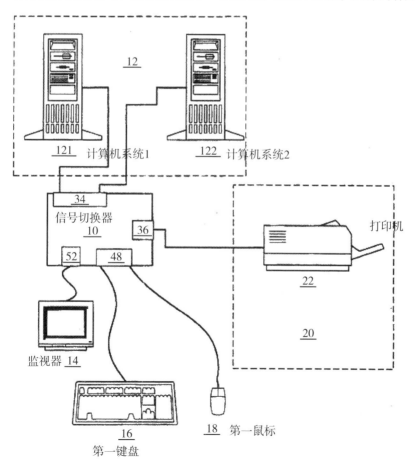

在信号切换器 10 中存在：

"第一通道"：把监视器 14、第一键盘 16 和第一鼠标 18 连接到第一计算机 121；

"第三通道"：把监视器 14、第一键盘 16 和第一鼠标 18 连接到第一计算机 122；

"第二通道"：把第一计算机 121 连接到打印机 22。

在信号切换器 10 中存在一切换装置，当保持"第二通道"中数据流不中断的情况下，实现从"第一通道"到"第三通道"的切换（具体可参见说明书第 5/10 页第 4 段）。

四、勘验过程

（1）对被控侵权的信号切换器（DAKG－122 产品）的勘验。

将该产品分别与一个鼠标、一个键盘、两台电脑（两台电脑分别称作电脑 1 和电脑 2）以及一耳机相连接。

操作鼠标、键盘，显示其能控制电脑 1，即表明"第一通道"实现了。

操作电脑 1 播放音乐，音乐在耳机中能听到，即表明"第二通道"实现了。

使用切换机面板上的 SELECT 键进行切换，鼠标、键盘可以对电脑 2 进行控制，即表明"第三通道"实现了。

在切换的过程中以及切换之后，耳机中的音乐一直保持正常播放，没有中断的现象出现，从而表明它实现了当保持"第二通道"中数据流不中断的情况下，实现从"第一通道"到"第三通道"的切换。

（2）对被控侵权的信号切换器（DAKG－Z122 产品）的勘验。

勘验过程同上。

五、对本案相关技术问题的分析与说明

被控侵权产品与权利要求 7（技术方案）的特征对比情况分析。

（1）关于 DAKG－122 产品的技术方案是否包含涉案专利的权利要求 7 中的技术特征。

"Rextron"牌、型号 DAKG － 122 产品为一计算机切换器，其上存在有多个连接鼠标、键盘的插口，连接多个显示器的插口，连接多台主机的插口以及多个 USB 接口可用于连接外围设备。勘验过程中，将该产品分别与一个鼠标、一个键盘、两台电脑（两台电脑分别称作电脑 1 和电脑 2）以及一耳机相连接。鼠标、键盘可以同时控制电脑 1，经切换后也可以同时控制电脑 2，并且耳机中能够听到连续不间断的音乐。即该产品能够连接多台计算机，并使得多台计算机中的任何一个可共享鼠标、键盘以及耳机这类外围设备。可见，DAKG － 122 产品包含了权利要求 7 中的技术特征"一种信号切换器，用于在多个计算机系统中的任何一个中共享一个或多个控制台设备和一个或更多个外围设备"。

首先，操作与 DAKG － 122 产品相连接的鼠标、键盘（都属于"控制台设备"），通过显示器观察到其能控制电脑 1，即该产品中存在控制电脑 1 的通道。可见，该产品包含了权利要求 7 中的技术特征"第一通道，用于将所述一个或更多个控制台设备中的一选定控制台设备连接到所述多个计算机系统中的一第一选定计算机系统"。

接着，利用与 DAKG － 122 产品相连接的鼠标操作电脑 1 中的音乐播放器播放音乐，音乐从连接在 DAKG － 122 产品上的耳机里正常播放，其中耳机代表了外围设备，并且音乐能够播放即表明有数据流正常通过。可见该产品包含了权利要求 7 中的技术特征"第二通道，用于将所述第一选定计算机系统连接到所述一个或更多外围设备中的一选定外围设备，该第二通道具有所述第一选定计算机系统与所述选定外围设备之间的数据流"。

然后，使用切换机面板上的 SELECT 键进行切换，鼠标、键盘、显示器由最初对电脑 1 进行控制转变为对电脑 2 进行控制，即该产品中存在可以控制电脑 2 的通道。可见，该产品包含了权利要求 7 中的技术特征"第三通道，用于将所述选定控制台设备连接到所述多个计算机系统给的一第二选定计算机系统"。

在使用切换机面板上的 SELECT 键进行切换的过程中，耳机中的音乐一直保持正常播放，没有中断的现象出现。所述音乐是由电脑 1 系统中的播放器进行的播放，从而表明电脑 1 到耳机的数据流没有中断，而上述鼠标、键盘则实现了由对电脑1的控制切换到了对电脑2的控制。由此可见，该产品包含了权利要求7的技术特征"切换装置，用于在不中断通过所述第一选定计算机系统与所述选定外围设备之间的所述第二通道的数据流的情况下，在所述第一通道与所述第三通道之间切换所述选定控制台设备"。

综上所述，DAKG-122产品包含了权利要求7的所有技术特征。

（2）关于DAKG-Z122产品的技术方案是否包含涉案专利的权利要求7中的技术特征。

特征对比情况，同上述DAKG-122产品的对比情况。

技术调查官：陈晓华

2017年4月6日

【技术调查官自评】

该案的特殊性在于，涉案专利的权利要求书中实际采取了功能性限定的方式来描述各个部件（如第一通道，第二通道）。因此，勘验重点在于涉案产品是否能够在相同条件下完成相同的功能，从而判断涉案产品是否包含了与涉案专利相对应的部件。在技术调查官的监督和参与下，原告代理人当庭演示了与涉案专利相同的技术方案，并结合权利要求中的具体表述，进行了一一对比，最终得出涉案产品包含了本专利全部技术特征的结论。

【法官点评】

在庭前充分查阅卷宗的基础上，技术调查官详细解释涉案专利的相关内容，明确涉案专利的特殊性在于权利要求书中实际采取了功能性限定的方式描述各个部件，并建议将技术争议焦点集中在涉案产品是否能够在相同条件下完成相同功能，从而判断涉案产品是否包含了相同部件。在当庭勘验过程中，技术调查官紧紧围绕技术争议焦点，积极协助合议庭，有效引导原告代理人明确涉案专利的权利要求、现场展示涉案产品的相关功能，并在此基础上组织原被告双方代理人结合权利要求中的具体表述进行逐一比对，整个勘验过程重点突出、严谨有序，技术争议问题逐步清晰。总之，技术调查官在辅助合议庭查明技术事实、提高技术类案件庭审效率方面发挥了不可替代的"技术外脑"作用。

判决书摘编 （2015）京 73 民初 1134 号

原告宏正公司诉被告佳和恒兴公司、桂厚公司侵害发明专利权纠纷一案，法院于 2015 年 6 月 18 日受理后，依法组成合议庭，并指派技术调查官陈晓华参与诉讼，于 2017 年 3 月 21 日公开开庭进行了审理。

一、当事人陈述

原告宏正公司诉称：宏正公司系"用于控制台和外围设备的信号切换器"（简称涉案专利）发明专利的专利权人，专利号 ZL02824593.8。该涉案专利有 7 项授权权利要求，其中权利要求 7 是独立权利要求。桂厚公司未经专利权人许可，进口、销售、许诺销售 DAKG－122、DAKG－Z122 型号"Rextron"牌计算切换器（简称被控侵权产品）。桂厚公司在北京市朝阳区××路××园××号楼××室设有销售网点，宏正公司从上述销售网点购得被控侵权产品，并取得了佳和恒兴公司开具的销售发票。被控侵权产品落入了涉案专利权利要求 7 的保护范围，故桂厚公司和佳和恒兴公司侵犯宏正公司发明专利权。为了开发和推广涉案专利，宏正公司在过去十余年间投入了大量资金。桂厚公司、佳和恒兴公司的侵权行为给宏正公司造成了较大损失。因此，宏正公司请求法院判令：（1）判令佳和恒兴公司立即停止侵犯涉案专利的销售行为；（2）判令桂厚公司立即停止侵犯涉案专利的销售、许诺销售和进口行为；（3）判令桂厚公司赔偿宏正公司经济损失及为制止侵权行为支付的合理费用共计人民币 95 万元，佳和恒兴公司对其中的人民币 50 万元承担连带赔偿责任，即赔偿宏正公司经济损失及为制止侵权行为支付的合理费用共计人民币 50 万元。

被告佳和恒兴公司未提交书面答辩意见，亦未出庭进行口头答辩。

被告桂厚公司未提交书面答辩意见，亦未出庭进行口头答辩。

二、法院经审理查明的事实

（一）有关涉案专利的事实

涉案专利申请日为 2002 年 11 月 6 日，发明名称为"用于控制台和外围设备的信号切换器",公开日为 2005 年 3 月 30 日,授权公告日为 2008 年 4 月 2 日,专利号为 ZL02824593.8,专利权人为宏正公司。根据国家知识产权局于 2015 年 5 月 29 日出具的专利登记簿副本显示,涉案专利法律动态信息为"截至办理本专利登记簿副本之日,该专利权有效,年费缴纳至 2015 年 11 月 5 日"。

涉案专利公告文本的权利说明书有 7 项授权权利要求,其中权利要求 7 为独立权利要求。

权利要求 7 的内容为:

一种信号切换器,用于在多个计算机系统中的任何一个中共享一个或更多个控制台设备和一个或更多个外围设备,该信号切换器包括:

第一通道,用于将所述一个或更多个控制台设备中的一选定控制台设备连接到所述多个计算机系统中的一第一选定计算机系统;

第二通道,用于将所述第一选定计算机系统连接到所述一个或更多外围设备中的一选定外围设备,该第二通道具有所述第一选定计算机系统与所述选定外围设备之间的数据流;

第三通道,用于将所述选定控制台设备连接到所述多个计算机系统中的一第二选定计算机系统;以及一切换装置,用于在不中断通过所述第一选定计算机系统与所述选定外围设备之间的所述第二通道的数据流的情况下,在所述第一通道与所述第三通道之间切换所述选定控制台设备。

(二)有关宏正公司指控佳和恒兴公司、桂厚公司侵害涉案专利权的事实

2015 年 6 月 9 日,申请人中国专利代理公司北京办事处的委托代理人李某在中信公证处公证员刘某和工作人员郭某玮的监督下,使用中信公证处的电脑进行操作,中信公证处对其从互联网上下载网页和文档的过程和内容进行证据保全公证,并出具(2015)京中信内经证字 27647 号公证书(简称 27647 号公证书),其中显示:在互联网地址栏输入"www.rextorn.net"后,网页显示"Rextorn"及图标识以及"关于我们""产品信息"等标题栏。点击"关于我们",公司简介部分显示 Rextorn 瑞创相关介绍,载明 Rextorn 瑞创 1998 年

成立于台北，是全球著名的高清音视频产品（AV）＆电脑切换器（KVM Switches）生产厂商，桂厚公司（Rextorn 瑞创）以市场为导向，在政府、高铁、交通、医疗、电力、航空、教育、各大研究所、IT 生产商、大型企业等机房系统建设和成套设备中有广泛应用。点击"产品信息"项下的"KVM 切换器"项下的"多屏幕切换器"显示产品相关信息，点击"高清 DVI KVM 切换器双屏三屏四屏 DAKG－Z122"显示产品特点和产品规格介绍，点击"联系我们"部分显示南宁总部的地址为南宁市××路××号××城××室，并有上海、北京、济南、中国台湾台北地区销售地点的联系电话和地址。其中，显示北京（华北/东北、西北）销售地点的电话为：010－×××××××，地址为：北京市朝阳区××路××园××号楼××室。显示中国台湾台北地区的联系电话：＋886－2－××××－××××、地址为台湾地区台北市××路××段××号××楼。登录工业和信息化部地址/域名信息备案管理系统，查询显示"rextorn. net"域名的主办单位为桂厚公司，且网站首页地址为"www. rextorn. net"。

2015 年 6 月 16 日，申请人中国专利代理公司北京办事处的委托代理人任某申请对其前往北京市朝阳区××路××园××号楼××室（同上文地址）取货的过程进行证据保全公证。北京市长安公证处对取货过程进行了证据保全公证，并出具（2015）京长安内经证字第 12482 号公证书（简称 12482 号公证书）。其中显示：2015 年 6 月 16 日，任某在××路××园××号楼××室取得一姓"周"男士给的一纸盒，纸盒内为其购买的"切换器"和发票，发票号码为 10812988 号，发票上盖有"佳和恒兴公司发票专用章"字样的印章，任某现场支付货款人民币现金 1100 元，并现场取得收款人交给任某的四本宣传册（共两种、每种各两本）及"吴某销售经理"的名片，该名片上显示 Rextorn 瑞创及图标识、www. rextorn. com 网址、台湾地区台北市××路××段××号××楼、TEL：＋886－2－××××－××××、北京市朝阳区××路××园××号楼××室和电话 010－×××××××等信息（均同上文信息）。长安公证处就任某现场取得的"切换器"、发票、两本宣传册、名片带回公证处，并将"切换器"产品的相关情况及宣传册的封面、名片、发票进行了拍照，封存后交由申请人自行保存。

2015 年 7 月 10 日，申请人中国专利代理公司北京办事处的委托代理人任某申请对其前往北京市朝阳区××路××园××号楼××室（同上文地址）取货的过程进行证据保全公证。北京市长安公证处对取货过程进行了证据保全公证，并出具（2015）京长安内经证字第 18093 号公证书（简称 18093 号公证书）。其中显示：2015 年 7 月 10 日，任某在北京市朝阳区××路××园××号楼××室（同上文地址）找姓"周"男士取货，姓"周"男士给任某一纸盒，纸盒内为其购买的"切换器"和发票，发票号码为 10812996 号，发票上盖有"佳和恒兴公司发票专用章"字样的印章，任某现场支付货款人民币现金 1100 元，并现场取得收款人交给任某的两本宣传册（两种、每种各一本）。长安公证处就任某现场取得的"切换器"、发票、两本宣传册带回公证处，并将"切换器"产品的相关情况及宣传册的封面、发票进行了拍照，封存后交由申请人自行保存。

在本案审理过程中，法院对 12482 号公证书、18093 号公证书中公证购买的被控侵权产品进行了勘验。

12482 号公证书所附证物袋中有两本宣传册、一张名片、被控侵权产品一台（DAKG－122 型号）、说明书和光盘。被控侵权产品外包装显示 Rextorn 及图标识，条形码标签标注为 DAKG－122，被控侵权产品上印有 Rextorn 及图标识。宣传册上印有 Rextorn 及图标识、"www. rextorn. com"和 info@"rextorn. com"字样。被控侵权产品说明书显示为桌面式 KVM 切换器，内有产品特点介绍。名片上印有 Rextorn 瑞创及图标识、吴某销售经理、www. rextorn. com 网址以及北京市朝阳区××路××园××号楼××室（同上文地址）地址等信息。

经勘验，标注 DAKG－122 型号的被控侵权产品为计算机切换器，包括如下技术特征：被控侵权产品上存在有多个连接鼠标、键盘的插口、连接多个显示器的插口、连接多台主机的插口以及多个 USB 接口可用于连接外围设备。勘验过程中，将被控侵权产品分别与一个鼠标、一个键盘、两台电脑（两台电脑分别称作电脑 1 和电脑 2）以及一耳机相连接。后操作鼠标、键盘，显示其能控制电脑 1。操作电脑 1 播放音乐，在耳机中能听到所播放的音乐。然后使用被控侵权产品面板上的 SELECT 键进行切换，鼠标、键盘可以对电脑 2 进行控制。在切换的过程中以及切换之后，耳机中的音乐一直保持正常播放，没有中断的现象出现。

18093 号公证书所附证物袋中有两本宣传册、被控侵权产品一台（DAKG-Z122 型号）、说明书和光盘。被控侵权产品外包装显示 Rextorn 及图标识，条形码标签标注为 DAKG-Z122，被控侵权产品上印有 Rextorn 及图标识。宣传册上印有 Rextorn 及图标识、"www. rextorn. com""info@ rextorn. com"字样。被控侵权产品说明书显示为桌面式 KVM 切换器，内有产品特点介绍。

经勘验，标注 DAKG-Z122 型号的被控侵权产品的技术特征与标注 DAKG-122 型号被控侵权产品的技术特征一致。

宏正公司为证明从佳和恒兴公司购买了被控侵权产品，向法院提交了（2017）京长安内经证字第 7780 号公证书（简称 7780 号公证书）和（2017）京长安内经证字第 7781 号公证书（简称 7781 号公证书）。7780 号公证书确认"发票号码为 10812988 号，收款单位名称为佳和恒兴公司"的《北京市国家税务局通用机打发票 发票联》原件即为 12482 号公证书所附发票复印件之原件，公证处将上述发票封存后交由申请人保存。7780 号公证书所附白色证物袋中有发票一张，发票号码为 10812988 号，品名显示为"切换器"，金额人民币 1100 元，收款单位名称为佳和恒兴公司，并加盖佳和恒兴公司印章。7781 号公证书确认"发票号码为 10812996 号，收款单位名称为佳和恒兴公司"的《北京市国家税务局通用机打发票 发票联》原件即为 18093 号公证书所附发票复印件之原件，公证处将上述发票封存后交由申请人保存。7781 号公证书所附白色证物袋中有发票一张，发票号码为 10812996 号，品名显示为"切换器"，金额人民币 1100 元，收款单位名称为佳和恒兴公司，并加盖佳和恒兴公司印章。

（三）关于宏正公司计算索赔数额和合理支出的事实

庭审中，宏正公司明确表示其所主张的赔偿数额为经济损失人民币 50 万元、合理开支人民币 45 万元，且宏正公司明确表示没有证明宏正公司损失的直接证据，只是在了解对方销售情况，在法定赔偿额之下酌情主张人民币 50 万元经济损失。

另外，宏正公司主张本案人民币 45 万元合理支出均为律师费。为此，宏正公司向法院提交了宏正公司与北京市某律师事务所于 2014 年 11 月 28 日签订的委托代理合同。合同载明该律师事务所在宏正公司与使用"Rextron/瑞创"商标/商号的相关企业及或相关生产销售商专利侵权一审诉讼纠纷案中提供诉讼代理服务，合同中约定律师费用总计为人民币 85 万元整。同时，宏正公司提供了支付律师费的银行汇款账单、该律师事务所开具的律师费发票。其中，发票号码为 08089051 - ××、03555388 - ×× 的律师费发票载明宏正公司向该律师事务所支付律师费金额为人民币 170 万元，开票时间为 2014 年 12 月 29 日。发票号码为 01760514 - ×× 的律师费发票载明宏正公司向该律师事务所支付律师费人民币 97 万元，开票时间为 2015 年 7 月 2 日。发票号码为 19170148 - ×× 的律师费发票载明宏正公司向该律师事务所支付律师费人民币 42.5 万元，开票时间为 2015 年 7 月 31 日。宏正公司明确表示上述律师费系为本案及另外三份代理合同中相关案件取证而一并支付的，用以证明本案支出律师费为人民币 45 万元。

（四）其他事实

庭审中，原告宏正公司明确放弃桂厚公司系被控侵权产品生产商的主张，主张桂厚公司系被控侵权产品进口商和销售商，但桂厚公司未提供相应证据。宏正公司表示桂厚公司从台湾地区进口被控侵权产品的记录均保留在上海海关，并向法院提交了调查证据申请书，请求法院向上海海关调取自 2013 年 6 月至今桂厚公司进口被控侵权产品的记录。依宏正公司申请，法院于 2017 年 5 月 18 日赴上海海关调取了桂厚公司从台湾地区进口切换器记录。经法院询问，宏正公司明确表示上海海关出具的上述进口记录中没有被控侵权产品。宏正公司表示上述记录中有与被控侵权产品相似型号的产品，认为产品从台湾地区进入中国大陆后型号发生了变更，但未提供证明记录中相似型号产品与被控侵权产品系同一产品的证据。

上述事实，有涉案专利证书、涉案专利登记簿、涉案专利授权公告文本、27647 号公证书、12482 号公证书、7780 号公证书、18093 号公证书、7781 号公证书、宏正公司提交的委托代理合同、银行汇款账单、律师费发票、上海海关出具的进口记录等证据以及法院勘验及庭审笔录等在案佐证。

三、裁判要点

根据当事人陈述和已查明的事实可知，本案争议焦点有两个：一是被控侵权产品是否落入了涉案专利权利要求 7 的保护范围；二是侵权民事责任承担问题。

（一）被控侵权产品是否落入了涉案专利权利要求 7 的保护范围

根据《专利法》第 11 条第 1 款的规定，发明和实用新型专利权被授予后，除本法另有规定的以外，任何单位或者个人未经专利权人许可，都不得实施其专利，即不得为生产经营目的制造、使用、许诺销售、销售、进口其专利产品或者使用其专利方法以及使用、许诺销售、销售、进口依照该专利方法直接获得的产品。本案中，涉案专利目前为有效专利权，依法应当受到法律保护。

根据《专利法》第 59 条第 1 款的规定，发明专利权的保护范围以其权利要求的内容为准，说明书及附图可以用于解释权利要求的内容。根据《最高人民法院关于审理侵犯专利权纠纷案件应用法律若干问题的解释》第 7 条的规定，人民法院判定被诉侵权技术方案是否落入专利权的保护范围，应当审查权利人主张的权利要求所记载的全部技术特征。被诉侵权技术方案包含与权利要求记载的全部技术特征相同或者等同的技术特征的，人民法院应当认定其落入专利权的保护范围。

本案中，判定被控侵权产品技术方案是否落入涉案专利权的保护范围，应当将涉案专利权利要求 7 所记载的全部技术特征与被控侵权产品技术方案所对应的全部技术特征逐一进行比较。如果被控侵权产品技术方案包含了与涉案专利权利要求 7 记载的全部技术特征相同或者等同的技术特征，则其落入涉案专利权保护范围。

本案涉案专利要求保护一种信号切换器，用于在多个计算机系统中的任何一个中共享一个或多个控制台设备和一个或更多个外围设备。被控侵权产品（型号 DAKG－122、型号 DAKG－Z122）亦是一种计算机切换器，其上存在有多个连接鼠标、键盘的插口、连接多个显示器的插口、连接多台主机的插口以及多个 USB 接口，可用于连接外围设备。操作与被控侵权产品（型号 DAKG – 122、型号 DAKG – Z122）相连接的鼠标、键盘，其中鼠标、键盘属于"控制台设备"，通过显示器观察到其能控制电脑 1，即该产品中存在控制电脑 1 的通道。可见，该产品包含了权利要求 7 中的技术特征"第一通道，用于将所述一个或更多个控制台设备中的一选定控制台设备连接到所述多个计算机系统中的一第一选定计算机系统"。利用与被控侵权产品（型号 DAKG – 122、型号 DAKG – Z122）相连接的鼠标操作电脑 1 中的音乐播放器播放音乐，音乐从连接在被控侵权产品上的耳机里正常播放，其中耳机代表了外围设备，并且音乐能够播放即表明有数据流正常通过。可见该产品包含了权利要求 7 中的技术特征"第二通道，用于将所述第一选定计算机系统连接到所述一个或更多外围设备中的一选定外围设备，该第二通道具有所述第一选定计算机系统与所述选定外围设备之间的数据流"。使用切换机面板上的 SELECT 键进行切换，鼠标、键盘、显示器由最初对电脑 1 进行控制转变为对电脑 2 进行控制，即该产品中存在可以控制电脑 2 的通道。可见，该产品包含了权利要求 7 中的技术特征"第三通道，用于将所述选定控制台设备连接到所述多个计算机系统给的一第二选定计算机系统"。在使用切换机面板上的 SELECT 键进行切换的过程中，耳机中的音乐一直保持正常播放，没有中断的现象出现。所述音乐是由电脑 1 系统中的播放器进行的播放，从而表明电脑 1 到耳机的数据流没有中断，而上述鼠标、键盘则实现了由对电脑 1 的控制切换到了对电脑 2 控制。由此可见，该产品包含了权利要求 7 的技术特征"切换装置，用于在不中断通过所述第一选定计算机系统与所述选定外围设备之间的所述第二通道的数据流的情况下，在所述第一通道与所述第三通道之间切换所述选定控制台设备"。综上所述，被控侵权产品（型号 DAKG – 122、型号 DAKG – Z122）均包含了权利要求 7 的所有技术特征，落入了涉案专利要求 7 的保护范围，构成了对涉案专利权的侵犯。

（二）关于民事责任承担问题

根据本案已查明的事实，被控侵权产品外包装、产品表面均标有 Rextorn 及图标识，"rextorn. net"域名的主办单位为桂厚公司，桂厚公司网站首页地址为 www. rextorn. net, 其网站载明 Rextorn 瑞创的 "KVM 切换器" 产品信息中包含被控侵权产品介绍, 且南宁总部的地址与本案桂厚公司组织机构代码证记载的地址一致, 桂厚公司亦未提交任何证据予以反驳, 故桂厚公司未经许可, 销售、许诺销售了侵犯涉案专利权侵权产品, 应当承担停止侵权、赔偿损失的民事责任。关于进口行为, 上海海关出具的桂厚公司进口 KVM 切换器记录中并无被控侵权产品, 宏正公司亦表示明确认可, 故宏正公司关于桂厚公司进口侵犯涉案专利权的产品之主张事实和法律不足, 法院不予支持。

《侵权责任法》第 8 条规定: 二人以上共同实施侵权行为, 造成他人损害的, 应当承担连带责任。本案中, 宏正公司通过桂厚公司网站预订了被控侵权产品, 并从佳和恒兴公司实际取得被控侵权产品, 佳和恒兴公司代收了货款, 并出具了加盖佳和恒兴公司印章的发票, 故佳和恒兴公司与桂厚公司共同实施了销售涉案侵权产品的行为。佳和恒兴公司销售经理名片显示的 www. rextorn. com 网址系桂厚公司网址, 且名片上载明的联系地址和联系电话均与桂厚公司网站公布的北京销售地址和电话一致, 且佳和恒兴公司未就其不侵犯涉案专利权进行抗辩。综合在案证据, 佳和恒兴公司与桂厚公司存在共同的侵权故意, 共同实施了销售侵犯涉案专利权侵权产品行为, 佳和恒兴公司应当就其销售涉案侵权产品的行为承担停止侵权民事责任, 并与桂厚公司承担连带赔偿责任。

《专利法》第 65 条第 1 款规定, 侵犯专利权的赔偿数额按照权利人因被侵权所受到的实际损失确定; 实际损失难以确定的, 可以按照侵权人因侵权所获得的利益确定。权利人的损失或者侵权人获得的利益难以确定的, 参照该专利许可使用费的倍数合理确定。赔偿数额还应当包括权利人为制止侵权行为所支付的合理开支。具体到本案, 宏正公司未提供证明宏正公司经济损失的直接证据, 现有在案证据既无法确定其因被侵权所受到实际损失的具体数额, 又无法确定佳和恒兴公司、桂厚公司因侵权所获利益的具体数额, 而且也没有涉案专利的许可使用费可供参照。法院将综合以下因素予以酌定: 涉案专利的类型为发明专利, 相对于切换时会导致外围设备数据流中断的传统 KVM 切换器系统, 产品在性能上有较为明显的提升, 对于市场上该类产品的升级换代有一定影响, 故佳和恒兴公司销售、桂厚公司销售和许诺销售涉案侵权产品的行为给宏正公司造成了一定损失;本案中,在案证据不能证明桂厚公司存在进口涉案侵权产品的侵权行为,在案证据仅能证明桂厚公司、佳和恒兴公司存在共同销售,桂厚公司存在许诺销售涉案侵权产品行为,相对于制造、进口行为,销售和许诺销售行为获利空间相对有限;从销售渠道来看,桂厚公司仅在中国的北京、上海、济南三个城市设立了销售地点,宏正公司并未提交其他销售渠道和规模方面的证据。故法院综合涉案专利的类型、侵权行为和情节等因素,酌情确定赔偿经济损失的具体数额。

本案中,宏正公司明确认可其合理开支均为律师费,且其主张的合理开支数额为 45 万元。宏正公司提交了委托代理合同和律师费发票予以佐证。但是,本案中,宏正公司提交的委托代理合同系宏正公司与使用"Rextron/瑞创"商标/商号的相关企业及或相关生产销售商专利侵权一审诉讼纠纷案中提供诉讼代理服务的代理合同,并非本案委托代理合同。宏正公司提交的律师费发票系为本案和另外多起案件取证而一并支付,并无证明宏正公司为制止本案被告桂厚公司、佳和恒兴公司侵权而支付的专门律师费发票,其提供的用以证明代理合同金额全部为本案合理开支的证据不够充分。故法院在综合考虑宏正公司关于合理开支举证情况的基础上酌情确定其合理开支的数额。

综上所述,依照《民法通则》第 118 条,《专利法》第 11 条第 1 款、第 59 条第 1 款、第 65 条第 1 款,《侵权责任法》第 8 条之规定,法院判决如下:

(1)自本判决生效之日起,佳和恒兴公司立即停止侵犯宏正公司第 ZL02824593.8 号"用于控制台和外围设备的信号切换器"发明专利权的行为;

(2)自本判决生效之日起,桂厚公司立即停止侵犯宏正公司第 ZL02824593.8 号"用于控制台和外围设备的信号切换器"发明专利权的行为;

(3)自本判决生效之日起十日内,桂厚公司赔偿宏正公司损失人民币 10 万元以及为制止侵权行为所支付的合理开支人民币 15 万元,佳和恒兴公司承担连带赔偿责任;

(4)驳回宏正公司的其他诉讼请求。

如果当事人未按本判决指定的期间履行给付金钱义务,应当依照《民事诉讼法》第 253 条之规定,加倍支付迟延履行期间的债务利息。

专利复审无效行政诉讼

03 杨某妹诉专利复审委员会行政纠纷案

技术意见

一、对涉案专利技术方案的理解

涉案专利权利要求 1—5 如下：

"1. 一种自平衡式两轮电动车，它是由如下部件所构成：

第一车轮与第二车轮，它们是彼此基本对称地左右设置的，它们没有共同的车轴，能独立地转动；

第一轮架与第二轮架，第一轮架连接所述的第一车轮，第二轮架连接所述的第二车轮；

第一手控杆与第二手控杆，第一手控杆连接所述的第一轮架，第二手控杆连接所述的第二轮架；

第一电动机与第二电动机，第一电动机驱动所述的第一车轮，第二电动机驱动所述的第二车轮；

至少一个电子控制系统，操控所述的第一电动机与所述的第二电动机；

至少一个踏脚板，与第一轮架、第二轮架相连接，供操作者两脚站立；

操作者的两脚站在踏脚板上，通过所述手控杆改变轮架的前后倾斜度，当第一轮架与第二轮架向前倾侧，自平衡电子控制系统会指令第一电动机与第二电动机使车子前进；当第一轮架与第二轮架向后倾侧，自平衡电子控制系统会指令第一电动机与第二电动机使车子后退；若第一轮架与第二轮架倾侧的角度不同，第一车轮与第二车轮的速度不同，车子就会转向，从而操控两轮电动车的向前、朝后与转向。

2. 一种自平衡式两轮电动车，它是由如下部件所构成：

第一车轮与第二车轮，它们是彼此基本对称地左右设置的，它们没有共同的车轴，能独立地转动；

第一轮架与第二轮架，第一轮架连接所述的第一车轮，第二轮架连接所述的第二车轮，第一轮架与第二轮架之间连接且独立转动；

第一电动机与第二电动机，第一电动机驱动所述的第一车轮，第二电动机驱动所述的第二车轮；

至少一个自平衡电子控制系统，操控所述的第一电动机与所述的第二电动机，控制所述第一轮架与第二轮架各自独立地实现自平衡；

第一踏脚板与第二踏脚板，第一踏脚板连接所述的第一轮架、第二踏脚板连接所述的第二轮架，供操作者两脚分别站立；

骑行时，操作者站立在所述踏脚板上，通过所述踏脚板分别改变轮架的前后倾斜度，当第一轮架与第二轮架向前倾侧，自平衡电子控制系统会指令第一电动机与第二电动机使车子前进；当第一轮架与第二轮架向后倾侧，自平衡电子控制系统会指令第一电动机与第二电动机使车子后退；若第一轮架与第二轮架倾侧的角度不同，第一车轮与第二车轮的速度不同，车子就会转向，从而操控两轮电动车的向前、朝后与转向。

3. 根据权利要求2所述的自平衡式两轮电动车，其特征在于，该两轮车的第一踏脚板与第二踏脚板，分别固定地设置在第一轮架与第二轮架的内侧。

4. 根据权利要求2所述的自平衡式两轮电动车，其特征在于，该两轮车的第一踏脚板与第二踏脚板，分别固定地设置在第一轮架与第二轮架的外侧。

5. 根据权利要求2所述的两轮电动车，其特征在于，在第一轮架与第二轮架上分别设置有供腿接触的靠腿板，位于踏脚板的上方。"

二、对本案相关技术问题的分析与说明

1. 权利要求 2 "通过所述踏脚板分别改变轮架的前后倾斜度" 是否可以根据原说明书的记载直接地、毫无疑义地得出

原告认为：权利要求 2 的轮架与踏脚板之间既可以固定连接，也可以悬挂连接，在采用悬挂连接等非固定连接的情况下，用腿来操控轮架，并不必然引起踏脚板的前倾、后倾。

被告认为：原说明书中记载了踏脚板与轮架固定为一体，两个轮架可转动地连接，根据轮架的位置变化来操控车的转向。本领域技术人员由上述记载并结合其所具备的技术常识，可以毫无疑义地得出通过踏脚板分别改变轮架的前后倾斜度。

第三人认为：若踏脚板与轮架 "悬挂连接"，使得踏脚板在轮架转动时始终保持水平的状态，无法实现 "所述踏脚板分别改变轮架的前后倾斜度"，可见 "悬挂连接" 显然并不在权利要求 2 的保护范围之内。

经查，涉案专利原说明书第 34 段记载了 "两轮电动车 400 上设有两个踏脚板 441 与 442，各自分别固定在轮架 421 和 422 的内侧，且位在低于车轮转动轴线的位置。踏脚板 441 与轮架 421 是固定为一体的，所以它们是一起联动的。踏脚板 442 与轮架 422 固定为一体，所以它们也是一起联动的"。第 35 段记载了 "操作者能用腿来操控轮架的前倾或后倾，驱动两轮电动车向前或向后。操作者的重心左右倾侧，可驱动车子转向"。第 43 段记载了 "没有设置手控杆的两轮电动车是操作者用腿改变轮架的位置，来操控两轮电动车的前进、后退与转向"。

根据上述记载，本领域技术人员知晓，踏脚板与轮架是固定为一体的，两者可以实现联动，在用腿改变轮架的前后倾斜度（即操控轮架的前倾或后倾）时，由于踏脚板与轮架固定且联动，显然踏脚板也将改变前后倾斜度。在踏脚板与轮架固定一体的情况下，骑行时操作者既可以通过腿来改变轮架的前后倾斜度，也可以通过踏脚板带动轮架以此改变轮架的前后倾斜度，这对于本领域技术人员来说是显而易见的，并且这两种操作方式都是用于改变轮架的前后倾斜度，自平衡电子控制系统再根据轮架的前倾或后倾发出信号，

驱动轮子滚动，可见这两种操作方式对于要求保护的自平衡式两轮电动车结构没有造成实质性不同，仅是骑行时操作者施力的部位不同。

权利要求2修改后记载了"第一踏脚板连接所述的第一轮架，第二踏脚板连接所述的第二轮架"，根据上述记载，连接既包括固定连接也包括活动连接，而说明书中的上述相关记载是固定连接，此时涉及能否将说明书中的固定连接解释为权利要求2中的连接的问题。但该问题属于法律适用问题，本身并不属于技术事实查明范畴，这里仅将相关资料提供如下，供承办法官参考：

最高人民法院（2016）最高法行再70号行政判决书（简称最高再70号判决）明确认定：一般情况下不允许也无法将说明书及附图中记载的具体技术内容补充解释到权利要求书中。允许将说明书或附图中记载的具体技术内容随意补充解释到权利要求书中，会造成专利权边界前后不一，保护范围缺乏稳定性的后果，从而不正当地影响社会公众利益。

具体到本案，连接既包括固定连接也包括活动连接。当踏脚板活动连接（如悬挂连接）轮架时，如说明书第35段所述，"操作者能用腿来操控轮架的前倾或后倾，驱动两轮电动车向前或向后"，并不必然导致踏脚板的前倾或后倾，也就是说无法直接得出"通过所述踏脚板分别改变轮架的前后倾斜度"。因此，权利要求2"通过所述踏脚板分别改变轮架的前后倾斜度"不能根据原说明书的记载直接地、毫无疑义地得出。

2. 权利要求2"若第一轮架与第二轮架倾侧的角度不同，第一车轮与第二车轮的速度不同，车子就会转向"是否可以根据原说明书的记载直接地、毫无疑义地得出

原告认为：涉案专利说明书第35段记载了"操作者的重心左右倾侧，可驱动车子转向"，但没有说明转向与第一轮架和第二轮架倾侧的角度有任何关系。

被告认为：权利要求2中轮架的转动显然系由操作者前后重心转移使踏脚板前倾和后倾来驱动，轮架的位置对应于轮架倾侧的角度，当轮架处于不同的转动位置时，两个轮架倾侧的角度不同，两个轮架的速度不同，车子由此转向。

第三人认为：涉案专利说明书第35段"操作者的重心左右倾侧，可驱动

车子转向"与权利要求 2 保护的技术方案不矛盾，操作者的左右脚对踏脚板所施加的力大小不同，造成第一踏脚板与第二踏脚板前倾或后倾的倾斜度不同，使得第一轮架与第二轮架倾侧的角度不同，第一车轮与第二车轮的速度不同，从而实现车子的转向，此时，由于左右脚施力大小不同，必然导致使用者重心左右倾侧。

经查，涉案专利权利要求 2 修改后的"若第一轮架与第二轮架倾侧的角度不同，第一车轮与第二车轮的速度不同，车子就会转向"，与说明书第 35 段明确记载的"操作者的重心左右倾侧，可驱动车子转向"表述确实不同。但是，根据说明书第 35 段的相关记载"操作者能用腿来操控轮架的前倾或后倾，驱动两轮电动车向前或朝后。操作者的重心左右倾侧，可驱使车子转向"可知，其仅描述了车子转向时，操作者的重心变化情况，并没有明确记载转向时用腿如何具体操控轮架，而实际上操作者是用腿操控轮架前倾或后倾，当操作者的左右腿分别对轮架所施加的前倾或后倾的力大小不同时，会导致第一轮架与第二轮架倾侧的角度不同，此时第一车轮与第二车轮的速度也会不同，从而实现车子转向。可见，转向时由于左右腿施力大小不同，必然会导致使用者在平行站立时重心左右有所倾侧，即操作者的重心左右倾侧，可驱动车子转向。由此得出权利要求 2 "若第一轮架与第二轮架倾侧的角度不同，第一车轮与第二车轮的速度不同，车子就会转向"可以根据原说明书的记载直接地、毫无疑义地得出。

技术调查官：马玉良

2018 年 4 月 23 日

【技术调查官自评】

本案涉及权利要求 2 的修改是否超范围的问题，其有两处修改，涉及两个技术焦点问题。难点在于第一处修改与权利要求 2 的"第一踏脚板连接所述的第一轮架、第二踏脚板连接所述的第二轮架，供操作者两脚分别站立"中的"连接"密切相关，此时，涉及权利要求书的解释和说明书记载的技术内容之间的关系，技术调查官在查阅"最高再 70 号"判决后，将其作为参考资料提供给法官，但未作实质性判断；另外，第二处修改虽然与原申请文件的文字记载不同，但两者仅是描述角度不一样，实质上都是通过轮架倾侧角度的变化实现车子转向。技术调查官考虑多重因素，以本领域技术人员的标准，撰写上述技术审查意见，力求客观、公正地查明技术事实。

【法官点评】

本案涉及《专利法》第33条，专利修改是否超范围的问题，技术调查官所出具的技术调查意见，对技术事实介绍用语规范，对技术焦点问题的论述十分清楚，逻辑严谨，特别是论述第一个技术焦点问题时，由于其与踏脚板和轮架的连接方式有关，这牵扯权利要求书的解释和说明书的记载之间的法律关系，技术调查官特意查阅最高再70号判决，将其作为参考资料予以提供。对案件承办法官而言，是一份内容翔实的技术调查意见，充分发挥了技术参谋的作用。

判决书摘编 （2017）京73行初7964号

原告杨某妹不服被告国家知识产权局专利复审委员会（简称专利复审委员会）于2016年8月26日作出的第30059号无效宣告请求审查决定（简称被诉决定），于法定期限内向法院提起行政诉讼。法院于2017年10月19日受理本案后，依法组成合议庭，指派技术调查官马玉良参与诉讼，并依法通知被诉决定的利害关系人天轮公司作为本案第三人参加诉讼，于2018年2月28日公开开庭进行了审理。

一、当事人陈述

2016年2月24日，原告杨某妹针对原专利权人为陈某（现已变更为天轮公司，即本案第三人）拥有的"自平衡式两轮电动车"的第201110435720.7号发明专利（简称本专利），以本专利权利要求1—5修改超范围，不符合《专利法》第33条的规定；权利要求1—5不具备创造性，不符合《专利法》第22条第3款的规定为由，向专利复审委员会提出无效宣告请求，请求宣告本专利权利要求1—5全部无效。专利复审委员会于2016

年 8 月 26 日作出被诉决定：维持本专利权有效。被诉决定引用的对比文件为：

附件 1（即证据 3）：授权公告日为 2011 年 6 月 15 日，授权公告号为 CN201863947U 的中国实用新型专利的复印件（共 8 页）；

附件 2（即证据 4）：申请公布日为 2011 年 12 月 14 日，申请公布号为 CN102275621A 的中国发明专利申请的复印件（共 14 页）；

附件 3（即证据 5）：申请公布日为 2012 年 6 月 27 日，申请公布号为 CN102514663A 的中国发明专利申请的复印件（即本专利的公开文本）（共 15 页）；

附件 4（即证据 6）：公开日为 2007 年 10 月 17 日，公开号为 CN101056680A 的中国发明专利申请公布说明书的复印件（共 49 页）；

附件 5（即证据 8）：公告日为 2001 年 10 月 16 日，公告号为 US6302230B1 的美国专利说明书复印件（共 29 页）；

附件 6（即证据 9）：公告日为 2007 年 9 月 26 日，公告号为 JP 特许第 3981733B2 的日本专利说明书的复印件及相关部分的中文译文（共 19 页）；

附件 7：本专利授权公告文本。

具体理由如下：

（一）关于修改超范围

杨某妹认为，对于权利要求 1 的技术方案，本专利公开文本的说明书中记载的是通过手控杆的位置来控制车子的前进、后退和转向，并且说明书中指出根据轮架的位置变化而不是根据轮架倾侧的角度来操控两轮电动车的转向，手控杆的位置不同于轮架的倾侧，检测轮架的位置也不限于检测轮架倾侧的角度。因此，本专利权利要求 1 中特征"若第一轮架与第二轮架倾侧的角度不同，第一车轮与第二车轮的速度不同，车子就会转向"的修改超出了原权利要求书和说明书记载的范围。

经查，本专利的公开文本和原始申请文件相同，本专利原说明书第 0019、0024 段记载"每根手控杆各自固定地连接在轮架上，手控杆是供操作者操控车子用""手控杆只能在前后的方向（相对于操作者来说）上被推动，并且也是带动着各自连接着的轮架一起朝前或朝后绕轮架的转动轴线转动"，第0022段记载"相对操作者来说，推手控杆向前，则车轮向前滚动，拉手控杆向后，则车轮向后滚动。手控杆是可以平滑地改变车轮的速度，手控杆越向前推，加速度越大，反之亦然"，第0023段记载"骑行时，操作者站立在踏脚板140上，左右手各握住一根手控杆151与152，两手同时将手控杆151与152往前推时，轮架121与122向前倾侧，自平衡电子控制系统就会指令驱动系统使车子前进；两手同时将手控杆151与152向后拉时，轮架121与122向后倾侧，同样原理车子就后退。若两根手控杆被置在不同的前后位置，车子就会转向"，第0025段记载"轮子的滚动方向是与手控杆的被推动方向是一致的。手控杆是可以平滑地改变车轮的速度，手控杆越前推，加速度越大，反之亦然。从图2上可见，图上示意地画出了左右两根手控杆的位置稍有点错开，图上左边的手控杆251略被推向前了一点，右边的手控杆252略被拉向后了一点，此时车子的两个轮子的速度是不同的"，第0043段记载"本发明提出了一种新型的两轮电动车，其特点是电子自平衡控制系统根据轮架的位置变化，来操控两轮电动车的前进、后退与转向"。

专利复审委员会认为，虽然本专利原说明书和权利要求书中没有明确记载根据第一轮架与第二轮架倾侧的角度来操控车子的转向，然而原说明书中记载了手控杆与轮架固定连接，手控杆带动轮架朝前或朝后转动，手控杆处于不同的前后位置时，车子转向，本领域技术人员由上述记载可以毫无疑义地得出手控杆的前后位置对应于轮架的转动位置即轮架倾侧的角度，当两个手控杆处于前后不同的位置时，两个轮架倾侧的角度不同，两个车轮的速度不同，车子由此而转向。因此，本专利权利要求1中的技术特征"若第一轮架与第二轮架倾侧的角度不同，第一车轮与第二车轮的速度不同，车子就会转向"并未超出原权利要求书和说明书记载的范围，符合《专利法》第33条的规定。

杨某妹认为，对于权利要求2的技术方案，本专利原说明书中记载的是根据操作者重心的左右倾侧来驱动车子转向，说明书和权利要求书中也记载了每个轮架上设有靠腿板供操作者靠腿用，使操作者能用腿来操控轮架的前倾或后倾。因此，本专利权利要求 2 中特征"若第一轮架与第二轮架倾侧的角度不同，第一车轮与第二车轮的速度不同，车子就会转向"和"通过所述踏脚板分别改变轮架的前后倾斜度"均超出了证据 5 的说明书和权利要求书记载的范围，基于同样的理由，从属权利要求 3—5 的修改也超出了原说明书和权利要求书记载的范围。

经查，本专利原说明书第 0034 段中记载了"两轮电动车 400 上设有两个踏脚板 441 与 442，各自分别固定在轮架 421 与 422 的内侧，且位在低于车轮转动轴线的位置。踏脚板 441 与轮架 421 是固定为一体的，所以它们是一起联动的。踏脚板 442 与轮架 422 固定为一体，所以它们也是一起联动的。轮架 421 与轮架 422 之间还设有一根可转动连杆 460，可转动连杆 460 是使轮架 421 与轮架 422 可转动地连接，使得轮架 421 与轮架 422 都可以自由地独立转动，互不相干"，第 0043 段记载了"本发明提出了一种新型的两轮电动车，其特点是电子自平衡控制系统根据轮架的位置变化，来操控两轮电动车的前进、后退与转向。没有设置手控杆的两轮电动车是操作者用腿改变轮架的位置，来操控两轮电动车的前进、后退与转向"。

专利复审委员会认为，虽然本专利原说明书和权利要求书中没有明确记载根据第一轮架与第二轮架倾侧的角度来操控车子的转向以及通过踏脚板分别改变轮架的前后倾斜度，然而原说明书中记载了踏脚板与轮架固定为一体，两个轮架可转动地连接，根据轮架的位置变化来操控车的转向，而在权利要求 2 所针对的技术方案中，轮架的转动显然系由操作者前后重心转移使踏脚板前倾和后倾来驱动。因此，本领域技术人员由上述记载并结合其所具备的技术常识，可以毫无疑义地得出通过踏脚板分别改变轮架的前后倾斜度，也可以毫无疑义地得出轮架的位置对应于轮架倾侧的角度，当轮架处于不同的转动位置时，两个轮架倾侧的角度不同，两个车轮的速度不同，车子由此而转向。因此，本专利权利要求 2 中的技术特征"若第一轮架与第二轮架倾侧的角度不同，第一车轮与第二车轮的速度不同，车子就会转向"和"通过所述踏脚板分别改变轮架的前后倾斜度"并未超出原权利要求书和说明书记载的范围，符合《专利法》第 33 条的规定。

由于权利要求 2 的修改未超出原权利要求书和说明书记载的范围。因此，引用权利要求 2 的从属权利要求 3—5 也未超出原权利要求书和说明书记载的范围，符合《专利法》第 33 条的规定。

（二）关于创造性

1. 关于权利要求 1、2

（1）本专利权利要求 1 要求保护一种自平衡式两轮电动车。

杨某妹认为，本专利权利要求 1 相对于证据 9 与证据 7、证据 8 和公知常识的结合，或证据 9 与证据 6、证据 7、证据 8 和公知常识的结合，或证据 9 与证据 7、证据 3 和公知常识的结合，或证据 9 与证据 6、证据 7、证据 3 和公知常识的结合，或证据 1 与证据 2、证据 3 和公知常识的结合，或证据 1 与证据 6 和公知常识的结合，或证据 1 与证据 6、证据 3 和公知常识的结合，或证据 1 与证据 6、证据 3、证据 7 和公知常识的结合，或证据 1 与证据 7 和公知常识的结合，或证据 3 与证据 7 和公知常识的结合不具备创造性。

专利复审委员会认为，在本专利权利要求 1 的技术方案中，两轮电动车通过两个手控杆来改变两个独立的轮架的前后倾斜度后，自平衡电子控制系统发出指令，操控两轮电动车的向前、朝后与转向，当两个手控杆被置在不同的前后位置时，两个轮架倾侧角度不同，两个车轮的速度不同，从而控制车子转向。

证据 9 公开了一种平衡式两轮乘用车，并具体公开了：乘用车具备基台，其具备左右平衡的车轮，搭乘台，其配置在所述基台上的所述左右车轮之间，并在左右方向上自由摆动，独立驱动所述左右车轮的电动机及检测电动机转动角度的转动角度传感器，检测基台前后方向的平衡的基台倾料角速度传感器，搭乘台倾料检测机构，其检测在左右方向上搭乘台相对基台的相对角度，控制装置，其至少根据所述传感器的信号控制所述电动机的转动，其中，所述控制装置根据所述信号进行乘用车的平衡控制，分别根据基台在前后方向上的倾斜角控制前进后退，根据在左右方向上搭乘台相对基台的相对角度控制操纵方向（参见证据 9 的权利要求 1、附图 1）。证据 9 的乘用车不具有本专利中的手控杆和两个独立的轮架，乘用车系根据用户重心移动所导致的搭乘台与基台在左右方向上的角度来控制车子的转向，与本专利中根据两个轮架的前后倾斜度来控制两个轮子的转速以实现转向的原理不同。

证据 1 公开了一种立坐两用式自平衡两轮车,并具体公开了:车轮 2 被横向固定在一个绕车轴有转动自由度的载人踏板 3 上,有一顶端带操纵转向龙头 4 的立杆 5 与所述的载人踏板 3 相固定连接成为一个整体;所述的载人踏板 3 有与两轮 2、2′相互之间构成连接固定的悬挂装置,载人踏板 3 上固定有它包括有重力传感器,倾角传感器,姿态传感器等共同组成控制车体的平衡模块 6,所述的平衡模块 6 反映的是以铅垂线为基准的踏板 3 或立杆 5 相对于铅垂线所成的动态变化的几何夹角;一个执行车辆转弯的转向开关 7;相同结构的转向开关也可以安装在龙头 4 的把手 29 上,当驾驶者用手旋动龙头 4 的手柄时就可以操纵车子的转向;当然,完全不用人的手动操纵,也可采用按钮式的开关可以被选择用来操纵车子的转向(参见证据 1 的说明书第 1 页第 22 行至第 10 页第 10 行、附图 1-3)。证据 1 的自平衡两轮车同样不具有本专利中所述的两个手控杆和两个独立的轮架,证据 1 的两轮车系驾驶者操作手柄上的转向开关或使控制立柱上的把手转向后,由计算机根据转向开关发出的信号或把手的转向来实现转弯。可见,证据 1 的转向原理与本专利的也不同。

证据 3 公开了一种单轮电能车,并具体公开了:单体车轮 12 的外部设有外壳 1 包覆,单体车轮 12 的两旁各设有一组可供双脚站立的可上下折叠之置板 8,置板 8 的下方于前后位置各设有一具平衡用途及转向功能的辅助轮 9,且设有一缆线 10,缆线 10 的另端连结至可控制车体行动或停止之控制器 11;外壳 1 的内部设有轻式的马达 2、电池 3 及煞车器 4;其中,马达 2 设于车轮的左侧;使用时,将双脚站立于置板 8 的上方,手握控制器 11,经缆线 10 控制单体车轮的转动或停止;本创作之单轮电能车,在实施时,可以在外壳 1 的上方设置一握把 100,该握把 100 不仅方便行乘者握持,而且可提供线控控制器 11 的固定,方便行乘者控制(参见证据 3 的说明书第 0023—0029 段、附图 1-3)。与本专利的两轮电动车不同,证据 3 是单轮电能车,二者虽然都属于电动车,然而两轮和单轮电动车在车体构造上存在较大差异,单轮电动车中不具有本专利所述的两个车轮、轮架和两个手控杆,而且证据 3 中握把 100 虽然与外壳 1 相连接,但车子的行驶并不通过握把改变轮架的前后倾斜度来实现,而是由用户操控控制器 11 来实现。可见,二者在车子的驱动原理上有着本质的区别。

证据 2 公开了一种双操纵杆双前转向轮三轮车，并具体公开了：其包括一个底架、一个与底架连接的装有后轮的后轮架、安装在底架上的座椅、一个连接在底架前部且左右各有一个可转向的前轮的前轮架、一个转向组件，同时设有驱动装置和制动装置，其特征在于：所述的三轮车转向组件有二根分布在二侧的操纵杆，一个铰接或固定连接在底架上的支承套内有一根二端穿出支承套并可以在支承套内转动的支承轴，支承轴的二个端部向上弯曲并与二根操纵杆的摆动中心铰接，使得二根操纵杆可以绕摆动中心作前后向摆动，由传动构件构成的转向传动机构连接二根操纵杆的下端和二前轮的转向轴，将二操纵杆上端的前后方向反向移动转换为二前轮的同方向左右旋转，同时所述三轮车的前轮架和底架的连接方式是通过一个车体倾斜装置来连接；可转向的前轮及其制动装置包括二个固定连接在前轮架左右二侧其外侧有开口上下二端装有轴承套的管形支架（35），二端装有轴颈的转向轴（36）穿过管形支架通过上下二组球架与管形支架成可旋转的滚动配合，前轮转动轴（37）穿过管形支架上的开口紧固连接在转向轴上，前轮（6）通过轴承安装在前轮转动轴上，方向转臂（11）固定连接在转向轴上（参见证据 2 的权利要求 1、说明书第 3 页第 9 行至第 5 页第 24 行、附图 1－7）。与本专利的两轮电动车不同，证据 2 是三轮车，人坐在座椅上来对三轮车进行操控，三轮车的操纵杆 9 不与前轮的轮架连接，三轮车也不具有本专利中所述的电子控制系统，其转向是由操纵杆 9 的摆动，通过传动连杆 10、方向转臂 11 和前轮转向轴 36 使前轮转动轴 37 转动，最终驱动两前轮同方向左右旋转。可见，证据 2 与本专利的两轮车在车体构造、使用方式和驱动方式上均不同。

证据 6 公开了一种基于用户位置的个人运输车的控制，并具体公开了：通过用户 8 的倾斜，两个分离的操纵柄部分 720 和 722 可以相对于运输车的平台 12 分离地运动；每个操纵柄部分的位置借助弹簧或以其他方式在相应的套筒 724 和 726 内倾斜到指定的"中立"高度。正如所描述的结合其他用户输入形式，将相对高度偏移发送到偏航控制器以控制转弯。证据 6 的个人运输车虽然具有两个车轮和操纵柄，然而其不具有两个独立的轮架，运输车的转弯系将操纵柄在平台上的两个套筒内的相对高度偏移发送到控制器以控制转弯，而本专利是通过手控杆改变轮架的前后倾斜度来实现车的转弯。因此，证据 6 与本专利中实现车辆转弯的方式也不同。

证据 7 公开了一种用于载客的个人交通工具，个人交通工具有中心框架（12）；两个车轮组件（第一车轮组件 14 和第二车轮组件 16）；可以设想至少一个车轮组件是无轮毂的，术语无轮毂表示在车轮中心部分没有轮毂；在至少一个车轮组件（如 14 和 16）的中心部分具有脚支撑件（如 18、20）；并且在至少一个车轮组件和中心框架之间具有至少一个枢轴装置（22 和 24）；车轮组件（如 14 和 16）可包含：与脚支撑件（18、20）相连通的非旋转的内轮辋（26、36）；围绕非旋转的内轮辋（26、36）旋转的可旋转的外轮辋（28、38）；以及车轮框架（32、42），该车轮框架（32、42）连接到非旋转的内轮辋（26、26）并包围可旋转的外轮辋（28、38），其中可旋转的外轮辋（28、38）在车轮框架（32、42）和非旋转的内轮辋（26、36）之间旋转；车轮组件（14、16）可具有至少两个突出的连接装置（44、46、48），突出的连接装置（44、46、48）具有穿过其中的中心孔（参见证据 7 的说明书第 0024—0027 段、附图 1 - 4）。证据 7 虽然是两轮车，然而与本专利的两轮电动车不同，证据 7 并不是电动的两轮车，而是由脚来驱动，与本专利在驱动原理上存在根本的差异，其不具有本专利中所述的手控杆和电子控制系统，也不具有能够前后倾斜的两个独立轮架，也就不可能公开本专利中所述通过两个手控杆来改变轮架的前后倾斜度后，自平衡电子控制系统发出指令，操控两轮电动车的向前、朝后与转向。

证据 8 公开了一种个人移动车辆和方法，并具体公开了："该车辆由单个车轮 44 提供地接触。与本发明的很多实施例共同的特征是对象 10 站立以操作车辆的平台 12；在本发明的某些实施例中提供把手 16，作为在把手 16 上握住以用于对象 12 握住；在本发明的一个实施例中，如图 8 所示①，把手 16 刚性地附于平台 12，在该情况下，无限制地，经由车罩 40。在本发明的替代实施例中，如图 9 所示，把手 16 可以相对于固定到平台 12 的基座 48 铰接在枢轴 46；把手在枢轴 46 的铰接使得对象 10 易于在维持一只或者两只手在握

---

① 本书摘录的判决书中未附专利附图。——编辑注

住 14 的同时将他的重量前后移动；平台 12 通过至少一个车轮 20，或者其他接触地的元件的运动相对于地移动。"与证据 3 类似，证据 8 的附图 8 - 10、14 - 15 所对应的实施例公开的也是一独轮车，其同样不具有本专利所述的两个车轮和两个独立的轮架，而且证据 8 中的把手 16 虽然经由车罩刚性地附于平台，或可相对于固定到平台 12 的基座 48 铰接，然而证据 8 并没有公开具体如何使独轮车前后移动或转弯。因此，证据 8 也未公开本专利中的驱动原理，更不可能公开本专利中通过改变两个独立轮架的倾斜度使两个轮架的速度不同以实现转向的方式，证据 8 也没有给出采用该驱动原理的技术启示。

证据 4 公开了一种电动独轮自行车，并具体公开了：靠腿板 150 突出在轮罩 160 的两侧，其位置的高度大约与操作者的膝盖与/或小腿上部的高度相当。以便于操作者可以将其膝盖与/或小腿的上部靠住靠腿板 150；靠腿板 150 的这些特征是由于对操作者的腿提供了摩擦阻力而形成的，因此使得操作者能在使用时，容易地用腿适当的夹住车子。这个特点对于安全舒适地使用独轮自行车是十分重要的，对于上下车、转弯、崎岖的路面、上下坡要求车子保持直立位置等特别要求较精确地来操控车子的场合，则更加显得重要了。证据 4 中虽然公开了两个踏脚板，然而证据 4 涉及的是一独轮车，其不具有两个轮架，也就不可能通过改变两个独立轮架的倾斜度使两个轮架的速度不同以实现转向。因此，证据 4 同样未公开本专利中的转向方式，证据 4 也未给出采用上述有关转向的技术特征的技术启示。

综上，本专利采用了权利要求 1 中如下的技术方案："第一轮架与第二轮架，第一轮架连接所述的第一车轮，第二轮架连接所述的第二车轮；第一手控杆连接所述的第一轮架，第二手控杆连接所述的第二轮架；通过所述手控杆改变轮架的前后倾斜度；若第一轮架与第二轮架倾侧的角度不同，第一车轮与第二车轮的速度不同，车子就会转向，从而操控两轮电动车的转向"，因而两轮电动车在检测到两个独立轮架的倾侧角度不同之后由自平衡电子控制系统分别指令两个车轮采用不同的转速从而实现转向，然而证据 1—4、6—9 均未公开上述实现转向的方式，也未给出采用该转向方式的技术启示，杨某妹未提供充足的理由或证据证明该方式是本领域的公知常识，本专利由于采用了该转向方式，使两轮电动车可便携、成本低、手控操作简便、运行稳定，具有有益的效果。因此，本专利权利要求 1 相对于杨某妹所提出的上述证据组合方式具备突出的实质性特点和显著的进步，具有《专利法》第 22 条第 3 款规定的创造性。

（2）本专利权利要求 2 要求保护一种自平衡式两轮电动车。

杨某妹认为，本专利权利要求 2 对于证据 9 与证据 7 和公知常识的结合，或证据 9 与证据 6、证据 7 和公知常识的结合，或证据 1 与证据 2、证据 3 和公知常识的结合，或证据 1 与证据 6 和公知常识的结合，或证据 1 与证据 6、证据 3 和公知常识的结合，或证据 1 与证据 6、证据 3、证据 7 和公知常识的结合，或证据 1 与证据 7 和公知常识的结合，或证据 3 与证据 7 和公知常识的结合不具备创造性。

专利复审委员会认为，在本专利权利要求 2 与权利要求 1 的技术方案中，电动车均是通过改变两个独立的轮架的前后倾斜度后，自平衡电子控制系统发出指令，操控两轮电动车的向前、朝后与转向，当两个轮架倾侧角度不同，两个车轮的速度不同时，车子转向，两个技术方案的区别在于权利要求 2 中是通过两个独立的踏脚板来改变两个独立的轮架的前后倾斜度。

如上所述，证据 1—4、6—9 的车子的转向原理均与本专利不同，证据 1—4、6—9 均未公开上述实现转向的方式，也未给出采用该转向方式的技术启示，杨某妹未提供充足的理由或证据证明该方式是本领域的公知常识，本专利由于采用了该转向方式，使两轮电动车可便携、成本低、操作简便、运行稳定，具有有益的效果。因此，本专利权利要求 2 相对于杨某妹提出的上述证据组合方式具备突出的实质性特点和显著的进步，具有《专利法》第 22 条第 3 款规定的创造性。

2. 关于从属权利要求 3—5

杨某妹认为，从属权利要求 3 的附加技术特征被证据 9 或证据 1 或证据 6 公开，或者属于本领域的常规选择；从属权利要求 4 的附加技术特征属于本领域的常规选择，或者被证据 8 公开；从属权利要求 5 的附加技术特征被证据 4 公开，因此，在权利要求 2 不具备创造性的基础上，从属权利要求 3—5 均不具备《专利法》第 22 条第 3 款规定的创造性。

专利复审委员会认为，鉴于独立权利要求 2 具备创造性，其从属权利要求 3—5 也具备《专利法》第 22 条第 3 款规定的创造性。

原告杨某妹不服被诉决定，于法定期限内向法院提起行政诉讼，其诉称：被诉决定对杨某妹提出的本专利权利要求 2 修改超范围的无效请求，存在着以下事实认定错误：（1）本专利说明书第 0035 段记载了"使操作者能用腿来操控轮架的前倾或后倾，驱动两轮电动车向前或朝后。操作者的重心左右倾侧，可驱动车子转向"，均没有说明转向与第一轮架和第二轮架检测的角度有任何关系。因此，被诉决定第 8 页第 4 段第 4、5 行中"在权利要求 2 所针对的技术方案中，轮架的转动显然系由操作者前后重心转移使踏脚板前倾和后倾来驱动"是错误的。（2）根据本专利授权文本的权利要求 3、4 的记载，是轮架与踏脚板之间为固定连接，此外根据说明书第 0021 段记载，轮架与踏脚板之间可以为悬挂连接。故，本领域的技术人员可以得出，在本专利的权利要求 2 中，轮架与踏脚板之间既可以是固定连接，也可以是悬挂连接，在采取悬挂连接等非固定连接的情形下，用腿来操控轮架，并不必然引起踏脚板的前倾或后倾。因此，被诉决定第 8 页第 4 段第 5 行中"本领域技术人员由上述记载并结合其所具备的技术常识，可以毫无疑义地得出通过踏脚板分别改变轮架的前后倾斜度"认定事实是错误的。（3）由于轮架的位置并不毫无疑义地对应轮架倾侧（前后）的角度，本专利说明书第 0035 段和第 0038 段都指出"设有靠腿板，供操作者靠腿用，使操作者能用腿来操控轮架的前倾或后倾"，第 0043 段记载了"没有设置手控杆的两轮电动车是操作者用腿改变轮架的位置，来操控两轮电动车的前进、后退与转向"。以上均未说明转向与第一轮架和第二轮架检测的角度有任何关系。此外，"轮架的位置"与"轮架倾侧的角度"在内涵与外延上存有不同。本专利说明书第 0043 段记载了"本发明提出了一种新型的两轮电动车，其特点是电子自平衡控制系统根据轮架的位置变化，来操控两轮电动车的前进、后退与转向。没有设置手控杆的两轮电动车是操作者用腿改变轮架的位置，来操控两轮电动车的前进、后退与转向"。由此可见，被诉决定第 8 页第 4 段第 6 行中"也可以毫无疑义地得出轮架的位置对应于轮架倾侧的角度"认定事实是错误的。综上，被诉决定认定事实错误，故请求法院判决撤销被诉决定并责令被告专利复审委员会重新作出审查决定。

被告专利复审委员会辩称，原说明书中记载了脚踏板与轮架固定为一体，两个轮架可转动地连接，根据轮架的位置变化操控车的转向，而在权利要求2所针对的技术方案中，轮架的转动显然系由操作者前后重心转移使踏脚板前倾和后倾来驱动。因此，本领域技术人员由上述记载并结合其所具备的技术常识，可以毫无疑义地得出通过踏脚板分别改变轮架的前后倾斜度，也可以毫无疑义地得出轮架的位置对应于轮架倾侧的角度。当轮架处于不同的转动位置时，两个轮架倾侧的角度不同，两个车轮的速度不同，车子由此而转向。因此，本专利权利要求2中的技术特征"若第一轮架与第二轮架倾侧的角度不同，第一车轮与第二车轮的速度不同，车子就会转向"和"通过所述踏脚板分别改变轮架的前后倾斜度"并未超出原权利要求书和说明书记载的范围，符合《专利法》第33条的规定。综上，被诉决定认定事实清楚，适用法律法规正确，审理程序合法，审查结论正确。原告的诉讼理由不能成立，请求法院驳回原告诉讼请求。

第三人天轮公司述称，同意被告专利复审委员会的意见。首先，本专利说明书第0035段"操作者的重心左右倾侧，可驱动车子转向"与权利要求2保护的技术方案不矛盾，操作者的左右脚对踏脚板所施加的力大小不同，造成第一踏脚板与第二踏脚板前倾或后倾的倾斜度不同，使得第一轮架与第二轮架倾侧的角度不同，第一车轮与第二车轮的速度不同，从而实现车子的转向，此时，由于左右脚施力大小不同，必然导致使用者重心左右倾侧。其次，若踏脚板与轮架"悬挂连接"，使得踏脚板在轮架转动时始终保持水平的状态，无法实现"所述踏脚板分别改变轮架的前后倾斜度"。可见"悬挂连接"显然并不在权利要求2的保护范围之内。综上，被诉决定认定事实清楚，适用法律正确，应当予以维持。请求法院驳回原告的全部诉讼请求。

二、法院经审理查明的事实

本专利系名称为"自平衡式两轮电动车"的第201110435720.7号发明专利，申请日为2011年12月23日，授权公告日为2015年5月27日，现专利权人为天轮公司。本专利授权公告的权利要求书内容如下：

"1. 一种自平衡式两轮电动车，它是由如下部件所构成：

第一车轮与第二车轮，它们是彼此基本对称地左右设置的，它们没有共同的车轴，能独立地转动；

第一轮架与第二轮架，第一轮架连接所述的第一车轮，第二轮架连接所述的第二车轮；

第一手控杆与第二手控杆，第一手控杆连接所述的第一轮架，第二手控杆连接所述的第二轮架；

第一电动机与第二电动机，第一电动机驱动所述的第一车轮，第二电动机驱动所述的第二车轮；

至少一个电子控制系统，操控所述的第一电动机与所述的第二电动机；

至少一个踏脚板，与第一轮架、第二轮架相连接，供操作者两脚站立；

操作者的两脚站在踏脚板上，通过所述手控杆改变轮架的前后倾斜度，当第一轮架与第二轮架向前倾侧，自平衡电子控制系统会指令第一电动机与第二电动机使车子前进；当第一轮架与第二轮架向后倾侧，自平衡电子控制系统会指令第一电动机与第二电动机使车子后退；若第一轮架与第二轮架倾侧的角度不同，第一车轮与第二车轮的速度不同，车子就会转向，从而操控两轮电动车的向前、朝后与转向。

2. 一种自平衡式两轮电动车，它是由如下部件所构成：

第一车轮与第二车轮，它们是彼此基本对称地左右设置的，它们没有共同的车轴，能独立地转动；

第一轮架与第二轮架，第一轮架连接所述的第一车轮，第二轮架连接所述的第二车轮，第一轮架与第二轮架之间连接且独立转动；

第一电动机与第二电动机，第一电动机驱动所述的第一车轮，第二电动机驱动所述的第二车轮；

至少一个自平衡电子控制系统，操控所述的第一电动机与所述的第二电动机，控制所述第一轮架与第二轮架各自独立地实现自平衡；

第一踏脚板与第二踏脚板，第一踏脚板连接所述的第一轮架、第二踏脚板连接所述的第二轮架，供操作者两脚分别站立；

骑行时，操作者站立在所述踏脚板上，通过所述踏脚板分别改变轮架的前后倾斜度，当第一轮架与第二轮架向前倾侧，自平衡电子控制系统会指令第一电动机与第二电动机使车子前进；当第一轮架与第二轮架向后倾侧，自平衡电子控制系统会指令第一电动机与第二电动机使车子后退；若第一轮架与第二轮架倾侧的角度不同，第一车轮与第二车轮的速度不同，车子就会转向，从而操控两轮电动车的向前、朝后与转向。

3. 根据权利要求 2 所述的自平衡式两轮电动车，其特征在于，该两轮车的第一踏脚板与第二踏脚板，分别固定地设置在第一轮架与第二轮架的内侧。

4. 根据权利要求 2 所述的自平衡式两轮电动车，其特征在于，该两轮车的第一踏脚板与第二踏脚板，分别固定地设置在第一轮架与第二轮架的外侧。

5. 根据权利要求 2 所述的两轮电动车，其特征在于，在第一轮架与第二轮架上分别设置有供腿接触的靠腿板，位于踏脚板的上方。"

针对本专利，杨某妹于 2016 年 2 月 24 日向专利复审委员会提出无效宣告请求，请求宣告本专利全部无效，其理由是：本专利权利要求 1—5 修改超范围，不符合《专利法》第 33 条的规定；权利要求 1—5 不具备创造性，不符合《专利法》第 22 条第 3 款的规定，请求宣告本专利权利要求 1—5 全部无效，同时提交了附件 1—10。杨某妹在请求书中认为：

（1）本专利权利要求 1—5 的修改超出原权利要求书和说明书记载的范围，不符合《专利法》第 33 条的规定。

（2）本专利权利要求 1 相对于证据 9 与证据 7、证据 8 和公知常识的结合，或证据 9 与证据 6、证据 7、证据 8 和公知常识的结合，或证据 1 与证据 2、证据 3 和公知常识的结合，或证据 1 与证据 6 和公知常识的结合，或证据 1 与证据 6、证据 3 和公知常识的结合，或证据 1 与证据 6、证据 3、证据 7 和公知常识的结合，或证据 1 与证据 7 和公知常识的结合，或证据 3 与证据 7 和公知常识的结合不具备创造性。

（3）本专利权利要求 2 相对于证据 9 与证据 7 和公知常识的结合，或证据 9 与证据 6、证据 7 和公知常识的结合，或证据 1 与证据 2、证据 3 和公知常识的结合，或证据 1 与证据 6 和公知常识的结合，或证据 1 与证据 6、证据 3 和公知常识的结合，或证据 1 与证据 6、证据 3、证据 7 和公知常识的结合，或证据 1 与证据 7 和公知常识的结合，或证据 3 与证据 7 和公知常识的结合不具备创造性。

（4）从属权利要求 3 的附加技术特征被证据 9 或证据 1 或证据 6 公开，

或者属于本领域的常规选择；从属权利要求 4 的附加技术特征属于本领域的常规选择，或者被证据 8 公开；从属权利要求 5 的附加技术特征被证据 4 公开。因此，在权利要求 2 不具备创造性的基础上，从属权利要求 3—5 均不具备《专利法》第 22 条第 3 款规定的创造性。

经形式审查合格，专利复审委员会于 2016 年 3 月 15 日受理了上述无效宣告请求，并将上述无效宣告请求书以及上述附件 1—10 的副本转送给专利权人，要求专利权人在指定期限内答复，同时对本案进行审查。

杨某妹于 2016 年 3 月 23 日向专利复审委员会提交了意见陈述书，同时提交了证据 8 相关部分的中文译文（共 7 页）。杨某妹认为：

（1）本专利权利要求 1 和权利要求 2 中的特征"若第一轮架与第二轮架倾侧的角度不同，第一车轮与第二车轮的速度不同，车子就会转向"、权利要求 2 中的特征"通过所述踏脚板分别改变轮架的前后倾斜度"均超出了证据 5 的说明书和权利要求书记载的范围，不符合《专利法》第 33 条的规定，基于同样的理由，从属权利要求 3—5 也超出了原说明书和权利要求书记载的范围，不符合《专利法》第 33 条的规定。

（2）本专利权利要求 1 相对于证据 9 与证据 7、证据 8 和公知常识的结合，或证据 9 与证据 6、证据 7、证据 8 和公知常识的结合，或证据 9 与证据 7、证据 3 和公知常识的结合，或证据 9 与证据 6、证据 7、证据 3 和公知常识的结合，或证据 1 与证据 2、证据 3 和公知常识的结合，或证据 1 与证据 6 和公知常识的结合，或证据 1 与证据 6、证据 3 和公知常识的结合，或证据 1 与证据 6、证据 3、证据 7 和公知常识的结合，或证据 1 与证据 7 和公知常识的结合，或证据 3 与证据 7 和公知常识的结合不具备创造性。

（3）本专利权利要求 2 对于证据 9 与证据 7 和公知常识的结合，或证据 9 与证据 6、证据 7 和公知常识的结合，或证据 1 与证据 2、证据 3 和公知常识的结合，或证据 1 与证据 6 和公知常识的结合，或证据 1 与证据 6、证据 3 和公知常识的结合，或证据 1 与证据 6、证据 3、证据 7 和公知常识的结合，或证据 1 与证据 7 和公知常识的结合，或证据 3 与证据 7 和公知常识的结合不具备创造性。

（4）从属权利要求 3 的附加技术特征被证据 9 或证据 1 或证据 6 公开，

或者属于本领域的常规选择；从属权利要求 4 的附加技术特征被证据 8 或证据 3 公开，或者属于本领域的常规选择；从属权利要求 5 的附加技术特征被证据 4 公开。因此，在权利要求 2 不具备创造性的基础上，从属权利要求 3—5 均不具备《专利法》第 22 条第 3 款规定的创造性。

专利复审委员会于 2016 年 4 月 28 日将杨某妹于 2016 年 3 月 23 日提交的意见陈述书及其附件的副本转送给专利权人，要求其在指定期限内答复。

针对上述无效宣告请求，专利权人于 2016 年 5 月 3 日向专利复审委员会提交了意见陈述书。专利权人认为：

（1）本领域技术人员根据本专利公开文本中说明书的相关描述可以很容易地理解得出本专利权利要求 1、2 中的特征"若第一轮架与第二轮架倾侧的角度不同，第一车轮与第二车轮的速度不同，车子就会转向"和权利要求 2 中的特征"通过所述踏脚板分别改变轮架的前后倾斜度"，因此，权利要求 1、2 的修改未超出原权利要求书和说明书记载的范围，符合《专利法》第 33 条的规定。

（2）本专利可以通过轮架的位置变化来有效操控车子，证据 1—10 均未给出相关的技术启示，因此，本专利权利要求 1—5 具备创造性，符合《专利法》第 22 条第 3 款的规定。

专利复审委员会于 2016 年 5 月 12 日向双方当事人发出口头审理通知书，定于 2016 年 7 月 14 日举行口头审理。

专利复审委员会于 2016 年 5 月 16 日将专利权人于 2016 年 5 月 3 日提交的意见陈述书转送给杨某妹，要求其在指定期限内答复。

杨某妹在上述指定期限内未答复。

口头审理如期举行，双方当事人均出席了本次口头审理。在本次口头审理中：

（1）专利权人对证据 1—9 的真实性无异议，对证据 9 中文译文的准确性无异议，专利权人认为证据 8 的中文译文中的"平衡"应翻译为"平行"，杨某妹对此无异议。

（2）杨某妹明确本次无效宣告请求的理由和证据组合方式以其 2016 年 3 月 23 日提交的意见陈述书中的为准。

（3）双方当事人均就其主张充分发表了意见。

针对2016年4月28日的转送文件通知书，专利权人于2016年7月25日向专利复审委员会提交了意见陈述书。鉴于该意见陈述书的提交时间已经超过了答复期限，因此，对此不予考虑，也不再将其转送给杨某妹。

在上述程序的基础上，专利复审委员会认为本案事实已经清楚，于2016年8月26日作出了被诉决定。

另查，本专利原专利权人为"陈某"，在本案诉讼过程中，本专利专利权人由"陈某"变更为"天轮公司"。

法院庭审中，原告杨某妹确认，对被诉决定的案由部分、决定理由中的审查基础、证据的认定部分无异议。原告仅就被诉决定中涉及本专利权利要求2是否修改超范围部分的评述部分提出异议。

上述事实，有被诉决定、本专利授权公告文本、庭审笔录等证据在案佐证。

三、裁判要点

根据查明的事实结合当事人的诉辩可知，本案原告杨某妹仅对被诉决定中有关本专利权利要求2是否违反《专利法》第33条的规定的评述提出了异议，本案各方当事人就此争议的焦点在于：（1）权利要求2"若第一轮架与第二轮架倾侧的角度不同，第一车轮与第二车轮的速度不同，车子就会转向"是否可以根据原专利申请文件的记载直接地、毫无疑义地得出？（2）权利要求2"通过所述踏脚板分别改变轮架的前后倾斜度"是否可以根据原专利申请文件的记载直接地、毫无疑义地得出？

（一）关于权利要求2"若第一轮架与第二轮架倾侧的角度不同，第一车轮与第二车轮的速度不同，车子就会转向"是否可根据原专利申请文件的记载直接地、毫无疑义地得出的问题

《专利法》第33条规定，申请人可以对其专利申请文件进行修改，但是，对发明和实用新型专利申请文件的修改不得超出原说明书和权利要求书记载的范围。原说明书和权利要求书记载的范围包括原说明书和权利要求书

文字记载的内容和根据原说明书和权利要求书文字记载的内容以及说明书附图能直接地、毫无疑义地确定的内容。

本案中，原告认为，本专利说明书第 0035 段记载了"操作者的重心左右倾侧，可驱动车子转向"，均没有说明转向与第一轮架和第二轮架检测的角度有任何关系。被告则认为，权利要求 2 中轮架的转动显然系由操作者前后重心转移使踏脚板前倾和后倾来驱动，轮架的位置对应于轮架倾侧的角度，当轮架处于不同的转动位置时，两个轮架倾侧的角度不同，两个轮架的速度不同，车子由此转向。第三人亦认为，本专利说明书第 0035 段"操作者的重心左右倾侧，可驱动车子转向"与权利要求 2 保护的技术方案不矛盾，操作者的左右脚对踏脚板所施加的力大小不同，造成第一踏脚板与第二踏脚板前倾或后倾的倾斜度不同，使得第一轮架与第二轮架倾侧的角度不同，第一车轮与第二车轮的速度不同，从而实现车子的转向。此时，由于左右脚施力大小不同，必然导致使用者重心左右倾侧。

对此，法院认为，根据查明的事实可知，本专利权利要求 2 记载的"若第一轮架与第二轮架倾侧的角度不同，第一车轮与第二车轮的速度不同，车子就会转向"，与说明书第 0035 段明确记载的"操作者的重心左右倾侧，可驱动车子转向"表述确实不同。但是，根据说明书第 0035 段的记载"操作者能用腿来操控轮架的前倾或后倾，驱动两轮电动车向前或朝后，操作者的重心左右倾侧，可驱使车子转向"可知，其仅描述了车子转向时，操作者的重心情况，并没有明确记载用腿如何操控轮架。实际上，操作者是用腿操控轮架前倾或后倾，当操作者的左右腿分别对轮架所施加的前倾或后倾的力大小不同时，会导致第一轮架与第二轮架倾侧的角度不同，此时第一车轮与第二车轮的速度也会不同，从而实现车子转向。可见，转向时由于左右腿施力大小不同，必然会导致使用者在平行站立时重心左右有所倾侧，即操作者的重心左右倾侧，可驱动车子转向。由此得出，权利要求 2 "若第一轮架与第二轮架倾侧的角度不同，第一车轮与第二车轮的速度不同，车子就会转向"可以根据原说明书的记载直接地、毫无疑义地得出。被告专利复审委员会及第三人就此的相关主张，具有事实基础，法院予以支持。原告杨某妹就此的相关主张，缺乏事实基础，法院不予支持。

（二）关于权利要求 2 "通过所述踏脚板分别改变轮架的前后倾斜度"
是否可根据原专利申请文件的记载直接地、毫无疑义地得出的问题

《专利法》第 33 条规定，申请人可以对其专利申请文件进行修改，但
是，对发明和实用新型专利申请文件的修改不得超出原说明书和权利要求书
记载的范围。《专利法》赋予专利申请人修改其专利申请文件或专利文件的
权利，主要是因为《专利法》的首要目的是鼓励创新，鼓励更多发明创造的
涌现，如果没有足够的发明创造，则《专利法》的立法目的将沦为空谈。
《专利法》同时规定对申请人修改其专利申请文件权利的限制，则是平衡保
护申请人或专利权人与社会公众利益的需要。因此，赋予申请人修改其专利
申请文件的权利是《专利法》的第 33 条相关规定的首要目的，但在保障申
请人修改其专利申请文件权利的同时应注意实现对社会公众利益的平衡保
护。为此，《专利法》在赋予发明或者实用新型专利申请人修改其专利申请文件
的权利的同时，也设置了对发明或者实用新型专利申请人修改其专利申请文
件权利的限制。专利申请人在审查的各个阶段对专利申请文件的修改，不论
是对权利要求书的修改还是对说明书和附图的修改都不能超出原权利要求书
和说明书记载的范围。如果申请的内容通过增加、改变和/或删除其中的一部
分，致使所属技术领域的技术人员看到的信息与原申请记载的信息不同，而
且又不能从原申请记载的信息中直接地、毫无疑义地确认，则这种修改不符
合《专利法》第 33 条的规定。

本案中，权利要求 2 记载了"第一踏脚板连接所述的第一轮架，第二踏
脚板连接所述的第二轮架"，对此，原告认为，权利要求 2 的轮架与踏脚板之
间既可以固定连接，也可以悬挂连接，在采用悬挂连接等非固定连接的情况
下，用腿来操控轮架，并不必然引起踏脚板的前倾、后倾。被告则认为，原
说明书中记载了踏脚板与轮架固定为一体，两个轮架可转动地连接，根据轮
架的位置变化来操控车的转向。本领域技术人员由上述记载并结合其所具备
的技术常识，可以毫无疑义地得出通过踏脚板分别改变轮架的前后倾斜度。
第三人亦认为，若踏脚板与轮架"悬挂连接"，使得踏脚板在轮架转动时始
终保持水平的状态，无法实现"所述踏脚板分别改变轮架的前后倾斜度"，
可见"悬挂连接"显然并不在权利要求 2 的保护范围之内。

对此，法院认为，根据查明的事实可知，权利要求 2 中记载的"第一踏脚板连接所述的第一轮架，第二踏脚板连接所述的第二轮架"，并未明确限定连接方式，对本领域技术人员而言，连接既包括固定连接也包括活动连接是显而易见的。且因本专利权利要求 2 的技术方案，既不是对原权利要求的合并修改所得出，亦不能从原权利要求书中直接毫无疑义地得出。因此，此时判断权利要求 2 的修改是否超范围，关键就在于从本专利原说明书之中能否得出本专利权利要求 2 的技术方案。

而在本专利原说明书之中，第 0034 段记载了"两轮电动车 400 上设有两个踏脚板 441 与 442，各自分别固定在轮架 421 和 422 的内侧，且位在低于车轮转动轴线的位置。踏脚板 441 与轮架 421 是固定为一体的，所以它们是一起联动的。踏脚板 442 与轮架 422 固定为一体，所以它们也是一起联动的"。第 0035 段记载了"操作者能用腿来操控轮架的前倾或后倾，驱动两轮电动车向前或向后。操作者的重心左右倾侧，可驱动车子转向"。第 0043 段记载了"本发明提出了一种新型的两轮电动车，其特点是电子自平衡控制系统根据轮架的位置变化，来操控两轮电动车的前进、后退与转向。没有设置手控杆的两轮电动车是操作者用腿改变轮架的位置，来操控两轮电动车的前进、后退与转向"。由此可知，在本专利原说明书之中的上述相关记载中的连接方式均是固定连接。

而且，本领域技术人员在阅读上述记载后知晓，当踏脚板与轮架固定为一体的，两者可以实现联动，在用腿改变轮架的前后倾斜度（即操控轮架的前倾或后倾）时，由于踏脚板与轮架固定且联动，显然踏脚板也将改变前后倾斜度。在踏脚板与轮架固定一体的情况下，骑行时操作者既可以通过腿来改变轮架的前后倾斜度，也可以通过踏脚板带动轮架以此改变轮架的前后倾斜度，这对于本领域技术人员来说是显而易见的。并且这两种操作方式都是用于改变轮架的前后倾斜度，自平衡电子控制系统再根据轮架的前倾或后倾发出信号，驱动轮子滚动。可见，这两种操作方式对于要求保护的自平衡式两轮电动车结构没有实质性不同的要求，仅是骑行时操作者施力的部位不同。

由上论述可知，权利要求 2 记载了"第一踏脚板连接所述的第一轮架，第二踏脚板连接所述的第二轮架"，根据权利要求 2 的上述记载，连接既包括固定连接也包括活动连接，而说明书中的上述相关记载连接方式是固定连接。由此可见，本案当事人就此争议的实质在于能否将说明书中的固定连接解释为权利要求 2 中的连接的问题。对此，法院认为，在判断权利要求 2 的修改是否超范围时，应当是基于本专利原说明书记载的内容能否得出权利要求 2 的技术方案，而不是用说明书记载的内容来限缩解释修改后的权利要求 2 的技术方案中的某一技术特征的含义。也即是，在判断当事人对权利要求的修改是否超范围时，唯一的路径是看从原专利申请文件之中能否得出修改后的权利要求的技术方案，而不是用原说明书来限缩解释修改后的权利要求，以使修改后的权利要求符合《专利法》第 33 条的规定。也即是，在判断权利要求的修改是否超范围之时，不允许也无法将说明书及附图中记载的具体技术内容补充限缩解释到权利要求书中。允许将说明书或附图中记载的具体技术内容随意补充解释到权利要求书中，会造成专利权边界前后不一，保护范围缺乏稳定性的后果，从而不正当地影响社会公众利益，从而导致有效维护专利先申请原则的《专利法》第 33 条的规定成为一句空话。归根结底，判断是否修改超范围的一个基本原则在于修改后的技术方案是否实质上改变了原始公开文本所记载的技术方案，而不是将修改后的技术方案限缩解释为原始公开文本所记载的技术方案。

具体到本案，若将说明书中的固定连接解释为权利要求 2 中的连接，则属于新的实质修改权利要求书的做法，不符合相关法律法规的规定。可见，连接既包括固定连接也包括活动连接。当踏脚板活动连接（如悬挂连接）轮架时，如说明书第 0035 段所述"操作者能用腿来操控轮架的前倾或后倾，驱动两轮电动车向前或向后"，并不必然导致踏脚板的前倾或后倾，也就是说无法直接得出"通过所述踏脚板分别改变轮架的前后倾斜度"。因此，权利要求 2"通过所述踏脚板分别改变轮架的前后倾斜度"并没有明确记载在原说明书和权利要求书中，且不能根据原说明书的记载直接地、毫无疑义地得出。原告杨某妹就此的相关主张，具有事实基础，法院予以支持。被告专利复审委员会及第三人就此的相关主张，缺乏事实基础，法院不予支持。

由上论述可知，法院认为，本专利权利要求 2 的修改超出了原权利要求书和说明书记载的范围，不符合《专利法》第 33 条的规定。被告专利复审委员会对此认定错误，法院予以纠正。

此外，法院在此要强调的是，由于本专利权利要求 3—5 系引用权利要求 2 的从属权利要求。当权利要求 2 的修改超出原权利要求书和说明书记载的范围之时，引用权利要求 2 的从属权利要求 3—5 并不必然超出原权利要求书和说明书记载的范围，关键要看从属权利要求进一步限定的附加技术特征，是对引用的权利要求中原有技术特征的进一步限定，还是在其引用的权利要求中从未出现过的新增加的技术特征。尤其当从属权利要求引用的权利要求修改超范围的部分恰好正是从属权利要求附加技术特征作了进一步限定的技术特征之时，更加要审查认定该附加技术特征的进一步限定是否符合《专利法》第 33 条的规定，而不能想当然地就认为该从属权利要求也属于修改超范围。鉴于原告杨某妹在无效宣告请求中亦明确，基于同权利要求 2 相同的理由，从属权利要求 3—5 的修改亦超出了原权利要求书和说明书记载的范围，因此，法院认为，被告专利复审委员会应对本专利权利要求 2—5 是否符合《专利法》第 33 条的规定一并重新作出评述。

综上所述，被告专利复审委员会作出的被诉决定认定事实错误，法院依法应予撤销。原告杨某妹的诉讼理由部分成立，法院依法予以采信。据此，依照《行政诉讼法》第 70 条第 1 项之规定，法院判决如下：

（1）撤销专利复审委员会作出的第 30059 号无效宣告请求审查决定；

（2）专利复审委员会在本判决生效后就杨某妹对天轮公司拥有的第 201110435720.7 号、名称为"自平衡式两轮电动车"的发明专利权提出的无效宣告请求重新作出决定。

04 银河联动公司诉专利复审委员会行政纠纷案

技术意见

一、对涉案技术方案的理解

1. 关于背景技术

如右图所示，其示出了现有的一种常见的二维码，其由黑白方块所组成，通常用于表达一定的信息，人类虽然不能识别，但是通过特定的识别装置扫描该二维码，该识别装置可以从中读取所述信息。

现有的二维码通常都具有纠错机制，以防止二维码出现污损时，识别装置无法识别二维码。因此二维码具有一个纠错率的概念，当二维码中错误的比例（即本专利的误码率）不超过该纠错率时，识别装置仍然可以正确识别出该二维码。

举例而言，如果纠错率是7%，那么即使二维码中有7%的码被污损以至于无法识别，识别装置通过其余的93%的正确的码，也可以正确识别出该二维码。但是如果超过7%的码，例如8%的码被污损，那么该二维码就无法被正确识别。

纠错率在二维码设计时就已经被确定。

2. 关于本专利

本专利就是利用上述背景技术的纠错机制，所提出的一种合成二维码的技术方案。

如前所述，人类无法识别原始的二维码，为了给人类提供一定的识别信息，本专利将企业标识、品牌标识或产品标识的图案合成到原始二维码中，从而起到品牌传播、产品宣传的效果。

举例而言，如右图所示，本专利将"IBM"的品牌图案，放置在二维码中央，这样人类就可以认识到该二维码是一个与 IBM 相关的二维码。但是，将该图案放置在二维码中时，其势必会遮挡该二维码的一部分，从而会影响到识别装置对二维码的正确识别。基于此，本专利利用二维码本身的纠错机制，通过调整该图案的大小和位置，保证该图案所遮挡的二维码不超过二维码的纠错率，就可以保证该二维码能被正确读取。

例如，如果该二维码的纠错率是 7%，通过调整该图案的大小，使得该图案的面积不超过整个二维码面积的 7%。在这种情况下，被图案遮挡从而无法识别的码也就不会超过 7%，基于上述纠错率技术，该二维码就可以被识别装置正确识别。

二、所涉证据的相关内容

本案所涉证据即为无效决定中使用的对比文件 3（即公开号为 US2005/0109846A1 的美国专利申请的公开文本）及其中文译文。

对比文件 3 公开了一种用于产生组合式条形码图像的系统及方法，根据对比文件 3 第 0039 段的记载，其"所使用的条形码意指可由条形码扫描装置读取的任何条形码符号，例如线性条形码、二维条形码或合成符号条形码"。

对比文件 3 将一个图像（可以例如徽标、品牌、文本、符号、促销消息等）与一个条形码进行组合，形成合成图像，通过调整所述条形码和图像的色彩、对比度、相对尺寸、位置等条件，从而使得所述条形码可由光学扫描装置进行机器读取，且所述图像可由人进行视觉辨别。

三、对本案相关技术问题的分析与说明

1. 对比文件 3 的技术方案中是否公开了权利要求 1 的合成装置的功能和作用

原告认为：本专利的合成装置是将图像遮盖住二维码的一部分，而对比文件 3 在组合图像和条形码时，是通过调整色彩、对比度等光学性质进行组合，并非遮盖，采用的技术手段并不相同。因此权利要求 1 的合成装置没有被对比文件 3 公开，属于权利要求 1 与对比文件 3 的区别技术特征。

分析与说明：

本专利权利要求 1 对于合成装置的具体限定为"合成装置，用于将原始二维码和视觉可读取标识合成以形成所述合成二维码，其中所述视觉可读取标识的至少一部分与所述原始二维码重叠"。由此可见，在权利要求 1 的技术方案中，合成装置是使用"重叠"的方法来合成原始二维码和图像（即视觉可读取标识），而并非原告所认为的"遮盖"。因此，判断对比文件 3 是否公开了权利要求 1 的合成装置，也只需判断对比文件 3 在组合图像和条形码时，是否实现了原始二维码和图像的"重叠"。具体到对比文件 3，对比文件 3 在其说明书中给出了多个实施例及相关附图，其附图 2b、5a、5b、5c、10b 都明确表现了图像和条形码在组合后的重叠关系；在其说明书第 0054 段中也明确说明了"可通过将条形码符号叠加到图像上、或将图像叠加到条形码符号上来组合条形码符号及图像"。虽然对比文件 3 在具体实施例中组合图像和条形码时还采用了色彩、对比度、透明度等手段，但是这些手段与"重叠"手段并不矛盾。

综上，对比文件 3 在组合图像和条形码的过程中，实现了图像和条形码的重叠，公开了权利要求 1 的合成装置的功能和作用。

2. 对比文件 3 结合公知常识能否得到权利要求 1 的调整装置

（1）原告认为：虽然对比文件 3 公开了对图像尺寸和位置的调整，但是其不仅仅调整了图像尺寸和位置，还调整了图像的色彩、对比度等光学性质，而本专利的调整装置只调整图像的尺寸和位置，因此对比文件 3 和本专利的调整方式不同。

分析与说明：

虽然对比文件 3 在其图 3 的具体实施例说明中，同时采用了色彩、对比度、尺寸的调整手段，但是对比文件 3 是一份专利申请文件，图 3 的实施例只是其中的一个优选实施例，并不能据此即认为对比文件 3 只公开了该优选实施例，而应当基于对比文件 3 的所有内容来判断对比文件 3 公开了哪些技术方案。具体而言，在对比文件 3 权利要求 4 或说明书第 0009 段都记载了一个技术方案，在该技术方案中，通过"选择所述条形码符号与所述另一图像的相对尺寸及定位，以使所述条形码符号可由所述光学扫描装置进行机器读取且所述另一图像可由人进行辨别"。由此可见，对比文件 3 公开了仅调整图像尺寸和位置的技术方案。

（2）原告认为：对比文件 3 调整图像尺寸和位置的目的并不是为了保持二维码的可读性，因此其调整的目的和本专利不同。

分析与说明：

首先，参见上述意见，对比文件 3 公开了通过"选择所述条形码符号与所述另一图像的相对尺寸及定位，以使所述条形码符号可由所述光学扫描装置进行机器读取且所述另一图像可由人进行辨别"的技术方案。由此可见，对比文件 3 调整图像尺寸和位置的目的也需要保证光学扫描装置对条形码的可读性，同时保证了图像对人的可读性。

其次，还需要指出，本专利权利要求 1 中，并没有明确限定调整装置的目的是为了保持二维码的可读性，基于权利要求 1 实际限定的内容，其调整装置的目的是使"所述合成二维码具有的误码率小于原始二维码的纠错率"，实际上是通过使误码率小于纠错率来保证二维码的可读性。但是，本领域技术人员都了解，原告在庭审中也认可，通过误码率小于纠错率来保证二维码的可读性是本领域的公知常识。因此，在对比文件 3 公开了需要保证光学扫描装置对条形码的可读性的基础上，结合上述公知常识，本领域技术人员可以认识到，对比文件 3 在组合条形码和图像后，也必然需要保证其误码率小于纠错率。综上，本领域技术人员在对比文件 3 的基础上结合本领域公知常识，可以得到权利要求 1 的调整装置。

3. 权利要求 1 的技术方案相对于对比文件 3 是否显而易见

原告认为：对比文件 3 所解决的技术问题是在组合条形码和图像时，如何调整图像的色彩、对比度、透明度等光学性质。而本专利所解决的技术问题是在合成二维码和图像时，如何使合成二维码的误码率小于纠错率，保证其可读性。两者解决的技术问题不同，其技术效果也相应的不同。因此权利要求 1 相对于对比文件 3 并非显而易见。

分析与说明：

权利要求 1 的技术方案相对于最接近的现有技术（即对比文件 3）具有区别特征"所述合成二维码具有的误码率小于原始二维码的纠错率"。那么其相对于对比文件 3 就具有了"实际解决的技术问题"，即如何通过误码率和纠错率来保证合成二维码的可读性。然而，为了解决这一技术问题，使合成二维码的误码率小于原始二维码的纠错率是本领域公知常识，据此，以本领域技术人员的标准，权利要求 1 的技术方案相对于对比文件 3 是显而易见的。

4. 本专利是否克服了本领域的二维码人眼无法直接识别的技术偏见

原告认为：本专利发明以前的二维码都是用于隐藏数据和信息，人眼无法直接识读，都是在满足抗污的条件下尽可能降低纠错等级。而本专利在二维码中主动叠加了图形、文字等信息，人眼可直观阅读，巧妙利用了二维码更高的纠错等级，因此本发明克服了技术偏见。

分析与说明：

《专利审查指南》第二部分第四章第 5.2 节规定，"技术偏见，是指在某段时间内、某个技术领域中，技术人员对某个技术问题普遍存在的、偏离客观事实的认识"。也就是说，技术人员在面对一个技术方案时，如果因为其偏离客观事实的认识，而认为这一技术方案是错误的，这样的认识才是一种技术偏见。如果仅仅是技术人员不经常运用某个技术手段，并不能说明技术人员的认识不符合客观事实。

具体到本发明，本领域技术人员都了解，二维码具有一定的纠错率，可以覆盖一部分内容而不影响二维码的解码。因此，本领域技术人员在面对对比文件 3 将图像可以叠加到条形码上的技术方案时，也会认识到这一方案是合理的，并不会在该技术方案基础上形成偏离客观事实的技术偏见。由此可见，原告主张的技术偏见并不存在，本专利并没有克服任何技术偏见。

技术调查官：庄湧

2017 年 11 月 10 日

【技术调查官自评】

本案涉及一种二维码与标识的合成系统及方法，技术调查官站在本领域技术人员的角度，针对权利要求 1 的合成装置和调整装置是否与对比文件 3 公开内容在功能和作用上相同进行了深入的剖析和阐述，同时针对是否克服了本领域技术偏见也进行了针对性说理，审查意见条理清晰，逻辑严密，表达准确。

【法官点评】

本案涉及的发明专利为一种二维码与标识的合成系统及方法。经过庭前合议、开庭审理、庭后合议等程序，技术调查官针对各方当事人的争议焦点问题出具了详尽的技术审查意见，该技术审查意见结合查明的技术事实，从对比文件 3 是否公开了权利要求 1 的合成装置、调整装置以及本专利是否克服了本领域的技术偏见等方面进行了深入的阐述，为合议庭准确认定技术事实，进而帮助合议庭针对本专利是否具备创造性的问题作出正确认定，提供了重要参考。

判决书摘编　（2017）京 73 行初 1370 号

银河联动公司因发明专利权无效行政纠纷一案，不服国家知识产权局专利复审委员会（以下简称专利复审委员会）于 2016 年 11 月 28 日作出的第 30662 号无效宣告请求审查决定书（以下简称被诉决定），在法定期限内向法院提起行政诉讼。法院于 2017 年 3 月 1 日受理后，依法组成合议庭，并通知腾讯公司作为本案的第三人参加诉讼，于 2017 年 10 月 26 日公开开庭进行了审理，并指派技术调查官庄湧参与诉讼。

一、当事人陈述

被诉决定系被告专利复审委员会就腾讯公司针对银河联动公司的专利号为200610078994.4、名称为"一种二维码与标识的合成系统及方法"的发明专利（以下简称本专利）无效宣告请求而作出的，该决定认定：

1. 审查基础

被诉决定所针对的文本为本专利授权公告的文本。

2. 证据认定

银河联动公司对腾讯公司提交的对比文件3的真实性、公开日期以及中文译文的准确性无异议。经审查，专利复审委员会对对比文件3的真实性和中文译文的准确性予以认可，同时，对比文件3的公开日期在本专利的申请日前，其可以作为现有技术评价本专利权利要求的创造性。

3. 《专利法》第22条第3款

（1）权利要求1请求保护一种用于生成合成二维码的系统，对比文件3中公开了如下内容：一种用于提供一包括一条形码符号及另一图像的合成图像的方法，将所述条形码符号及所述另一图像组合成所述合成图像，且所述另一图像可由人进行视觉辨别，此处所使用的条形码意指可由条形码扫描装置读取的任何条形码符号，例如线性条形码、二维条形码或合成符号条形，图2b中图像与条形码符号重叠（相当于权利要求1的合成装置，用于将原始二维码和视觉可读取标识合成以形成所述合成二维码，其中所述视觉可读取标识的至少一部分与所述原始二维码重叠），以使所述条形码符号可由所述光学扫描装置进行机器读取（相当于权利要求1的识别装置，用于读取和识别所述合成二维码），且其中组合所述条形码符号及所述另一图像包括选择所述条形码符号及所述另一图像的相对尺寸及定位（相当于权利要求1的调整装置，所述调整装置调整所述视觉可读取标识的尺寸和/或所述视觉可读取标识相对于原始二维码的位置），以使所述条形码符号可由所述光学扫描装置进行机器读取且所述另一图像可由人进行视觉辨别。

由此可见，权利要求1与对比文件3的区别为：直到所述识别装置识别的所述合成二维码具有的误码率小于原始二维码的纠错率。基于上述区别可以确定该权利要求相对于对比文件 3 实际解决的问题是如何保证合成二维码能够被识别。

对于上述区别，虽然对比文件 3 中并未明确公开调整标识的尺寸或位置直到识别装置识别的合成二维码具有的误码率小于原始二维码的纠错率，然而对比文件 3 中已经公开了调整二维码与图像的相对尺寸和位置以使得合成二维码可由光学扫描装置读取，并且对于本领域技术人员来说，二维码能够被正确读取其误码率小于纠错率属于本领域公知常识，因此，在对比文件 3 的基础上，结合上述公知常识，本领域技术人员很容易想到调整二维码与图像的相对尺寸和位置直到合成二维码的误码率小于原始二维码的纠错率时以确保合成二维码能够被正确读取。因此，在对比文件 3 的基础上结合本领域公知常识得出该权利要求请求保护的技术方案，对本领域的技术人员来说是显而易见的，因此该权利要求不符合《专利法》第 22 条第 3 款有关创造性的规定。

（2）权利要求 2 对权利要求 1 进行了进一步的限定，然而对于本领域技术人员来说合成二维码的误码率为原始二维码的误码率和叠加图像引起的误码率之和属于本领域公知常识，因此在其引用的权利要求 1 不具备创造性的情况下，该权利要求也不具备创造性。

（3）权利要求 3 对权利要求 1 进行了进一步的限定，然而对比文件 3 中公开了如下内容：运行于系统 102 上的计算机程序产生与图像［例如（但不限于）照片、公司徽标（例如 logo）、品牌、符号、促销文本/消息或企业标记］相组合的条形码符号。由此可见，对比文件 3 公开了视觉可读取标识可以是图像或文本，并且对于本领域技术人员来说图形和绘画均是视觉可读取标识的常见形式，因此在其引用的权利要求 1 不具备创造性的情况下，该权利要求也不具备创造性。

（4）权利要求 4 请求保护一种用于生成合成二维码的方法，对比文件 3 中公开了如下内容：一种用于提供一包括一条形码符号及另一图像的合成图像的方法，将所述条形码符号及所述另一图像组合成所述合成图像，且所述另一图像可由人进行视觉辨别，此处所使用的条形码意指可由条形码扫描装置读取的任何条形码符号，例如线性条形码、二维条形码或合成符号条形，图 2b 中图像与条形码符号重叠（相当于权利要求 4 的将原始二维码和视觉可读取标识合成以形成所述合成二维码，其中所述视觉可读取标识的至少一部分与所述原始二维码重叠），以使所述条形码符号可由所述光学扫描装置进行机器读取（相当于权利要求 4 的读取和识别所述合成二维码），且其中组合所述条形码符号及所述另一图像包括选择所述条形码符号及所述另一图像的相对尺寸及定位〔相当于权利要求 4 的调整所述视觉可读取标识的尺寸和/或所述视觉可读取标识相对于原始二维码的位置，以及重复步骤 b）和 c）〕，以使所述条形码符号可由所述光学扫描装置进行机器读取且所述另一图像可由人进行视觉辨别。

由此可见，该权利要求相对于对比文件 3 的区别为：直到所述合成二维码的误码率小于所述原始二维码的纠错率。基于上述区别可以确定该权利要求相对于对比文件 3 实际解决的问题是如何保证合成二维码能够被识别。

对于上述区别，虽然对比文件 3 中并未明确公开调整标识的尺寸或位置直到识别装置识别的合成二维码具有的误码率小于原始二维码的纠错率，然而对比文件 3 中已经公开了调整二维码与图像的相对尺寸和位置以使得合成二维码可由光学扫描装置读取，并且对于本领域技术人员来说二维码能够被正确读取其误码率小于纠错率属于本领域公知常识，因此在对比文件 3 的基础上结合上述公知常识本领域技术人员很容易想到调整二维码与图像的相对尺寸和位置直到合成二维码的误码率小于原始二维码的纠错率时以确保合成二维码能够被正确读取。因此在对比文件 3 的基础上结合本领域公知常识得出该权利要求请求保护的技术方案，对本领域的技术人员来说是显而易见的，因此该权利要求不符合《专利法》第 22 条第 3 款有关创造性的规定。

（5）权利要求 5 对权利要求 4 进行了进一步的限定，然而对于本领域技术人员来说合成二维码的误码率为原始二维码的误码率和叠加图像引起的误码率之和属于本领域公知常识，因此在其引用的权利要求 4 不具备创造性的情况下，该权利要求也不具备创造性。

（6）权利要求 6 请求保护一种合成二维码，对比文件 3 中公开了如下内容：一种用于提供一包括一条形码符号及另一图像的合成图像的方法，此处所使用的条形码意指可由条形码扫描装置读取的任何条形码符号，例如线性条形码、二维条形码或合成符号条形，且所述另一图像可由人进行视觉辨别，将所述条形码符号（相当于权利要求 6 的原始二维码）及所述另一图像（相当于权利要求 6 的视觉可读取标识）组合成所述合成图像，图 2b 中图像与条形码符号重叠（相当于权利要求 6 的其中所述视觉可读取标识的至少一部分与所述原始二维码重叠），以使所述条形码符号可由所述光学扫描装置进行机器读取且所述另一图像可由人进行视觉辨别，且其中组合所述条形码符号及所述另一图像包括选择所述条形码符号及所述另一图像的相对尺寸及定位，以使所述条形码符号可由所述光学扫描装置进行机器读取且所述另一图像可由人进行视觉辨别。

由此可见，该权利要求相对于对比文件 3 的区别为：其中所述合成二维码具有的误码率小于原始二维码的纠错率。基于上述区别可以确定该权利要求相对于对比文件 3 实际解决的问题是如何保证合成二维码能够被识别。

对于上述区别，虽然对比文件 3 中并未明确公开合成二维码具有的误码率小于原始二维码的纠错率，然而对比文件 3 中已经公开了调整二维码与图像的相对尺寸和位置以使得合成二维码可由光学扫描装置读取，并且对于本领域技术人员来说二维码能够被正确读取其误码率小于纠错率属于本领域公知常识，因此在对比文件 3 的基础上结合本领域公知常识本领域技术人员很容易想到调整二维码与图像的相对尺寸和位置直到合成二维码的误码率小于原始二维码的纠错率时以确保合成二维码能够被正确读取。因此在对比文件 3 的基础上结合上述公知常识得出该权利要求请求保护的技术方案，对本领域的技术人员来说是显而易见的，因此该权利要求不符合《专利法》第 22 条第 3 款有关创造性的规定。

（7）银河联动公司在意见陈述书以及当庭口头审理中认为：对比文件 3 中公开的是条形码而并非二维码，其公开的条形码与二维码的解码原理不同，条形码不具备二维码的纠错能力，更无法判断误码率是否小于纠错率；即使公开的是二维码，其中也未记载合成二维码能够被读取是基于二维码的纠错能力，而是基于图像透明从而不干扰二维码使得合成二维码能够被读取。

对于银河联动公司的上述意见，专利复审委员会认为：对比文件 3 中明确记载了，条形码意指可由条形码扫描装置读取的任何条形码符号，例如线性条形码、二维条形码等。由此可见，对比文件 3 中所述条形码实质上是对各种条形码符号的通称，并且其中明确记载条形码是二维条形码的情况，对比文件 3 中公开的二维条形码与本专利中的二维码实质上是一致的，因此对于银河联动公司关于对比文件 3 中的条形码不是二维码的意见，专利复审委员会不予支持。此外，在对比文件 3 的权利要求 4 中并未涉及任何基于图像透明从而不干扰条形码读取的内容，其中仅记载了通过选择条形码与图像的相对尺寸和位置以使得合成条形码能够被读取，并且在对比文件 3 说明书第 0009 段中明确记载了完整的实施例，该实施例中也未涉及任何基于图像透明从而不干扰条形码读取的内容，仅记载通过选择条形码与图像的相对尺寸和位置以使得合成条形码能够被读取，可见对比文件 3 公开了通过调整条形码与图像的相对尺寸和位置就能使得合成条形码被读取这种实现方式，因此对于银河联动公司关于对比文件 3 中合成二维码能够被读取完全是基于图像透明从而不干扰二维码的意见，不予支持。

综上所述，权利要求 1—6 均不具备创造性。鉴于已经得出本专利全部权利要求均不具备创造性的结论，因此专利复审委员会对腾讯公司的其他无效理由和证据不再予以评述。综上，专利复审委员会作出被诉决定，宣告本专利全部无效。

原告银河联动公司不服被诉决定向法院提起行政诉讼，其诉称：本专利权利要求 1 与对比文件 3 相比，所解决的技术问题、采用的技术方案、取得的技术效果均不同，存在区别技术特征，具有创造性；权利要求 1 明确本专利适用于"一种用于合成二维码的系统"，其适用的技术背景为二维码环境，而不适用于条形码等一维码环境，故在评价权利要求 1 的技术特征时，应在二维码技术背景下进行评估；权利要求 1 限定技术特征"直到被所述识别装置识别的所述合成二维码具有的误码率小于原始二维码的纠错率"，该技术特征不仅明确了其所限定的"调整装置"进行技术调整步骤时所需要实现的技术功能，同时也进一步明确了权利要求 1 的整体技术方案是基于二维码技术所特有的纠错率实现的，因此，在评价本专利创造性时应结合该二维码技术环境进行整体评估；虽然对比文件 3 在说明书 0039 中提到"此处所使用的条形码意指可由条形码扫码装置读取的任何条形码符号，例如线性条形码、二维条形码或合成符号条形码，如 2b 中图像与条形码符号重叠"，但由于一维条形码与二维码在解码原理具有差别，对比文件 3 所公开的技术方案并不适用于二维码环境，本专利技术方案不适用于一维条形码环境。尽管权利要求 1 所保护的技术特征和对比文件 3 所公开的技术特征中均包含"读取和识别"技术，但本专利适用于二维码环境，对比文件 3 适用于一维条形码环境，因此，读取和识别采用不同的技术手段，具有不同的技术含义。本专利技术方案与对比文件 3 技术方案针对视觉可读标识的尺寸及定位所进行的调整，所采取的技术调整方法、手段、目的和效果均存在区别，对比文件 3 没有给出任何解决本专利中所采取的调整措施的技术启示。二维码具有的误码率小于纠错率可以被正确识别时二维码本身的属性，属于公知常识，但在本专利之前没有任何文献公开如何利用二维码得到本专利的合成二维码，本专利权利要求 1 所保护的是利用二维码的纠错率实现合成二维码的生成、判断和调整系统，相对于对比文件 3 而言具有突出的实质性特点和显著进步，具备创造性。本专利克服了以往的技术偏见，并取得了商业成功。本专利的权利要求 2—6 相比于对比文件 3 存在区别技术特征，具备创造性。综上，被诉决定认定事实不清，适用法律错误，请求法院撤销被诉决定，判令被告重新作出决定。

被告专利复审委员会辩称：被诉决定认定事实清楚、适用法律正确、审理程序合法、审查结论正确，原告的诉讼理由不能成立，故请求法院驳回原告的诉讼请求。

第三人腾讯公司述称：被诉决定认定事实清楚、适用法律正确、审理程序合法、审查结论正确，原告的诉讼理由不能成立，故请求法院驳回原告的诉讼请求。

二、法院经审理查明的事实

本无效宣告请求涉及 2010 年 9 月 15 日授权公告的、发明名称为"一种二维码与标识的合成系统及方法"、申请号为 200610078994.4 的发明专利权，申请日为 2006 年 4 月 29 日，专利权人为银河联动公司。

本专利授权公告时的权利要求书如下：

"1. 一种用于生成合成二维码的系统，包括：

合成装置，用于将原始二维码和视觉可读取标识合成以形成所述合成二维码，其中所述视觉可读取标识的至少一部分与所述原始二维码重叠；

识别装置，用于读取和识别所述合成二维码；以及

调整装置，所述调整装置调整所述视觉可读取标识的尺寸和/或所述视觉可读取标识相对于所述原始二维码的位置，直到被所述识别装置识别的所述合成二维码具有的误码率小于原始二维码的纠错率。

2. 如权利要求 1 所述的系统，其中所述误码率至少是所述原始二维码的误码率和所述视觉可读取标识引起的误码率的和。

3. 如权利要求 1 所述的系统，其中所述视觉可读取标识选自由图像、图形、文本、绘画及其组合组成的组。

4. 一种用于生成合成二维码的方法，包括：

a) 将原始二维码和视觉可读取标识合成以形成所述合成二维码，其中所述视觉可读取标识的至少一部分与所述原始二维码重叠；

b) 读取和识别所述合成二维码；

c) 调整所述视觉可读取标识的尺寸和/或所述视觉可读取标识相对于所述原始二维码的位置；以及

d) 重复步骤 b) 和 c)，直到所述合成二维码的误码率小于所述原始二维码的纠错率。

5. 如权利要求 4 所述的方法，其中所述误码率至少是所述原始二维码的误码率和所述视觉可读取标识引起的误码率的和。

6. 一种合成二维码，包括：

原始二维码；以及

视觉可读取标识；

其中所述视觉可读取标识的至少一部分与所述原始二维码重叠，并且其中所述合成二维码具有的误码率小于原始二维码的纠错率。"

腾讯公司于 2016 年 7 月 14 日向专利复审委员会提出了无效宣告请求，其理由是：权利要求 1—2、4—6 不符合《专利法实施细则》第 20 条第 1 款的规定；权利要求 1—2、4—6 不符合《专利法》第 33 条的规定；说明书不符合《专利法》第 26 条第 3 款的规定；权利要求 6 不符合《专利法》第 2 条第 2 款的规定。请求宣告本专利权利要求 1—6 无效，同时提交了如下证据：

证据 1 - 1：公开号为 CN101063999A 的发明专利申请公布说明书；

证据 1 - 2：授权公告号为 CN101063999B 的发明专利说明书。

腾讯公司于 2016 年 8 月 10 日向专利复审委员会补充提交了无效宣告请求理由和证据，其理由是：（1）权利要求 1—2、4—6 不符合《专利法实施细则》第 20 条第 1 款的规定；（2）权利要求 1—6 不符合《专利法》第 33 条的规定；（3）说明书不符合《专利法》第 26 条第 3 款的规定；（4）权利要求 6 不符合《专利法实施细则》第 2 条第 1 款的规定；（5）权利要求 6 不符合《专利法》第 25 条第 1 款的规定；（6）权利要求 1—6 不符合《专利法》第 22 条第 2 款的规定；（7）权利要求 1—6 不符合《专利法》第 22 条第 3 款的规定。同时提交了如下证据：

证据 1：公开号为 CN101063999A 的发明专利申请公布说明书；

证据 2：授权公告号为 CN101063999B 的发明专利说明书；

证据 3：US2005/0011958A1 及其中文译文，公开日：2005 年 1 月 20 日（以下简称对比文件 1）；

证据 4：US2005/0274804A1 及其中文译文，公开日：2005 年 12 月 15 日（以下简称对比文件 2）；

证据 5：US2005/0109846A1 及其中文译文，公开日：2005 年 5 月 26 日（以下简称对比文件 3）；

证据 6：US6606396B1 及其中文译文，公开日：2003 年 8 月 12 日（以下简称对比文件 4）；

证据 7："QR Code 二维码技术与应用"，公开日：2002 年 1 月 31 日（以下简称对比文件 5）；

证据 8：国家标准（GB/T 17172 - 1997），"四一七条码"，公开日：1997 年 12 月 25 日（以下简称对比文件 6）；

证据 9：国家标准（GB/T 18284 - 2000），"快速响应矩阵码"，公开日：2000 年 12 月 28 日（以下简称对比文件 7）。

腾讯公司认为：（1）权利要求 1、4 中的"合成"含义不清楚；权利要求 1、4、6 中的"重叠"含义不清楚；权利要求 1、4 中的"调整"含义不清楚；权利要求 1、2、4—6 中的"误码率"和"纠错率"不清楚；权利要求 6 并不是专利法意义上的产品，由此导致保护范围不清楚。（2）权利要求 1、4、6 中的"所述合成二维码具有的误码率小于原始二维码的纠错率"修改超范围，基于同样的理由从属权利要求 2、3、5 也修改超范围；权利要求 2、5 中"所述误码率至少是所述原始二维码的误码率和所述视觉可读取标识引起的误码率的和"修改超范围；权利要求 6 在原始申请文件中未记载，因此其不符合《专利法》第 33 条的规定。（3）说明书中未清楚说明误码率以及如何测量或计算合成二维码的误码率，因此说明书未给出本领域技术人员能够实施的技术手段。（4）权利要求 6 请求保护的是一种抽象的图形，并不是专利法意义上的产品，因此不符合《专利法实施细则》第 2 条第 1 款的规定。（5）权利要求 6 属于智力活动的规则和方法，符合《专利法》第 25 条第 1 款规定的不授予专利权的情形。（6）权利要求 1—6 分别相对于对比文件 1、对比文件 2、对比文件 3 不具备新颖性，权利要求 6 相对于对比文件 5 不具备新颖性。（7）权利要求 1、4、6 相对于对比文件 1、对比文件 1 和公知常识、对比文件 1 和对比文件 5、对比文件 1 和对比文件 6、对比文件 1 和对比文件 7、对比文件 1 和对比文件 4 以及公知常识、对比文件 1 和对比文件 4 以及对比文件 5 的结合不具备创造性，权利要求 1、6 相对于对比文件 1 和对比文件 4 的结合不具备创造性。（8）权利要求 1、4、6 相对于对比文件 2、对比文件 2 和公知常识、对比文件 2 和对比文件 5、对比文件 2 和对比文件 6、对比文件 2 和对比文件 7、对比文件 2 和对比文件 4 以及公知常识的结合不具备创造性，权利要求 1、6 相对于对比文件 2 和对比文件 4 的结合不具备创造性。（9）权利要求 1、4、6 相对于对比文件 3、对比文件 3 和公知常识、对比文件 3 和对比文件 5、对比文件 3 和对比文件 6、对比文件 3 和对比文件 7、对比文件 3 和对比文件 4 以及公知常识的结合不具备创造性，权利要求 1、6 相对于对比文件 3 和对比文件 4 的结合不具备创造性，权利要求 6 相对于对比文件 5、对比文件 5 和公知常识的结合不具备创造性。（10）权利要求 2、5 的附加技术特征属于本领域公知常识；权利要求 3 的附加技术特征被对比文件 1—3 以及公知常识所公开。

　　银河联动公司针对上述无效宣告请求于 2016 年 9 月 9 日提交了意见陈述书，并认为：权利要求 1、2、4—6 保护范围清楚；权利要求 1、2、4—6 修改不超范围，符合《专利法》第 33 条的规定；说明书公开充分，符合《专利法》第 26 条第 3 款的规定；权利要求 6 属于专利法保护客体。同时，银河联动公司提交了如下证据：

证据 2－1：《电工、电子和信息技术国家标准术语辞典》，北京科学技术出版社，1992 年 9 月第一版，扉页及第 698 页；

证据 2－2：中华人民共和国国家标准"GB/T 12905－2000 条码术语"，第 120 页和第 125 页；

证据 2－3：中华人民共和国国家标准"GB/T 18284－2000 快速响应矩阵码 QR Code"，第 43 页；

证据 2－4：公开号为 CN101063999A 的发明专利申请公布说明书，公开日：2007 年 10 月 31 日；

证据 2－5：授权公告号为 CN101063999B 的发明专利说明书，授权公告日：2010 年 9 月 15 日。

2016 年 10 月 8 日银河联动公司针对腾讯公司于 2016 年 8 月 10 日补充提交的无效宣告请求理由和证据提交了意见陈述书，同时再次提交上述证据 2－1 至证据 2－5 以及证据 2－6：US2005/027480A1 中文译文第 18 页。银河联动公司认为：（1）权利要求 1、4 中"合成"、权利要求 1、4、6 中的"重叠"、权利要求 1、4 中的"调整"含义均是清楚的；权利要求 1、2、4—6 中的"误码率"和"纠错率"是清楚的；权利要求 6 是专利法意义上的产品，其保护范围是清楚的。（2）权利要求 1、4、6 中"所述合成二维码具有的误码率小于原始二维码的纠错率"的修改不超范围，基于同样的理由从属权利要求 2、3、5 的修改也不超范围；权利要求 2、5 中"所述误码率至少是所述原始二维码的误码率和所述视觉可读取标识引起的误码率的和"的修改不超范围；权利要求 6 在原始申请文件中有记载，因此其符合《专利法》第 33 条的规定。（3）本专利中误码率和纠错率的含义是清楚的，无论拒读错误或替代错误还是两者之和，只要误码率小于纠错率就能被解码，并且判断二维码误码率小于纠错率的方法和工具属于公知技术，因此说明书是公开充分的。（4）权利要求 6 中合成二维码并非单纯的图像，其中码的编制、识别以及纠错均需要计算机处理，读取合成二维码也需要光学读取识别装置和计算机的处理，因此权利要求6属于专利法保护的客体。（5）权利要求6中误码率纠错率需要计算机处理，读取合成二维码也需要光学读取识别装置和计算机的处理，因此权利要求6不属于智力活动的规则和方法。（6）对腾讯公司讲对比文件1中"anti-stain function"翻译成"抗污功能"以及对比文件2中文译文第18页的译文有异议。（7）权利要求1—6相对于对比文件1—3具备新颖性，权利要求6相对于对比文件5具备新颖性。（8）权利要求1、4、6相对于腾讯公司所主张的现有技术具备创造性，权利要求2、3、5在其引用的权利要求具备创造性的情况下，权利要求2、3、5也具备创造性。

口头审理如期举行，在口头审理过程中，专利复审委员会充分听取了双方当事人的意见陈述，并在口头审理中明确了以下事项：

（1）腾讯公司当庭表示本次无效宣告请求的理由和证据以2016年8月10日所提交的内容为准。

（2）银河联动公司当庭演示对不同位置、不同面积或不同形状遮挡以及不同编码方式的二维码进行手机扫描，同时提交相应演示说明，银河联动公司明确表示该演示及其说明仅供专利复审委员会参考。

（3）双方当事人当庭出示了各自提交的非专利文献证据的原件或证明材料，专利复审委员会当庭将其转送给对方当事人核实，双方当事人当庭表示对对方所提交的非专利文献证据的真实性和公开日期无异议。

（4）银河联动公司当庭表示对腾讯公司提交的对比文件1—7的真实性和公开日期无异议，对对比文件3、4的中文译文的准确性无异议，对对比文件1、2的中文译文的准确性有异议；腾讯公司当庭表示接受银河联动公司将对比文件1"anti-stain function"翻译成"抗污功能"的意见以及银河联动公司所提交的对比文件2中文译文第18页，腾讯公司当庭表示对银河联动公司提交证据的真实性和公开日期无异议。

（5）腾讯公司当庭指出银河联动公司于2016年10月8日提交的意见陈述书第12页第3—8行明确记载："新合成二维码图形能够解码"与"新二维码的误码率小于纠错率"表述的意思是等同的，对此银河联动公司当庭未提出异议。腾讯公司当庭表示对比文件3第0039段明确记载条形码可以是二维条形码，对比文件3中记载的"选择所述条形码符号及所述另一图像的相对尺寸及定位"与本专利权利要求1中的"调整所述视觉可读取表示的尺寸和/或所述视觉可读取标识相对于所述原始二维码的位置"实质上相同，均是在识别二维码失败时调整图像的位置大小。

（6）银河联动公司当庭认可二维码的误码率小于纠错率才能被识别属于本领域公知常识。当庭表示对比文件3中公开的是条形码而并非二维码，即使公开的是二维码，其中也未记载合成二维码能够被读取是基于二维码的纠错能力，而是基于图像透明从而不干扰二维码使得合成二维码能够被读取。

（7）腾讯公司当庭表示放弃针对专利复审委员会于2016年10月19日发出的转送文件通知书的答辩期限。

（8）专利复审委员会当庭告知双方当事人口头审理之后不再接受双方当事人的任何意见和证据，对此双方当事人无异议。

综上，专利复审委员会作出被诉决定，宣告本专利全部无效。

上述事实，有本专利授权公告文本、被诉决定、对比文件1、对比文件3及当事人陈述等证据在案佐证。

三、裁判要点

根据各方当事人的主张，本案的争议焦点是本专利是否具备《专利法》第22条第3款规定的创造性。

《专利法》第22条第3款规定，创造性是指与现有技术相比，该发明具有突出的实质性特点和显著的进步。在判断一项权利要求的创造性时，如果该权利要求的技术方案和最接近的现有技术相比存在区别技术特征，而现有技术中给出了将上述区别技术特征应用到该最接近的现有技术以解决其存在的技术问题的技术启示，则该权利要求的技术方案不具备创造性。

（一）关于权利要求1是否具备创造性的问题

1. 关于权利要求1与对比文件3的区别技术特征的认定

原告银河联动公司对于被诉决定对权利要求1与对比文件3的区别技术

特征的认定不持异议，法院予以确认，即直到所述识别装置识别的所述合成二维码具有的误码率小于原始二维码的纠错率。但原告认为除此之外，区别技术特征还应包括本专利的调整装置和合成装置与对比文件 3 不同。

权利要求 1 记载，"合成装置，用于将原始二维码和视觉可读取标识合成以形成所述合成二维码，其中所述视觉可读取标识的至少一部分与所述原始二维码重叠"。由此可见，在权利要求 1 中合成装置是使用"重叠"的方法来合成原始二维码和图像（即视觉可读取标识），而并非原告所认为的"遮盖"。对比文件 3 在其说明书中给出了多个实施例及相关附图，其附图 2b、5a、5b、5c、10b 都明确表现了图像和条形码在组合后的重叠关系；在其说明书第 0054 段载明，"可通过将条形码符号叠加到图像上、或将图像叠加到条形码符号上来组合条形码符号及图像"。虽然对比文件 3 在具体实施例中组合图像和条形码时还采用了色彩、对比度、透明度等手段，但是这些手段与"重叠"方法并不矛盾。因此对比文件 3 在组合图像和条形码的过程中，实现了图像和条形码的重叠，可以认为其公开了权利要求 1 的合成装置。

在对比文件 3 权利要求 4 或说明书第 0009 段均记载，"选择所述条形码符号与所述另一图像的相对尺寸及定位，以使所述条形码符号可由所述光学扫描装置进行机器读取且所述另一图像可由人进行辨别"。虽然对比文件 3 在其图 3 的具体实施例说明中采用了色彩、对比度、尺寸的调整手段，但是图 3 的实施例并非对比文件 3 公开的唯一技术方案，而应基于对比文件 3 的全部内容来判断对比文件 3 公开的技术方案。故对比文件 3 公开了仅调整图像尺寸和位置的技术方案。

对比文件 3 记载，"选择所述条形码符号与所述另一图像的相对尺寸及定位，以使所述条形码符号可由所述光学扫描装置进行机器读取且所述另一图像可由人进行辨别"。由此可见，对比文件 3 调整图像尺寸和位置的目的需要保证光学扫描装置对条形码的可读性，同时保证了图像对人的可读性。本专利权利要求 1 并未明确限定调整装置的目的是保持二维码的可读性，权利要求 1 调整装置的目的是使"所述合成二维码具有的误码率小于原始二维码的纠错率"，实际上是通过使误码率小于纠错率来保证二维码的可读性。但通过误码率小于纠错率来保证二维码的可读性是本领域的公知常识。因此，在对比文件 3 公开了需要保证光学扫描装置对条形码的可读性的基础上，结合上述公知常识，本领域技术人员可以认识到，对比文件 3 在组合条形码和图像后，也必然需要保证其误码率小于纠错率。因此，本领域技术人员在对比文件 3 的基础上，结合本领域公知常识，可以得到权利要求 1 的调整装置。因此，专利复审委员会在被诉决定中关于权利要求 1 与对比文件 3 的区别技术特征的认定并无不当，原告的主张缺乏事实与法律依据，法院不予支持。

2. 关于技术问题和技术效果

根据《专利审查指南》第二部分第四章第 3.2.1.1 节有关创造性判断方法的规定，判断发明相对于现有技术是否是显而易见的，包括三步：（1）确定最接近的现有技术；（2）确定发明的区别特征和发明实际解决的技术问题；（3）判断发明对本领域技术人员是否是显而易见的。其中第（2）步又明确规定："应当分析要求保护的发明与最接近的现有技术相比有哪些区别特征，然后根据该区别特征所能达到的技术效果确定发明实际解决的技术问题。从这个意义上说，发明实际解决的技术问题，是指为获得更好的技术效果而需对最接近的现有技术进行改进的技术任务。"从上述规定可以看出，在对发明专利创造性的评判过程中，发明和最接近现有技术是具有区别特征的，而这样的区别特征使得发明相对于现有技术具有了其"实际解决的技术问题"，同时获得了更好的技术效果。但是，如果本领域技术人员为了解决该"实际解决的技术问题"，可以从现有技术（包括其他对比文件或本领域公知常识）获得启示，将上述区别特征应用于最接近的现有技术，从而获得要求保护的发明，则该发明不具有创造性。根据权利要求 1 相对于对比文件 3 的区别技术特征"所述合成二维码具有的误码率小于原始二维码的纠错率"来看，对比文件 3 具有"实际解决的技术问题"，即如何通过误码率和纠错率来保证合成二维码的可读性。但使合成二维码的误码率小于原始二维码的纠错率是本领域公知常识，那么，基于《专利审查指南》的相关规定，权利要求 1 不具备《专利法》第 22 条第 3 款规定的创造性。

（二）关于权利要求 2—6 是否具备创造性的问题

原告对独立权利要求 4、6 的创造性理由与权利要求 1 相同，因此参见对

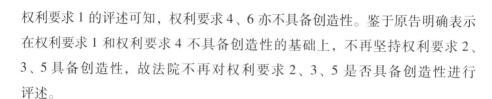

权利要求 1 的评述可知，权利要求 4、6 亦不具备创造性。鉴于原告明确表示在权利要求 1 和权利要求 4 不具备创造性的基础上，不再坚持权利要求 2、3、5 具备创造性，故法院不再对权利要求 2、3、5 是否具备创造性进行评述。

（三）关于技术偏见

《专利审查指南》第二部分第四章第 5.2 节规定，"技术偏见，是指在某段时间内、某个技术领域中，技术人员对某个技术问题普遍存在的、偏离客观事实的认识"。具体到本案，对比文件 3 公开了图像可以叠加到条形码上，合成二维码的误码率小于原始二维码的纠错率是本领域公知常识。由此可见，本专利并没有克服任何技术偏见。

（四）关于商业上的成功

根据《专利审查指南》第二部分第四章第 5.4 节的规定，商业上的成功应当是由于发明的技术特征直接导致的，才能作为判断创造性的依据，如果是由于其他原因所致，例如销售技术或广告宣传，则不能作为判断创造性的依据。具体到本案，原告提交的在案证据不足以证明其基于本专利的技术特征，而不是其他的原因获得了商业上的成功，因此不能作为本专利具有创造性的依据。

综上所述，被告专利复审委员会作出的被诉决定审查结论正确，原告银河联动公司的诉讼主张缺乏事实和法律依据，法院不予支持。法院依据《行政诉讼法》第 69 条之规定，判决如下：

驳回原告银河联动公司的诉讼请求。

05 西门子公司诉专利复审
委员会行政纠纷案

技术意见

一、对涉案专利技术方案的理解

本发明涉及一种烟雾探测器，具体来说是借助于两种光谱不同的散射光测量的烟雾探测装置及方法。

解决的技术问题：针对开放型的烟雾报警器易受昆虫干扰，本发明提供一种构造简单的开放散射光烟雾报警器，其特点一方面在于烟雾探测的高可靠性，另一方面在于在探测空间中存在昆虫的情况下的误警报概率。

散射光探测烟雾的基本原理如下：

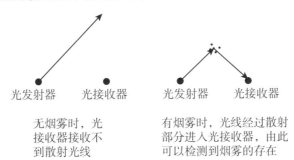

光发射器　　光接收器　　　　光发射器　　光接收器

无烟雾时，光接收器接收不到散射光线　　　有烟雾时，光线经过散射部分进入光接收器，由此可以检测到烟雾的存在

烟雾的特点是：散射特性具有波长依赖性。通俗地解释一下：当发射光的波长不同时，经烟雾散射后进入光接收器的光强度不同。据此，本发明的工作原理如下：

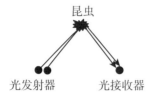

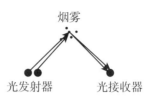

遇到昆虫时，接收的
光线信号基本相同

遇到烟雾时，接收的光线
信号不同

本发明通过将两个信号相减，如果差信号较大，则判断为烟雾；遇到昆虫时，差信号基本为0，因此可以排除昆虫的干扰。但昆虫也可能导致较大的差信号，由于该信号具有在时间上强烈变化的特点，此种情况确定存在昆虫。

复审阶段修改的权利要求1内容如下：

"1. 一种用于基于光学散射光测量来在烟雾探测和昆虫探测之间进行区分的装置，所述装置具有：

光发送设备（110，210，310），其被安排为发出光脉冲的时间序列，其中第一光脉冲具有第一光谱分布并且第二光脉冲具有与第一光谱分布不同的第二光谱分布；

光接收器（120，220，320），其被安排为接收来自第一光脉冲的第一散射光以及来自第二光脉冲的第二散射光并且提供指示第一散射光的第一输出信号以及指示第二散射光的第二输出信号；以及分析单元（330），其被安排为将第一输出信号与第二输出信号相比较并且如果差信号在时间上强烈地变化，则确定存在昆虫的指示，其中光发送设备（110，210，310）具有第一光源（111a，211a）和第二光源（112a，212a），并且所述第一光源和所述第二光源之间的间隔尽可能小，使得两个光脉冲的空间信号路径近似相同。"

二、所涉证据的相关内容

对比文件1公开了一种光散射型烟雾传感器，其技术方案包括，自微分差值超过预定的错误警报极限时的预定时间过去后，当接收到的光量超过预定障碍阈值时，烟雾传感器确定是外部物质形成了感测的障碍物，诸如昆虫的外部物质所造成的光接收信号的改变可以分为暂时改变和连续改变两类，也就是说，对比文件1公开的烟雾传感器能够区分诸如昆虫的外部物质造成的光接收信号改变，因此，对比文件1与本申请同属于能够区分烟雾和昆虫的光散射型烟雾探测技术领域，并且具体公开了以下内容：

"在图19中用于散射光的烟雾传感器包括：通报电路102、采用微处理单元（MPU）的信号处理单元103、储存单元104、第一光发射控制器105、第二光发射控制器106、放大电路107和烟雾感测单元108。烟雾感测单元108包括：第一光发射器109、第二光发射器110和光接收器111。第一光发射器109、第二光发射器110和光接收器111如此设置使光轴能够在烟雾传感器外部空间中的烟雾检测点P相交。一红外线二极管（LED）用来作为第一光发射器109，并且，第一光发射元件109发射出来光的中部波长为λ1 = 900nm（=0.9μm）。可见光LED用于作为第二光发射器110，第二光发射器110发射光的中部波长称为λ2，λ2小于第一光发射器109的波长λ1，在第三实施例中，λ2 = 500nm（=0.5μm）。在第三实施例中，可定义一个比率R；比率R为光接收器111接收的由烟雾产生的第一光发射器109的光的受光信号量与光接收器111接收的由相同烟雾产生的第二光发射器110的光的受光信号量的比值。由于比率R的受光信号量与散射效率成正比，当受光信号量为A1、A2时，R可定义为R = A1/A2。通过预定阈值与比率R的比较，就可以决定烟雾的类型。在图19中所示的信号处理单元3中，将辨别内置误报警情况并发送障碍信号，所述预报警由传感器外表面118的烟雾感测空间上烟雾感测点P的设置控制。在图27的障碍判断程序中，首先在步骤SC1中判断受光信号量A1的微分值B是否超过预定障碍阈值TH2。当微分值B没超过预定障碍阈值TH2时，程序转至图26中的步骤SB6，然后执行火灾的判断过程。"

对比文件1中的第一光发射器109和第二光发射器110发射的是光脉冲的时间序列，且第一光发射器109可以发射出中部波长为900nm的光，第二光发射器110可以发射出中部波长为500nm的光，因此，第一光发射器109和第二光发射器110相当于权利要求1中的光发送设备，其被安排为发出光脉冲的时间序列，第一光发射器109和第二光发射器110发射出不同波长的光，也就相当于权利要求1中的第一光脉冲具有第一光谱分布并且第二光脉冲具有与第一光谱分布不同的第二光谱分布；光接收器 111 接收由烟雾产生的第一光发射器 109 的光的受光信号量且光接收器 111 接收由相同烟雾产生的第二光发射器 110 的光的受光信号量，因此光接收器 111 相当于权利要求 1 中的光接收器，其同样被安排为接收来自第一光脉冲的第一散射光以及来自第二光脉冲的第二散射光，并且提供指示第一散射光信号的第一输出信号以及指示第二散射光的第二输出信号；信号处理单元 3 辨别内置误报警情况并发送障碍信号，其中的障碍信号指的是人手或昆虫等的干扰，因此，信号处理单元 3 对应于权利要求 1 中的分析单元，但是权利要求 1 中的分析单元被安排为将第一输出信号与第二输出信号相比较并且如果差信号在时间上强烈变化，则确定存在昆虫的指示，对比文件 1 的技术方案则是根据光接收器 111 接收的由烟雾产生的第一光发射器 109 的光的受光信号量与光接收器 111 接收的由相同烟雾产生的第二光发射器 110 的光的受光信号量的比率 R 与预定阈值相比较来指示烟雾是否来自火灾及烟雾的类型。对比文件 1 还公开了一红外线二极管（LED）用来作为第一光发射器 109，并且，第一光发元件 109 发射出来光的中部波长为 900nm；可见一光 LED 用于作为第二光发射器 110，由此可见，红外线二极管（LED）相当于第一光源，可见光 LED 相当于第二光源。

三、对本案相关技术问题的分析与说明

1. 解决技术问题的认定

被诉决定认为：权利要求 1 所要解决的技术问题是如何指示昆虫的存在以防止报警器进行误报。

原告主张被诉决定认定的技术问题是错误的，由于对比文件 1 的技术方案中实现了对于昆虫侵入探测空间情形的排除，因此，不存在如何指示昆虫的存在以防止报警器误报的问题。原告认为权利要求 1 实际解决的技术问题是使装置结构简单并小型化。

技术审查意见认为：

一项发明要解决的技术问题，是根据区别技术特征所能达到的技术效果确定的。

本案中，根据涉案专利申请说明书的记载，"光发送设备和光接收器被布置得彼此直接相邻。其所具有的优点是，可以将整个散射光烟雾报警器实现在特别紧凑的构造形式之内"，"两个光源之间的尽可能小的间隔所具有的优点是，两个光脉冲的空间信号路径近似相同"。从说明书中可以看出，紧凑构造的效果是由光发送设备和光接收器的相邻布置得出的，而权利要求1中并未记载光发送设备和光接收器的位置关系，仅记载了两个光源之间的位置关系，而两个光源之间的间隔尽可能小的效果是使得两个光脉冲的空间信号路径近似相同。而且烟雾探测装置具有很多部件，包括电路板、控制器等，而光源仅是其中的两个部件，仅该两个部件间隔小，与整个装置小型化的效果之间不具有必然联系。因此，原告主张的权利要求1所实际解决的技术问题中的"小型化"问题并不是由区别技术特征所达到的，不予认可。

最接近的现有技术对比文件1已经公开了一种光散射型烟雾传感器，其能够检测昆虫，亦能够检测烟雾的类型，将本案的权利要求1与对比文件1的方案比较后可知，本申请的检测方式以及元件布置都较为简单，因此，权利要求1实际解决的技术问题是简化烟雾检测方式并使结构简单。

2. 区别技术特征是否应作为整体考虑

被诉决定认定区别技术特征为：（1）分析单元将第一输出信号与第二输出信号相比较获得的是差信号，并且如果该差信号在时间上强烈地变化，则确定存在昆虫的指示；（2）所述第一光源和所述第二光源之间的间隔尽可能小，使得两个光脉冲的空间信号路径近似相同。

原告主张区别技术特征（1）和（2）之间具有关联性，应作为整体考虑，不应分别进行评述。

分析与说明：

区别技术特征（1）涉及检测方式，区别技术特征（2）涉及光源的布置方式，涉案申请是在光源间隔尽可能小的前提下检测差信号，以判断是否存在烟雾和昆虫，换言之，布置方式是根据检测方式的需要而设置的，检测方式是在特定的光源布置的基础上进行的，两者之间具有关联性，因此，宜将区别技术特征作为整体考虑，即权利要求1相对于对比文件1的区别技术特征在于：分析单元，其被安排为将第一输出信号与第二输出信号相比较并且如果差信号在时间上强烈地变化，则确定存在昆虫的指示，并且所述第一光源和所述第二光源之间的间隔尽可能小，使得两个光脉冲的空间信号路径近似相同。

3. 将上述区别技术特征结合到对比文件 1 的技术方案中是否是容易想到的

如果一项技术方案，简化了已有方案，并保留了已有方案所具有的全部功能，则无疑是一种技术上的进步。但是如果一项技术方案，简化了已有方案，同时其功能也相应地消失，则这种简化对本领域技术人员来说是容易想到的。

权利要求 1 与对比文件 1 都应用了双光检测技术，其原理在于利用不同散射体具有不同的散射特性，进而对散射体加以区分。对比文件 1 中考虑了散射角，因此能够更精确地区分烟雾的类型，本发明中的两个光发射器不具有散射角，因此也不具有精确区分烟雾类型的功能，本领域技术人员根据需要取消散射角的设置，将两个光发射器设置在一起并使间隔尽量小，是容易想到的。对比文件 1 中利用了比例信号，本发明中利用了差信号。但是由于差信号有可能导致丢失有价值的信息，因此在需要更精确的场合下宜采用比例信号，在不需要非常精确的场合采用差信号，这对本领域技术人员来说是显而易见的。将两个输出信号比较，可以判断散射体的类型，昆虫与烟雾散射特性不同，显然可以在检测结果中排除昆虫的影响，这属于此种检测方式显然具有的效果。本申请与对比文件 1 相比，取消了采用单信号检测昆虫、障碍、烟雾的步骤，取而代之的是仅检测差信号在时间上的强烈变化，来判断是否存在昆虫。众所周知，烟雾的特点是由无到有逐步弥漫，而昆虫则飞行无规律，因此如果信号在时间上强烈变化，则表示存在昆虫，这对所属领域技术人员来说是显而易见的，对比文件 1 利用微分值进行检测，所用到的原理也是相同的，即都是根据信号的波动性判断是否存在昆虫。"差信号"与"在时间上强烈地变化"并不构成判断昆虫存在的必须条件，单信号、比例信号、差信号的强烈变化均可以作为确定昆虫的指示，这对于本领域技术人员来说也是显而易见的，因此，本申请采用差信号的强烈变化作为判断昆虫的指示，并不具有突出的实质性特点。

原告认为对比文件 1 仅仅公开了设置两个光发射器来区分烟雾类型，但是没有给出教导或者暗示使用两个光发射器来判断是否有昆虫存在，两者工作原理不同。但事实上，权利要求 1 中使用两个光发射器的目的并不是为了判断昆虫是否存在，因为多数情况下，昆虫导致差信号为 0，即多数情况下，检测结果中可以排除昆虫的影响，而并不是判断出存在昆虫。根据说明书的记载"通过分析可能的散射物体的光谱可能不同的散射特性，可以可靠地将探测到烟雾与探测到位于该开放式散射光烟雾报警器的监测区域中的其它光散射体区分开"。而对比文件 1 中也是利用了不同散射体的散射特性与波长和散射角相关，从而可以检测散射体的类型。两种检测方式的实质区别仅在于权利要求 1 中没有考虑散射角的设置，而如前文所述，在不需要精确判断散射体类型的场合，取消散射角的设置是容易想到的。

原告认为将区别技术特征"所述第一光源和所述第二光源之间的间隔尽可能小，使得两个光脉冲的空间信号路径近似相同"并入到对比文件 1 中将导致其无法实现发明目的。假如采用同一散射角，例如都设置为 $120°$，则 R（白烟）$= 3.5E - 5/7.5E - 5 = 0.467$；R（黑烟）$= 2E - 5/5.3E - 5 = 0.377$。二者相差很小，难以使用预定阈值来进行有效的区分。

对此，技术审查意见认为：对比文件 1 的发明目的并不构成本领域技术人员改进对比文件 1 的限制，本领域技术人员根据简化功能的需求，可以无需检测烟雾的类型，进而取消散射角的设置，这对于本领域技术人员来说是显而易见的。

此外，从技术效果考虑，根据本发明，如果昆虫长时间伏在一个光发射器上，则将长时间存在较大的差信号，此时无法判断为昆虫，有可能造成误判，也就是说，本发明在某一方面还存在劣势。原告还认为对比文件 1 的检测点靠近探测器，而本发明中地面、墙壁等都在检测范围内。但是，首先权利要求中并未记载探测范围，其次即使考虑该效果，扩大检测范围，必然导致光接收器的接收角度较大，进而会增加很多干扰检测的因素，影响检测结果，本领域技术人员可以在权衡利弊的前提下做出相应的选择，并不需要克服技术难点。

综上，对比文件 1 已经公开了一种能够区分烟雾类型并判断是否存在昆虫的方案，在该现有技术的基础上，出于简化检测方式和结构的需求，取消散射角的设置，简化判断昆虫的方式，属于本领域技术人员容易想到的技术方案，而且，权利要求 1 也并未取得预料不到的技术效果。

技术调查官：刘秀艳

2017 年 11 月 20 日

【技术调查官自评】

该案涉及的技术内容相对复杂和抽象，为帮助法官更好地理解背景技术，技术意见将抽象的原理采用绘制附图的形式加以具象描述，使复杂的原理变得更容易理解。同时针对双方的争议焦点，结合本领域专业知识有理有据地进行了分析，技术意见整体事实清楚，说理充分。

【法官点评】

本技术审查意见对于案件判决的作出起到了重要作用。首先，帮助合议庭进一步梳理了原告主张的权利要求及对比文件涉及技术方案的具体内容，尤其是就本案涉及的本领域的公知常识内容向合议庭作了详细介绍；其次，明确了双方当事人在技术问题上的四个争议焦点，图文并茂地作出了阐释，形象便于理解，为法官在法律层面解决这些技术问题的具体争议提供了思路和建议。

判决书摘编 （2016）京 73 行初 4070 号

原告西门子公司因发明专利驳回复审行政纠纷一案，不服被告国家知识产权局专利复审委员会（简称专利复审委员会）2016 年 2 月 14 日作出的第 105654 号复审请求审查决定（简称被诉决定），于法定期限内向法院提起行政诉讼。法院于 2016 年 8 月 8 日受理后，依法组成合议庭，指派技术调查官刘秀艳参与诉讼，于 2017 年 10 月 26 日对本案公开开庭进行了审理。

一、当事人陈述

2013 年 12 月 3 日，国家知识产权局原审查部门针对原告西门子公司提出的名称为"借助于两种光谱不同的散射光测量的烟雾探测"的第200980105644.4号发明专利PCT申请（简称本申请）发出驳回决定，以本申请不符合《专利法》第22条第3款的规定为由驳回了本申请。西门子公司不服该决定，向专利复审委员会提出复审请求。2016年2月14日，专利复审委员会作出被诉决定，认为本申请权利要求1—12均不具备创造性，不符合《专利法》第22条第3款的规定，维持国家知识产权局的驳回决定。

原告西门子公司不服被诉决定，在法定期限内向法院提起诉讼，称：本申请提供了一种构造简单的散射光烟雾报警器，权利要求1中所记载的技术方案相对于对比文件1中的技术方案具备创造性。具体理由：一是对比文件1没有公开或者教导采用与第一光源和第二光源相关的第一输出信号和第二输出信号的差信号来确定昆虫的存在以及将第一光源和所述第二光源以尽可能小的间隔设置的区别技术特征；二是本领域技术人员从现有技术也无法得到技术启示将上述区别技术特征结合到对比文件1的技术方案中；三是由于独立权利要求1具备创造性，从属权利要求2—12也具备创造性。因此，请求依法撤销被诉决定，并责令专利复审委员会重新作出复审请求审查决定。

被告专利复审委员会辩称：本申请与对比文件1相比的区别技术特征是本领域技术人员依据生活常识和本领域的常用技术手段可以作出的常规选择，本领域技术人员在面对本申请所解决的技术问题时有动机将常规选择引入到对比文件1中，并得到权利要求1的技术方案。被诉决定认定事实清楚，适用法律正确，审理程序合法，审查结论正确，西门子公司的诉讼请求不能成立，请求人民法院维持该决定。

二、法院经审理查明的事实

本申请是申请号为200980105644.4，名称为"借助于两种光谱不同的散射光测量的烟雾探测"的发明专利PCT申请。

被诉决定针对的权利要求书如下：

"1. 一种用于基于光学散射光测量来在烟雾探测和昆虫探测之间进行区分的装置，所述装置具有：

光发送设备（110，210，310），其被安排为发出光脉冲的时间序列，其中第一光脉冲具有第一光谱分布并且第二光脉冲具有与第一光谱分布不同的第二光谱分布；

光接收器（120，220，320），其被安排为接收来自第一光脉冲的第一散射光以及来自第二光脉冲的第二散射光并且提供指示第一散射光的第一输出信号以及指示第二散射光的第二输出信号；以及分析单元（330），其被安排为将第一输出信号与第二输出信号相比较并且如果差信号在时间上强烈地变化，则确定存在昆虫的指示，其中光发送设备（110，210，310）具有第一光源（111a，211a）和第二光源（112a，212a），并且所述第一光源和所述第二光源之间的间隔尽可能小，使得两个光脉冲的空间信号路径近似相同。

2. 根据权利要求 1 所述的装置，其中分析单元（330）被安排为形成第一输出信号与第二输出信号之间的差。

3. 根据权利要求 1—2 之一所述的装置，其中分析单元（330）被安排为确定第一输出信号的幅度与第二输出信号的幅度的比例。

4. 根据权利要求 1—3 之一所述的装置，其中光发送设备（110，210，310）和光接收器（120，220，320）被布置得彼此直接相邻。

5. 根据权利要求 1—4 之一所述的装置，附加地具有：

微控制器（340），其至少与光发送设备（110，210，310）和与分析单元（330）相耦合，并且被安排为使至少光发送设备（110，210，310）和分析单元（330）在时间上同步。

6. 根据权利要求 1—5 之一所述的装置，其中第一光脉冲处于近红外光谱范围内和/或第二光脉冲处于可见光谱范围内，尤其是蓝色和/或紫色光谱范围内。

7. 根据权利要求 1—6 之一所述的装置，其中第一和/或第二光脉冲具有处于 $1\mu s$ 至 $200\mu s$ 范围内、处于 $10\mu s$ 至 $150\mu s$ 范围内或者处于 $50\mu s$ 至 $120\mu s$ 范围内的时间长度。

8. 根据权利要求 1—7 之一所述的装置，附加地具有：

4

昆虫驱逐设备，其与分析单元（330）相耦合并且能够在第一输出信号和/或第二输出信号在时间上强烈地波动的情况下被激活。

9. 一种用于基于光学散射光测量尤其是在使用根据权利要求1—8之一所述的装置（100，20，300）的情况下在烟雾探测和昆虫探测之间进行区分的方法，该方法包括：

借助于光学设备（110，210，310）发出光脉冲的时间序列，其中第一光脉冲具有第一光谱分布并且第二光脉冲具有与第一光谱分布不同的第二光谱分布；

借助于光接收器（120，220，320）接收来自第一光脉冲的第一散射光以及来自第二光脉冲的第二散射光；

提供指示第一散射光的第一输出信号以及指示第二散射光的第二输出信号；

借助于分析单元（330）将第一输出信号与第二输出信号相比较；以及如果差信号在时间上强烈变化，则确定存在昆虫的指示。

10. 根据权利要求9所述的方法，附加地包括：

平衡两个光脉冲的强度，使得在所述两个光脉冲在参考散射对象处发生散射的情况下，第一输出信号和第二输出信号大小相同。

11. 根据权利要求10所述的方法，其中第一输出信号与第二输出信号的比较包括形成第一输出信号与第二输出信号之间的差。

12. 根据权利要求11所述的方法，附加地包括：

朝向零信号补偿缓慢变化的差信号。"

2013年12月3日，国家知识产权局发出驳回决定，驳回本申请。西门子公司不服，于2014年3月18日向专利复审委员会申请复审，并于2015年8月24日提交了权利要求书全文修改替换页。专利复审委员会于2016年2月14日作出被诉决定。

对比文件1公开号为CN1882968 A，公开日期为2006年12月20日。对比文件1公开了一种光散射型烟雾传感器，其技术方案包括，自微分差值超过预定的错误警报极限时的预定时间过去后，当接收到的光量超过预定障碍阈值时，烟雾传感器确定是外部物质形成了感测的障碍物，诸如昆虫的外部物质所造成的光接收信号的改变可以分为暂时改变和连续改变两类，也就是说对比文件1公开的烟雾传感器能够区分诸如昆虫的外部物质造成的光接收信号改变，因此，对比文件1与本申请同属于能够区分烟雾和昆虫的光散射烟雾探测技术领域，并且具体公开了以下内容：

"在对比文件1的图19中用于散射光的烟雾传感器包括，通报电路102，采用微处理单元（MPU）的信号处理单元103，储存单元104，第一光发射控制器105，第二光发射控制器106，放大电路107和烟雾感测单元108。烟雾感测单元108包括，第一光发射器109，第二光发射器110和光接收器111。第一光发射器109，第二光发射器110和光接收器111如此设置使光轴能够在烟雾传感器外部空间中的烟雾检测点P相交。一红外线二极管（LED）用来作为第一光发射器109，并且第一光发射元件109发射出来光的中部波长$\lambda 1 = 900nm$（$=0.9\mu m$）。可见光LED用于作为第二光发射器110，第二光发射器110发射光的中部波长称为$\lambda 2$，$\lambda 2$小于第一光发射器109的波长$\lambda 1$，在第三实施例中，$\lambda 2 = 500nm$（$=0.5\mu m$）。在第三实施例中，可定义一个比率R；比率R为光接收器111接收的由烟雾产生的第一光发射器109的光的受光信号量与光接收器111接收的由相同烟雾产生的第二光发射器110的光的受光信号量的比值。由于比率R的受光信号量与散射效率成正比，当受光信号量为A1、A2时，R可定义为$R = A1/A2$。通过预定阈值与比率R的比较，就可以决定烟雾的类型。在图19中所示的信号处理单元3中，将辨别内置误报警情况并发送障碍信号，所述预报警由传感器外表面118的烟雾感测空间上烟雾感测点P的设置控制。在图27的障碍判断程序中，首先在步骤SC1中判断受光信号量A1的微分值B是否超过预定障碍阈值TH2。当微分值B没超过预定障碍阈值TH2时，程序转至图26中的步骤SB6，然后执行火灾的判断过程。"

法院庭审中，西门子公司对被诉决定中的案由部分的认定无异议，对被诉决定认定的本申请权利要求1与对比文件1相比存在的区别技术特征不持异议，但主张区别技术特征1和2之间具有关联性，应作为整体考虑。另外，西门子公司主张，被诉决定认定的本申请实际解决的技术问题是错误的，由于对比文件1的技术方案中实现了对于昆虫侵入探测空间情形的排除，因此不存在如何指示昆虫的存在以防止报警器误报的问题，本申请权利要求 1 实际解决的技术问题是使装置结构简单并小型化。对于权利要求 8 的创造性，原告主张，对比文件 1 的驱虫器是由化学材料构成的，长期发挥作用对人体不利，本申请是有虫时才启动驱虫设备，因此权利要求 8 具有创造性。

上述事实有被诉决定、本申请文本、对比文件 1 及法院庭审笔录等在案佐证。

三、裁判要点

（一）关于本案的法律适用问题

2008 年 12 月 27 日修改的《专利法》（简称 2009 年《专利法》）已于 2009 年 10 月 1 日起施行，鉴于本专利申请时间处于 2001 年 7 月 1 日起实施的《专利法》（简称 2001 年《专利法》）施行期间，而本案审理时间处于 2009 年《专利法》施行期间，因此本案的审理涉及 2001 年《专利法》与 2009 年《专利法》之间的适用问题。

《立法法》第 84 条规定，法律、行政法规、地方性法规、自治条例和单行条例、规章不溯及既往，但为了更好地保护公民、法人和其他组织的权利和利益而作的特别规定除外。

依据上述规定，国家知识产权局制定了《施行修改后的专利法的过渡办法》，该过渡办法于 2009 年 10 月 1 日起施行。根据该过渡办法，对于专利权是否有效的审查，申请日在 2009 年 10 月 1 日前的专利申请以及根据该专利申请授予的专利权适用 2001 年《专利法》的规定；申请日在 2009 年 10 月 1 日以后（含该日）的专利申请以及根据该专利申请授予的专利权适用 2009 年《专利法》的规定。

鉴于本案属于专利行政纠纷，本申请的申请日在 2009 年 10 月 1 日前，因此依据《立法法》第 84 条之规定，并参照上述过渡办法的相关规定，本案应适用 2001 年《专利法》进行审理。

（二）关于 2001 年《专利法》第 22 条第 3 款的规定

2001 年《专利法》第 22 条第 3 款规定，创造性，是指同申请日以前已有的技术相比，该发明有突出的实质性特点和显著的进步，该实用新型有实质性特点和进步。

被诉决定认定本申请与对比文件1的区别技术特征为：（1）分析单元将第一输出信号与第二输出信号相比较获得的是差信号，并且如果该差信号在时间上强烈地变化，则确定存在昆虫的指示；（2）所述第一光源和所述第二光源之间的间隔尽可能小，使得两个光脉冲的空间信号路径近似相同。原告主张，区别技术特征（1）和（2）之间具有关联性，应作为整体考虑，不应分别进行评述，法院认为，区别技术特征（1）涉及检测方式，区别技术特征（2）涉及光源的布置方式，本申请是在光源间隔尽可能小的前提下检测差信号，来判断是否存在烟雾和昆虫，换言之，布置方式是根据检测方式的需要而设置的，检测方式是在特定的光源布置的基础上进行的，两者之间具有关联性，因此，宜将两区别技术特征作为整体考虑，即权利要求1相对于对比文件1的区别技术特征在于：分析单元，其被安排为将第一输出信号与第二输出信号相比较并且如果差信号在时间上强烈地变化，则确定存在昆虫的指示，并且所述第一光源和所述第二光源之间的间隔尽可能小，使得两个光脉冲的空间信号路径近似相同。

关于本申请所实际解决的技术问题，西门子公司主张，被诉决定认定是错误的，由于对比文件1的技术方案中实现了对于昆虫侵入探测空间情形的排除，因此不存在如何指示昆虫的存在以防止报警器误报的问题，本申请权利要求1实际解决的技术问题是使装置结构简单并小型化。对此，法院认为，一项发明要解决的技术问题，是根据区别技术特征所能达到的技术效果确定的。本案中，根据本申请说明书的记载，"光发送设备和光接收器被布置得彼此直接相邻。这所具有的优点是，可以将整个散射光烟雾报警器实现在特别紧凑的构造形式之内"，"两个光源之间的尽可能小的间隔所具有的优点是，两个光脉冲的空间信号路径近似相同"。从说明书中可以看出，紧凑构造的效果是由"光发送设备和光接收器的相邻布置"得出的，但权利要求1中仅记载了光发送设备两个光源之间的位置关系，并未记载光发送设备和光接收器的位置关系。事实上，根据本领域常识可知，烟雾探测装置具有很多部件，包括电路板、控制器、光发送设备、光接收设备、昆虫驱逐设备等，而光发送设备的两个光源仅是其中的两个部件，仅该两个部件间隔小，与整个装置的小型化的效果之间不具有必然联系。从说明书的相关记载也可以看出，两个光源间隔尽可能小是从光线路径的角度设置的，并不是使装置小型化。因此，原告主张的权利要求 1 所实际解决的技术问题中的"小型化"问题并不是由区别技术特征所达到的，法院不予认可。对于权利要求 1 实际解决的技术问题，法院认为，最接近的现有技术对比文件 1 已经公开了一种光散射型烟雾传感器，其能够检测昆虫，亦能够检测烟雾的类型，将本案的权利要求 1 与对比文件 1 的方案比较后可知，本申请的检测方式以及元件布置都较为简单，因此，权利要求 1 实际解决的技术问题是简化烟雾检测方式并使装置结构简单。

关于权利要求 1 是否具备创造性的问题。原告主张，对比文件 1 没有公开或教导采用与第一光源和第二光源相关的第一输出信号和第二输出信号的差信号来确定昆虫的存在以及将所述第一光源和所述第二光源以尽可能小的间隔设置的区别技术特征，本领域技术人员从现有技术出发也无法得到技术启示将上述区别技术特征结合到对比文件 1 的技术方案中，因此，权利要求 1 所记载的技术方案相对于对比文件 1 中的技术方案具备创造性。对此，法院认为，如果一项技术方案简化了其他已有方案，并保留了该已有方案所具有的全部功能和技术效果，则无疑是一种技术上的进步。但是如果一项技术方案在简化其他已有方案的同时，其所具备的功能和实现的技术效果也相应地减少甚至消失，则这种简化对本领域技术人员来说是容易想到的。本案中，权利要求 1 与对比文件 1 都应用了双光检测技术，其原理在于利用不同散射体具有不同的散射特性，进而对散射体加以区分。对比文件 1 中考虑了散射角，因此在能够进行障碍检测排除昆虫对检验结果干扰的同时，还能够更精确地区分烟雾的类型，本发明中的两个光发射器不具有散射角，因此也不具有精确区分烟雾类型的功能，本领域技术人员根据需要取消散射角的设置，将两个光发射器设置在一起并使间隔尽量小，是容易想到的。另外，对比文件 1 中利用了比例信号，本申请中利用了差信号，但是由于差信号有可能导致丢失有价值的信息，因此在需要更精确的场合下宜采用比例信号，在不需要非常精确的场合采用差信号，这对本领域技术人员来说也是显而易见的。

将两个输出信号比较，可以判断散射体的类型，昆虫与烟雾散射特性不同，显然可以在检测结果中排除昆虫的影响，这属于此种检测方式显然具有的效果。

本申请与对比文件1相比，取消了采用单信号检测昆虫、障碍、烟雾的步骤，取而代之的是仅检测差信号在时间上的强烈变化，来判断是否存在昆虫。众所周知，烟雾的特点是由无到有逐步弥漫，而昆虫则飞行无规律，因此如果信号在时间上强烈变化，则表示存在昆虫，这对所属领域技术人员来说是显而易见的，对比文件1中利用微分值进行检测，所用到的原理也是相同的，即都是根据信号的波动性判断是否存在昆虫。"差信号"与"在时间上强烈地变化"并不构成判断昆虫存在的必须条件，单信号、比例信号、差信号的强烈变化均可以作为确定昆虫的指示，这对于本领域技术人员来说也是显而易见的，因此，本申请采用差信号的强烈变化作为判断昆虫的指示，并不具有突出的实质性特点。

综上，对比文件1已经公开了一种能够区分烟雾类型并判断是否存在昆虫的方案，在该现有技术的基础上，出于对检测精度要求不高的需求，取消散射角的设置，简化判断昆虫的方式，属于本领域技术人员容易想到的技术方案，权利要求1并未取得预料不到的技术效果。在对比文件1的基础上结合本领域公知常识得到该权利要求1所要保护的技术方案，对本领域技术人员来说是显而易见的。

关于权利要求2—8是否具备创造性的问题。权利要求2—7对权利要求1进行了进一步限定。由于从属权利2—7所进一步限定的技术特征或被对比文件1公开，或属于本领域常规技术手段，对于本领域技术人员而言是容易想到的，故在权利要求1不具备创造性的情况下，权利要求2—7不具备2001年《专利法》第22条第3款规定的创造性。

对于权利要求8的创造性，原告主张，对比文件1的驱虫器是由化学材料构成的，长期发挥作用对人体不利，本申请是有虫时才启动驱虫设备，因此权利要求8具有创造性。法院认为，现有技术中的驱虫设备有多种，常见的化学类如蚊香片等，电子类如超声波驱蚊器，这些均已经得到了普遍的使用，在有虫的情况下，驱动电子驱蚊器，对本领域技术人员来说是容易想到的。

关于权利要求 9 是否具备创造性的问题。权利要求 9 请求保护一种根据权利要求 1—8 任一的借助于两种光谱不同的散射光测量的烟雾探测的方法，由于权利要求 9 与对比文件 1 的区别特征和权利要求 1 与对比文件 1 的区别特征相同，因此，基于上述评价权利要求 1 是否具备创造性的相同理由，权利要求 9 相对于对比文件 1 和本领域公知常识也不具备 2001 年《专利法》第 22 条第 3 款规定的创造性。

关于权利要求 10—12 是否具备创造性的问题。由于权利要求 10—12 是对权利要求 9 进一步限定的从属权利要求，且其中附加的技术特征均是本领域技术人员常用技术手段，属于本领域技术人员容易想到的，不需要付出创造性劳动，因此，在其引用的权利要求不具备创造性的情况下，权利要求 10—12 也不具备创造性。

综上所述，本申请的权利要求第 1—12 项不具备 2001 年《专利法》第 22 条第 3 款规定的创造性。原告西门子公司的起诉理由不能成立，对其诉讼请求法院不予支持。依照《行政诉讼法》第 69 条之规定，法院判决如下：

驳回原告西门子公司的诉讼请求。

06 飞利浦公司诉专利复审
委员会行政纠纷案

技术意见

一、对涉案专利技术方案的理解

涉案专利权利要求 1—2 如下：

"1. 一种电路装置，适宜供控制半导体光源（LB）的工作过程，且配备有：输入端子（A、B），供连接电源电压；输入滤波器（I）；一个变流器（Ⅲ），包括控制电路；和输出端子（C、D），供连接半导体光源；其特征在于，电路装置配备有电压检测器（Ⅱ），供检测输出端的电压。

2. 如权利要求 1 所述的电路装置，其特征在于，电压检测器（Ⅱ）在输出端（C、D）得出的电压 Vud 的值高于阈电压 Vud 时产生电信号 S。"

二、本案的对比文件

证据 1：JP 特开平 3 – 98466A 及其中文译文，公开日期为 1991 年 4 月 24 日；

证据 6：JP 特开平 7 – 263150A 及其相关部分中文译文，公开日期为 1995 年 10 月 13 日。

三、对本案相关技术问题的分析与说明

1. 涉案专利和证据 1 中变流器在功能、作用方面是否相同

原告认为：根据本专利说明书第 1 页第 16—18 行的"半导体光源通常有这样的特点，即其作为光源的工作过程取决于提供给半导体的电流，因而变流器应起到电流发生器的作用"的记载，本专利权利要求 1 中的变流器是电流发生器，而证据 1 中的变流器是电压源，两者不相同，因此证据 1 并未公开本专利权利要求 1 的变流器。

分析与说明：

（1）本专利权利要求 1 中对于变流器的限定为"一个变流器（Ⅲ），包括控制电路"，并未明确限定为电流发生器。根据本专利说明书第 3 页第 6、7 行的记载"变流器一词是指用以将电源供应的电能转换成半导体光源工作需要的电流/电压组合的电路"及说明书第 4 页第 14、15 行的记载"变流器 Ⅲ 由配备有半导体开关的开关式电源构成"可知，变流器可以为电压源，也可以是电流发生器。这与原告提及的第 1 页第 16—18 行的内容并不一致，本领域技术人员并不能确定本专利中的变流器 Ⅲ 一定是电流发生器。

（2）根据证据 1 公开的内容"整流平滑电路 3 将交流电压转换为直流电压，通过开关元件 4 对所得到的直流电压进行开关操作，经由控制电路 5 的控制，通过变压器 6 对通过该开关操作得到的信号进行电压变换，然后该交流电压再次通过整流电路 7 转换为直流电压，从而对负载供给直流电压"可知，证据 1 中的开关元件 4、控制电路 5、变压器 6 和整流电路 7 的整体能对电压进行转换，在功能、作用上与本专利的变流器相同。

2. 证据 1 的信息装置与本专利中的半导体光源在功能、作用方面是否相同

原告认为：本专利中的负载直接是半导体光源，而证据 1 中的负载为通过 LED 点亮文字的信息装置，该信息装置还包括电子线路和控制模块等，该信息装置内的 LED 才相当于本专利的半导体光源。如此一来，证据 1 中输出检测电路 9 检测的是该信息装置两端的电压，并非直接是 LED 两端的电压，

与本专利中的电压检测器Ⅱ并不相同。同时证据1中输出端子P1，P2并不能相当于本专利的输出端子。

分析与说明：

根据本专利权利要求1的限定"输出端子（C、D），供连接半导体光源"，并不能得出"输出端子是直接连接半导体光源的"，只能得出"输出端子连接有半导体光源"。证据1公开了一种用于点亮排列多个LED而成的信息装置，其中的LED是半导体光源的下位概念。也就是说，证据1公开的包括半导体光源的信息装置相当于本专利的半导体光源。因此证据1中输出检测电路9与本专利中的电压检测器Ⅱ相同，同时证据1中输出端子P1，P2相当于本专利的输出端子，在功能、作用方面相同。

3. 权利要求1与证据1要解决的技术问题是否相同

原告认为：本专利权利要求1要解决的技术问题是"监测半导体光源工作电压，给出半导体光源是否损坏的信息"，而证据1要解决的技术问题是"减小开关电源装置输出电路的脉动"，并不能推导出半导体光源是否损坏。因此两者要解决的技术问题不相同。

分析与说明：

（1）首先，权利要求1的技术方案仅限定了检测输出端电压的电压检测器以及包括控制电路的变流器，其并不能解决原告声称要解决的技术问题"监测半导体光源工作电压，给出半导体光源是否损坏的信息"。权利要求1的技术方案客观上解决的技术问题为"监测半导体光源工作状态来调整电路的输出从而保证输出电路的稳定"。

（2）根据证据1说明书中文译文的记载，证据1所要解决的技术问题"通过监测输出端的电压并通过反馈电路来调整电路的输出从而减小开关电源装置输出电路的脉动"。

综上可知，权利要求1与证据1客观上解决的技术问题实质相同。

4. 本领域技术人员在证据1的基础上结合证据6得到权利要求2的技术方案是否是容易想到的

原告认为：权利要求2解决的技术问题是"电压升高后半导体光源退化到极限时设定阈值提醒需要更换半导体光源"。首先，证据1中负载是很大的，没有检测电压的装置，从其出发，本领域技术人员不能得到启示。其次，证据 6 仅公开了电压检测，不能解决上述技术问题。

分析与说明：

权利要求 2 相比于证据 1 的区别技术特征在于：电压检测器（Ⅱ）在输出端（C、D）得出的电压 Vud 的值高于阈电压 Vud 时产生电信号 S。基于上述区别技术特征，权利要求 2 实际要解决的技术问题是如何在输出电压异常时进行提醒，而并不能得出原告声称的"提醒需要更换半导体光源"。

证据 6 说明书中文译文第 25、26 段公开了如下内容：当由保护电路 10 的由电阻 101 和 102 组成的电压检测电路（相当于公开了本专利的电压检测器）所检测到的电压（相当于公开了本专利的电压 Vu）超过规定的齐纳二极管 104 的击穿电压（相当于公开了本专利的阈电压 Vud）时，电流流过齐纳二极管 104 而供给到晶体管 105 的基极（相当于公开了本专利的电信号 S）。由此可见，证据 6 公开了上述附加技术特征，且其在证据 6 中所起的作用与其在本专利权利要求 2 中相同，都是通过设定阈值在输出电压异常时进行提醒。证据 6 给出了将上述特征应用到证据 1 中的技术启示。

综上所述，本领域技术人员在证据 1 的基础上结合证据 6 得到权利要求 2 的技术方案是容易想到的。

技术调查官：李祖布

2018 年 5 月 20 日

【技术调查官自评】

本案涉及一种供控制半导体光源的电路装置，争议焦点在于本专利中变流器和半导体光源是否被对比文件 1 所公开。技术调查官依据本专利说明书的相关记载，对权利要求限定的技术方案进行了分析，详细阐述了变流器和半导体光源的含义。技术调查官结合本领域的专业知识和公知常识解读了对比文件 1 公开的技术内容，并针对原告的主张，有针对性地给出了倾向性的参考意见。逻辑清晰，说理充分，详略得当，值得推荐。

【法官点评】

本案的技术审查意见准确地总结归纳了本案所涉及的技术争议焦点，并结合对比文件 1 及本申请说明书所记载的内容，对本申请权利要求 1 相对于对比文件 1 的区别技术特征、技术问题及现有技术中是否存在技术启示的相关问题进行了详细阐述。为法官更好地理解原告有关技术争议层面的问题提供了有益帮助，进而为法官就本案有关本申请权利要求 1 是否具有创造性作出更为准确的法律评判提供了坚实的基础。

判决书摘编　（2015）京知行初字第 5623 号

飞利浦公司因发明专利权无效宣告请求行政纠纷一案，不服国家知识产权局专利复审委员会（简称专利复审委员会）于 2015 年 4 月 22 日作出的第 25772 号无效宣告请求审查决定（简称被诉决定），于法定期限内向法院提起诉讼。法院于 2015 年 10 月 30 日受理本案后，依法组成合议庭，指派李祖布作为技术调查官，并通知孙某峰作为本案的第三人参加诉讼。2018 年 4 月 19 日，法院依法公开开庭审理了本案。

一、当事人陈述

被诉决定系专利复审委员会针对孙某峰就飞利浦公司拥有的专利号为 98801402.5，名称为"电路装置和配备有这种电路装置的信号灯"的发明专利（简称本专利）所提无效请求作出的。专利复审委员会认为：

（一）关于新颖性

证据 1 已经公开了权利要求 1 的全部技术特征，权利要求 1 与证据 1 采用了实质相同的技术方案。权利要求 1 与证据 1 相比，两者均属于可应用于半导体光源的控制电路装置，属于实质相同的技术领域，其所要解决的技术问题均为对半导体光源的工作状态进行监测和负载控制，其所要解决的技术问题实质相同，并取得了对输出电压进行有效控制的相同的技术效果。权利要求 1 相对于证据 1 不具备新颖性，不符合《专利法》第 22 条第 2 款的规定。

针对飞利浦公司的意见，专利复审委员会认为：

（1）本专利权利要求 1 请求保护一种控制半导体光源的电路装置，证据

1公开了一种开关电源装置，其中通过具体电路来控制 LED 负载的工作状态，其实质上是一种半导体光源的控制电路，因此，本专利权利要求 1 与证据 1 均属于半导体光源的控制电路的技术领域，实质上属于相同的技术领域。

（2）根据本专利说明书的记载，权利要求 1 所要解决的技术问题是控制半导体光源的工作过程，监测半导体光源工作状态，避免损坏变流器。根据证据 1 说明书中文译文的记载，证据 1 所要解决的技术问题是减小开关电源装置输出电路的脉动。证据 1 中检测输出电压并将其输出反馈到控制电路，实质是为了控制半导体光源 RL 的工作过程，避免 LED 负载的波动影响开关电源装置，即本专利权利要求 1 与证据 1 要解决的技术问题和预期效果实质相同。

（3）证据 1 所公开的开关电源装置的具体电路旨在对 LED 负载的工作过程进行控制，其已经公开了本专利权利要求 1 中限定的各功能电路，具体评述参见上文。

（二）《专利法》第 22 条第 3 款

证据 6 公开了权利要求 2、3、4、5 的附加技术特征，证据 8 公开了权利要求 6 的附加技术特征，证据 9 公开了权利要求 7、8 的附加技术特征，因此，当其引用的权利要求不具备新颖性或创造性时，权利要求 2—8 不具备创造性，不符合《专利法》第 22 条第 3 款的规定。

鉴于本专利权利要求 1 不具备新颖性，不符合《专利法》第 22 条第 2 款的规定，权利要求 2—8 不具备创造性，不符合《专利法》第 22 条第 3 款的规定，应予全部无效，因此，本决定对孙某峰提出的其他无效理由和证据不予评述。

基于上述理由，专利复审委员会决定宣告本专利全部无效。

原告飞利浦公司不服该决定，于法定期限内向法院提起诉讼称：第一，本专利权利要求 1 具备新颖性。（1）证据 1 未公开本专利权利要求 1 中作为电流发生器的变流器。如本专利说明书第 1 页第 16—19 行记载，本专利中的"变流器"应解释为电流发生器；而证据 1 中的变流器应属于电压源而非电流源。（2）证据 1 未公开本专利权利要求 1 中半导体光源。结合本专利的发明目的，本专利中的"半导体光源"应解释为"能够体现半导体特性的、用作光源的半导体器件"，而证据 1 中的负载 RL 是一个不仅包括 LED 还包括电子线路和控制模块的显示装置，该信息装置不能相当于半导体光源，其内的 LED 才相当于半导体光源。（3）证据 1 与本专利权利要求 1 所要解决的技术问题是不同的。证据 1 所要解决的技术问题是检测并消除脉动电流，并且是使用滤波电路来消除脉动电流。证据 1 中的输出检测电路 9 的作用是提供实际的电压来与基准电压进行比较，二者的误差作为调整开关电路的负反馈信号，最终目的是使输出电压稳定于基准电压。而在本专利中，变流器是一个电流发生器，电压检测器的作用是对损坏的、被电流源驱动的半导体光源在电流源上产生的过压进行检测。第二，专利复审委员会对本专利权利要求 2—8 的评述没有基于本专利发明目的、对现有技术所做贡献对权利要求作出合理解释，本专利权利要求 2—8 具备创造性。综上，被诉决定认定错误，请求法院依法予以撤销，并判令被告重新作出决定。

被告专利复审委员会辩称：坚持被诉决定中的意见，被诉决定认定事实清楚，适用法律正确，审理程序合法，审查结论正确，原告的诉讼理由不能成立，请求驳回原告的诉讼请求。

第三人孙某峰述称：同意被诉决定的认定，请求法院依法驳回原告的诉讼请求。

二、法院经审理查明的事实

本专利是专利号为 98801402.5 号，名称为"电路装置和配备有这种电路装置的信号灯"的发明专利，本专利的申请日为 1998 年 7 月 16 日，优先权日为 1997 年 8 月 1 日，授权公告日为 2004 年 2 月 18 日，专利权人为飞利浦公司。本专利授权公告时的权利要求包括 8 项。

针对本专利，孙某峰于 2014 年 9 月 11 日向专利复审委员会提出无效宣告请求，具体理由包括：权利要求 1 不具有新颖性，权利要求 1—8 不具有创造性等，并提交了 10 份证据，其中：

证据 1 为 JP 特开平 3–98466A 专利公报日文原文复印件及其全文中文译文，公开日期为 1991 年 4 月 24 日。该文献公开了一种开关电源装置，例如涉及一种用于点亮排列多个 LED 而成的显示装置的 LED 等的使用负载变动比较大的负载作为负载的开关电源装置。该开关电源装置通过噪声滤波器 2 去除从交流电源 1 输入的交流电压的噪声，并且通过整流平滑电路 3 对已去除噪声的交流电压进行整流，通过开关元件 4 对所得到的直流电压进行开关操作，通过变压器 6 对通过该开关操作得到的信号进行电压变换，并且，包括连接于变压器 6 的次级线圈 6c 的由二极管 D1、D2 构成的整流电路 7、连接于该整流电路 7 的输出侧的由线圈（电感）L1 和电容器 Cl 构成的滤波电路 8 以及检测输出电压并将其输出反馈到控制电路 5 的输出检测电路 9，输出端子 P1、P2 上连接外部负载 RL。根据证据 1 的上述记载可知，交流电源 1 和噪声滤波器 2 之间的端子即公开了本专利的输入端子；整流平滑电路 3 将交流电压转换为直流电压，通过开关元件 4 对所得到的直流电压进行开关操作，经由控制电路 5 的控制，通过变压器 6 对通过该开关操作得到的信号进行电压变换，然后该交流电压再次通过整流电路 7 转换为直流电压，从而对负载供给直流电压（参见证据 1 中文译文第 1 页倒数第 3 段、倒数第 1 段至第 2 页第 1 段、附图 1－2）。

证据 6 为 JP 特开平 7－263150A 专利公报日文原文复印件及相关部分中文译文，其公开日期为 1995 年 10 月 13 日。该文献公开了如下内容：当由保护电路 10 的由电阻 101 和 102 组成的电压检测电路所检测到的电压超过规定的齐纳二极管 104 的击穿电压时，电流流过齐纳二极管 104 而供给到晶体管 105 的基极（参见说明书中文译文第 25、26 段）。

专利复审委员会受理该项无效宣告请求后，将相关文件进行了转文。

飞利浦公司于 2014 年 11 月 17 日提交了意见陈述书，并提交了权利要求书的修改替换页，其中删除了权利要求 3 引用权利要求 1 的技术方案，将权利要求 3 修改为仅引用权利要求 2。修改后的权利要求如下：

"1. 一种电路装置，适宜供控制半导体光源（LB）的工作过程，且配备有：

输入端子（A、B），供连接电源电压；

输入滤波器（I）；

一个变流器（Ⅲ），包括控制电路；和

输出端子（C、D），供连接半导体光源；

其特征在于，电路装置配备有电压检测器（Ⅱ），供检测输出端的电压。

2. 如权利要求 1 所述的电路装置，其特征在于，电压检测器（Ⅱ）在输出端（C、D）得出的电压 Vud 的值高于阈电压 Vud 时产生电信号 S。

3. 如权利要求 2 所述的电路装置，其特征在于，输入滤波器（Ⅰ）配备有切换器（F），供将变流器（Ⅲ）切换到 Vu < Vud 的工作状态。

4. 如权利要求 3 所述的电路装置，其特征在于，切换器包括断路器（F），电信号 S 供控制变流器，使其在促使断路器动作的工作状态下工作。

5. 如权利要求 4 所述的电路装置，其特征在于，切换装置制成熔丝（F）的形式。

6. 如权利要求 1 或 2 所述的电路装置，其特征在于，电路装置适宜接固态继电器，这时在输入滤波器（Ⅱ）与变流器（Ⅲ）之间接上一个自行调节的限流网络（Ⅳ）。

7. 一种配备有里面装有半导体光源的外壳的信号灯，其特征在于，信号灯配备有以上任一权利要求所述的电路装置。

8. 如权利要求 7 所述的信号灯，其特征在于，电路装置配备有与信号灯外壳合成一个整体的外壳。"

本专利说明书第 1 页第 13—18 行背景技术部分记载："信号灯越来越多用于半导体光源。在这种应用场合，半导体光源比起普通白炽灯好的地方是，使用寿命比白炽灯长得多，耗电量比白炽灯小得多。信号灯往往构成复杂信号系统的一部分，例如带有多个交通灯的交通控制系统的一部分。半导体光源通常有这样的特点，即其作为光源的工作过程取决于提供给半导体的电流，因而变流器应起电流发生器的作用。"第 2 页第 3、4 行记载："半导体光源通常包括在电气上相互连接的多个半导体组成的矩阵，例如呈多个发光二极管的形式。"第 3 页第 5—8 行记载："在本说明书和权利要求书中，'变流器'一词是指用以将电源供应的电能转换成半导体光源工作需要的电流/电压组合的电路。变流器最好采用配备有一个或几个半导体开关的开关式电源。"

2015 年 3 月 6 日，专利复审委员会举行了口头审理。

经审查，专利复审委员会于 2015 年 4 月 22 日作出被诉决定。

庭审中，原告仅针对被诉决定有关本专利权利要求 1 是否具有新颖性以及权利要求 2 是否具有创造性发表了具体意见。

上述事实，有经庭审质证的本专利授权公告文本、对比文件及各方当事人陈述等证据在案佐证。

三、裁判要点

本专利申请日在 2009 年 10 月 1 日之前，故本案应适用 2001 年 7 月 1 日起施行的《专利法》。

（一）关于权利要求 1 的新颖性

2001 年《专利法》第 22 条第 2 款规定，新颖性，是指在申请日以前没有同样的发明或者实用新型在国内外出版物上公开发表过、在国内公开使用过或者以其他方式为公众所知，也没有同样的发明或者实用新型由他人向国务院专利行政部门提出过申请并且记载在申请日以后公布的专利申请文件中。

本案中，飞利浦公司主张本专利权利要求 1 中的"变流器"起的是电流发生器的作用，与证据 1 中的变流器所起的作用不同，因此不能认为证据 1 公开了本专利权利要求 1 中的变流器。对此法院认为，变流器是本领域的常用器件，通常是指电源系统的电压、频率、相数和其他电量或特性发生变化的电器设备。尽管本专利说明书第 3 页第 5—8 行对"变流器"一词进行了限定，即"在本说明书和权利要求书中，'变流器'一词是指用以将电源供应的电能转换成半导体光源工作需要的电流/电压组合的电路。变流器最好采用配备有一个或几个半导体开关的开关式电源"。但从上述内容中无法得出本专利中的"变流器"具有不同于通常含义的特殊含义，即特指为电流发生器的明确意思表示。且本专利权利要求 1 中对于变流器仅限定为"一个变流器（Ⅲ），包括控制电路"，亦未对变流器作出特殊限定。虽然本专利说明书第 1 页第 18 行记载了"变流器应起电流发生器的作用"，但该部分内容仅是记载在说明书的背景技术部分，在权利要求 1 中并未作出相关的限定，且其与说明书中对"变流器"一词的明确定义不一致，本领域技术人员从中并不能直接地、毫无疑义地确定本专利中的变流器一定是电流发生器。因此，飞

技术调查官制度创新与实践

利浦公司的上述主张不能成立，法院不予支持。由证据 1 公开的内容可知，证据 1 中的开关元件 4、控制电路 5、变压器 6 和整流电路 7 的整体能对电压进行变换，构成了本专利的变流器，因此证据 1 公开了本专利权利要求 1 中的变流器。

飞利浦公司还主张，本专利中的负载直接是半导体光源，而证据 1 中的负载 Rl 为通过 LED 点亮文字的显示装置，二者不能对应。原被告双方均认可 "半导体光源" 并非本领域的通用术语，不存在唯一的通用解释。因此对于该用语，应站位本领域技术人员，结合权利要求书和说明书来进行解释。说明书第 2 页第 3、4 行记载，"半导体光源通常包括在电气上相互连接的多个半导体组成的矩阵，例如呈多个发光二极管的形式"。由该内容可知，LED 矩阵是本专利所述半导体光源的下位概念。根据本专利权利要求 1 限定的 "输出端子（C、D），供连接半导体光源"，并不能得出 "输出端子是直接连接半导体光源的"，只能得出 "输出端子连接有半导体光源"。而证据 1 公开了一种开关电源装置，例如涉及一种用于点亮排列多个 LED 而成的显示装置。可见证据 1 中的 LED 矩阵相当于本专利中的半导体光源。相应地，输出端子 P1、P2 连接前述包含 LED 光源的显示装置，相当于本专利的输出端子。因此，证据 1 公开了本专利权利要求 1 的半导体光源。

由上可见，证据 1 已经公开了本专利权利要求 1 的全部技术特征，权利要求 1 与证据 1 的技术方案实质相同。至于二者所解决的技术问题，由于权利要求 1 的技术方案仅限定了检测输出端电压的电压检测器以及电路装置部件，因此其并不能解决原告声称要解决的技术问题即 "监测半导体光源工作电压，给出半导体光源是否损坏的信息"，权利要求 1 客观上所解决的技术问题为：检测输出端电压以对半导体光源的工作状态进行监测。而证据 1 所公开的技术方案亦能够解决相同的技术问题即 "对输出端的电压进行监测并控制"。可见，本专利权利要求 1 与证据 1 所解决的技术问题实质上相同。因此，原告有关本专利权利要求 1 具备新颖性的理由均不成立，法院不予支持。

（二）本专利权利要求 2 是否具备创造性

权利要求 2 引用权利要求 1，其附加技术特征是：电压检测器（Ⅱ）在输出端（C、D）得出的电压 Vud 的值高于阈电压 Vud 时产生电信号 S。基于前述特征，权利要求 2 实际要解决的技术问题是如何在输出电压异常时进行提醒。而证据 6 公开了当电压检测电路所检测到的电压超过规定的齐纳二极管 104 的击穿电压时，电流流过齐纳二极管 104 而供给到晶体管 105 的基极。其中，证据 6 中的电压检测电路相当于本专利中的电压检测器，其所检测到的电压相当于本专利中的电压 Vu，规定的齐纳二极管的击穿电压相当于本专利中的阈电压 Vud，流过齐纳二极管而供给到晶体管 105 的基极的电流相当于本专利中的电信号 S。由此可见，证据 6 公开了权利要求 2 的上述附加技术特征，且其在证据 6 中所起的作用与其在本专利权利要求 2 中相同，都是通过设定阈值在输出电压异常时进行提醒。证据 6 给出了将上述特征应用到证据 1 中的技术启示。因此，在其引用的权利要求 1 不具备新颖性时，权利要求 2 不具备创造性。鉴于原告并未对权利要求 3—8 的附加技术特征发表意见，故在其所引用的权利要求不具备创造性的基础上，其亦不具备创造性。原告的相关主张缺乏事实和法律依据，法院不予支持。

综上，被诉决定认定事实清楚，适用法律正确，程序合法。原告飞利浦公司的起诉理由不能成立，对其诉讼请求法院不予支持。依照《行政诉讼法》第 69 条之规定，法院判决如下：

驳回原告飞利浦公司的诉讼请求。

07 新世纪公司诉专利复审
委员会行政纠纷案

技术意见

一、背景知识介绍

传统的烟气脱硫装置主要采用钙法脱硫技术，存在二次污染及脱硫石膏难以处置等缺陷。现有的氨法脱硫液普遍存在着氨耗高、气溶胶难以消除、吸收液处理成本高、操作难度大的问题。通常氨法烟气脱硫是用氨吸收二氧化硫生成亚硫酸铵，然后用空气氧化，但高浓度的亚硫酸铵不能被快速完全氧化成硫酸铵，而是在低浓度下氧化后通过蒸发浓缩工艺获得产物，其蒸发量大，能耗大且流程长，设备多、占地大，运行费用高，装置的经济性差。

二、对涉案专利技术方案的理解

1. 涉案专利权利要求 1

"1. 一种塔内结晶氨法脱硫装置，其特征是：它包括有一个脱硫塔和位于塔外的吸收循环槽、浓缩循环槽、硫铵稠厚器、离心机及干燥器；脱硫塔的中部设置有进烟口，顶部设置有出烟口，在进烟口和出烟口之间由下至上设置有降温吸收段、主吸收段、脱水除雾段；降温吸收段与主吸收段之间设置有仅供烟气通过的气帽，降温吸收段设置有若干层喷淋装置，主吸收段设置有若干层填料及喷淋装置，脱水除雾段设置有除雾填料和工艺水喷淋装置；在进烟口以下，由上至下设置有结晶段和氧化段，结晶段与氧化段之间通过隔板相分隔；结晶段上设置有溶液溢流口，溶液溢流口通至浓缩循环槽；氧化段底部设置有与压缩空气相同的空气分布器，氧化段下部设置有吸收液入口，氧化段上部设置有吸收液出口，吸收液入口与主吸收段下部的出口连接，吸收液出口通入吸收循环槽；吸收循环槽的出口管路分为三路，第一路通至降温吸收段，第二路通至主吸收段上层的喷淋装置，第三路通至主吸收段下层的喷淋装置；吸收循环槽的溢流口通至浓缩循环槽，浓缩循环槽的出口管路分为两路，一路通入硫铵稠厚器，另一路通至降温吸收段的喷淋装置；硫铵稠厚器的晶浆出口连接至离心机及干燥器，硫铵稠厚器的母液溢流口通至浓缩循环槽；此外，主吸收段的喷淋装置及浓缩循环槽分别与氨吸收剂的储槽连接。"

2. 本专利发明构思的理解

本专利通过溶液在塔内多次循环，并最终在塔内完成结晶，实现脱硫设备的简化，节约了能源。

三、对本案相关技术问题的分析与说明

（1）被诉决定是否遗漏了"塔内结晶"以及脱硫装置的脱硫塔包括"结晶段"，证据 2 中是否公开了"塔内结晶"并且脱硫塔内有结晶段？本专利相对于证据 2 实际解决的技术问题是否包括怎么实现塔内结晶？

原告主张：证据 2 说明书第 7/8 页第 18 行记载了"被浓缩的硫酸铵溶液进入结晶槽 9 结晶……"，结晶槽就是用来结晶的，也就是证据 2 中的结晶是在脱硫塔外进行的。证据 2 中，硫酸铵溶液在浓缩段仅仅是利用烟气的热量进行浓缩，浓缩后的硫酸铵溶液在结晶槽内进行结晶。本专利通过烟气的热量使硫酸铵溶液的水分大量蒸发，同时提供搅拌装置进行搅拌从而形成结晶，两者的结晶过程不同。证据 4（无效决定中的对比文件 6）公开了硫酸铵酸性溶液在一定温度和浓度范围的饱和和过饱和曲线，证据 2 公开了硫酸铵溶液的温度范围和浓度范围，并没有公开具体的温度、浓度及酸度，因此根据现有证据不能确定证据 2 的硫酸铵溶液是饱和或过饱和的，也就不能说明证

据 2 中存在塔内结晶。本专利通过结晶段在塔内实现结晶，提高了空间利用率，减少了后处理设备和能耗。

被告认为：证据 2 也设有结晶段，只不过没有单独命名并标出，证据 2 中硫酸铵溶液浓缩段 62（附图标记 602）的上半段相当于本专利的降温吸收段，下半段相当于本专利的结晶段，硫酸铵溶液接触到烟气后，其中的水分会被烟气蒸发从而在浓缩段 62 下半段形成含有硫酸铵结晶的浓缩液，因此，结晶段和塔内结晶实质上被证据 2 公开。本专利中之所以可以形成结晶就是因为高温烟气的作用，证据 2 中也是通过高温烟气的作用来产生结晶。虽然证据 2 中记载了结晶槽 9，但该结晶槽 9 相当于本专利中的浓缩循环槽，两者仅是名字不同。

第三人认为：首先，传统的脱硫工艺能耗都比较大，无论是本专利还是对比文件的后处理，都没有使用加热器去除水蒸气的过程，可以证明证据 2 是通过热交换进行塔内结晶。其次，证据 4（无效决定中的对比文件 6）的第 43 页公开了硫酸铵的结晶条件，结合证据 2 中硫酸铵溶液的温度和浓度，可以确定在浓缩段硫酸铵溶液与烟气接触，硫酸铵溶液浓度增加，在这样的条件下已经是过饱和溶液，必然形成结晶。

首先，证据 2 说明书第 7/8 页第 18 行记载了"被浓缩的硫酸铵溶液进入结晶槽 9 结晶……"，证据 2 中明确表明了其结晶是在结晶槽 9 内完成，且证据 2 的其他文字部分也没有"结晶在脱硫塔内完成"的意思表述。

进一步：

结晶是指固体溶质从饱和或过饱和溶液中析出的过程。具体到本案，结晶是指硫酸铵晶体从饱和或过饱和溶液中析出的过程，晶体析出的一个重要条件是硫酸铵溶液达到饱和或过饱和。因此，证据 2 中的硫酸铵是否在塔内结晶，首先需要确定证据 2 中硫酸铵溶液在浓缩段的下半段是否达到饱和或过饱和。证据 2 说明书第 4/8 页第 3—5 行记载了"通过热、质同传过程，热烟气温度降低到 50—55℃，湿度增加到接近饱和湿度。而硫酸铵溶液中水分蒸发，硫酸铵浓度增加到 40—50%（wt），送往硫铵结晶器……"。也就是说，在浓缩段的下半段，硫酸铵溶液浓度为 40—50%（wt）；虽然其中记载了烟气温度降低到 50—55℃，但并没有记载硫酸铵溶液的温度。虽然硫酸铵溶液与烟气进行了热交换，但热交换后烟气和溶液的温度受到两者的初始温度、参与热交换的烟气和溶液的数量等诸多因素的影响，因此，并不能由热交换后烟气的温度确定出硫酸铵溶液的温度，更无法得出烟气温度与硫酸铵溶液的温度相当的结论。由于不同温度条件下，硫酸铵溶液的饱和浓度是不同的，证据 4 第 43 页图 3 - 4 虽然给出了硫酸铵溶液的饱和度曲线，但在无法确定证据 2 中硫酸铵溶液的温度的条件下，并不能确定该部分 40% —50% （wt）的硫酸铵处于饱和或过饱和状态。且硫酸铵溶液的饱和浓度随着硫酸铵溶液的酸度的不同而不同，虽然该饱溶液的浓度随酸度变化不大，在证据 2 中没有给出硫酸铵溶液的酸度的前提下，证据 4 第 43 页图 3 - 4 中酸度为 5% 的硫酸铵溶液的饱和度曲线适用于证据 2 也是存在偏差的。综上所述，并不能确定证据 2 中硫酸铵溶液浓缩段的下半段内的硫酸铵溶液达到了饱和或过饱和状态，也就是不能确定证据 2 的硫酸铵在塔内是否进行了结晶。

即便认为证据 2 中烟气和硫酸铵溶液热交换后的温度相当（即温度范围为 50—55℃），且认为证据 2 和 4 中的饱和度曲线相同。在证据 2 中公开了硫酸铵溶液浓度为 40% —50% （wt）的情况下，从证据 4 的曲线中可以看出，当硫酸铵溶液浓度低于约 45% 时，证据 2 中的硫酸铵溶液也是不饱和的，在这种情况下是不会在塔内产生结晶的。在证据 2 的硫酸铵浓度并没有明确在约 45% 以上的前提下，证据 2 中是否有结晶以及结晶量的多少处于不确定的状态。虽然该情况下可能会有结晶的出现，但在证据 2 中明确记载了在结晶槽 9 内实现结晶的前提下，在塔内结晶显然不是证据 2 要达到的，或者是本领域技术人员在看到证据 2 后所有意追求的技术效果，这与本专利所追求的在塔内产生结晶，并围绕实现塔内结晶所采取的一系列技术手段的构思是不同的。

最后，通过上面的分析也可以得出，虽然证据 2 和本专利都是烟气和硫酸铵溶液在塔内存在热交换，但这不能证明证据 2 中热交换后的硫酸铵溶液达到了饱和或过饱和，进而产生了结晶。本专利中虽然没有对结晶段的温度以及硫酸铵的浓度进行限定，但通过控制塔内的反应条件是能够实现硫酸铵塔内结晶的，而且这也是本专利说明书所明确的，因此，这并不能成为证明证据 2 中存在塔内结晶段的佐证。

综上所述，现有证据不能证明证据2在脱硫塔内存在硫酸铵的结晶过程，因此证据2也就没有公开塔内结晶以及位于脱硫塔内的结晶段。由于证据2并没有公开塔内结晶以及设置在脱硫塔内的结晶段，因此，权利要求1相对于证据2所要解决的技术问题应该包括怎样实现塔内结晶。

（2）吸收循环槽以及浓缩循环槽是否被公开？

本专利中，吸收循环槽的作用是将氧化段流出的溶液返回到脱硫塔内继续循环，而证据2中的循环槽12也是将氧化段流出的溶液返回到脱硫塔内进行循环，两者的作用相同，因此证据2中的循环槽12相当于本专利中的吸收循环槽。

本专利中浓缩循环槽接收来自吸收循环槽溢流口溢出的吸收液，并分两路输出，一路送后处理稠厚器稠厚，另一路从脱硫塔的降温吸收段进入脱硫塔内与烟气逆流接触，后进入结晶段结晶。通过上面的分析可知，证据2中的结晶槽9所起作用是实现结晶，其结晶后的液体泵送至液固分离器13，虽然结晶槽9也有管路与脱硫塔相连，但通过证据2说明书第6/8页第12—14行的记载"干燥后的热风进入结晶槽9，除去夹带在热风中的细硫酸铵颗粒后再进入脱硫塔6。这样，本发明将不产生额外的废气"可知，结晶槽9与脱硫塔连接的管路仅是将干燥后的热风进行回收，避免额外废气的产生，结晶槽9与脱硫塔之间并没有液体的循环。综上所述，证据2中结晶槽9与本专利中浓缩循环槽的作用并不相同，证据2中的结晶槽9不能相当于本专利中的浓缩循环槽。

（3）硫铵稠厚器及其与其他部件的连接关系是否是公知常识？

硫铵稠厚器的作用是将结晶后的硫酸铵及其溶液送入离心机分离之前进一步的固液分离，以提高固体含量，同时将固含量低的液体进一步送往在先的设备进行循环。通过公知常识性证据8和9所记载的内容可知，在离心机前设置水力旋流器以进一步的固液分离，提高固体含量是本领域的公知常识。虽然水力旋流器与稠厚器的结构不同，但两者所起的作用相同，均是实现固液分离，且两者都是本领域的常用设备。因此，选择稠厚器或水力旋流器设置在离心机之前是常规的选择。由于稠厚器的作用是进一步将固液分离，送离心机进行脱水，因此将稠厚器的晶浆出口连接至离心机是本领域的公知常识。同时将分离出来的溶液进行再次循环利用也是本领域的公知常识，为了实现溶液的循环利用将稠厚器的母液溢流口与在先的浓缩循环槽连接对本领域技术人员来说也是公知常识。

（4）烟气进气口的位置、氨气加入口位置、吸收循环槽和浓缩循环槽之间及其各自与脱硫塔之间的管路连接方式是否是公知常识？

被告认为：进烟口、氨气加入口设置在不同位置的优缺点对本领域技术人员来说是显而易见的，本领域技术人员可以根据设置在不同位置的优缺点对进烟口、氨气加入口的位置进行选择。证据2已经公开了本专利中大部分的回路和连接关系，在确保充分循环利用吸收液的前提下，各部件之间的回路和连接关系是本领域技术人员根据需要进行选择和确定的。

对此，本专利通过吸收液的多重循环，在脱硫塔内进行硫酸铵的结晶，有效地利用了烟气的热量，节省了投资成本又降低了运行成本。本专利中的烟气进口位置以及吸收循环槽和浓缩循环槽之间及其各自与脱硫塔之间的管路连接方式均是围绕如何实现吸收液的多重循环以及利用烟气热量来实现塔内结晶进行设置的，首先没有证据证明上述连接方式是公知常识，进一步，在现有技术没有公开塔内结晶以及浓缩循环槽的前提下，本领域技术人员是不容易想到上述连接关系的。

（5）权利要求3的附加技术特征"所述搅拌装置为气体分布管，其进气口与氧化段的出气口连接"是否是本领域的常用技术手段？

对本领域技术人员而言，气体分布管、搅拌器等均是常用的搅拌手段，都可以用于防止晶体沉降。选择其中之一用于防止结晶段硫酸铵的沉降是本领域技术人员的常规选择。当选择气体分布管时，就近选择氧化段的出气作为分体分布器的工作气体是容易想到的。因此，权利要求3的附加技术特征是本领域技术人员的常用技术手段。

技术调查官：轩云龙

2017年9月26日

【技术调查官自评】

在阅卷过程中，发现原告认为被诉决定中多个技术特征的认定存在错误，这些特征作为一个技术方案的组成部分，或多或少存在关联和相互作用。由于案情复杂，技术调查官在开庭前做了很多准备工作，与法官多次讨论，围绕存在分歧的特征确定了技术焦点。其中证据2是否具有"塔内结晶"这一特征为众多焦点中最重要的一个，技术调查意见就此进行了充分的论述。由于证据2并没有记载其内部存在结晶，技术调查意见首先对此进行了明确，但并没有止步于此，而是继续根据公知的结晶的原理结合证据2记载的溶液参数，抽丝剥茧地论述了没有证据表明证据2达到了结晶的条件。初稿完成后，根据承办法官的意见又多次进行了修改，最终完成了该审查意见。

【法官点评】

　　本案的争议焦点较多，技术问题复杂，在审理过程中，法官要求当事人提交了本专利和证据2脱硫塔的工作原理动画演示，帮助理解相关的技术方案。庭审前，技术调查官就与技术事实查明有关的问题进行了详细说明和分析，并和法官一起梳理了争议焦点，并注意到各争议焦点之间关联性，形成庭审重点。在庭审中。技术调查官根据庭前合议的思路，就技术事实进行提问，引导各方当事人充分发表意见，庭审效果很好。技术调查官为完成本案的技术审查意见投入了大量精力，多次对案件技术事实进行研究，并协助法官反复对判决书的逻辑、语言表述、技术用语等进行推敲，形成审查意见。

判决书摘编 （2017）京73行初3478号

　　原告新世纪公司因发明专利无效宣告行政纠纷一案，不服国家知识产权局专利复审委员会（以下简称专利复审委员会）作出的第31774号无效宣告请求审查决定（以下简称被诉决定），在法定期限内向法院提起行政诉讼。法院于2017年5月11日受理后，依法组成合议庭，并指派技术调查官参与诉讼。法院于2017年7月24日公开开庭审理了本案，并通知被诉决定的利害关系人亚太公司作为第三人参加本案诉讼。

　　被诉决定系专利复审委员会针对亚太公司就名称为"塔内结晶氨法脱硫工艺及装置"的第200510040801.1号发明专利（以下简称本专利）提出的无效宣告请求而作出的，专利复审委员会经审查认定：

本专利权利要求 1 请求保护一种塔内结晶氨法脱硫装置，根据本专利说明书第 1 页最后一段的记载，其目的是提供一种集烟气的洗涤、降温、吸收、脱水、除雾及吸收后的副产品的氧化、浓缩、结晶等功能于一体的装置，使其在保证脱硫效率和副产品质量的条件下，能够减少后处理设备和能耗，降低运行成本。

证据 2 公开了一种烟气中 SO_2 的脱出和回收方法及装置，其包括一个立式的脱硫塔 6 和位于脱硫塔 6 外的硫酸铵溶液循环槽 12（相当于本专利的吸收循环槽）、结晶槽 9（相当于本专利的浓缩循环槽）、硫酸铵液固分离器 13、硫酸铵干燥器 14；硫酸铵固液分离器 13 优选离心机；脱硫塔 6 由下至上包括亚硫酸铵氧化段 61、硫酸铵溶液浓缩段 62、SO_2 吸收段 63（相当于本专利的主吸收段）、水洗段 64 和除雾沫段 65（相当于本专利的脱水除雾段），烟气进口 66 设置在脱硫塔 6 的下部、氧化段 61 上部，净化气出口 67 设置在脱硫塔 6 的顶部；浓缩段 62 与氧化段 61 之间设有具有气体分布装置和液体收集器的第一分隔板 6203，浓缩段 62 的上部设有稀硫酸铵溶液入口 6202，连接喷淋装置，含硫烟气从烟气入口 66 进入脱硫塔 6 后，穿过第一分隔板 6203 进入浓缩段 62，与稀硫酸铵溶液进行热、质交换，烟气被降温增湿（此部分即相当于本专利的降温吸收段）；吸收段 63 与浓缩段 62 之间设有具有气体分布装置和液体收集器的第二分隔板 6303（相当于本专利的气帽）；吸收段 63 中装填有汽液接触元件 6304，该汽液接触元件 6304 可优选采用筛板式和填料式，吸收液入口 6302 设置在吸收段 63 上部，连接喷淋装置；水洗段 64 中装填有聚丙烯材质的板波纹规整填料；除雾沫段 65 中装填有规整波纹填料；浓缩段 62 下部设置有浓硫酸铵溶液的出口 6201，浓硫酸铵溶液的出口 6201 通至结晶槽 9；氧化段 61 设有纵分隔板 6104 和横分隔板 6105，烟气进口 66 设置在纵分隔板 6104 和横分隔板 6105 的上方，氧化空气入口 68 设置在横分隔板 6105 的下方；氧化段 61 下部设有亚硫酸铵入口 6102，与吸收段 63 下部的吸收液出口 6301 连接；氧化段 61 上部设有稀硫酸铵出口 6101，通入循环槽 12；氧化段 61 下部设有吸收液出口 6103，其通过吸收液循环泵 7 以及管线与吸收段 63 上部的吸收液入口 6303 以及喷淋装置相连接；循环槽 12 的出口连接循环泵 10，该循环泵 10 的出口与设置在浓缩段 62 上部的稀硫酸铵溶液入口 6202 及喷淋装置相连接；结晶槽 9 的出口管路分为两路，一路通入分离器 13，另一路通至浓缩段 62 上部的喷淋装置；氨气入口 6204 设置在浓缩段 62 的上方。

可见，证据 2 公开的也是一种集烟气的洗涤、降温、吸收、脱水、除雾及吸收后的副产品的氧化、浓缩、结晶等功能于一体的多功能脱硫装置，其操作方便、降低投资费用、减少能耗、脱硫效率高（参见其说明书第 3 页第 5 段、第 5 页第 5 段），其发明构思、所解决的技术问题和所能达到的技术效果均与本专利相同。权利要求 1 与证据 2 的技术方案相比，区别在于：（1）证据 2 没有公开硫铵稠厚器及其与其他部件之间的连接关系；（2）二者进烟口的设置位置略有不同；（3）吸收循环槽和浓缩循环槽之间及其各自与脱硫塔之间的管路连接方式略有不同，氨气的加入位置略有不同。基于上述区别，权利要求 1 实际所解决的技术问题是，在进入离心机之前对浓硫酸铵溶液进行固液分离，以及选择脱硫装置各部件之间适宜的连接方式。

证据 2 记载了其包括一个通过管线与脱硫塔 6 相连接的再热器 2，用于提升净化烟气的温度，该再热器 2 设置在烟气进口 66 上游，即该烟气与尾气的热交换发生在烟气进入脱硫塔 6 之前；而本专利涉及的脱硫装置及其工艺步骤是从烟气由进烟口进入脱硫塔开始，并未涉及烟气进入脱硫塔之前的前处理工艺，未提及在烟气进入脱硫塔之前是否要与尾气或其他气体进行热交换，即并未排除烟气和尾气热交换，因此，烟气和尾气是否进行了热交换不能构成本专利权利要求 1 与证据 2 的区别技术特征。

对于区别（1），即硫铵稠厚器及其与其他部件之间的连接关系，在浓硫酸铵溶液排出脱硫塔进入离心机分离之前设置能够使浓硫酸铵溶液固液分离的装置从而将固含量高的部分送入离心机及干燥器进一步分离干燥并最终得到硫酸铵晶体、将固含量低的液体部分通过回路重回系统循环再利用，这是本领域的常规技术手段，例如，公知常识性证据 8 和 9 均公开了在离心机之前设置水力旋流器的技术内容并公开了其与其他部件的连接关系，证据 9 第 184 页最后一段第 185 页第 1 段记载了"将预洗涤器的浆液排入水力旋流器浓缩，使浆液的质量分数从 10% 增加至 35%。水力旋流器的功能是使浆液增稠到下一步离心脱水机要求的最佳浓度，并将细颗粒物杂质分离出去，以控制副产品纯度。水力旋流器的底流直接排入滚筒式离心脱水机,清液与溢流汇合排向中心水槽再回到预洗涤器……浆液经离心脱水机后……被送入旋转圆筒式干燥机,进一步将结晶物干燥至含水分小于1%",证据8图5-25和证据9图6-9也均示出了在离心机之前设置水力旋流器、其晶浆出口连接至离心机及干燥器、母液直接溢流回结晶段(证据8)或通过再生槽溢流回结晶段(证据9)。因此,本领域技术人员容易想到在证据2的结晶槽9和分离器13之间设置水力旋流器或具有相同作用和功能的其他部件例如硫铵稠厚器等,以使浓硫酸铵溶液固液分离,在此基础上,也容易想到将其入口与结晶槽9的出口管路相连接,将其晶浆出口与离心机13的入口相连接,并将其母液溢流口与结晶槽9相连接以使母液重新循环利用。至于硫铵稠厚器和水力旋流器,二者虽然工作原理略有差别,但其功能和作用均是实现固液分离,均为本领域常用设备,本领域技术人员可以根据实际需要选择使用。

对于区别(2),即进烟口的设置位置,本领域公知,烟气进入脱硫塔后一般均需经历降温预吸收、主吸收、脱水除雾这几个工序,在保证烟气正常上升流程的情况下,本领域技术人员可以根据实际情况调整进烟口的位置,选择将其设置在结晶段之上或是设置在结晶段之下、氧化段之上其各自的优缺点也是公知的。例如,进烟口设置在结晶段之上(如本专利),烟气进入脱硫塔后直接与吸收液接触,结晶效果较好;而进烟口设置在结晶段之下、氧化段之上(如证据2),烟气进入脱硫塔后先通过隔板上的气帽进入结晶段,能够对结晶段起到搅拌作用。证据2的烟气虽然从氧化段进入脱硫塔,但其入口仍然在氧化段溶液的液面之上,二者之间仅是表面接触,烟气对氧化段溶液加热和蒸发的作用微乎其微,而且氧化段的空气入口在氧化段溶液的液面之下,因此烟气并不会与空气相混合。综上所述,本领域技术人员可以根据实际需求对证据2的进烟口位置进行调整和选择。

对于区别(3),即各部件之间的回路和连接关系以及氨气的加入位置,首先,如前所述,证据2已经公开了本专利中大部分的回路和连接关系;其次,在确保充分循环利用吸收液的前提下,各部件之间的回路和连接关系是本领域技术人员可以根据实际需要选择和确定的,将吸收循环槽的出口管路通至主吸收段的喷淋装置以及将吸收循环槽的溢流口通至浓缩循环槽等均为本领域的常规选择；再次，证据 5 公开了一种从气体流中除去 SO₂ 等气体的方法和设备，其公开了将氨 32 加入到主吸收段的喷嘴 34，且在氧化后的硫酸铵溶液中加入氨气也是本领域常规技术手段，例如证据 11 也公开了一种氨—硫铵法，其氧化后的溶液在 pH 调整槽中加 NH₃ 成为碱性，在此基础上，本领域技术人员容易想到在证据 2 吸收段 63 的喷淋装置以及结晶槽 9 中加入氨气。

综上所述，新世纪公司关于权利要求 1 具备创造性的理由不能成立，权利要求 1 相对于证据 2 与证据 5 以及公知常识的结合是显而易见的，不具备创造性。

权利要求 2 和 3 进一步限定了结晶段的搅拌装置。首先，如前所述，证据 2 的烟气进入脱硫塔 6 后先通过隔板 6203 上的气帽进入浓缩段 62，其客观上能够对结晶段起到搅拌作用；其次，在结晶段设置搅拌装置，例如气体分布管、电动搅拌器等，是本领域防止晶体沉降的常规技术手段，例如，证据 10 也公开了借吹入蒸汽或空气或搅拌设备使结晶液在饱和器内循环流动，证据 8 图 5–25 也示出了在结晶段设置有搅拌装置；在使用气体搅拌装置的情况下，本领域技术人员也容易想到利用氧化段的出气作为搅拌装置的工作气体。因此，在其引用的权利要求不具备创造性的前提下，权利要求 2、3 也均不具备创造性。

综上所述，本专利权利要求 1—3 不符合《专利法》第 22 条第 3 款规定的创造性，在权利要求 4—5 的基础上维持本专利权继续有效。

原告新世纪公司不服被诉决定，在法定期限内向法院提起行政诉讼。

一、当事人陈述

（一）关于权利要求 1 的创造性

首先，被诉决定对本专利权利要求 1 与证据 2 的区别技术特征认定错误，遗漏了塔内结晶及结晶段两个特征。

其次，被诉决定对权利要求 1 实际解决的技术问题认定错误。将证据 2 与本专利权利要求 1 文字记载的内容进行比较可知，权利要求 1 中的以下技术内容均未被公开：塔内结晶、硫铵稠厚器、脱硫塔的中部设置进烟口、在进烟口以下，由上至下设置有结晶段和氧化段，结晶段与氧化段之间通过隔板相分隔，结晶段上部设置有溶液溢流口，溶液溢流口通至浓缩循环槽，吸收循环槽的出口管路分为三路，第一路通至降温吸收段，第二路通至主吸收段上层的喷淋装置，第三路通至主吸收段下层的喷淋装置；吸收循环槽的溢流口通至浓缩循环槽，浓缩循环槽的出口管路分为两路，其中一路通入硫铵稠厚器；硫铵稠厚器的晶浆出口连接至离心机及干燥器，硫铵稠厚器的母液溢流口通至浓缩循环槽；主吸收段的喷淋装置及浓缩循环槽分别与氨吸收剂的储槽连接。而如前所述，这些区别主要体现在塔内结晶和塔外结晶的原理不同上，因此本专利相对于证据2实际要解决的技术问题至少包括怎样实现塔内结晶。

因此，被诉决定关于权利要求1不具备创造性的认定存在事实认定及法律适用错误。

（二）关于权利要求2、3的创造性

在权利要求1具备创造性的基础上，直接或间接引用权利要求1的权利要求2、3也具备创造性，并且证据2结合公知常识并未给出用氧化空气对结晶进行搅拌的技术启示。

综上，请求法院判令撤销被诉决定，并责令被告重新作出决定。

被告专利复审委员会辩称，被诉决定认定事实清楚、适用法律正确、审理程序合法，审查结论正确，原告的诉讼理由不能成立，请求法院依法驳回原告诉讼请求。

第三人亚太公司述称：（1）被诉决定使用法律正确；（2）被诉决定对区别技术特征认定正确；（3）被诉决定对本专利实际解决的技术问题认定正确；（4）被诉决定认定权利要求1—3不具有创造性事实认定清楚，适用法律正确。综上所述，原告的诉讼理由不能成立，请求法院驳回原告的诉讼请求。

二、法院经审理查明的事实

本专利系申请号为200510040801.1，名称为"塔内结晶氨法脱硫工艺及装置"的发明专利，专利权人为新世纪公司，申请日为 2005 年 6 月 28 日，授权公告日为 2008 年 10 月 29 日。本专利授权公告的权利要求书共 5 项权利要求，其中权利要求 1—3 如下：

"1. 一种塔内结晶氨法脱硫装置，其特征是：它包括有一个脱硫塔和位于塔外的吸收循环槽、浓缩循环槽、硫铵稠厚器、离心机及干燥器；脱硫塔的中部设置进烟口，顶部设置出烟口，在进烟口和出烟口之间由下至上设置有降温吸收段、主吸收段、脱水除雾段；降温吸收段与主吸收段之间设置有仅供烟气通过的气帽，降温吸收段设置有若干层喷淋装置，主吸收段设置有若干层填料及喷淋装置，脱水除雾段设置有除雾填料和工艺水喷淋装置；在进烟口以下，由上至下设置有结晶段和氧化段，结晶段与氧化段之间通过隔板相分隔；结晶段上部设置有溶液溢流口，溶液溢流口通至浓缩循环槽；氧化段底部设置有与压缩空气相通的空气分布器，氧化段下部设置有吸收液入口，氧化段上部设置有吸收液出口，吸收液入口与主吸收段下部的出口连接，吸收液出口通入吸收循环槽；吸收循环槽的出口管路分为三路，第一路通至降温吸收段，第二路通至主吸收段上层的喷淋装置，第三路通至主吸收段下层的喷淋装置；吸收循环槽的溢流口通至浓缩循环槽，浓缩循环槽的出口管路分为两路，一路通入硫铵稠厚器，另一路通至降温吸收段的喷淋装置；硫铵稠厚器的晶浆出口连接至离心机及干燥器，硫铵稠厚器的母液溢流口通至浓缩循环槽；此外，主吸收段的喷淋装置及浓缩循环槽分别与氨吸收剂的储槽连接。

2. 根据权利要求 1 所述的塔内结晶氨法脱硫装置，其特征是：结晶段设置有搅拌装置。

3. 根据权利要求 2 所述的塔内结晶氨法脱硫装置，其特征是：所述搅拌装置为气体分布管，其进气口与氧化段的出气口连接。"

本专利说明书中记载：本发明的塔内结晶氨法脱硫装置包括有一个脱硫塔和位于塔外的吸收循环槽、浓缩循环槽、硫铵稠厚器、离心机及干燥器；脱硫塔的中部设置进烟口，顶部设置出烟口，在进烟口和出烟口之间由下至上设置有降温吸收段、主吸收段、脱水除雾段；降温吸收段与主吸收段之间设置有仅供烟气通过的气帽，降温吸收段设置有若干层喷淋装置，主吸收段设置有若干层填料及喷淋装置，脱水除雾段设置有除雾填料和工艺水喷淋装置；在进烟口以下，由上至下设置有结晶段和氧化段，结晶段与氧化段之间通过隔板相分隔；结晶段上部设置有溶液溢流口，溶液溢流口通至浓缩循环槽；氧化段底部设置有与压缩空气相通的空气分布器，氧化段下部设置有吸收液入口，氧化段上部设置有吸收液出口，吸收循环槽的出口管路分为三路，第一路通至降温吸收段，第二路通至主吸收段下层的喷淋装置，第三路通至主吸收段上层的喷淋装置；吸收循环段的溢流口通至浓缩循环槽，浓缩循环槽的出口管路分为两路，一路通入硫铵稠厚器，另一路通至降温吸收段的喷淋装置；硫铵稠厚器的晶浆出口连接至离心机及干燥器，硫铵稠厚器的母液溢流口通至浓缩循环槽；此外，主吸收段的喷淋装置及浓缩循环槽分别与氨吸收剂的储槽连接，用来补入氨吸收剂。结晶段可设置有搅拌装置，该搅拌装置可采用气体搅拌装置，其进气口与氧化段的出气口连接。

本专利的塔内结晶氨法脱硫工艺流程：

a. 烟气从脱硫塔中部的进烟口进入脱硫塔，在降温吸收段通过吸收液喷淋进行降温和初步吸收后经气体分布器进入主吸收段进行脱硫反应，然后进入脱水除雾段进行脱水除雾后排放，降温吸收段的液气比控制在 $1:2000—1:200$，主吸收段的液气比控制在 $1:5000—1:200$，主吸收段铵盐含量 $\leqslant 35\%$；

d. 由吸收循环槽溢流口溢出的吸收液进入浓缩循环槽；由浓缩循环槽输出的浓缩液分为两路，第一路送后处理稠厚器稠厚，其占输出量的 $15\%—30\%$；另一路（约 $70\%—85\%$）从脱硫塔的降温吸收段进入塔内与烟气逆流接触，经高温烟气的蒸发作用蒸发水分后在结晶段结晶，然后溢流到浓缩循环槽进行再循环。

本专利通过吸收液的多重循环，可以在脱硫塔内实现副产品硫酸铵的结晶，无需在后续处理工序消耗大量蒸汽进行浓缩结晶，从而在保证正常脱硫效率前提下，既节省了投资又大大降低了运行成本。

针对本专利，亚太公司于 2016 年 11 月 21 日向专利复审委员会提出无效宣告请求，同时提交了如下证据：

证据 1：公开日为 1994 年 11 月 8 日、公开号为 US5362458A 的美国专利文献及其中文译文，共 22 页；

证据 2：公开日为 2003 年 4 月 9 日、公开号为 CN1408464A 的中国发明专利申请公开说明书，共 15 页；

证据 3：公开日为 2004 年 6 月 3 日、公开号为 US2004/00105802A1 的美国专利文献及其中文译文，共 22 页；

证据 4：公开日为 2000 年 5 月 16 日、公开号为 US6063352A 的美国专利文献及其中文译文，共 17 页。

亚太公司于 2016 年 12 月 21 日补充提交了如下证据：

证据 5：公开日为 2005 年 5 月 18 日、公开号为 CN1617831A 的中国发明专利申请公开说明书，共 17 页。

其中，证据 2 公开了一种烟气中 SO_2 的脱出和回收方法及装置，其包括一个立式的脱硫塔 6 和位于脱硫塔 6 外的硫酸铵溶液循环槽 12、结晶槽 9、硫酸铵液固分离器 13、硫酸铵干燥器 14；硫酸铵液固分离器 13 优选离心机；脱硫塔 6 由下至上包括亚硫酸铵氧化段 61、硫酸铵溶液浓缩段 62、SO_2 吸收段 63、水洗段 64 和除雾沫段 65，烟气进口 66 设置在脱硫塔 6 的下部、氧化段 61 上部，净化气出口 67 设置在脱硫塔 6 的顶部；浓缩段 62 与氧化段 61 之间设有具有气体分布装置和液体收集器的第一分隔板 6203，浓缩段 62 的上部设有稀硫酸铵溶液入口 6202，连接喷淋装置，含硫烟气从烟气入口 66 进入脱硫塔 6 后，穿过第一分隔板 6203 进入浓缩段 62，与稀硫酸铵溶液进行热、质交换，烟气被降温增湿；吸收段 63 与浓缩段 62 之间设有具有气体分布装置和液体收集器的第二分隔板 6303；吸收段 63 中装填有汽液接触元件 6304，该汽液接触元件 6304 可优选采用筛板式和填料式，吸收液入口 6302 设置在吸收段 63 上部，连接喷淋装置；水洗段 64 中装填有聚丙烯材质的板波纹规整填料；除雾沫段 65 中装填有规整波纹填料；浓缩段 62 下部设置有浓硫酸铵溶液的出口 6201，浓硫酸铵溶液的出口 6201 通至结晶槽 9；氧化段 61 设有纵分隔板 6104 和横分隔板 6105，烟气进口 66 设置在纵分隔板 6104 和横分隔板 6105 的上方，氧化空气入口 68 设置在横分隔板 6105 的下方；氧化段 61 下部设有亚硫酸铵入口 6102，与吸收段 63 下部的吸收液出口 6301 连接；氧化段 61 上部设有稀硫酸铵出口 6101，通入循环槽 12；氧化段 61 下部设有吸收液出口 6103，其通过吸收液循环泵 7 以及管线与吸收段 63 上部的吸收液入口 6303 以及喷淋装置相连接；循环槽 12 的出口连接循环泵 10，该循环泵 10 的出口与设置在浓缩段 62 上部的稀硫酸铵溶液入口 6202 及喷淋装置相连接；结晶槽 9 的出口管路分为两路，一路通入分离器 13，另一路通至浓缩段 62 上部的喷淋装置；氨气入口 6204 设置在浓缩段 62 的上方。

步骤（2）生成的硫酸铵溶液与温度为 100—160℃的热烟气接触，通过热、质同传过程，热烟气温度降低到 50—55℃，湿度增加到接近饱和湿度。而硫酸铵溶液中水分蒸发，硫酸铵浓度可增加到 40%—50%（wt），送往硫铵结晶器，加工成商品硫铵化肥。

对低含硫量的烟气进行处理时，操作步骤（2）为：被浓缩的亚硫酸铵溶液进入结晶槽 9 结晶，然后被送往液固分离器 13，分离后的母液返回循环槽 12，固态硫酸铵则在干燥器 14 中被干燥成为商品化肥。

证据 5 公开了一种从气体流中除去 SO_2、NO 和 NO_2 气体的方法和设备，其公开了将补充的氨 32 加入到上面的喷嘴 34。

亚太公司于 2017 年 2 月 24 日口头审理时提交了如下公知常识性证据：

证据 6：《煤化学产品工艺学》，肖瑞华等主编，冶金工业出版社出版，2003 年 6 月第 1 版第 1 次印刷，封面页、版权页、目录页、第 43 页，复印件，共 7 页；

证据 7：《化产工艺学》，库咸熙主编，冶金工业出版社出版，1995 年 5 月第 1 版第 1 次印刷，封面页、版权页、目录页、第 37—42 页，复印件，共 10 页；

证据 8：《二氧化硫脱除与回收》，肖文德等编著，化学工业出版社出版，2001 年 5 月第 1 版 2001 年 9 月第 2 次印刷，版权页、目录页、第 144 页，复印件，共 3 页；

证据 9：《二氧化硫减排技术与烟气脱硫工程》，杨飏编著，冶金工业出版社出版，2004 年 1 月第 1 版第 1 次印刷，封面页、版权页、目录页、第 184—187 页，复印件，共 12 页；

证据 10：《工业化学》第三册，张克忠编，商务印书馆出版，1953 年 1 月初版，封面页、版权页、目录页、第 1、84—85 页，复印件，共 5 页；

证据 11：《三废处理工程技术手册：废气卷》，刘天齐主编，化学工业出版社出版，1999 年 5 月第 1 版 2002 年 5 月第 4 次印刷，封面页、版权页、前言页、目录页、第 208 页，复印件，共 5 页。

其中，证据 6 公开了对酸度为 5% 的硫酸铵溶液的过饱和度，在搅拌情况下所得的实验结果为图 3-4。由图可见，母液的结晶温度比其饱和温度平均低 3.4℃。在温度为 30—70℃ 的范围内，温度每变化 1℃ 时，盐的溶解度约变化 0.09%。所以溶液的过饱和度变化值即为 0.09% ×3.4 = 0.306%。这就是说，介稳区是很小的。在这种情况下，只要控制母液中结晶的生长速度与反应生成的硫酸铵量相平衡时，晶核的生成量最小，方可得到较大的结晶颗粒。公知常识性证据 8 中公开了，预洗涤器中含硫酸铵结晶的溶液靠密度自动控制排出。排出的硫酸铵料浆先经水力旋流器脱水，然后经离心机得到含水 2% 的硫酸铵滤饼。从旋流器和离心机回收的清液返回预洗涤器。

证据 9 公开了水力旋流器的底流直接排入滚筒式离心脱水机，清液与溢流汇合排向中心水槽再回到预洗涤器，使预洗涤器中液体的含固量小于 10%。

证据 10 公开了借吹入蒸汽或空气或搅拌设备使结晶液在饱和器内循环流动。

2017 年 3 月 28 日，专利复审委员会作出被诉决定，宣告本专利的权利要求 1—3 无效，在权利要求 4—5 的基础上维持该专利权继续有效。

在本案庭审过程中，原告表示若权利要求 1 不具有创造性，则仍坚持权利要求 3 的创造性。

上述事实，有被诉决定、本专利授权公告文本、当事人提交的证据，以及当事人陈述等在案佐证。

三、裁判要点

结合各方当事人的诉辩主张，本案焦点问题主要是本专利权利要求 1—3 是否具备《专利法》第 22 条第 3 款所述的创造性。

《专利法》第 22 条第 3 款规定：创造性，是指同申请日以前已有的技术相比，该发明有突出的实质性特点和显著的进步。

结合各方当事人的诉辩主张，本案主要涉及以下几个争议焦点问题：

（一）证据2中是否公开了"塔内结晶"并且脱硫塔内有结晶段，被诉决定是否遗漏了上述技术特征

原告主张：被诉决定遗漏了区别技术特征"塔内结晶以及结晶段"。证据2说明书第7/8页第18行记载了"被浓缩的硫酸铵溶液进入结晶槽9结晶……"，即证据2中的结晶是在脱硫塔外的结晶槽进行的。硫酸铵溶液在浓缩段仅仅是利用烟气的热量进行浓缩，浓缩后的硫酸铵溶液在结晶槽内进行结晶。本专利通过烟气的热量使硫酸铵溶液的水分大量蒸发，同时提供搅拌装置进行搅拌从而形成结晶，两者的结晶过程不同。证据6公开了硫酸铵酸性溶液在一定温度和浓度范围的饱和和过饱和曲线，证据2公开了硫酸铵溶液的温度范围和浓度范围，并没有公开具体的温度、浓度及酸度，因此根据现有证据不能确定证据2的硫酸铵溶液是饱和或过饱和的，也就不能证明证据2中存在塔内结晶。本专利通过结晶段在塔内实现结晶，提高空间利用率，减少后处理设备和能耗。

被告认为：证据2也设有结晶段，只不过没有单独命名并标出，证据2中硫酸铵溶液浓缩段62（附图标记602）的上半段相当于本专利的降温吸收段，下半段相当于本专利的结晶段，硫酸铵溶液接触到烟气后，其中的水分会被烟气蒸发从而在浓缩段62下半段形成含有硫酸铵结晶的浓缩液，因此，结晶段和塔内结晶实质上被证据2公开。本专利中之所以可以形成结晶就是因为高温烟气的作用，证据2中也是通过高温烟气的作用来产生结晶。虽然证据2中记载了结晶槽9，但该结晶槽9相当于本专利中的浓缩循环槽，两者仅是命名不同。

第三人认为：首先，传统的脱硫工艺能耗都比较大，无论是本专利还是对比文件的后处理，都没有使用加热器去除水蒸气的过程，可以证明证据2是通过热交换进行塔内结晶。其次，证据6的第43页公开了硫酸铵的结晶条件，结合证据2中硫酸铵溶液的温度和浓度，可以确定在浓缩段硫酸铵溶液与烟气接触，硫酸铵溶液浓度增加，在这样的条件下已经是过饱和溶液，必然形成结晶。

法院认为，首先，证据 2 说明书第 7/8 页第 18 行记载了"被浓缩的硫酸铵溶液进入结晶槽 9 结晶……"，因此，证据 2 中明确表明了其结晶是在结晶槽 9 内完成，且证据 2 没有关于结晶在脱硫塔内完成的文字记载。

其次，结晶是指固体溶质从饱和或过饱和溶液中析出的过程。具体到本案，结晶是指硫酸铵晶体从饱和或过饱和溶液中析出的过程，晶体析出的一个重要条件是硫酸铵溶液达到饱和或过饱和状态。因此，证据 2 中的硫酸铵是否在塔内进行结晶，亦即，硫酸铵溶液浓缩段 62（附图标记 602）的下半段是否有硫酸铵晶体析出，首先需要确定证据 2 中硫酸铵溶液在浓缩段的下半段是否达到饱和或过饱和状态。证据 2 说明书第 4/8 页记载了，在浓缩段"通过热、质同传过程，热烟气温度降低到 50—55℃，湿度增加到接近饱和湿度。而硫酸铵溶液中水分蒸发，硫酸铵浓度增加到 40%—50%（wt），送往硫铵结晶器……"，也就是说，在浓缩段的下半段，硫酸铵溶液浓度为 40%—50%（wt）。虽然其中记载了烟气温度降低到 50—55℃，但并没有记载硫酸铵溶液的温度。考虑到硫酸铵溶液与烟气进行热交换的因素，但热交换后烟气和溶液的温度受到两者的初始温度、参与热交换的烟气和溶液的数量等诸多因素的影响，因此，并不能由热交换后烟气的温度确定出硫酸铵溶液的温度，更无法得出烟气温度与硫酸铵溶液的温度相当的结论。不同温度条件下，硫酸铵溶液的饱和浓度是不同的，证据 6 第 43 页图 3-4 虽然给出了硫酸铵溶液的饱和度曲线，但在无法确定证据 2 中硫酸铵溶液的温度的条件下，并不能确定证据 2 中该部分 40%—50%（wt）的硫酸铵处于饱和或过饱和状态。此外，硫酸铵溶液的饱和浓度还会随着硫酸铵溶液的酸度的不同而不同，虽然该饱和溶液的浓度随酸度变化不大，但在证据 2 中没有给出硫酸铵溶液的酸度的前提下，证据 6 第 43 页图 3-4 中酸度为 5% 的硫酸铵溶液的饱和度曲线与证据 2 中硫酸铵溶液的曲线也不一定相同。综上所述，根据证据 2 披露的技术方案以及本领域技术人员的理解，并不能确定证据 2 中浓缩段下半段内的硫酸铵溶液处于饱和或过饱和状态，即不能确定证据 2 的硫酸铵在塔内进行了结晶。

退一步讲，即便认为证据 2 中烟气和硫酸铵溶液热交换后的温度相当（即温度范围为 50—55℃），且认为证据 2 和 6 中的饱和度曲线相符，由于证据 2 中公开了硫酸铵溶液浓度为 40% —50%（wt），而从证据 6 的曲线中可以看出，当硫酸铵溶液浓度低于 45% 时，证据 2 中的硫酸铵溶液也是不饱和的，在这种情况下不会在塔内产生结晶。证据 2 的硫酸铵浓度没有被明确在 45% 以上，而且，虽然当硫酸铵浓度大于 45% 时会有结晶出现，但在没有促使晶粒成长的其他条件下，结晶量也是很少的。故在证据 2 明确记载了在结晶槽 9 内实现结晶的前提下，在塔内结晶显然不是证据 2 的技术方案希望达到的，或者是本领域技术人员在看到证据 2 后有意追求的技术效果。同时，根据证据 2 披露的技术方案，即便出现结晶，也不是适用于工业生产的结晶工艺。还应注意到的是，如果确实有塔内结晶，也应该在产生结晶前后有相应的技术手段与之配合，而证据 2 中并没有相关记载，这与本专利要实现的在塔内产生结晶，并围绕实现塔内结晶所采取的一系列技术手段的设计是不同的。

再次，通过上面的分析也可以看出，虽然证据 2 和本专利都是烟气和硫酸铵溶液在塔内进行热交换，但这不能证明证据 2 中热交换后的硫酸铵溶液达到了饱和或过饱和状态，进而产生了结晶。本专利中虽然没有对结晶段的温度以及硫酸铵的浓度进行限定，但本领域技术人员在阅读说明书的基础上，通过控制塔内的反应条件是能够判断本专利是可以实现硫酸铵塔内结晶的，这一教导是明确的，也是可以实现的。

最后，根据证据 2 披露的技术方案，无法得出在脱硫塔内存在硫酸铵的结晶过程的结论，证据 2 没有公开塔内结晶以及位于脱硫塔内的结晶段，故权利要求 1 相对于证据 2 所要解决的技术问题应该包括怎样实现塔内结晶。而对此，无效决定仅在第 7/8 页第 2 段区别技术特征 2 的评述过程中提及了"结晶段"，但未进行针对性的评述。

综上，证据 2 的技术方案没有公开脱硫塔内存在"结晶段"以及"塔内结晶"，被诉决定未对该技术特征进行实质性的评述。原告的相关诉讼主张成立，法院予以支持。

（二）吸收循环槽以及浓缩循环槽是否被公开

原告主张，证据 2 没有公开吸收循环槽和浓缩循环槽。证据 2 中结晶槽的溶液向后进入离心机，没有循环的过程。

被告和第三人认为，证据 2 中的循环槽相当于本专利中的吸收循环槽，结晶槽相当于本专利的浓缩循环槽，仅是名称上的不同。

法院认为，本专利中，吸收循环槽的作用是将氧化段流出的溶液返回到脱硫塔内继续循环，而证据 2 中的循环槽 12 也是将氧化段流出的溶液返回到脱硫塔内进行循环，两者的作用相同，因此证据 2 中的循环槽 12 相当于本专利中的吸收循环槽。

本专利中浓缩循环槽接收来自吸收循环槽溢流口溢出的吸收液，并分两路输出，一路送后处理稠厚器稠厚，另一路从脱硫塔的降温吸收段进入脱硫塔内与烟气逆流接触，后进入结晶段结晶。通过前面的分析，证据 2 中的结晶槽 9 所起作用是实现结晶，结晶后的液体泵送至液固分离器 13，虽然结晶槽 9 也有管路与脱硫塔相连，但通过证据 2 说明书第 6/8 页第的记载，"干燥后的热风进入结晶槽 9，除去夹带在热风中的细硫酸铵颗粒后再进入脱硫塔 6。本发明将不产生额外的废气"，因此，结晶槽 9 与脱硫塔连接的管路仅是将干燥后的热风进行回收，避免额外废气的产生，结晶槽 9 与脱硫塔之间并没有液体的循环。因此，证据 2 中结晶槽 9 与本专利中浓缩循环槽的作用并不相同，故证据 2 并未公开本专利的浓缩循环槽。

（三）硫铵稠厚器及其与其他部件的连接关系是否为公知常识

原告主张，本专利是塔内结晶，所以需要硫铵稠厚器，而证据 2 是塔外结晶，故不需要硫铵稠厚器，因晶体在结晶槽中已经长大。证据 2 形成了完整的技术方案，没有动机加入水力旋流器，且水力旋流器与稠厚器的功能作用并不相同。

被告和第三人认为，设置硫铵稠厚器及其与其他部件的连接关系为公知常识。

法院认为，硫铵稠厚器的作用是将结晶后的硫酸铵及其溶液送入离心机进行固液分离，以提高固体含量，同时将固体含量低的液体送往浓缩循环槽进行循环。通过公知常识性证据 8 和 9 所记载的内容可知，在离心机前设置水力旋流器以进一步的固液分离，提高固体含量是本领域的公知常识。虽然水力旋流器与稠厚器的结构不同，但两者所起的作用相同，均是实现固液分离，且两者都是本领域的常用设备。因此，在离心机之前设置稠厚器或水力旋流器设置是常规的选择。由于稠厚器的作用是将固液分离，送离心机进行脱水，因此将稠厚器的晶浆出口连接至离心机，将分离出来的溶液进行再次循环利用，同时，为了实现溶液的循环利用将稠厚器的母液溢流口与在先的浓缩循环槽连接等也是本领域的公知常识或是常用技术手段。

（四）烟气进气口的位置、氨气加入口位置、吸收循环槽和浓缩循环槽之间及其各自与脱硫塔之间的管路连接方式是否为公知常识

原告主张，本专利是为了实现其发明目的的一个整体方案，上述特征与塔内设置的结晶段共同配合、协同作用，实现了证据 2 所无法实现的塔内结晶。

被告认为，进烟口、氨气加入口设置在不同位置的优缺点对本领域技术人员来说是显而易见的，本领域技术人员可以根据设置在不同位置的优缺点对进烟口、氨气加入口的位置进行选择。证据 2 已经公开了本专利中大部分的回路和连接关系，在确保充分循环利用吸收液的前提下，各部件之间的回路和连接关系是本领域技术人员根据需要进行选择和确定的。

第三人认为，这些技术特征是公知常识拼凑得到的，对本领域技术人员来说是容易想到的。

法院认为，本专利通过吸收液的多重循环，在脱硫塔内进行硫酸铵的结晶，有效地利用了烟气的热量，节省了投资成本又降低了运行成本。本专利中的烟气进口位置以及吸收循环槽和浓缩循环槽之间及其各自与脱硫塔之间的管路连接方式均是围绕如何实现吸收液的多重循环以及利用烟气热量来实现塔内结晶进行设置的，并没有证据证明上述连接方式是公知常识。在现有技术没有公开塔内结晶以及浓缩循环槽的前提下，本领域技术人员是不容易想到上述连接关系的。

据此，被诉决定中关于本专利权利要求 1 不具有创造性的评述缺乏事实和法律依据，是错误的。在此基础上，被诉决定中关于直接或间接引用本专利权利要求 1 的权利要求 2 和权利要求 3 的创造性评述也是错误的。原告的相关诉讼主张成立，法院予以支持。

综上，被诉决定对本专利权利要求 1、2、3 创造性的评述存在事实认定

和适用法律错误，依照《中华人民共和国行政诉讼法》第 70 条第（1）项、第（2）项之规定，法院判决如下：

（1）撤销专利复审委员会作出的第 31774 号无效宣告请求审查决定；

（2）专利复审委员会就亚太公司对名称为"塔内结晶氨法脱硫工艺及装置"的第 200510040801.1 号发明专利权提出的无效宣告请求重新作出审查决定。

08 金凯公司诉专利复审
委员会行政纠纷案

技术意见

一、对涉案技术方案的理解

（一）权利要求书

本专利授权公告时的权利要求为1—6项，2015年10月8日，专利权人针对无效宣告请求提交了意见陈述书，并同时提交了权利要求书的修改替换页（共4项），修改后的权利要求书如下：

"1.1-取代-3-氟代烷基吡唑-4-羧酸酯的制造方法，该方法通过通式（1）所表示的2-烷氧基亚甲基氟代酰基乙酸酯与通式（2）所表示的肼类的反应，制造通式（3）所表示的1-取代-3-氟代烷基吡唑-4-羧酸酯，其特征在于，在碱的存在下，且在水溶剂中或水与有机溶剂的混合溶剂中进行反应，

（1）

式中，R^1表示氢原子或卤原子，R^2表示氢原子、氟原子、可被氯原子或氟原子取代的碳原子数1~12的烷基，R^3和R^4分别独立地表示碳原子数1~6的烷基，

$$R^5NHNH_2 \qquad （2）$$

式中，R⁵ 表示可以被一个以上卤原子取代的碳原子数 1~6 的烷基，

（3）

式中，R¹、R²、R³ 及 R⁵ 表示与上述相同的意思，

相对于作为反应基质的上述通式（1）所表示的 2-烷氧基亚甲基氟代酰基乙酸酯，碱的使用量为 0.001~10.0 当量，

反应温度为 -30℃~80℃。

2. 根据权利要求 1 所述的 1-取代-3-氟代烷基吡唑-4-羧酸酯的制造方法，其中，碱是氢氧化钠或氢氧化钾。

3. 根据权利要求 1 所述的 1-取代-3-氟代烷基吡唑-4-羧酸酯的制造方法，其中，通式（1）所表示的 2-烷氧基亚甲基氟代酰基乙酸酯与水的重量比例是 1/0.25~1/100。

4. 根据权利要求 1 所述的 1-取代-3-氟代烷基吡唑-4-羧酸酯的制造方法，其中，有机溶剂是选自芳香烃系溶剂、脂肪族烃系溶剂、醇系溶剂、酯系溶剂及卤素系溶剂所组成的组中的至少 1 种。"

（二）本专利申请发明相关内容

本专利的专利号为 200680006100.9，申请日为 2006 年 2 月 23 日，优先权日为 2005 年 2 月 25 日，专利权人为公益财团法人相模中央化学研究所、日本凡凯姆股份有限公司。

本发明涉及作为医药农药合成中间体有用的下述通式（3）所表示的 1-取代-3-氟代烷基吡唑-4-羧酸酯的制造方法。

本发明提供一种新方法，其以简便、安全的操作，高收率且高选择性地制造按照下述反应式通过 2 - 烷氧基亚甲基氟代酰基乙酸酯（1）与肼类（2）的反应所生成的 3 - 氟代烷基吡唑 - 4 - 羧酸酯（3）及 5 - 氟代烷基吡唑 - 4 - 羧酸酯（4）两种异构体中作为医药农药中间体有用的 3 - 氟代烷基吡唑 - 4 - 羧酸酯（3）。

$$
\begin{array}{c}
\underset{(1)}{R^1\underset{F\ \ R^2}{\diagdown}\overset{O\quad O}{\diagup}\underset{OR^4}{\overset{OR^3}{}}}
\quad + \quad
\underset{(2)}{R^5NHNH_2}
\quad \longrightarrow
\end{array}
$$

$$
\underset{(3)}{\left[\begin{array}{c} R^5 \\ N-N \\ R^1\!\!\underset{F\ R^2}{}\!\!-\!\!COOR^3 \end{array}\right]}
\quad + \quad
\underset{(4)}{\left[\begin{array}{c} R^5\diagdown N=N \\ R^1\!\!\underset{F\ R^2}{}\!\!-\!\!COOR^3 \end{array}\right]}
$$

（式中，R^1 表示氢原子或卤原子，R^2 表示氢原子、氟原子、可被氯原子或氟原子取代的碳原子数 1—12 的烷基。R^3 及 R^4 分别独立地表示碳原子数 1—6 的烷基。R^5 表示可以被取代的碳原子数 1—6 的烷基。)

通过在碱的存在下，在水溶剂中或水与有机溶剂的混合溶剂中进行反应，由此，可选择性地且以高收率制造所期望的 1 - 取代 - 3 - 氟代烷基吡唑 - 4 - 羧酸酯。

即本发明涉及通式（3）所示的 1 - 取代 - 3 - 氟代烷基吡唑 - 4 - 羧酸酯的制造方法，其特征在于，使通式（1）所表示的 2 - 烷氧基亚甲基氟代酰基乙酸酯和通式（2）所表示的肼类，在碱的存在下，且在水溶剂中或水与有机溶剂的混合溶剂中反应。

通过本发明的 1 - 取代 - 3 - 氟代烷基吡唑 - 4 - 羧酸酯的制造方法，能够克服现有的问题，能够以简便、安全的操作，高收率且高选择性地制造目标物。可通过本发明的制造方法制造的 3 - 氟代烷基吡唑 - 4 - 羧酸酯，作为医药农药中间体特别有用，本发明提供了产业上极其有用的制造方法。

本专利说明书第 5 – 14 页公开了具体的实施例，现列举部分与本案相关的实施例反应式。

实施例 1：

实施例 24

实施例 26

实施例 27

实施例 28

二、所涉证据的相关内容

被诉决定使用证据 1 和 2 评价了权利要求 1—4 的创造性。

（1）证据1（PCT专利文献WO2004/073594A2，公开日为2004年09月02日，复印件共149页；及其中文译文即中国专利文献CN1774229A，复印件共133页）

证据1公开了一种乙基5-三氟甲基-1H-吡唑-4-羧酸酯的合成方法，反应物为乙基2-（乙氧基亚甲基-4，4，4-三氟）-3-氧代丁酸酯、肼和乙醇，在氩气和磁力搅拌下在100ml三颈烧瓶中将1M肼溶液（THF）加到25ml乙醇中。将混悬液冷却至-15℃（CCl_4/N_2浴），30分钟内将氧代丁酸酯滴加到肼中。室温2小时30分后，由于通过薄层色波谱没有见到变化，用乙醇（EtOH）回流加热反应介质16小时。一将反应介质恢复至室温，然后就蒸发除去溶剂，用10ml戊烷将得到的固体洗涤两次，通过烧结玻璃滤器过滤。如此回收3g白色晶体固体。

（2）证据2（PCT专利文献WO2005/003077A1，公开日为2005年01月13日，复印件共24页；及其中文译文即中国专利文献CN1812959A，复印件共16页）

证据2公开了如下内容：4，4-二氟乙酰乙酸烷基酯可以先与乙酸酐和原甲酸三烷基酯以较高的产率转化为2-（二氟乙酰基）-3-烷氧基丙烯酸烷基酯。与甲肼环化得到1-甲基-3-二氟甲基-吡唑-4-羧酸。转化过程可以表示为以下反应路线图：

证据2说明书实施例4还公开了1-甲基-5-二氟甲基-吡唑-4-羧酸的制备过程，-15℃至-5℃时将527.8g（11.45mol）甲肼溶于0.7L乙醇的溶液滴入2394g（10.35mol）2-（二氟乙酰基）-3-乙氧基丙烯酸乙酯溶于5.4L乙醇的溶液中，滴加时间3.5小时，继续搅拌16小时。然后加入

560g（14mol）氢氧化钠和3.5L水，50℃下继续搅拌7小时。将反应混合物冷却并减压蒸发。残余物在6L水和7kg冰中处理，并用二氯甲烷洗涤（一次3L，一次2L）。冰冷的水相用浓盐酸调pH至2，将沉淀物滤出并在干燥箱中干燥。回流条件下将粗产品溶于8L异丙醇（热）中，冷却，0—5℃时搅拌30分钟，过滤，用1.4L异丙醇（5℃）洗涤，在40℃干燥箱中干燥。获得1226.4g的1－甲基－5－二氟甲基－吡唑－4－羧酸。

三、对本案相关技术问题的分析与说明

结合原告诉求，通过合议分析，确定本案中存在的相关技术问题有三个方面，现分析如下：

1. 被诉决定对创造性评价中关于区别技术特征的认定是否正确

原告诉称：被诉决定中有关"在碱存在下"构成区别的认定错误。肼在本专利中到底是否用作反应物，应该从化学反应的具体反应过程出发，根据本专利实施例的记载，肼的作用不仅是用作反应物，由于还存在大量过量的肼，该过量的肼应该是用作"碱"，而不是反应物。在这种情况下，"在碱存在下"并非区别技术特征。同时，原告也并未在无效阶段认可被诉决定的所述认定，原告的实际意思是在进行假设评述："即使合议组认为在碱存在下不构成区别技术特征，那么原告也要进行如下陈述"。

分析与说明：

证据1公开了一种生产乙基5－三氟甲基－1H－吡唑－4－羧酸酯的方法，反应物为乙基2－（乙氧基亚甲基－4，4，4－三氟）－3－氧代丁酸酯、肼和乙醇，其中明确了肼为反应物。在本专利独立权利要求1限定的1－取代－3－氟代烷基吡唑－4－羧酸酯的制造方法中，采用了"通过通式（1）所表示的2－烷氧基亚甲基氟代酰基乙酸酯与通式（2）所表示的肼类的反应，制造通式（3）所表示的1－取代－3－氟代烷基吡唑－4－羧酸酯"的撰写方式，而且进一步限定了"在碱的存在下，且在水溶剂中或水与有机溶剂的混合溶剂中进行反应"。在庭审中，原告也认可特征部分所述"反应"即指通式（1）所表示的2－烷氧基亚甲基氟代酰基乙酸酯与通式（2）所表示的肼类反应制造通式（3）所表示的1－取代－3－氟代烷基吡唑－4－羧酸

酯。因此，从本专利权利要求 1 的撰写方式以及基于本领域技术人员的常规理解可以确定，权利要求 1 制备方法中通式（2）所表示的肼类与所述的碱是独立加入的。而且根据本领域技术人员的常规理解，权利要求 1 并没有记载通式（2）所表示的肼类既作为反应物又作为碱加入。原告诉称的仅仅是肼本身在反应中具有的特性，而非本专利的实际加入方式。另一方面，在本专利的具体实施方式中明确记载了在制备 1－取代－3－氟代烷基吡唑－4－羧酸酯化合物的方法中碱和肼类化合物是分别加入的，这也与权利要求 1 所限定的制备方法相一致。

综上所述，经分析，"在碱的存在下"应为本专利权利要求 1 与证据 1 的区别技术特征之一。

2. 权利要求 1 的术语"碱"是否涵盖过宽的保护范围

原告诉称：本专利权利要求 1 中并没有限定碱的类型，"在碱存在下"是指在碱性环境下进行化学反应，当要求在碱存在下进行反应时，并非所有能够使 pH 大于 7 的碱和其相应的用量都能够达到反应的要求。因此，本领域的技术人员有理由相信，并非所有的强碱和弱碱在修改后的权利要求 1 所限定的使用量范围内（0.001—10.0 当量）都能够实现本专利的技术方案，达到本专利所声称的技术效果，权利要求 1 实质上是覆盖了不能达到本发明技术效果的技术方案，也即术语"碱"涵盖了太宽的保护范围。对于碱的用量，权利要求 1 中限定碱的用量为"0.001—10.0 当量"，本专利实施例中碱的使用量均在约 0.1—3.2 当量范围内，权利要求 1 中限定碱的用量的最高值是最低值的 10000 倍，数值范围跨度巨大，而说明书实施例中碱的用量最高值仅为最低值的 32 倍，实施例中碱的用量最低值是权利要求 1 最低值的 100 倍，实施例最高值不到权利要求 1 最高值的 1/3，因此，权利要求 1 中限定碱的用量也涵盖了过宽的保护范围。

被告辩称：本专利的发明点在于在现有技术存在的低选择性、安全性差的情况下通过加碱和加水提高反应收率，获得较好的技术效果。说明书实施例中不仅使用了无机碱－氢氧化钾和氢氧化钠，还使用了有机碱－三乙胺和吡啶，并且通过实验验证了不同种类的碱在不同用量下的技术效果，对于本领域技术人员而言,其能够确定本专利所述的"碱"的具体含义,并且知晓如何根据实际反应需要选择并且确定所述见得种类和用量。

第三人认为,被诉决定中对于"碱"的范围已经进行了明确的认定,在被诉决定第 14 页第 1 段中已经指出"碱的共性在于其都能够在本专利有水存在的反应体系中显示出碱性,提供碱性反应环境",本领域技术人员结合自身的普通技术知识以及包括实施例和比较例在内的说明书的内容,完全可以确定"碱"的范围。原告并未提供其他任何证据证明权利要求 1 中涵盖的技术方案不能解决其所要解决的技术问题,因此,原告主张的"碱"得不到说明书支持并不成立。而且,结合本专利说明书所记载的内容,本领域技术人员能够确定权利要求 1 中的"碱"的具体范围。因此,应当允许申请人在本专利实施例记载的"碱"的基础上合理概括出权利要求 1 的保护范围,但这并不意味着权利要求 1 中所涵盖的"碱"在任意的范围内均能解决所要解决的技术问题,本领域技术人员结合自身具备的普通技术知识,知晓如何确定"碱"的种类和用量。

分析与说明:

本案中,涉案专利说明书中记载的与技术问题、技术效果有关的内容主要包括以下四个方面:第一,关于涉案专利的背景技术。现有技术日本特开 2000－128763 号公报(专利文献 1)记载了合成 1,3－二取代吡唑－4－羧酸酯的方法,但为了得到高纯度的目标物,需要在严格控制 pH 下使其结晶,工业上需要复杂的操作。专利文献 2—4 任意一个中,都没有描述任何关于在反应体系中有水共存的情况下,水对于目标物 1,3－二取代吡唑－4－羧酸酯的收率、选择性的影响。另外,实际上在水存在下进行该反应,结果可知选择性大幅度降低,可知仅仅在水存在下进行反应未必能选择性好地得到目标产物 1,3－二取代吡唑－4－羧酸酯。第二,关于涉案专利的发明解决的技术问题。本专利所要解决的技术问题是提供一种新方法,其以简便、安全的操作,高收率且高选择性地制造 3－氟代烷基吡唑－4－羧酸酯化合物。解决问题的方法即是采用通过在碱的存在下,在水溶剂中或水与有机溶剂的混合溶剂中进行反应。第三,关于涉案专利所要实现的技术效果。说明书第 4 页第 [0033] 段记载了"能够克服现有的问题,能够以简便、安全的操作,高收率且高选择性地制造目标物"。第四,关于涉案专利的具体实施方式。在说明书具体实施方式中,本专利记载了以氢氧化钠、氢氧化钾、三乙胺和吡啶分别作为碱在水溶剂中或水与有机溶剂的混合溶剂中进行1,3-二取代吡唑-4-羧酸酯的合成反应(参见实施例1-28),并记载了不含碱的比较例1-9。从比较的实验数据可以看出,碱的加入对生成产物的选择性影响很大。

综上,综合考虑说明书中有关背景技术、发明目的、有益效果、具体实施方式等内容,涉案专利相对于现有技术作出的改进主要在于在使用水的情况下,制备方法中加入了碱,从而提高了反应的产率和选择性。在涉案专利解决所述技术问题时,碱的选择对于其最终达到的技术效果至关重要。就本案而言,一方面,根据本专利的发明目的和所要解决的技术问题,碱的选择对于发明的技术效果有重要影响,"碱"在本专利中作为关键试剂的选择就尤为重要。由于对"碱"在整个制造方法中的作用双方并没有统一认识,而本专利说明书也没有记载"碱"在整个技术方案获得高收率和高选择性的产物过程中发挥何种作用。即本领域技术人员根据说明书公开的内容不能确认碱在整个反应中是仅仅提供碱性,还是除此还具有其他特定的作用。另一方面,在专利授权确权程序中,通常认为,如果说明书未对权利要求用语的含义作出特别界定,原则上应采用本领域普通技术人员结合说明书具体公开内容所能理解的通常含义,由于双方当事人在庭审中对于"碱"在本领域中的公知含义不持异议,因此,根据本专利权利要求1中的文字记载,并结合专利说明书具体公开内容,对于本专利权利要求1中所限定的"碱"应当理解为本领域中具有公知含义的"碱"。而本领域公知"碱"的种类和数量众多,虽然使用碱来提供碱性环境属于常规的技术手段,但基于对本专利发明目的的认定,"碱"的选择与发明解决的技术问题以及产生的技术效果密切联系,本专利在说明书具体实施方式中给出了一定数量的实施例,但其中碱的数量具体仅为4种。在说明书公开的具体实施方式基础上,本领域技术人员基于现有技术并不能预期本专利权利要求1"在碱存在下"限定的所有技术方案均能解决本专利所要解决的技术问题,并达到预期的"提高了反应的产率和选择性"技术效果,这在第三人的意见陈述中也有体现。因此,本领域技术人员结合对本专利技术方案的整体理解可以认定，本专利权利要求 1 关于"碱"的限定属于宽范围的上位概括。

3. 本专利的实施例中关于甲基肼的用量数据是否存在错误

原告诉称，本专利的实施例中关于甲基肼的用量数据错误，没有一个是能够满足专利权人在无效答复过程中所自认的正确值。因此，甲基肼的用量错误导致本专利中的关于产率在内的计算数值错误，该说明书并不能证明权利要求的技术方案能够获得所声称的技术效果，本申请的说明书公开不充分。

分析与说明：

对于该点，由于在本专利的说明书实施例中仅记载了 35 重量% 甲基肼水溶液的摩尔量和体积，原告在起诉状中针对本专利给出的甲基肼的摩尔数数据是原告根据自己的计算方式计算的，其中计算过程中使用的溶液密度并未在本专利中公开，原告提供这样的计算结果并不能证明本专利使用的甲基肼溶液中甲基肼的摩尔数错误。

技术调查官：温国永

2017 年 12 月 1 日

【技术调查官自评】

本案的技术争议焦点集中于创造性评价中关于区别技术特征的具体认定以及对于《专利法》第 26 条第 4 款和第 26 条第 3 款的技术事实认定问题。涉及的技术内容较复杂，技术意见基于本领域技术人员对本专利反应原理进行深入分析，正确认定涉案专利所要解决的技术问题和所要实现的技术效果，并综合考量说明书中有关背景技术、发明目的、有益效果、具体实施方式等内容来判断技术事实，说理充分，事实认定清楚。

【法官点评】

本案技术事实查明既涉及对技术方案中"碱存在下"和"肼类作为碱性反应物加入"的理解、比较问题，也涉及说明书仅给出了 4 种具体的碱的实施例，而权利要求 1 是否涵盖了过宽保护范围的问题，技术调查官如果不具有一定的技术水平以及逻辑思维能力是难以解决的。在解决第一个问题时，技术调查官经过对现有技术和本专利技术方案的研读，在本领域技术人员的基础上对两者进行了比较、分析，得出了客观的认定结论。在解决第二个问题时，技术调查官不仅仅是从碱的种类和数量众多这一简单论述入手，还对说明书没有记载碱在整个技术方案获得高收率和高选择性的产物过程的作用进行了相应的分析，论述是比较充分的，为法官解决这一技术与法律属性兼有的问题提供了有益的参考。

判决书摘编 （2016）京 73 行初 3291 号

金凯公司因发明专利权无效宣告行政纠纷一案，不服被告国家知识产权局专利复审委员会（简称专利复审委员会）于 2016 年 3 月 3 日作出的第28601 号无效宣告请求审查决定（简称被诉决定），在法定期限内向法院提起行政诉讼。法院于 2016 年 6 月 30 日受理后依法组成合议庭，并通知公益财团法人相模研究所、凡凯姆公司作为本案的第三人参加诉讼，同时指派温国永为本案技术调查官，于 2017 年 11 月 8 日公开开庭进行了审理。

一、当事人陈述

被诉决定系专利复审委员会针对金凯公司就专利权人相模研究所、凡凯姆公司拥有的第 200680006100.9 号"1-取代-3-氟代烷基吡唑-4-羧酸酯的制造方法"发明专利权（以下简称本专利）提出的无效宣告请求而作出的，该决定认定：

1. 审查基础

本无效宣告请求审查决定以专利权人 2015 年 10 月 8 日提交的权利要求书以及本专利授权公告的其他文本作为审查基础。

2. 证据的认定

对证据 1、证据 2、证据 4、证据 6、证据 7、证据 8、证据 10、证据 11

的真实性及译文准确性予以认可。证据 1 和证据 2 的公开日均早于本专利的优先权日，故可以作为现有技术评价本专利的创造性。

证据 9 是金凯公司提交的"不同碱对 1 - 取代 - 3 - 氟代烷基吡唑 - 4 - 羧酸酯制备影响的实验报告"。该实验报告的形式较为随意，其既没有记载出具该实验报告的单位以及具体实验人员，也没有加盖实验单位的印章，仅在最后一页有"包明 2015.8.3"的签名字样，但作为证据 9 的出证人，包明并没有出席口头审理并且接受质证。其次，证人王永灿陈述其负责通过口头委托的方式将证据 9 的实验委托给包明教授，但没有任何委托合同等文件，并且其自身也未亲历实验的过程，因此对于委托实验的相关事实，仅有该证人的证言，没有其他证据予以佐证，考虑到证人本身是金凯公司的公司职员，与本案存在直接的利害关系，在专利权人对证据 9 的真实性持有异议，并且也没有其他证据能够佐证证据 9 真实性的情况下，合议组对证据 9 的真实性无法确认，对证据 9 不予采信。

3. 关于《中华人民共和国专利法实施细则》（以下简称《专利法实施细则》）第 20 条第 1 款

双方当事人关于本专利权利要求 1 的保护范围是否清楚的争议焦点在于，本领域技术人员是否能够确定权利要求 1 中所述"碱"的含义。专利复审委员会认为，本领域技术人员在整体理解本专利的技术方案后能够确定，取代肼在本专利中的作用是充当反应物，虽然其自身即为碱性物质，但在有水存在并且不额外添加碱的条件下并不能实现高选择性和高收率的技术效果；而本专利所述的碱是在反应体系中额外加入的其他碱性物质，其能够提高有水存在下的反应选择性和收率。因此，根据本专利中取代肼和碱各自的加入目的以及所实现的技术效果，本领域技术人员可以确定作为反应物的取代肼并非本专利所述的"碱"。同时，由证据 6 的内容来看，科学家基于最初的研究提出酸碱理论，但随着科学的发展，人们对于更多化学现象的揭示和认知，原有的酸碱理论存在局限，为了适应新的需要，科学家又基于不同的研究提出新的酸碱理论，但原有的酸碱理论也并未废弃，其在具体的实践过程仍然可以加以利用。因此，一方面，酸碱概念是本领域进行了深入研究并且非常成熟的知识，酸碱的种类及其相关性质已经成为本领域技术人员的公知常识；

另一方面，酸碱概念是随着科学的发展而逐步深化的，并且是与实际的化学反应密不可分的，也就是说，对于酸碱概念的理解，应当结合其具体的使用环境、涉及的反应类型等相关因素综合确定，而不能孤立割裂地理解其含义。本专利中所使用的碱并不拘泥于某种特定的酸碱理论，而综合本专利反应体系的组成、碱的使用环境以及所发生的具体反应等因素来看，这些碱的共性在于其都能够在本专利有水存在的反应体系中显示出碱性，提供碱性反应环境。因此，在本专利权利要求 1 的"碱"具有本领域公知的含义，所包含的各类物质及其相关性质已为本领域技术人员熟知的情况下，本领域技术人员进一步结合对本专利技术方案的整体理解，特别是结合本专利关于"碱"的具体说明，能够确定本专利权利要求 1 中所述的"碱"的具体含义。综上，金凯公司关于本专利权利要求 1 的保护范围不清楚，不符合《专利法实施细则》第 20 条第 1 款规定的无效宣告理由不成立。在此基础上，权利要求 2—4 不符合《专利法实施细则》第 20 条第 1 款规定的无效宣告理由也不成立。

（4）关于《中华人民共和国专利法》（以下简称《专利法》）第 22 条第 3 款。

本专利权利要求 1 的技术方案与证据 1 公开的内容相比，区别特征在于：①权利要求 1 得到的产物为 1R^5 - 烷基取代 - 3 - 氟代烷基吡唑 - 4 - 羧酸酯，而证据 1 得到的产物为 1H - 取代 - 5 - 三氟甲基吡唑 - 4 - 羧酸酯；②权利要求 1 是在碱的存在下，且在水溶剂中或水与有机溶剂的混合溶剂中进行反应，而证据 1 仅在有机溶剂乙醇中进行反应，并且没有碱的存在；③权利要求 1 中肼类的 R^5 为碳原子数 1—6 的烷基，证据 1 中与 R^5 对应的为 H。基于上述区别特征，本专利权利要求 1 相对于证据 1 实际解决的技术问题是提供一种安全性高、选择性高以及收率高的制备 1，3 - 二取代吡唑 - 4 - 羧酸酯的方法。

证据 2 的反应路线图涉及 2 - （二氟乙酰基） - 3 - 烷氧基丙烯酸烷基酯制备 1 - 甲基 - 3 - 二氟甲基 - 吡唑 - 4 - 羧酸的反应，证据 2 的反应路线图仅是对第二步反应进行了简单的示意，并未完整地描述反应过程，其中虽然记载了反应试剂包括 NaOH，但本领域技术人员根据其中记载的信息并不能确定 NaOH 是在环化反应中加入的，还是为了使烷基酯发生碱性水解而加入的。关于这一点，证据 2 实施例 4 的反应过程提供了进一步的佐证，本领域技术人员根据证据 2 实施例 4 的记载能够获知，其中加入碱和水仅是为了使烷基础发生水解，而在环化反应过程中并没有加入碱和水。与此相比，本专利在水中加入碱的目的是为环化反应提供碱性反应环境，从而提高反应的选择性和产率，二者的作用和技术效果均不相同。因此，本领域技术人员在以 2-烷氧基亚甲基酰基乙酸酯与取代肼类为原料制备 1，3-二取代吡唑-4-羧酸酯时，其无法从证据 2 中获得在碱的存在下在水溶剂中或水与有机溶剂的混合溶剂中进行反应，能够提高制备方法的安全性、产物的选择性以及收率的技术启示。此外，即使本领域技术人员考虑到无水肼的爆炸性强，出于提高安全性的目的而加入水作为反应溶剂，但在证据 1 和证据 2 均未给出在水中加入碱能够进一步提高反应选择性和收率的技术启示，并且也没有证据证明其为本领域公知常识的情况下，本领域技术人员也无法获得本专利权利要求 1 的技术方案。

此外，肼类在本专利中的作用是充当反应物，虽然其自身即为碱性物质，但并非本专利所述的碱。综上所述，本专利权利要求 1 相对于金凯公司主张的证据结合方式具备创造性，符合《专利法》第 22 条第 3 款的规定。

从属权利要求 2—4 对权利要求 1 的制造方法做了进一步限定，在权利要求 1 具备创造性的情况下，权利要求 2—4 也具备创造性，符合《专利法》第 22 条第 3 款的规定。

综上所述，金凯公司关于本专利权利要求 1—4 不具备创造性的无效宣告理由不能成立。

（5）关于《专利法》第 26 条第 3 款。

本专利要解决的技术问题是提供一种以其简便、安全的操作，高收率且高选择性地制造 3-氟代烷基吡唑-4-羧酸酯的方法。本专利发现通过在碱的存在下，在水溶剂中或水与有机溶剂的混合溶剂中进行反应，可选择性地且以高收率制造所期望的 1-取代-3-氟代烷基吡唑-4-羧酸酯。说明书对碱的定义进行了例举说明，同时由上文第 4 点意见所述可知，根据本专利说明书中提供的实施例和比较例可以确定，在以水或者水和有机溶剂的混合物作为反应溶剂的情况下，加入碱能够提高反应的选择性以及目标产物的产率，并且双方当事人都认可在水中使用肼类试剂能够降低其爆炸性，在口头审理过中，金凯公司也已经认可使用氢氧化钠、氢氧化钾作为碱能够实现本专利的技术方案。因此，虽然说明书对本专利技术方案的内在机理并未作出更多的说明，但这并不影响本领域技术人员按照说明书已经清楚、完整记载的内容，实现本专利的技术方案，解决其技术问题，并且产生预期的技术效果。

（6）关于《专利法》第 26 条第 4 款。

本专利要解决的技术问题是提供一种以其简便、安全的操作，高收率且高选择性地制造 3 - 氟代烷基吡唑 - 4 - 羧酸酯的方法，所采用的技术手段是在碱的存在下，在水溶剂中或水与有机溶剂的混合溶剂中使 2 - 烷氧基亚甲基酰基乙酸酯与取代肼类进行反应，说明书对碱的定义进行了例举说明，并且通过具体实施例验证了氢氧化钾、氢氧化钠、三乙胺、吡啶这些碱的技术效果。结合上文第 3 点意见所述，"碱"在本领域具有公知的含义，其包含的各类物质以及相关性质已为本领域技术人员熟知，证据 7 也进一步证明了有机胺作为碱的相关性质也是本领域的公知常识，本领域技术人员结合对本专利技术方案的整体理解，特别是结合本专利关于"碱"的具体说明，能够确定本专利权利要求 1 中所述的"碱"的具体含义，并且知晓如何根据实际反应需要选择并且确定所述碱的种类和用量，解决其技术问题并达到所述的技术效果。综合考虑本专利的现有技术状况、发明实际作出的技术贡献等相关因素后认为，本专利权利要求 1 概括的范围能够与其说明书公开的范围相适应，并且也与发明人实际所做出的技术贡献相匹配。因此，金凯公司关于本专利说明书权利要求 1—4 不符合《专利法》第 26 条第 4 款规定的无效宣告理由不成立。

综上，专利复审委员会作出被诉决定，在专利权人于 2015 年 10 月 8 日提交的权利要求 1—4 的基础上，继续维持本专利的专利权有效。

原告金凯公司诉称：（1）被诉决定中关于术语"碱"和特征"在碱存在下"的认定存在事实认定错误，本专利不符合《专利法实施细则》第 20 条第 1 款的规定；（2）"在碱存在下"不构成本专利权利要求 1 与证据 1 的区别技术特征；（3）本专利权利要求 1 不符合《专利法》第 26 第 4 款的规定，术语"碱"得不到说明书的支持，原告所提供的实验数据是真实的，本专利权利要求 1 中的"0.001～10.0"涵盖了过宽的保护范围，得不到说明书的支持；（4）本专利权利要求 1 不符合《专利法》第 26 条第 3 款的规定，本专利说明书不能证明权利要求的技术方案能够获得所声称的技术效果，没有给出有说服力的实验效果。综上，原告请求法院撤销被诉决定，判令被告重新作出无效宣告请求审查决定。

被告专利复审委员会辩称，坚持被诉决定的意见，被诉决定认定事实清楚，适用法律正确，审理程序合法，原告的主张无事实及法律依据，请求法院驳回原告的诉讼请求。

第三人相模研究所、凡凯姆公司述称，被诉决定认定事实清楚，适用法律正确，审理程序合法，原告的主张无事实及法律依据，请求法院驳回原告的诉讼请求。

二、法院经审理查明的事实

本案涉及专利号为 200680006100.9，名称为"1 - 取代 - 3 - 氟代烷基吡唑 - 4 - 羧酸酯的制造方法"的发明专利，申请日为 2006 年 2 月 23 日，优先权日为 2005 年 2 月 25 日，授权公告日为 2010 年 7 月 21 日，专利权人为相模研究所、凡凯姆公司。2015 年 10 月 8 日，专利权人修改后的权利要求书如下：

"1.1 - 取代 - 3 - 氟代烷基吡唑 - 4 - 羧酸酯的制造方法，该方法通过通式（1）所表示的 2 - 烷氧基亚甲基氟代酰基乙酸酯与通式（2）所表示的肼类的反应，制造通式（3）所表示的 1 - 取代 - 3 - 氟代烷基吡唑 - 4 - 羧酸酯，其特征在于，在碱的存在下，且在水溶剂中或水与有机溶剂的混合溶剂中进行反应，

$$\underset{R^2}{\overset{R^1}{F}}\diagdown\overset{\overset{\displaystyle O\quad O}{\|\quad\|}}{C}\diagup\overset{OR^3}{\underset{OR^4}{}}\qquad\qquad（1）$$

式中，R¹表示氢原子或卤原子，R²表示氢原子、氟原子、可被氯原子或氟原子取代的碳原子数 1~12 的烷基，R³和 R⁴分别独立地表示碳原子数 1~6 的烷基，

$$R^5NHNH_2 \qquad (2)$$

式中，R⁵表示可以被一个以上卤原子取代的碳原子数 1~6 的烷基，

$$(3)$$

式中，R¹、R²、R³及 R⁵表示与上述相同的意思，

相对于作为反应基质的上述通式（1）所表示的 2-烷氧基亚甲基氟代酰基乙酸酯，碱的使用量为 0.001~10.0 当量，

反应温度为 -30℃~80℃。

2. 根据权利要求 1 所述的 1-取代-3-氟代烷基吡唑-4-羧酸酯的制造方法，其中，碱是氢氧化钠或氢氧化钾。

3. 根据权利要求 1 所述的 1-取代-3-氟代烷基吡唑-4-羧酸酯的制造方法，其中，通式（1）所表示的 2-烷氧基亚甲基氟代酰基乙酸酯与水的重量比例是 1/0.25~1/100。

4. 根据权利要求 1 所述的 1-取代-3-氟代烷基吡唑-4-羧酸酯的制造方法，其中，有机溶剂是选自芳香烃系溶剂、脂肪族烃系溶剂、醇系溶剂、酯系溶剂及卤素系溶剂所组成的组中的至少 1 种。"

本专利说明书中"背景技术"部分中记载：2-烷氧基亚甲基酰基乙酸酯与取代肼类的反应选择性差，会生成 1,3-二取代吡唑-4-羧酸酯和其位置异构体 1,5-二取代吡唑-4-羧酸酯，为了得到目标产物，通常需要利用硅胶柱色谱等的纯化工序，这在工业上难以实施。此外，无水肼类爆炸性高，以工业规模大量使无水肼类时危险性极高。因此如果能够使用爆炸性低的水合肼类、肼水溶液，高收率且高选择性地制造作为目标产物的 1,3-二取代吡唑-4-羧酸酯，则认为其能够成为极其优异的工业制造方法。然而，现有技术没有描述任何关于在反应体系中有水共存的情况下水对目标产

物收率和选择性的影响。实际上在水存在下进行该反应，选择性会大幅度降低，仅仅在水存在下进行反应未能选择性好地得到目标产物 1，3 - 二取代吡唑 - 4 - 羧酸酯。

"发明内容"部分中记载：本专利提供了一种新的制备方法，其以简便、安全的操作，高收率且高选择性地制造按照下述反应式通过 2 - 烷氧基亚甲基氟代酰基乙酸酯（1）与肼类（2）的反应所生成的 3 - 氟代烷基吡唑 - 4 - 羧酸酯（3）及 5 - 氟代烷基吡唑 - 4 - 羧酸酯（4）两种异构体中作为医药农药中间体有用的 3 - 氟代烷基吡唑 - 4 - 羧酸酯（3）。

本专利发现通过在碱的存在下，在水溶剂中或水与有机溶剂的混合溶剂中进行反应，可选择性地且以高收率制造所期望的 1 - 取代 - 3 - 氟代烷基吡唑 - 4 - 羧酸酯。

"具体实施方式"部分中记载：作为碱，可使用氢氧化锂、氢氧化钠、氢氧化钾等碱金属氢氧化物，氢氧化钙等碱土金属氢氧化物，或三乙胺、N - 甲基吗啉、吡啶等有机胺类。

本专利说明书中列举了实施例 1 - 28 及比较例 1 - 9。说明书实施例 1 - 28 使用氢氧化钾、氢氧化钠、三乙胺、吡啶作为碱在水中或水与有机溶剂的混合溶剂中进行反应，得到由 1 - 甲基 - 3 - 三氟甲基吡唑 - 4 - 羧酸乙酯和 1 - 甲基 - 5 - 三氟甲基吡唑 - 4 - 羧酸乙酯组成的混合物。比较例 1 - 7 研究了在不使用碱的情况下，在水、有机溶剂或水与有机溶剂的混合溶剂中的反应情况。比较例 1 在水中反应得到由 1 - 甲基 - 3 - 三氟甲基吡唑 - 4 - 羧酸乙酯和 1 - 甲基 - 5 - 三氟甲基吡唑 - 4 - 羧酸乙酯组成的混合物，收率为91%，前者与后者的生成比例为66∶34；比较例3在乙醇中反应的收率为93%，前者与后者的生成比例为76∶24；而在完全相同的条件下，实施例1在水中加入氢氧化钾后，混合物的收率为81%，前者与后者的生成比例为93∶7，实施例2在水中加入氢氧化钠后，混合物的收率为86%，前者与后者的生成比例为98∶2；表明与仅以水或者乙醇为反应溶剂相比，在碱的存在下在水中反应能够提高反应的选择性，并且相应提高目标产物的产率。比较例4和比较例5的对比显示，加入水会导致以有机溶剂作为反应溶剂的反应选择性降低，而比较例6和实施例21、比较例7和实施例12、比较例8和实施例27、比较例9和实施例28的对比显示，在以水和有机溶剂的混合物作为反应溶剂的情况下，加入碱能够提高反应的选择性以及目标产物的产率。

针对上述专利权，金凯公司于2015年8月3日向专利复审委员会提出了无效宣告请求，其理由是本专利权利要求1—6不符合《专利法》第22条第3款、第26条第4款以及《专利法实施细则》第20条第1款的规定，说明书不符合《专利法》第26条第3款的规定，请求宣告本专利权利要求1—6全部无效，并提交了证据1—11，其中：

证据1为公开日为2004年9月2日的PCT专利文献WO2004/073594A2，及其中文译文中国专利文献CN1774229A。公开了一种乙基5－三氟甲基－1H－吡唑－4－羧酸酯的合成方法，反应物为乙基2－（乙氧基亚甲基－4，4，4－三氟）－3－氧代丁酸酯、肼和乙醇，在氩气和磁力搅拌下在100ml三颈烧瓶中将1M肼溶液（THF）加到25ml乙醇中。将混悬液冷却至－15℃（CCl_4/N_2浴），30分钟内将氧代丁酸酯滴加到肼中。室温2小时30分钟后，由于通过薄层色波谱没有见到变化，用乙醇（EtOH）回流加热反应介质16小时。将反应介质恢复至室温，然后就蒸发除去溶剂，用10ml戊烷将得到的固体洗涤两次，通过烧结玻璃滤器过滤。如此回收3g白色晶体固体。

证据2为公开日为2005年1月13日的PCT专利文献WO2005/003077A1，及其中文译文中国专利文献CN1812959A。其公开了如下内容：4，4－二氟乙酰乙酸烷基酯可以先与乙酸酐和原甲酸三烷基酯以较高的产率转化为2－（二氟乙酰基）－3－烷氧基丙烯酸烷基酯，与甲肼环化得到1－甲基－3－二氟甲基－吡唑－4－羧酸。转化过程可以表示为以下反应路线图：

（Ⅰ）

证据2说明书实施例4还公开了1－甲基－5－二氟甲基－吡唑－4－羧酸的制备过程，－15—5℃时将527.8g（11.45mol）甲肼溶于0.7L乙醇溶液，滴入2394g（10.35mol）2－（二氟乙酰基）－3－乙氧基丙烯酸乙酯溶于5.4L乙醇溶液中，滴加时间3.5小时，继续搅拌16小时。然后加入560g（14mol）氢氧化钠和3.5L水，50℃下继续搅拌7小时。将反应混合物冷却并减压蒸发。残余物在6L水和7kg冰中处理，并用二氯甲烷洗涤（一次3L，一次2L）。冰冷的水相用浓盐酸调pH至2，将沉淀产物滤出并在干燥箱中干燥。回流条件下将粗产品溶于8L异丙醇（热）中，冷却，0—5℃时搅拌30分钟，过滤，用1.4L异丙醇（5℃）洗涤，在40℃干燥箱中干燥，获得1226.4g1－甲基－5－二氟甲基－吡唑－4－羧酸。

在本案诉讼过程中，原告金凯公司提交了大连理工大学司法鉴定中心于2017年11月5日出具的《司法鉴定意见书》，其中载明：受金凯公司委托，依据本专利说明书部分实施例11的实验过程的描述，重复在空白、碱（氢氧化铁、氢氧化铝、苯胺、乙胺水溶液、二甲胺水溶液）的存在下，1－甲基－3－三氟甲基吡唑－4－羟酸乙酯的合成，及重复在空白、碱（氢氧化铁、氢氧化铝、氢氧化镁、苯胺、乙胺水溶液、二甲胺水溶液）存在下1－甲基－3－二氟甲基吡唑－4－羟酸乙酯的合成，以进行验证，并对实验过程和实验结果进行描述和总结，包括对产物进行定量分析，并通过GC分析判明产物中主要成分的比例。对该份鉴定意见，被告认为，不同的碱不一定能达到同样的效果，鉴定意见在单一的条件下所进行的试验不能代表多种条件下的试验结果。第三人认为该鉴定存在操作程序上的瑕疵，不是本专利实施例的重现，不认可鉴定意见的真实性。

本案庭审过程中，原告明确放弃关于本专利不符合《专利法实施细则》第20条第1款的诉讼主张，并认可"碱"的含义为本领域中的公知含义；同时原告认可权利要求1技术特征部分中所述的"反应"是指通式

（1）所表示的 2 - 烷氧基亚甲基氟代酰基乙酸酯与通式（2）所表示的肼类反应制造通式（3）所表示的 1 - 取代 - 3 - 氟代烷基吡唑 - 4 - 羧酸酯的过程。

上述事实，有本专利权利要求书和说明书、司法鉴定意见、当事人提交的证据及当事人陈述等在案佐证。

三、裁判要点

2008 年 12 月 27 日修改的《专利法》于 2009 年 10 月 1 日起施行，本案审理涉及 2001 年实施的《专利法》与 2009 年实施的《专利法》之间的选择适用问题。《中华人民共和国立法法》（以下简称《立法法》）第 93 条规定，法律、行政法规、地方性法规、自治条例和单行条例、规章不溯及既往，但为了更好地保护公民、法人和其他组织的权利和利益而作的特别规定除外。国家知识产权局制定了《施行修改后的专利法的过渡办法》，并于 2009 年 10 月 1 日起施行。根据该过渡办法，申请日在 2009 年 10 月 1 日前的专利申请以及根据该专利申请授予的专利权适用 2001 年实施的《专利法》的规定。本案属于专利无效宣告行政纠纷，本专利的申请日在 2009 年 10 月 1 日前，因此依据《立法法》第 93 条之规定，并参照上述过渡办法的相关规定，本案应就专利复审委员会作出被诉决定是否符合 2001 年实施的《专利法》及《专利法实施细则》的规定进行审理。

本案中，鉴于原告在庭审中明确放弃关于本专利不符合《专利法实施细则》第 20 条第 1 款的诉讼主张，故对该部分法院不再予以审理。综合各方当事人的诉辩主张，本案的焦点问题主要有以下几点。

（一）本专利是否符合《专利法》第 26 条第 3 款的规定

原告主张，本专利的实施例中关于甲基肼的用量数据错误，没有一个是能够满足专利权人在无效答复过程中所自认的正确值，甲基肼的用量错误导致本专利中的关于产率在内的计算数值错误，因此，本专利说明书并不能证明权利要求的技术方案能够获得所声称的技术效果。

被告主张，根据本专利说明书原始记载的内容并不能确定甲基肼摩尔量

存在错误，且本专利说明书中还提供了大量使用甲基肼的实施例，可以证明本专利的技术方案是能够实现的。

第三人主张，本领域技术人员通过本专利说明书记载的内容，能够实施本专利的技术方案，实际实验过程中，量取甲基肼水溶液仅能通过体积进行，摩尔数用量的记载仅是辅助性的计算数值，正确的摩尔数可以很容易地由各实施例记载的甲基肼的浓度和用量推算得出，且本专利实施例 1 中记载的 35 重量% 甲基肼水溶液的摩尔量和体积是正确的。

法院认为，《专利法》第 26 条第 3 款规定，说明书应当对发明或者实用新型作出清楚、完整的说明，以所述技术领域的技术人员能够实现为准。本案中，本专利的说明书实施例中记载了重量 35% 的甲基肼水溶液的摩尔量和体积，但未记载所使用的溶液的密度，因此，原告所得到的摩尔量计算结果并不足以证明本专利使用的甲基肼溶液中甲基肼的摩尔数错误。故对于原告的该项主张，法院不予支持。

（二）权利要求 1 是否符合《专利法》第 26 条第 4 款的规定

原告主张，本专利权利要求 1 中的术语"碱"涵盖了太宽的范围，权利要求 1 中限定碱的用量也涵盖了过宽的保护范围，得不到说明书的支持。

被告主张，根据本专利说明书中公开的内容，本领域技术人员能够确定本专利所述的"碱"的具体含义，并且知晓如何根据实际反应需要选择并且确定所述见得种类和用量。

第三人主张，被诉决定中对于"碱"的范围已经进行了明确的认定，本领域技术人员结合自身的普通技术知识以及包括实施例和比较例在内的说明书的内容，可以确定"碱"的种类和用量。

法院认为，《专利法》第 26 条第 4 款规定：权利要求书应当以说明书为依据，说明要求专利保护的范围。权利要求书应当以说明书为依据，是指权利要求应当得到说明书的支持，权利要求书中的每一项权利要求所要求保护的技术方案应当是所属技术领域的技术人员能够从说明书充分公开的内容中得到或概括得出的技术方案，并且不得超出说明书公开的范围，权利要求限定的保护范围应当与说明书充分公开的技术内容和本专利作出的技术贡献程度相适应。因此，在认定本专利权利要求1是否以说明书为依据时，需要正确认定本专利所要解决的技术问题和所要实现的技术效果。

本案中，本专利说明书中记载了现有技术中合成1，3－二取代吡唑－4－羧酸酯的方法，但为了得到高纯度的目标物，需要在严格控制pH下使其结晶，工业上需要复杂的操作。但现有技术中没有描述任何关于在反应体系中有水共存的情况下，水对于目标物1，3－二取代吡唑－4－羧酸酯的收率、选择性的影响。另外，在水存在下进行该反应，选择性大幅度降低，故仅仅在水存在下进行反应未必能选择性好地得到目标物1，3－二取代吡唑－4－羧酸酯。本专利所要解决的技术问题是提供一种新方法，即在碱的存在下，在水溶剂中或水与有机溶剂的混合溶剂中进行反应。关于本专利所要实现的技术效果，说明书中载明，"能够克服现有的问题，能够以简便、安全的操作，高收率且高选择性地制造目标物"。在说明书具体实施方式中，记载了以氢氧化钠、氢氧化钾、三乙胺和吡啶分别作为碱在水溶剂中或水与有机溶剂的混合溶剂中进行1，3－二取代吡唑－4－羧酸酯的合成反应，并记载了不含碱的比较例1－9。从比较的实验数据可以看出，碱的加入对生成产物的选择性影响很大。

综合考虑说明书中有关背景技术、发明目的、有益效果、具体实施方式等内容，本专利相对于现有技术作出的改进主要在于在使用水的情况下，制备方法中加入了碱，从而提高了反应的产率和选择性。在本专利解决所述技术问题时，碱的选择对于其最终达到的技术效果至关重要。由于双方当事人在庭审中对于"碱"在本领域中的公知含义不持异议，因此，根据本专利权利要求1中的文字记载，并结合专利说明书具体公开内容，对于本专利权利要求1中所限定的"碱"应当理解为医药化工领域中具有公知含义的"碱"，即对于本领域技术人员来说，具有普遍认知度的，可以在工业生产中使用的"碱"。虽然使用碱以提供碱性环境属于常规的技术手段，但基于本专利的发明目的，"碱"的选择与发明解决的技术问题以及产生的技术效果密切相关。本专利在说明书具体实施方式中给出了一些实施例，但其中碱的具体种类仅为四种，如KOH、NaOH、三乙胺和吡啶，且尽管其为无机碱和有机碱中常用的碱，但在医药化工领域，根据不同的功能和用途，碱包含不同种类，比如有机碱和无机碱，且数量也很多，不同的碱在同一有机反应中并不一定能够达到相同的实验目的，其最终是否能够实现发明目的还受到反应条件的影响，如溶剂等。因此，本专利中有限的碱的实施例并不能证明所有碱的存在下都能够实现本发明的目的。故对于本领域公知的"碱"的数量和种类来说，本专利说明书中列举的四种"碱"的实施例十分有限，不具有较强代表性，不足以使本领域技术人员相信根据说明书的内容得出本专利所声称的技术效果。即在说明书公开的具体实施方式基础上，本领域技术人员基于现有技术并不能预期本专利权利要求1"在碱存在下"限定的所有技术方案均能解决本专利所要解决的技术问题，并达到预期的"提高了反应的产率和选择性"技术效果。综上，被诉决定中关于"本领域技术人员结合对本专利技术方案的整体理解，特别是结合本专利关于'碱'的具体说明，能够确定本专利权利要求1中所述的'碱'的具体含义，并且知晓如何根据实际反应需要选择并且确定所述碱的种类和用量，解决其技术问题并达到所述的技术效果"的认定缺乏事实及法律依据，存在错误，法院对此予以纠正。

（三）被诉决定中关于本专利权利要求1与证据1区别技术特征的认定是否存在错误

原告主张：本专利的大部分实施例中，肼的作用不仅是用作反应物，还存在大量过量的肼，该过量的肼应该是用作"碱"，而不是反应物，因此"在碱存在下"不构成本专利权利要求1与证据1的区别技术特征。

被告主张，本专利实施例不仅包括肼过量的情况，还包括肼不足的情况，不能由肼是否过量证明本专利实际利用了肼作为所述的"碱"。

第三人主张，根据本专利说明书的记载，肼类在本专利中的作用是充当反应物，本领域技术人员可以理解本专利是在肼类以外还要用到"碱"的发明。

法院认为，确定权利要求与最接近的现有技术的区别技术特征时，要将权利要求的技术方案的全部技术特征与最接近的现有技术公开的具体内容进行比对，然后确定哪些技术特征被现有技术公开，哪些技术特征未被公开。就本案而言，最接近的现有技术证据1公开了一种生产乙基5－三氟甲基－1H－

吡唑 -4 - 羧酸酯的方法，反应物为乙基 2 -（乙氧基亚甲基 -4，4，4 -三氟）-3 -氧代丁酸酯、肼和乙醇，其中明确了肼为反应物。一方面，从本专利权利要求 1 的表述来看，本专利权利要求 1 限定的 1 - 取代 -3 - 氟代烷基吡唑 -4 - 羧酸酯的制造方法中，采用了"通过通式（1）所表示的 2 - 烷氧基亚甲基氟代酰基乙酸酯与通式（2）所表示的肼类的反应，制造通式（3）所表示的 1 - 取代 -3 - 氟代烷基吡唑 -4 - 羧酸酯"的方式，而且进一步限定了"在碱的存在下，且在水溶剂中或水与有机溶剂的混合溶剂中进行反应"。在庭审中原告也认可权利要求 1 技术特征部分中所述的"反应"是指通式（1）所表示的 2 - 烷氧基亚甲基氟代酰基乙酸酯与通式（2）所表示的肼类反应制造通式（3）所表示的 1 - 取代 -3 - 氟代烷基吡唑 -4 - 羧酸酯的过程。因此，从本专利权利要求 1 以及基于本领域技术人员的常规理解可以确定，权利要求 1 中制备方法中通式（2）所表示的肼类与所述的碱是独立加入的。并且，根据本领域的常规理解，对于本领域的技术人员来说，权利要求 1 也没有记载通式（2）所表示的肼类既作为反应物又作为碱而加入，原告诉称的仅仅是肼本身在反应中具有的特性，而非本专利限定的"在碱存在下"的实际加入方式。另一方面，在本专利的具体实施方式中，也明确记载了在制备 1 - 取代 -3 - 氟代烷基吡唑 -4 - 羧酸酯化合物的方法中碱和肼类化合物是分别加入的，这也与权利要求 1 所限定的制备方法相一致。因此，"在碱的存在下"为本专利权利要求 1 与证据 1 的区别技术特征之一，原告关于"在碱的存在下"不构成权利要求 1 与证据 1 区别技术特征的主张，法院不予支持。

另外，关于原告在诉讼过程中提交的《司法鉴定意见书》，为原告单方委托鉴定机构作出，其试验过程未经公证或其他方当事人的见证，在没有其他证据相佐证的情况下，对其试验过程和试验结论的真实性难以确认，法院对此不予采信。

综上所述，被告专利复审委员会作出的被诉决定中关于本专利权利要求 1 符合《专利法》第 26 条第 4 款规定的认定存在错误，依照《中华人民共和国行政诉讼法》第 70 条第（1）项、第（2）项之规定，法院判决如下：

（1）撤销中华人民共和国国家知识产权局专利复审委员会作出的第28601号无效宣告请求审查决定；

（2）中华人民共和国国家知识产权局专利复审委员会就金凯公司就"1-取代-3-氟代烷基吡唑-4-羧酸酯的制造方法"的第200680006100.9号发明专利权提出的无效宣告请求重新作出审查决定。

09 樊某华、威廉诉专利复审委员会行政纠纷案

技术意见

一、对涉案技术方案的理解

1. 本申请独立权利要求 1

光伏电磁感应热水器，包括光电转换系统、设有能量输入装置的热水器储水筒体，光电转换系统通过能量输入装置和热水器储水筒体相连接，其特征在于，光电转换系统为由多个太阳能硅电池模块组成的列阵，能量输入装置包括铁磁性金属材料制成的导热层、绝缘层、感应线圈和控制系统，该导热层一侧同储水筒体内的水相接触，另一侧连接绝缘层、感应线圈和控制系统，绝缘层设置于导热层和感应线圈之间，控制系统分别和光电转换系统、感应线圈连接，为感应线圈提供交变磁场所需电能；

所述控制系统可切换一外接电源；

所述外接电源为城市电所供 50 赫兹或 60 赫兹交流电，该城市电经整流。

2. 本申请发明点

结合本申请权利要求和说明书的相关内容，用光伏电磁感应加热取代现有的电加热、太阳能玻璃真空管、平板式热水器和热泵加热，提高安全性、减少热量损失。

二、对本案相关技术问题的分析与说明

本案主要涉及三个技术问题，现分析如下：

（1）关于"连接"。

本领域中，在没有特殊说明的情况下，"连接"包括直接连接和间接连接两种方式。本申请权利要求 1 中仅限定"控制系统与光电转换系统连接"，并未限定控制系统是"直接"与光电转换系统连接，而直接连接和间接连接都包含在"连接"的范围内。直接连接和间接连接均是本领域控制系统与光电转换系统的连接方式。

（2）关于本申请与对比文件 1 相比是否具有"光电转换系统直接与能量输入装置连接"这一区别技术特征。

如上所述，本领域中，在没有特殊说明的情况下，"连接"包括直接连接和间接连接两种方式。即本申请权利要求 1 中"控制系统分别和光电转换系统、感应线圈连接"包括了控制系统通过导线直接与光电转换系统、感应线圈连接和控制系统通过导线经由其他设备间接与光电转换系统、感应线圈连接两种情况。因此，对比文件 1 所公开的控制器 9 一方面通过蓄电池连接光伏组件 5，另一方面连接感应线圈 8 属于"控制系统分别和光电转换系统、感应线圈连接"的一种方式，权利要求 1 与对比文件 1 在控制系统与光电转换系统的连接方式上不存在区别技术特征。

（3）关于蓄电池。

原告主张控制系统与光电转换系统系直接连接，其有益效果在于省略了蓄电池，从而节约了成本、保护了环境。但是在本申请权利要求书和说明书中并未记载控制系统和光电转换系统之间是直接连接的，本领域技术人员根据申请文件的记载也不能直接、毫无疑义地确定上述连接方式。且根据说明书的记载，本发明的有益效果在于"用光伏电磁感应加热取代现有的电加热、太阳能玻璃真空管、平板式热水器和热泵加热，提高安全性、减少热量损失，能使水温加热至卫生要求的 70 度以上"，而未提到省略了蓄电池，或者克服了蓄电池的何种缺陷。

另外，原告在庭审中亦认可控制系统与光电转换系统直接连接的供电方

式与控制系统经由蓄电池间接与光电转化系统连接的供电方式都是本领域的常规技术手段。因此，在本领域中采用控制系统与光电转换系统直接连接的方式进行供电并不需要付出创造性的劳动。

技术调查官：任荣东

2017 年 3 月 24 日

【技术调查官自评】

本案涉及一种光伏电磁感应热水器，争议焦点在于对权利要求 1 中"连接"一词的解释。技术调查官依据本专利说明书中的相关记载结合本领域的专业知识，对权利要求中限定的技术方案进行了分析，并在请教了光伏领域技术专家和通过网络、图书馆查阅了大量光伏领域的教科书及技术资料后，详细阐述了"连接"一词不仅指"直接连接"，还包括"间接连接"这种连接方式。此外，针对原告的主张，技术调查官有针对性地分析了本发明的发明点以及对比文件 1 的技术方案，从而给出了参考意见。逻辑清晰，说理充分，详略得当，值得推荐。

【法官点评】

本案的技术事实查明，针对原告主张主要集中在如何正确解释本申请权利要求 1 中"连接"的含义；如何正确界定权利要求 1 与对比文件 1 相比的区别技术特征；如何认定权利要求 1 是否克服了省略蓄电池的缺陷上。技术调查官首先结合本领域技术人员的认知和对本申请文件的解读，得出在没有特殊说明的情况下，"连接"包括直接连接和间接连接两种方式的结论。并在此基础上，判断出原告主张的"光电转换系统直接与能量输入装置连接"这一区别技术特征并不存在。进而，技术调查官结合说明书中对有益效果的记载，回应了原告主张权利要求 1 具有省略蓄电池的技术效果，进行了充分有效的说理。整个技术审查意见逻辑严密、焦点突出、言简意赅，为法官作出正确的法律判断厘清了思路、奠定了良好的基础。

判决书摘编 （2015）京知行初字第 4581 号

原告樊某华、威廉因发明专利申请驳回复审行政纠纷一案，不服被告中华人民共和国国家知识产权局专利复审委员会（以下简称专利复审委员会）于 2015 年 2 月 12 日作出的第 82808 号专利驳回复审决定（以下简称被诉决定），于法定期限内向法院提起行政诉讼。法院于 2015 年 8 月 6 日受理本案后，依法组成合议庭进行了审理，并指派技术调查官任荣东参加诉讼，于 2017 年 3 月 23 日公开开庭审理了本案。

被诉决定系专利复审委员会针对樊某华、威廉所申请的申请号为 201210006259.8、名称为"光伏电磁感应热水器"的发明专利申请（以下简称本申请）所提复审请求而作出的，该决定认定：

（1）关于独立权利要求 1 是否具备创造性。

本申请权利要求 1 请求保护的技术方案与对比文件 1 相比的区别技术特征为：①能量输入装置的构成不同，权利要求 1 中能量输入装置除包括感应线圈和控制系统外，还包括铁磁性金属材料制成的导热层以及绝缘层；②控制系统可切换一外接电源，所述外接电源为城市电所供 50 赫兹或 60 赫兹交流电，该城市电经整流；③光电转换系统为由多个太阳能硅电池模块组成的列阵。权利要求 1 实际解决的技术问题是：改变能量输入装置的构成。对比文件 2 公开了一种磁感应加热的电热水器，上述区别技术特征①已被对比文件 2 公开。基于区别技术特征②，权利要求 1 实际解决的技术问题是：辅助加热。对比文件 1 的背景技术部分公开了电磁热水器可外接具有 50 赫兹或 60 赫兹交流电的城市电，经整流后作为电源，本领域技术人员容易想到当需要辅助加热时，通过控制系统切换到现有技术中普遍使用的外接城市电源，这并不需要付出创造性的劳动。基于区别技术特征③，权利要求 1 实际解决的技术问题是：确定光电转换系统的构成。而为得到尽可能多的电能而采用由多个太阳能硅电池模块组成的列阵构成光电转换系统是本领域的公知常识。

在对比文件 1 的基础上结合对比文件 2 以及本领域的公知常识从而得到权利要求 1 要求保护的技术方案是显而易见的，因此权利要求 1 不具备《中华人民共和国《专利法》》（以下简称《《专利法》》）第 22 条第 3 款规定的创造性。

从属权利要求 2—6 的附加技术特征要么被对比文件公开，要么属于惯用技术手段，在其引用的权利要求 1 不具备创造性的基础上，也不具备创造性。

（2）关于樊某华、威廉的意见陈述。

专利复审委员会认为：①本申请权利要求 1 中仅限定权利要求 1 中廉性的基础上，也不具备创造。知常识从而得到权利要求 1 要求保护的技术方案是显而易见的，因此组成的列阵构成光电转换系统对比文件 1 中"控制器 9 通过蓄电池连接光伏组件 5"这种间接连接方式被认定为公开了本申请权利要求 1 中"控制系统与光电转换系统连接"这个技术特征，该特征不构成与对比文件 1 的区别技术特征。控制系统与光电转换系统直接连接的方式已属于现有的公知技术，将其应用到本申请并不需付出创造性劳动，控制系统与光电转换系统之间不设置个技术特征，该特征不构成与对比文件 1 的区别技术特征。加热时，通过控制系统切换到现有技术中普遍使用的外接城市电源，文件 1 中也没有记载其蓄电池是铅酸蓄电池，因而樊某华、威廉基于铅酸电池讨论成本问题的意见陈述不予考虑。②樊某华、威廉亦认为光伏系统必须具有 MPPT 是本领域的公知常识，因此有关 MPPT 功能的意见陈述并不能成为本申请具备创造性的理由。③樊某华、威廉此次意见陈述中关于本申请"感应线圈是不能够设置于绝缘层和控制系统之间的"的观点明显与其之前的观点以及本申请的记载相悖。此外，对比文件 2 也公开了与本申请相同的能量输入装置结构，虽然对比文件 2 采用城市供电，其与本申请光伏供电不同，但是供电方式的不同并不会影响能量输入装置中电磁感应加热功能的改变。④对比文件 1 中并未记载其保温层材料采用的是聚氨酯，因此，樊某华、威廉基于此认定对比文件 1 的保温层会燃烧的论断是不成立的。⑤专利复审委员会所指对比文件 1 中"光伏供电与城市供电的切换"是指电热热水器的供电可由城市供电的方式改换为光伏供电的方式，用以向樊某华、威廉证明光伏供电与城市供电这两种电制不同的供电方式可以互相替换来为电热热水器供电（对比文件 1 中的电热热水器的改进就是将其背景技术中的城市供电改换为光伏供电），而不是如樊某华、威廉在前次意见陈述中所说的城市供电的电热水器如果要切换另一种电源其电制必须相同。因此，樊某华、威廉的意见陈述不具有说服力。

基于以上事实和理由，专利复审委员会于 2015 年 2 月 12 日作出被诉决定，维持中华人民共和国国家知识产权局（以下简称国家知识产权局）于 2013 年 10 月 17 日对本申请作出的驳回决定。

一、当事人陈述

原告樊某华、威廉诉称：（1）本申请与对比文件 1 相比还有一个最重要的区别技术特征：光电转换系统直接与能量输入装置连接。（2）①原告认为并未限定控制系统直接连接与光电转换系统连接，而直接连接和间接连接都包含在连接的范围内的说法是不恰当的。一般情况下，在谈到两个部件连接时，都默认是指直接连接，如果是间接连接会有特别的文字说明。②本申请中属于不可调度式光伏发电，而对比文件 1 中的属于可调度式光伏发电。③原告认为蓄电池的运用存在诸多问题，至今也无法解决，而本申请的技术方案是一种具有全面优势的替代方案。④原告认为以铅酸蓄电池举例只利于对比文件 1，不利于原告。（3）本申请涉及的是光伏电磁感应热水器，为了适应光伏发电的特点，无论是控制系统、感应线圈、绝缘层、导热层等部件的结构还是连接方式均与对比文件 2 完全不同。并且本申请控制系统可切换外接电源，对比文件 2 的控制器 2 显然不具备此功能。（4）原告提出导致燃烧的论断是说明对比文件 1 的解决方案不具有实用性，并非要论断保温层材料一定是聚氨酯。（5）对比文件 1 中的电热热水器的改进就是将其背景技术中的城市供电改换为光伏供电，但是这种改进后光伏供电完全替换了城市供电，替换后两者完全不相干。（6）本申请中能量输入装置与对比文件 2 的能量输入装置的结构完全不同，对比文件 1 包括其背景技术也没有给出热水器的电源可以在光伏发电和城市电之间自由切换的任何技术启示。（7）权利要求 1 具有创造性，直接或间接引用权利要求 1 的权利要求 2—6 也应当具备创造性。综上，被告作出的原决定事实认定不清，法律适用错误，请求人民法院依法予以撤销。

被告专利复审委员会辩称，被诉决定认定事实清楚、适用法律正确、审查程序合法，请求人民法院依法驳回原告的诉讼请求。

二、法院经审理查明的事实

本申请申请日为 2012 年 1 月 10 日，公开日为 2012 年 7 月 4 日，名称为"光伏电磁感应热水器"的发明专利申请，其申请号为 201210006259.8，申请人为樊某华、威廉。

经实质审查，国家知识产权局原审查部门于 2013 年 10 月 17 日发出驳回决定，驳回了本申请，驳回决定所依据的文本为：申请人于 2012 年 1 月 10 日提交的说明书摘要、摘要附图、权利要求第 1—8 项、说明书附图第 1—3 页以及说明书第 1—5 页。该驳回决定引用了三篇对比文件：

对比文件 1：CN201844538U，公开日为 2011 年 5 月 25 日。对比文件 1 公开了一种高频电热热水器，包括光伏组件 5、储水箱，以及由控制器 9、加热管 7 和感应线圈 8 构成的能量输入装置，控制器 9 分别连接光伏组件 5 和通过蓄电池连接感应线圈 9，为感应线圈 9 提供交变磁场所需的电能。

对比文件 2：CN2906441Y，公告日为 2007 年 5 月 30 日。对比文件 2 公开了一种磁感应加热的电热水器，其中由铁质内胆、陶瓷板层、电磁线圈和电控部分（未描述，但必然存在）构成的能量输入装置。

对比文件 3：CN102072556A，公开日为 2011 年 5 月 25 日。对比文件 3 公开了一种电磁热水器，其中公开了以下技术特征：电磁热水器的控制电路中包括 IGBT 大功率管。为了对电器元件进行降温散热，并有效利用其热能，在进水管上 3 上设置有吸热板 24，所述吸热板采用铝材质制成并设计为 U 型管通道，端面设有进出水管口，且在吸热板上设置有多个固定功率管孔 25，将 IGBT 功率管、整流管、低压调整管固定在吸热板一侧，从而通过水流将上述电器元件的热量带入水中，不仅起到对电器元件进行水冷却的效果，而且有效地利用了其热能，将热能转化到进水管 3 的水中，提高了进水管 3 中的水流温度，节约了能源。

樊某华、威廉对上述驳回决定不服，于 2013 年 12 月 12 日向专利复审委员会提出复审请求。

经形式审查合格，专利复审委员会依法受理了该复审请求，并于 2013 年 12 月 30 日向樊某华、威廉发出复审请求受理通知书，同时将案卷转送原审查部门进行前置审查。原审查部门经审查，坚持驳回决定意见。

2014年9月3日，专利复审委员会向樊某华、威廉发出复审通知书。

针对该复审通知书，樊某华、威廉于2014年10月17日提交了意见陈述书，并向专利复审委员会提交了权利要求书的全文替换页。新修改的权利要求书如下：

"1. 光伏电磁感应热水器，包括光电转换系统、设有能量输入装置的热水器储水筒体，光电转换系统通过能量输入装置和热水器储水筒体相连接，其特征在于，光电转换系统为由多个太阳能硅电池模块组成的列阵，能量输入装置包括铁磁性金属材料制成的导热层、绝缘层、感应线圈和控制系统，该导热层一侧同储水筒体内的水相接触，另一侧连接绝缘层、感应线圈和控制系统，绝缘层设置于导热层和感应线圈之间，控制系统分别和光电转换系统、感应线圈连接，为感应线圈提供交变磁场所需电能；

所述控制系统可切换一外接电源；

所述外接电源为城市电所供50赫兹或60赫兹交流电，该城市电经整流。

2. 如权利要求1所述的光伏电磁感应热水器，其特征在于，所述导热层为热水器储水筒体。

3. 如权利要求1所述的光伏电磁感应热水器，其特征在于，所述能量输入装置设置于热水器储水筒体侧面或底部。

4. 如权利要求1所述的光伏电磁感应热水器，其特征在于，所述控制系统包括一功率器件IGBT。

5. 如权利要求4所述的光伏电磁感应热水器，其特征在于，所述能量输入装置包括一冷却水管，冷却水管两端接入热水器储水筒体，冷却水管位于热水器储水筒体外侧部分和控制系统上的IGBT接触。

6. 如权利要求1或2所述的光伏电磁感应热水器，其特征在于，所述导热层与绝缘层及感应线圈的连接面，其形状为曲面、平面或球面。"

2015年2月12日，专利复审委员会作出被诉决定。

在本案庭审过程中，樊某华、威廉表示：对于被诉决定关于权利要求1与对比文件1相比存在三个区别特征的概括和评述均无异议，但认为遗漏了一个区别特征；认可控制系统与光电转换系统直接连接的供电方式与控制系统经由蓄电池间接与光电转化系统连接的供电方式都是本领域的常规技术手段；认可如果权利要求 1 不具备创造性，不再坚持权利要求 2—6 具备创造性的主张。

上述事实，有樊某华、威廉于 2014 年 10 月 17 日提交的本申请权利要求书的全文替换页、其于 2012 年 1 月 10 日提交的说明书摘要、摘要附图、说明书第 1—5 页、说明书附图第 1—3 页，对比文件 1—3 及当事人陈述等证据在案佐证。

三、裁判要点

《专利法》第 22 条第 3 款规定："创造性，是指与现有技术相比，该发明有突出的实质性特点和显著的进步，该实用新型有实质性特点和进步。"

（一）本申请权利要求 1 是否符合《专利法》第 22 条第 3 款的规定

本案中，原告主张被诉决定遗漏了本申请与对比文件 1 相比还有一个最重要的区别技术特征：光电转换系统直接与能量输入装置连接。

对此法院认为：首先，关于"连接"。本领域中，在没有特殊说明的情况下，"连接"包括直接连接和间接连接两种方式。被诉决定对于本申请权利要求 1 中仅限定"控制系统与光电转换系统连接"，并未限定控制系统是"直接"与光电转换系统连接，而直接连接和间接连接都包含在"连接"的范围内的认定并无不当。原告关于一般情况下，在谈到两个部件连接时，都默认是指直接连接，如果是间接连接会有特别的文字说明的主张没有事实和法律依据，法院不予支持。

其次，关于本申请与对比文件 1 相比是否具有"光电转换系统直接与能量输入装置连接"这一区别技术特征。如上所述，本领域中，在没有特殊说明的情况下，"连接"包括直接连接和间接连接两种方式。即本申请权利要求 1 中"控制系统分别和光电转换系统、感应线圈连接"包括了控制系统通过导线直接与光电转换系统、感应线圈连接和控制系统通过导线经由其他设备间接与光电转换系统、感应线圈连接两种情况。因此，对比文件 1 所公开的控制器 9 一方面通过蓄电池连接光伏组件 5，另一方面连接感应线圈 8，属于"控制系统分别和光电转换系统、感应线圈连接"的一种方式，权利要求1与对比文件1在控制系统与光电转换系统的连接方式上不存在区别技术特征。原告关于本申请与对比文件1相比还有"光电转换系统直接与能量输入装置连接"这一区别技术特征，以及本申请属于不可调度式光伏发电的主张没有事实和法律依据，法院不予支持。

再次，关于蓄电池。原告主张控制系统与光电转换系统直接连接，其有益效果在于省略了蓄电池，从而节约了成本、保护了环境。但是在本申请权利要求书和说明书中并未记载控制系统和光电转换系统之间是直接连接的，本领域技术人员根据申请文件的记载也不能直接、毫无疑义地确定上述连接方式。且根据说明书的记载本发明的有益效果在于"用光伏电磁感应加热取代现有的电加热、太阳能玻璃真空管、平板式热水器和热泵加热，提高安全性、减少热量损失，能使水温加热至卫生要求的70度以上"，而并非是省略了蓄电池。因此，本申请权利要求1并未排除控制系统经由蓄电池与光电转换系统连接这种方式。原告的该项主张没有事实和法律依据，法院不予支持。

最后，关于对比文件1的实用性。没有证据表明对比文件1中所公开的高频电热热水器在使用中会燃烧，因此原告关于对比文件1的解决方案不具有实用性的主张没有事实和法律依据，法院不予支持。

综上，权利要求1与对比文件1在控制系统与光电转换系统的连接方式上不存在区别。

鉴于原告对被诉决定认定的本申请权利要求1与对比文件1相比存在的区别技术特征不持异议，法院予以确认，即二者的区别技术特征在于：（1）能量输入装置的构成不同，权利要求1中能量输入装置除包括感应线圈和控制系统外还包括铁磁性金属材料制成的导热层以及绝缘层；（2）控制系统可切换一外接电源，所述外接电源为城市电所供50赫兹或60赫兹交流电，该城市电经整流；（3）光电转换系统为由多个太阳能硅电池模块组成的列阵。

同时，鉴于庭审中，原告对被诉决定中关于上述区别技术特征的评述也不持异议，法院予以确认。另外，原告在庭审中亦认可控制系统与光电转换系统直接连接的供电方式与控制系统经由蓄电池间接与光电转化系统连接的供电方式都是本领域的常规技术手段。因此，在本领域中采用控制系统与光电转换系统直接连接的方式进行供电并不需要付出创造性的劳动，控制系统与光电转换系统间不设置蓄电池并不能使本申请具备创造性。

因此，在对比文件 1 的基础上结合对比文件 2 以及本领域的公知常识从而得到权利要求 1 要求保护的技术方案是显而易见的，权利要求 1 不具备《专利法》第 22 条第 3 款规定的创造性。

（二）本申请权利要求 2—6 是否符合《专利法》第 22 条第 3 款的规定

鉴于原告在庭审中表示，如本申请权利要求 1 不具备创造性，则认可被诉决定关于权利要求 2—6 的评述，对此法院予以确认。在本申请权利要求 1 不具备创造性的基础上，权利要求 2—6 亦不具备《专利法》第 22 条第 3 款规定的创造性。

综上所述，被诉决定认定事实清楚，适用法律正确，作出程序合法，法院应予支持。原告的诉讼理由缺乏事实及法律依据，其诉讼请求法院不予支持。据此，依照《行政诉讼法》第 69 条之规定，法院判决如下：

驳回樊某华、威廉的诉讼请求。

10 赢创公司诉专利复审
委员会行政纠纷案

技术意见

一、对涉案技术方案的理解

复审请求审查决定针对的权利要求书共 30 项，原告主张独立权利要求 Z12 相对于现有技术具有创造性，以及基于权利要求 1、12 的创造性，其余权利要求也具有创造性，其中，权利要求 1、12 具体如下：

"1. 具有如下理化性质的沉淀硅石：

CTAB 表面积	$\geqslant 150\text{m}^2/\text{g}$
BET 表面积：	$\geqslant 150\text{m}^2/\text{g}$
DBP 值	180—350g/100g
半峰宽/峰	$\leqslant 0.95$
d 25%/d 75%	1.00—1.80
相对宽度 γ，加压的	1.3—2.6gnm/ml
细度值 F. V.，加压的	100—140Å

12. 制备如权利要求 1 所述的沉淀硅石的方法，包含如下步骤：

a) 最初注入碱金属或碱土金属硅酸盐和/或有机和/或无机碱的水溶液，

b) 同时计量至少一种碱金属和/或碱土金属硅酸盐至少一种酸化剂至所述初始进料中，在 75—88℃下搅拌 60—120 分钟，

……

d）用至少一种酸化剂再酸化使 pH 达到 5—8，

e）用至少一种酸化剂再酸化使 pH 达到 4—5，酸化剂的计量速率小于步骤 d）中的计量速率，

f）过滤沉淀悬浮液，

g）洗涤滤饼，

h）任选地使滤饼液体化，

i）干燥，

j）任选地研磨和/或造粒。"

涉案申请涉及沉淀硅石，其具有特别窄的粒径分布与特定的孔径分布，还涉及制备其的方法和其作为橡胶混合物的填料的应用。该申请说明书记载了本发明相对于现有技术大大改善了整体性能，具体而言，"这特别在改善的耐磨性和改善的动态性能上得到显现。从而使得实现胎面混合物在改善耐磨性与相当的或改善的湿抓地性能这两个相互矛盾的目标成为可能"。

二、所涉证据的相关内容

被诉决定使用了对比文件 1 和公知常识的结合评述权利要求 1—23 的创造性，使用了对比文件 1、对比文件 2 和公知常识的结合评述了权利要求 24—30 的创造性，对比文件 1、2 具体如下：

对比文件 1：公开号为 CN101139096A，公开日为 2008 年 3 月 12 日的中国专利文献。

对比文件 1 在说明书第 3 页第 6 段公开其发明目的之一是"孔径分布的相对宽度 γ 在将沉淀硅石引入到橡胶中之后产生了低水平的滞后现象，因此确保了轮胎具有低滚动阻力"，并在说明书第 34 页第 2 段公开"获得了滞后损失的显著改进，这可以从增加的落球弹性值和减低的 tanδ 值看出"。

对比文件 1 在说明书第 1 页第 25 行至第 2 页第 12 行公开了沉淀硅石及其物理化学参数：

孔径分布的相对宽度 γ	4.0—10.0（g nm）/ml
Sears 值 V2	28—40ml/5g
Sears 值 V2/CTAB 比率	0.18—0.28ml/（5m^2）

CTAB	$100—200m^2/g$

沉淀硅石还具有一个或多个以下物理化学参数：

DBP 数	$0—300g/100g$
在 pH 5 下的 ζ（Zeta）电位	-12 到 $-30mV$
BET/CTAB 比率	>1.3
初级粒径	$10—40nm$
Al_2O_3 含量	$<5wt\%$
筛余物（Ro‑Tap，$>300\mu m$）	$\geqslant80wt\%$
筛下部分（Siebfraktion）（Ro‑Tap $<75\mu m$）	$\leqslant10wt\%$
碳含量	$0.1—20.0wt\%$

并且，所述沉淀硅石以粉末的形式存在，或者以大约球形颗粒（微粒状材料）或粒状材料的形式。

对比文件 2：公开号为 CN1408640A，公开日为 2003 年 4 月 9 日的中国专利文献。

三、对本案相关技术问题的分析与说明

根据原告的起诉理由，结合庭审时当事人的诉辩主张，可以确定本案的主要争议技术问题有两点，现分别分析如下：

（1）对于"半峰宽/峰≤0.95，d25%/d75% 为 1.00—1.80，相对宽度 γ（加压的）1.3—2.6gnm/ml 及细度值 F.V.（加压的）为 100—140Å"这一区别技术特征，现有技术是否存在将对比文件 1 产品的相关技术方案进行调整获得上述物理化学参数的技术启示？

原告主张：被诉决定对区别技术特征的性质认定错误，相对宽度 γ（加压的）和细度值 F.V.（加压的）表示的应为孔径性质；对比文件 1 没有给出采用本申请中相对较低的相对宽度 γ 的启示，而是相反地教导了应采用较宽的相对宽度 γ，并且原告已经通过实审阶段的补充实验数据证明了对比文件 1 实施例 1b—3b 的半峰宽/峰以及 d25%/d75% 不在权利要求 1 限定的范围之内；此外，本申请还取得了预料不到的技术效果。

被告则坚持被诉决定的理由，并辩称本申请并未取得预料不到的技术效果。

分析与说明：

根据本申请和对比文件 1 的记载，以及本领域的公知常识，可以确认相对宽度 γ（加压的）表示的为孔径分布，细度值 F.V.（加压的）表示的为团聚体内孔隙的平均半径，因此被诉决定中"表征沉淀硅石粒径分布均匀的参数有多种，如相对宽度 γ（加压的）、半峰宽/峰、d 25%/d 75% 和细度值 F.V.（加压的）"的表述有误。

虽然被诉决定对其中两个区别技术特征的性质认定有误，但这并不代表现有技术未给出将相对宽度 γ（加压的）、细度值 F.V.（加压的）、半峰宽/峰和 d 25%/d 75% 这几个作为区别技术特征的物理化学参数进行调整的启示。

对于相对宽度 γ（加压的）这一区别技术特征，如上所述，其代表的是孔径分布，对比文件 1 之所以选择高相对宽度 γ 的孔径分布，是因为对比文件 1 的其中一个发明目的是"孔径分布的相对宽度 γ 在将沉淀硅石引入到橡胶中之后产生了低水平的滞后现象，因此确保了轮胎具有低滚动阻力"。根据对比文件 1 说明书表 1 至表 8 的进一步记载可知，相较于作为参比物的硅石 Ultrasil VN 2GR、Ultrasil 7000GR 和 Ultrasil 7005GR，对比文件 1 实施例 1b—3b 硅石的孔径分布具有更高的相对宽度 γ，并且所述实施例 1b—3b 的硅石相较于参比硅石，获得了滞后损失的显著改进，这可以从增加的落球弹性值看出。由此可见，对比文件 1 进一步给出了沉淀硅石粒径分布的相对宽度 γ 与落球弹性值正相关的启示，即加入沉淀硅石的橡胶其落球弹性值随着硅石粒径分布的相对宽度 γ 升高而升高、降低而降低，且原告在庭审中对此也已经进行了确认。

与对比文件 1 相对的，本申请的发明目的除了和对比文件 1 一致的"改善耐磨性"之外，另一个发明目的是"改善的湿抓地性能"。由此可见，本发明相对于对比文件 1 解决的技术问题是提高产品湿抓地性能。由于本领域公知湿抓地性能可以通过测量落球弹性值来评价，落球弹性值降低表明产品的湿抓地性能得到改善，例如，本申请就是通过测量得到更低的落球回弹率（即落球弹性值）来表示本发明硅石填充的胎面的湿抓地性能得到改善，因此在对比文件 1 给出了沉淀硅石粒径分布的相对宽度 γ 与落球弹性值正相关的启示的基础上，本领域技术人员容易想到通过降低沉淀硅石粒径分布的相对宽度γ来使沉淀硅石填充的橡胶的落球回弹率降低，从而得到改善的湿抓地性能。因此，权利要求1限定的1.3—2.6gnm/ml的相对宽度γ（加压的）是本领域技术人员在对比文件1公开的相对宽度γ（加压的）的基础上对其作降低的调整就可以得到的。

对于权利要求1限定的半峰宽/峰≤0.95，d25%/d75%为1.00—1.80和细度值F.V.（加压的）为100—140Å这三个区别技术特征，所述区别技术特征是分别表示粒径的分布宽度、粒径均匀度和团聚体内孔隙的平均半径常见的参数，该参数的具体数值范围也是本领域产品常见的，同时，本领域技术人员为了提高产品的性能，对硅石的生产工艺进行适当调整，从而获得粒径分布较窄且均匀同时细度值F.V又合适的硅石也是本领域技术人员经过有限次实验就得到的，其效果也是可以预期的。能够作为佐证的是，根据本申请表2记载可知，作为参比硅石，参比2的Zeosil 1165 MP的半峰宽/峰、d25%/d75%和细度值F.V.（加压的）均在权利要求1限定的范围之内，Zeosil 1165MP是法国罗地亚公司生产的一种商用硅石产品，该产品在本申请的优先权日之前就已被广泛使用和研究，[①]根据本申请表6的记载，用参比2硅石填充的胎面并不具有预料不到的技术效果。由此可见，在上述参数范围内的硅石产品是本领域产品常见的，其效果也是可以预期的。

（2）对比文件1是否公开了权利要求12的步骤b），并给出了调整步骤e）pH的启示？

原告诉主张：权利要求12步骤b）中的碱金属和/或碱土金属硅酸盐和至少一种酸化剂是持续搅拌加入，不存在停止加料的情况，而对比文件1的相应步骤则存在停止加料后继续搅拌的步骤，两者存在区别；尽管最初的加料步骤以及之后的过滤、干燥等常规步骤上本申请与对比文件1相同，但在对硅石的形态有关键影响的后续原料添加步骤和pH的控制步骤上，本申请与对比文件1的方法存在明显的区别。

---

① 赵志正：《白炭黑牌号对胶料性能的影响》，载《世界橡胶工业》，2006年11月，第33卷第11期，第5-7页。该文献表明本领域在2006年就已将Zeosil 1165 MP作为对比研究的硅石，其性质也是本领域公知的。

被告坚持被诉决定的意见。

分析与说明：

根据本申请权利要求 12 步骤 b）"同时计量至少一种碱金属和/或碱土金属硅酸盐和至少一种酸化剂至所述初始进料中，在 75—88℃下搅拌 60—120 分钟"的记载，不能看出该步骤中的原料是持续搅拌加入，即本申请权利要求 12 的步骤 b）也有可能是在停止加料之后继续搅拌一段时间，因此，并不能将权利要求 12 的步骤 b）与对比文件 1 的相应步骤相区分。

对于权利要求 12 步骤 e）中的 pH 为 4—5 而对比文件 1 相应步骤中的 pH 为 3.2 两者存在不同这一区别技术特征，虽然这两者 pH 略有差异，但它们都属于酸性 pH 且数值上较为接近，同时，对比文件 1 在说明书第 6 页第 14 行公开了步骤 e）是"酸化剂用于酸化至大约 2.5—5.0 的 pH"，因此，本领域技术人员在将对比文件 1 相应步骤的 pH 进行调整时，根据对比文件 1 上述公开的内容容易想到将 pH 调整至 4—5 的范围。

技术调查官：林冠

2018 年 9 月 18 日

【技术调查官自评】

被诉复审决定的理由部分写得较为简略，并且该决定将权利要求 1 中分别表示孔径分布和孔径半径的两个参数错误认定为表征粒径分布的参数，这给本案的技术事实查明工作增加了难度。为了准确查清本案的技术事实，技术调查官在庭前认真阅读申请文件、对比文件以及起诉状，在庭审中针对技术争议焦点仔细询问双方当事人，并当庭就影响案件结论的关键技术事实向原告进行了确认，在庭后撰写技术审查意见时还就申请日前本领域的技术状况作了进一步了解并列为参考资料，确认了本申请的参比物 2 是成熟的商用产品且其部分参数落入本申请权利要求 1 的范围内，通过上述各种手段最终撰写出为法官判决提供有益支持的技术审查意见。

【法官点评】

在审理过程中，技术调查官协助法官准确地总结概括了本案的技术争议焦点，并在具体分析前述焦点时，进一步将问题细化，抽丝剥茧般将本案的技术争议焦点进行详细解析。尤其是在对本案所涉及实施例中相关化学参数进行分析说明时，引用了相关文献，站在本领域技术人员的角度进行分析，论述充分，有利于法官更好地了解相关情况。该技术审查意见切实地帮助法官更为精准地理解本案所涉的相关技术问题，为法官对本案所涉法律问题作出司法认定提供了有益支持。

判决书摘编 （2016）京 73 行初 1137 号

原告赢创公司因发明专利申请驳回复审行政纠纷一案，不服被告国家知识产权局专利复审委员会（以下简称专利复审委员会）作出的第 93966 号复审请求审查决定（以下简称被诉决定），于法定期限内向法院提起行政诉讼。法院受理后，依法组成合议庭，并指派技术调查官林冠参与诉讼。法院于 2018 年 8 月 21 日公开开庭审理了本案。

被诉决定系被告专利复审委员会针对原告赢创公司所提复审请求而作出的，该决定中认定：

权利要求 1 所要求保护的技术方案与对比文件 1 公开的技术内容相比，其区别技术特征为：权利要求 1 限定了半峰宽/峰 ≤ 0.95，d 25%/d 75% 为 1.00—1.80，相对宽度 γ（加压的）1.3—2.6gnm/ml 及细度值 F. V.（加压的）为 100—140Å。如上所述，制备本申请沉淀硅石的方法与对比文件 1 中公开的方法相近，虽然两者所述步骤 e）中酸化剂使得 pH 略有差异，但对比文件 1 公开了如下内容酸化剂用于酸化至大约 2.5—5.0 的 pH。本领域技术人员一般在具体制备沉淀硅石过程中也会根据产品性能进行 pH 调整。对比文件 1 中虽未测定半峰宽/峰、d 25%/d 75% 和细度值 F. V.（加压的），本领域技术人员公知，沉淀硅石的粒径分布越均匀添加到弹性体混合物中性能会越好，表征沉淀硅石粒径分布均匀的参数有多种，如相对宽度 γ（加压的）、半峰宽/峰、d 25%/d 75% 和细度值 F. V.（加压的），且相对宽度 γ（加压的）数值越小或 d 25%/d 75% 接近于 1，表明沉淀硅石粒径越均匀，在对比文件 1 中公开了孔径分布的相对宽度 γ 为 4.0—

10.0gnm/m 的基础上，本领域技术人员可视弹性体混合物的性能调整包括 pH 在内的工艺参数，使得最终产品具有权利要求 1 所述产品的物理化学参数。因此，权利要求 1 的技术方案相对于对比文件 1 不具有突出的实质性特点，不具备《中华人民共和国专利法》（以下简称《专利法》）第 22 条第 3 款规定的创造性。

权利要求 12 要求保护制备权利要求 1 所述的沉淀硅石的方法，具体评述参见上述对于权利要求 1 的相应评述，因此，权利要求 12 相对于对比文件 1 不具有突出的实质性特点，不具备《专利法》第 22 条第 3 款规定的创造性。

权利要求 2—11、13—30 均为从属权利要求，在其所引用的权利要求不具备创造性的情况下，其亦不具备创造性。

基于以上事实和理由，专利复审委员会决定维持国家知识产权局于 2013 年 9 月 4 日对本申请作出的驳回决定。

一、当事人陈述

原告赢创公司不服，于法定期限内向法院提起诉讼称：（1）被诉决定认定事实错误。被诉决定错误地将四个区别技术特征均认定为表征"粒径分布"的参数。相对宽度 γ（加压的）和细度值 F. V. 表征的是孔径分布和孔径，并无证据表明其与粒径分布的关系。（2）被诉决定有关本申请权利要求 1 不具备创造性的认定有误。对比文件 1 给出的是与本申请较低球体回弹率及较小的相对宽度 γ 相反的技术教导，其并不能给出相应的技术启示，且本申请的技术方案取得了预料不到的技术效果。（3）被诉决定有关本申请权利要求 12 不具备创造性的认定有误。被诉决定对本申请权利要求 12 与对比文件 1 的区别特征认定错误，遗漏了两个技术特征，即对硅石的形态有关键影响的后续原料添加步骤和 pH 的控制步骤上存在不同，且基于与本申请权利要求 1 相同的理由，本申请权利要求 12 亦具备创造性。（4）在本申请权利要求 1、权利要求 12 具备创造性的基础上，其从属权利要求亦具备创造性。综上，被诉决定认定事实不清、适用法律错误，请求法院依法撤销被诉决定并判令被告重新作出决定。

被告专利复审委员会答辩称：被诉决定认定事实清楚，适用法律法规正确，审理程序合法，审查结论正确，原告的诉讼理由不能成立，请求法院依法驳回原告诉讼请求。

二、法院经审理查明的事实

本申请是申请号为 200980112250.1，名称为"作为用于弹性体混合物的补强填料的沉淀硅酸"的发明专利申请（以下简称本申请），申请人为赢创公司，申请日为 2009 年 3 月 19 日，优先权日为 2008 年 4 月 7 日，公开日为 2011 年 3 月 23 日。

经实质审查，国家知识产权局原审查部门于 2013 年 9 月 4 日发出驳回决定，驳回了本申请，其理由是：权利要求 1—30 不符合《专利法》第 22 条第 3 款规定的创造性。驳回决定所依据的文本为：赢创公司于 2013 年 1 月 4 日提交的权利要求第 1—30 项，2010 年 10 月 8 日进入中国国家阶段时提交的国际申请的中文译文说明书第 1—42 页、说明书附图第 1—3 页、说明书摘要和摘要附图。驳回决定引用了如下两篇对比文件：

对比文件 1：CN 101139096A，公开日为 2008 年 3 月 12 日的中国发明专利申请公开说明书。该文献公开了制备沉淀硅石的方法及相应的特定孔径分布的沉淀硅石，在实施例 1 中使用 1202L 的水和 172.4kg 的水玻璃（密度 1.348kg/l，27.0wt% SiO_2，8.05wt% Na_2O）作为由不锈钢制成的夹套反应器（高度 1.60m，内径 1.60m）的初始加料（相当于本申请权利要求 12 的步骤 a），该反应器具有盘形底、MIC 倾斜叶片搅拌器系统和 Ekato 流体剪切涡轮；然后在强力搅拌和剪切下，在 79℃ 的温度下，用 35 分钟同时进给 5.85kg/min 的上述水玻璃和大约 0.65kg/min 的硫酸（密度 1.83kg/l，96wt% 的 H_2SO_4）；将硫酸计量到剪切涡轮上，这种计量以使得在整个进料时间内在反应介质中获得占主导的 30.0 +/ -0.3 的碱值的方式控制；停止两种原料的添加，所得悬浮液在 79℃ 下强烈搅拌和剪切 60 分钟；最后，在继续于 79℃ 下强烈搅拌和剪切的同时，用 50 分钟同时进给 8.00kg/min 的上述水玻璃和大约 0.90kg/min 的上述硫酸；再次，硫酸的计量以使得在反应介质中的占主导的碱值为 30.0 +/ -0.3 的方式控制；停止添加水玻璃，并继续以 0.90kg/min 的速度添加硫酸，直到获得悬浮液 pH7.0 的为止（在室温下测定）；此后立即通过以 0.45kg/min 的速度添加硫酸来建立悬浮液的最终 pH3.2（在室温下测定）；所获得的悬浮液使用膜压滤机过滤，滤饼用水洗涤；然后使用水和上述硫酸以及溶解器，液化固体含量为 21wt% 的滤饼；然后，具有 18wt% 固体含量和 4.2 的 pH 的硅石原料与附加的氨一起喷雾干燥，使得最终产品的 pH（对 5% 悬浮液测定）变为 5.8 为止；辊压造粒过程采用出自 Alexanderwerk AG 的 WP 50N/75 辊轧机。

该文献还公开了制备沉淀硅石的方法，其特征在于，依次包括下列步骤：……（e）酸化剂用于酸化至大约 2.5—5.0 的 pH。

同时，该文献还公开了沉淀硅石的物理化学参数（参见其说明书第 1 页第 25 行至第 2 页第 12 行）：

孔径分布的相对宽度 γ	4.0—10.0（gnm）/ml
Sears 值 V2	28—40ml/（5g）
Sears 值 V2/CTAB 比率	0.18—0.28ml/（5m^2）
CTAB	100—200m^2/g

沉淀硅石还具有一个或多个以下物理化学参数：

DBP 值	0—300g/（100g）
在 pH 5 下的 ζ（Zeta）电位	−12 到 −30mV
BET/CTAB 比率	>1.3
初级粒径	10—40nm
Al2O3 含量	<5wt%
筛余物（Ro−Tap，>300μm）	≥80wt%
筛下部分（Siebfraktion）（Ro−Tap<75μm）	≤10wt%
碳含量	0.1—20.0wt%

并且，所述沉淀硅石以粉末的形式存在，或者以大约球形颗粒（微粒状材料）或粒状材料的形式。

对比文件 2：CN1408640A，公开日为 2003 年 4 月 9 日的中国发明专利申请公开说明书。

赢创公司对上述驳回决定不服，于 2013 年 12 月 19 日向专利复审委员会提出了复审请求，未修改权利要求书。

经形式审查合格，专利复审委员会于 2014 年 3 月 3 日依法受理了该复审请求，并将其转送至原审查部门进行前置审查。原审查部门在前置审查意见书中坚持原驳回决定。

专利复审委员会于 2015 年 4 月 7 日向赢创公司发出复审通知书，指出：权利要求 1—23 相对于对比文件 1 和公知常识的结合不具备创造性，权利要求 24—30 相对于对比文件 1、对比文件 2 和公知常识的结合不具备创造性。

赢创公司于 2015 年 5 月 22 日提交了意见陈述书，并提交了权利要求书的修改替换页。其中将权利要求 1 中的"相对宽度 γ，加压的 ≤2.8gnm/ml"修改为"相对宽度 γ，加压的 1.3—2.6gnm/ml"，将权利要求 12 的主题名称由"制备沉淀硅石的方法"修改为"制备如权利要求 1 所述的沉淀硅石的方法"，修改后的权利要求 1 和 12 分别如下：

"1. 具有如下理化性质的沉淀硅石：

CTAB 表面积	≥150m^2/g
BET 表面积：	≥150m^2/g
DBP 数	180—350g/100g
半峰宽/峰	≤0.95
d 25%/d 75%	1.00—1.80
相对宽度 γ，加压的	1.3－2.6gnm/ml
细度值 F.V.，加压的	100—140Å

12. 制备如权利要求 1 所述的沉淀硅石的方法，包含如下步骤：

a）最初注入碱金属或碱土金属硅酸盐和/或有机和/或无机碱的水溶液，

b）同时计量至少一种碱金属和/或碱土金属硅酸盐和至少一种酸化剂至所述初始进料中，在 75—88℃下搅拌 60—120 分钟，

……

d）用至少一种酸化剂再酸化使 pH 达到 5—8，

e）用至少一种酸化剂再酸化使 pH 达到 4—5，酸化剂的计量速率小于步骤 d）中的计量速率，

f）过滤沉淀悬浮液，

g）洗涤滤饼，

h）任选地使滤饼液体化，

i）干燥，

j）任选地研磨和/或造粒。"

专利复审委员会于 2015 年 7 月 8 日作出被诉决定。

上述事实，有本申请权利要求书、中文译文说明书及附图、对比文件 1、对比文件 2 等证据及当事人陈述在案佐证。

三、裁判要点

根据当事人的诉辩主张，本案的争议焦点在于：本申请权利要求 1 – 30 是否具备创造性。

《专利法》第 22 条第 3 款规定，创造性，是指与现有技术相比，该发明具有突出的实质性特点和显著的进步。

（一）本申请权利要求 1 是否具备创造性

被诉决定认定本申请权利要求 1 与对比文件 1 的区别技术特征为：权利要求 1 限定了半峰宽/峰≤0.95，d 25%/d 75% 为 1.00—1.80，相对宽度 γ（加压的）1.3—2.6gnm/ml 及细度值 F. V.（加压的）为 100—140Å 在庭审中，原告对该区别技术特征的认定不持异议，法院予以确认。

由于相对宽度 γ（加压的）表示的为孔径分布，细度值 F. V.（加压的）表示的为团聚体内孔隙的平均半径，因此被诉决定中"表征沉淀硅石粒径分布均匀的参数有多种，如相对宽度 γ（加压的）、半峰宽/峰、d 25%/d 75% 和细度值 F. V.（加压的）"的表述有误，法院予以纠正。

至于现有技术中是否给出了将上述区别技术特征应用于对比文件 1 的技术启示，法院认为，对于相对宽度 γ（加压的）这一区别技术特征，如上所述，其代表的是孔径分布，对比文件 1 所公开的沉淀硅石的性能之一是"孔径分布的高相对宽度 γ"，而该性能导致"利用该孔径分布，在引入到弹性体混合物和橡胶混合物之后具有极低的滞后损失"。由此可知，对比文件 1 之所以选择高相对宽度 γ 的孔径分布，是因为对比文件 1 的其中一个发明目的是"孔径分布的相对宽度 γ 在将沉淀硅石引入到橡胶中之后产生了低水平的滞

355

后现象，因此确保了轮胎具有低滚动阻力"。根据对比文件 1 说明书表 1 至表 8 的进一步记载可知，相较于作为参比物的硅石 Ultrasil VN 2 GR、Ultrasil 7000 GR 和 Ultrasil 7005 GR，对比文件 1 实施例 1b—3b 硅石的孔径分布具有更高的相对宽度 γ，并且所述实施例 1b—3b 的硅石相较于参比硅石，获得了滞后损失的显著改进，这可以从增加的落球弹性值看出。据此，对比文件 1 进一步给出了沉淀硅石粒径分布的相对宽度 γ 与落球弹性值正相关的启示，即加入沉淀硅石的橡胶其落球弹性值随着硅石粒径分布的相对宽度 γ 升高而升高、降低而降低。

而本申请的发明目的除了与对比文件 1 具有相同的"改善耐磨性"需求之外，还有个发明目的是"改善湿抓地性能"。由于本领域公知湿抓地性能可以通过测量落球弹性值来评价，落球弹性值降低表明产品的湿抓地性能得到改善，例如，本申请就是通过测量得到更低的落球回弹率（即落球弹性值）来表示本发明硅石填充的胎面的湿抓地性能得到改善，因此在对比文件 1 给出了沉淀硅石粒径分布的相对宽度 γ 与落球弹性值正相关的启示的基础上，本领域技术人员容易想到通过降低沉淀硅石粒径分布的相对宽度 γ 来使沉淀硅石填充的橡胶的落球回弹率降低，从而得到改善的湿抓地性能。因此，权利要求 1 限定的 1.3—2.6gnm/ml 的相对宽度 γ（加压的）是本领域技术人员在对比文件 1 公开的相对宽度 γ（加压的）的基础上，通过有限次实验可以得到的。

对于权利要求 1 限定的半峰宽/峰 $\leqslant 0.95$，d 25%/d 75% 为 1.00—1.80 和细度值 F.V.（加压的）为 100—140 这三个区别技术特征，所述区别技术特征是分别表示粒径的分布宽度、粒径均匀度和团聚体内孔隙的平均半径常见的参数，该参数的具体数值范围也是本领域产品常见的。同时，本领域技术人员为了提高产品的性能，对硅石的生产工艺进行适当调整，从而获得粒径分布较窄且均匀同时细度值 F.V 又合适的硅石也是本领域技术人员经过有限次实验就得到的，其效果也是可以预期的。综上，原告有关本申请权利要求 1 具备创造性的理由均不能成立，法院不予支持。

（二）本申请权利要求 12 是否具备创造性

原告主张被诉决定有关对比文件 1 与本申请权利要求 12 所存在的区别技

术特征的认定有误，遗漏了两个区别技术特征：一是对比文件 1 未公开本申请权利要求 12 的步骤 b）；二是对比文件 1 中公开的 pH 与本申请权利要求 12 步骤 e）中的 pH 不同。

对此法院认为，本申请权利要求 12 步骤 b）并未明确限定该步骤中的原料是持续搅拌加入，且从本申请的说明书中亦无法直接地、毫无疑义地确定。因此，本申请权利要求 12 步骤 b）亦包括在停止加料之后继续搅拌一段时间的情形。因此，本申请权利要求 12 步骤 b）已被对比文件 1 的相应步骤公开。

由于对比文件 1 在说明书第 6 页第 14 行公开了其步骤 e）是"酸化剂用于酸化至大约 2.5—5.0 的 pH"，该 pH 已经涵盖了本申请权利要求 12 步骤 e）中"pH 达到 4—5"的值。可见，对比文件 1 已经公开了本申请权利要求 12 步骤 e）中的 pH。

综上所述，原告有关被诉决定遗漏区别技术特征的主张不能成立。而基于与本申请权利要求 1 基本相同的理由，权利要求 12 亦不具备创造性。

原告基于权利要求 1、权利要求 12 具备创造性而主张其从属权利要求具备创造性，如前所述，在本申请权利要求 1、12 不具备创造性的基础上，原告关于从属权利要求 2—11、13—30 具备创造性的理由亦不能成立，法院不予支持。

综上，被诉决定尽管部分表述有误，但主要事实清楚，审查结论正确，原告请求撤销被诉决定的诉讼理由不能成立，依照《中华人民共和国行政诉讼法》第 69 条之规定，法院判决如下：

驳回原告赢创公司的诉讼请求。

11 飞宇公司诉专利复审委员会行政纠纷案

对本案相关技术问题的分析与说明

(1) 证据1中的附图标注错误是否影响本领域技术人员对证据1所公开技术方案实质内容的理解?

原告认为:由于证据1说明书文字记载内容和附图4的附图标记不对应,一般技术人员根据文字描述和附图标注是无法对此技术方案进行全面理解的。

被告认为:证据1说明书文字记载内容与附图4的附图标记确实存在不对应,在无效决定时对此也进行了慎重的考虑。但证据1说明书文字描述是清楚的,从附图上来看证据1也是由三个在空间上正交的电机共同组成三轴电机稳定器结构,从文字考虑描述是一致的,对于本领域技术人员而言附图标记的笔误不影响对于技术方案的理解。

第三人认为:证据1附图4本身没有问题,存在问题的是横滚指向有偏差,本领域技术人员结合上下文能够确定这是笔误,可以做出修正,并可以依据修正后的技术内容做出理解。

分析与说明:

证据1的附图4示出了具有三个在空间上呈正交的电机构成的三轴电机相机稳定器,本领域技术人员通过附图可以明晰该稳定器的相应结构组成及相互的连接关系。另外，证据 1 文字部分本身的描述是清楚的，虽然证据 1 说明书文字部分有关附图标记的记载与附图 4 标注的附图标记确实有不对应之处，但这种不对应是通过将文字描述部分的附图标记和附图 4 的附图标记对照下容易发现的，并且能够得知具体错误之处。在此情况下，对本领域人员而言，忽略掉错误的附图标记而通过文字描述和附图所示内容能够对技术方案进行正确的理解，并不会造成技术方案实质内容理解上的障碍。

（2）本专利权利要求 1 中的三轴云台与证据 1 中的三轴云台在空间结构上是否具有实质性区别？

原告认为：证据 1 中从附图 4 可以看出，文字标注为横滚电机实际是航向电机，转动时角度有限，而本专利权利要求 1 描述的方案中由于其他设备比航向电机高，航向电机在旋转时，可以 360 度任意旋转。

被告认为：关于航向电机可以 360 度旋转的技术效果，从本专利权利要求 1 限定的技术方案是看不出来的。另外，证据 1 中附图 4 中所示的与固定杆连接的电机对应于本专利的航向电机，由附图 4 可以看出证据 1 中将手柄的杆旋转后，与手柄连接的电机也是可以 360 度旋转的。

第三人认为：原告在解释时把本专利的实施例与证据 1 进行了比对，而本专利权利要求 1 并没有相应的记载，不应考虑。

分析与说明：

首先，航向电机是否可以进行 360 度的任意旋转在本专利权利要求 1 中没有明确限定。其次，本专利中航向电机是否可以进行 360 度旋转与三轴云台整体结构部件的设置位置相关，例如控制航向的 Z 轴电机 3 和控制横滚运动的 Y 轴电机 5 之间的连接臂 4 的高度，以及手机夹具的高度等，在本专利权利要求 1 中也没有进行相关结构的限定，因此原告所认为的航向电机在旋转时，可以 360 度任意旋转在本专利权利要求 1 的技术方案中无法体现。此外，本专利中航向电机是与手持部连接的电机；从连接关系来看，证据 1 中与固定杆连接的电机可以对应于本专利的航向电机，而从证据 1 附图 4 中的三轴电机及各连接部件设置的空间结构来看，与固定杆连接的电机也可以实现 360 度的旋转。

（3）本专利权利要求 1 中的 Z 轴定子与手持部连接的方式与证据 1 中航向电机定子与连接杆的连接方式是否有实质性区别？

原告认为：证据 1 中的连接是手持部与电机的侧壁连接，本专利是定子的底部与手持部连接，虽然权利要求 1 中没有对方位进行描述，但附图和说明书有详细的记载。

被告认为：本专利权利要求 1 中限定电机与定子的手持部连接，没有限定是电机与手持部连接的方位，原告是将附图用到了权利要求保护范围的解释中。另外，由于定子是固定不动的，是连接在外壳中的，而侧壁是外壳的一部分，因此证据 1 实质上也是手持部与壳体连接。

分析与说明：

首先，本专利权利要求 1 中的相关描述为 "Z 轴电机的定子与手持部连接"，从该描述来看只是限定了将 Z 轴电机的定子与手持部连接，并没有限定具体的连接方向和连接位置。虽然本专利的附图所示出的是和电机定子底部连接，但是由权利要求所记载的技术方案并不必然排除从侧面进行连接的方式，且侧面连接也同样可以实现权利要求 1 的技术方案，因此本专利权利要求 1 中的 Z 轴定子与手持部连接的方式与证据 1 中航向电机定子与连接杆的连接方式未体现出实质性的区别。

（4）本专利权利要求 1 中的姿态板与证据 1 中的陀螺仪传感器是否具有实质性区别？

原告认为：姿态板的功能比陀螺仪传感器功能大，包括加速度测量器和电子罗盘，通过百度百科可知姿态传感器和陀螺仪传感器是有很大区别的，姿态板可以理解为姿态传感器。

被告认为：原告的理解不能接受，应以说明书内容为准，姿态板与姿态传感器是否相同无法证明。

第三人认为：陀螺仪实现的功能也是检测手机相机的功能，与姿态传感器是一样的，证据 1 的陀螺仪是姿态传感器的下位概念。

分析与说明：

首先，本领域中姿态通常用于描述物体在空间的加速度、角速度等位置、方向的运动信息。本专利中姿态板是安装在手机夹具上，也就是用于获取手机夹具的姿态信息。证据 1 中陀螺仪传感器是用于采集固定架的三轴角速度，是用于获取固定架的三轴角度偏移量，也就是固定架的空间姿态信息。其次，通常意义的姿态传感器范围包括陀螺仪、加速度传感器、电子罗盘等运动传感器，姿态传感器系统可以由其中的一种或多种传感器构成，也就是说陀螺仪传感器是姿态传感器的一种。另外，对于原告所认为的本专利中姿态板还包括加速度测量器和电子罗盘，由于本专利中对于姿态板本身没有做进一步的限定，且从本专利技术方案的三轴云台的功能来看，主要是保持手持状态时在空间位置的稳定，对于其运动速度无必然的需求，所以无法得出其必然含有原告所称的加速度测量器和电子罗盘。因此本专利权利要求 1 中的姿态板与证据 1 中的陀螺仪传感器无法体现出实质性的区别。

技术调查官：郭强

2018 年 4 月 21 日

【技术调查官自评】

本案件涉及"一种运用手机拍摄的手持三轴云台"的实用新型专利权无效行政纠纷，争议焦点在于：在对比文件撰写上存在一定瑕疵的情况下，本专利与对比文件的实体结构是否构成实质性的区别。经过对各方意见的认真梳理与充分考虑，技术调查官结合从事审查工作的经验，从本领域技术人员角度出发，在审查意见中对争议所涉及部件的结构、功能和效果，以及部件之间连接关系等方面进行了客观的对比和深入的剖析，得出了供法官参考的技术审查意见。

【法官点评】

在本案中，涉案专利的空间结构和连接方式与对比文件是否存在实质性区别，这对于判断权利要求是否具有创造性具有重要影响，技术调查官在撰写技术审查意见时，根据法官的需求，没有对本专利技术方案的理解做过多解读，而是紧扣上述技术焦点问题撰写，逻辑清晰、说理充分，能够有效帮助法官以本领域技术人员的角度加强对技术方案的理解并形成内心确信，具有较强的客观性、准确性、高效性和参考性。

判决书摘编 （2015）京 73 民初 1134 号

飞宇公司因实用新型专利权无效行政纠纷一案，不服被告国家知识产权局专利复审委员会（以下简称专利复审委员会）于 2016 年 4 月 7 日作出的第 28646 号专利权无效宣告请求审查决定（以下简称被诉决定），于法定期限内向法院提起行政诉讼。法院受理后，依法组成合议庭，通知与本案存在利害关系的廖某仑作为第三人参加诉讼，并指派郭强作为本案技术调查官，于 2018 年 4 月 3 日公开开庭进行了审理。

被诉决定系专利复审委员会针对廖某仑就名称为"一种运用手机拍摄的手持三轴云台"的第 201520047346.7 号实用新型专利（以下简称本专利）提出的无效宣告请求而作出。专利复审委员会在被诉决定中认为：

（1）审查基础。

鉴于在本案的审理过程中，飞宇公司未对本专利的权利要求书作出修改，故本决定以本专利授权公告的权利要求书作为审查基础。

（2）证据认定。

证据 1—证据 3 均为专利文献复印件，飞宇公司对上述证据的真实性无异议，合议组对上述证据的真实性予以认可。鉴于证据 1 至证据 3 的公开日均早于本专利的申请日，因此，其公开的技术内容可作为现有技术来评价本专利的创造性。

反证 1 为公证书原件，经核实该公证书装订完整，公证员和公证处签章齐全，未发现影响证据真实性的明显瑕疵，故合议组对反证 1 的真实性予以认可。

（3）关于权利要求是否具备创造性。

①关于权利要求 1。

证据 1 公开一种运动相机稳定器及其稳定控制方法，并公开了"航向电机的侧壁直接固定在固定连接杆的上端"，本领域中电机侧壁与电机定子通常是固定为一体的，并且飞宇公司在口头审理过程中明确了"定子与手持部相连就是定子的外壳与手持部相连"，因此证据 1 公开了权利要求 1 中的特征"Z 轴电机的定子与手持部连接"。证据 1 公开了"陀螺仪传感器 2 固定在相机固定架 1 的横向侧壁上", 因此证据 1 公开了权利要求 1 中的特征"手机夹具上设有姿态板"。

本专利权利要求 1 与证据 1 相比, 区别在于: a. 本专利的三轴云台用于手机, 包括手机夹具; 而证据 1 的稳定器用于相机, 包括相机固定架。b. 权利要求 1 明确限定了"三个在空间中呈正交分布的电机"; 而证据 1 未记载三个电机是否呈正交分布。c. 权利要求 1 限定了"姿态板与 X 轴电机连接"; 证据 1 对此没有明确记载。

对于区别技术特征 a, 本专利的手机和证据 1 的相机均属于便携式拍摄设备, 在手机的摄像功能已经普及的情况下, 将用于稳定相机拍摄画面的稳定器应用于手机是本领域技术人员容易想到的。在将相机稳定器应用于手机时, 自然需要将适合夹持相机的相机固定架替换为用于夹持手机的手机夹具, 这种简单的变换对本领域技术人员而言是显而易见的。对于区别技术特征 b, 证据 1 公开了一种对运动相机进行三维自适应控制的稳定器, 从证据 1 的附图 4 中可以看出俯仰电机、横滚电机和航向电机的电机轴基本呈正交分布, 本领域技术人员在证据 1 公开的利用三个电机在空间中的三个维度上控制相机姿态的技术方案的基础上, 结合其所具备的技术常识, 能够想到将三个电机的电机轴呈正交布置。对于区别技术特征 c, 证据 1 公开了陀螺仪传感器 2 固定在相机固定架 1 的横向侧壁上, 相机固定架 1 与俯仰电机的电机轴的前端固连, 从证据 1 的附图 3 中可以看到, 陀螺仪传感器 2 位于俯仰电机与相机之间。在证据 1 公开内容的基础上, 本领域技术人员容易想到, 可以将陀螺仪传感器与俯仰电机连接。

因此, 在证据 1 公开内容的基础上进一步结合本领域常规设计手段能够显而易见地获得本专利权利要求 1 所要求保护的技术方案, 权利要求 1 不具备《中华人民共和国专利法》(以下简称《专利法》) 第 22 条第 3 款规定的创造性。

由于飞宇公司没有提交其他证据证明"feiyu tech g4"手持式三轴稳定器获得苹果公司认可是由于产品本身的特点直接导致的, 也未证明"feiyu tech g4"手持式三轴稳定器与本专利权利要求 1 的技术方案之间具有对应的关联性, 因此反证 1 不足以证明本专利权利要求 1 的技术方案在商业上取得了成功。

鉴于基于证据 1 即可否定本专利的创造性，故对廖某仑针对权利要求 1 提出的其他理由和证据，专利复审委员会不再进行评述。

②关于权利要求 2、3。

尽管本专利与证据 3 在夹持原理上有类似之处，然而两者所采用的具体结构存在较大差异，本领域技术人员在证据 3 公开内容的基础上不能显而易见地获得权利要求 2 限定的具体方案。本专利权利要求 2 采用与证据 3 不同的结构实现了类似的功能，具有有益的技术效果。因此权利要求 2 具有实质性特点和进步，因而具备《专利法》第 22 条第 3 款规定的创造性。在权利要求 2 具备创造性的基础上，引用权利要求 2 的从属权利要求 3 也具备创造性。

综上所述，专利复审委员会作出被诉决定，宣告本专利权利要求 1 无效，在权利要求 2、3 的基础上继续维持本专利有效。

一、当事人陈述

原告飞宇公司不服被诉决定，在法定期限内向法院提起行政诉讼称：(1) 被诉决定对本专利权利要求 1 不具备创造性的事实认定和法律适用存在错误，体现在：①证据 1 附图标注错误，技术方案没有正确公开，本领域技术人员不可能得到本专利权利要求 1 的手持三轴云台结构；②两种三轴云台的结构在空间中存在实质区别，本专利权利要求 1 描述的结构可以使航向电机在空间中连续旋转而不影响拍摄，而证据 1 中的三轴云台进行航向运动时，俯仰电机和运动相机会与航向电机发生碰撞；③Z 轴定子与手持部连接的方式与航向电机定子与连接杆连接的方式不同；④权利要求 1 中的姿态板与证据 1 中的陀螺仪传感器在结构和功能上存在实质性区别，二者不能等同。(2) 本专利在商业上获得了巨大成功，飞宇公司根据本专利的技术方案生产的 feiyu tech g4 系列产品投放市场后获得了国内外广大商家和消费者的充分认可。综上，飞宇公司认为本专利权利要求 1 具备创造性，被诉决定事实认定、法律适用和审查结论存在错误，故请求法院依法撤销被诉决定，判令专利复审委员会重新作出无效宣告请求审查决定。

被告专利复审委员会辩称，被诉决定认定事实清楚，适用法律正确，审理程序合法，审查结论正确，飞宇公司的诉讼请求和理由不能成立，故请求法院依法驳回其诉讼请求。

第三人廖某仑述称，被诉决定认定事实清楚，适用法律正确，审理程序合法，审查结论正确，飞宇公司的诉讼请求和理由不能成立，故请求法院依法驳回其诉讼请求。

二、法院经审理查明的事实

本专利是专利号为 201520047346.7，名称为"一种运用手机拍摄的手持三轴云台"的实用新型专利，本专利的申请日为 2015 年 1 月 23 日，授权公告日为 2015 年 7 月 1 日，专利权人为飞宇公司。

本专利授权公告时的权利要求如下：

"1. 一种运用手机拍摄的手持三轴云台，包括手持部和三个在空间中呈正交分布的电机，三个电机分别为控制俯仰运动的 X 轴电机、控制横滚运动的 Y 轴电机，控制航向轴运动的 Z 轴电机，Z 轴电机的定子与手持部连接，Z 轴电机与 Y 轴电机通过第一连接臂连接，Y 轴电机与 X 轴电机通过第二连接臂连接，其特征在于：还包括手机夹具，手机夹具上设有姿态板，姿态板与 X 轴电机连接。

2. 根据权利要求 1 所述的运用手机拍摄的手持三轴云台，其特征在于：所述手机夹具包括弹簧、第一夹具主体和第二夹具主体，第一夹具主体由 L 形平面和与平面的垂直边相连接的两个第一空心圆柱组成，第二夹具主体由一个平面和垂直设在平面上的两个第二空心圆柱组成，第一空心圆柱的内径上端小下端大，呈凸台形，第一空心圆柱的上端内径与第二空心圆柱相等，第二空心圆柱套入第一空心圆柱内，再将弹簧分别从第一空心圆柱的下端套设在第二空心圆柱上，第二空心圆柱的底部设置螺钉，阻止弹簧掉出。

3. 根据权利要求 2 所述的运用手机拍摄的手持三轴云台，其特征在于：所述第一夹具主体上设有姿态板连接块，固定连接姿态板。"

本专利说明书"背景技术"部分记载：云台是用以实现目标载体的固定、调节目标载体的姿态（例如：方向、横滚和俯仰）和使稳定保持在确定的姿态上，从而实现目标载体的稳定、流畅且多角度拍摄。目前，目标载体有摄像机和照相机。现在手机越来越普遍，手机拍摄方便快捷，却很少有运用于手机拍摄的云台。

本专利说明书"实用新型内容"部分记载：一种运用手机拍摄的手持三轴云台，包括手持部和三个在空间只能够呈正交分布的电机，与现有技术不同的是：还包括手机夹具，手机夹具上设有姿态板，姿态板与 X 轴电机连接。X 轴、Y 轴、Z 轴电机分别与其控制板相连接，控制板的电源线等隐藏在连接臂中，手机固定在夹具上，控制板通过对三轴的检测和控制以及手机夹具姿态信息的检测来稳定和控制手机，从而实现手机稳定、流畅和多角度拍摄。本实用新型的有益效果是结构简单、紧凑，可将手机固定在云台上进行拍摄。

针对本专利，廖某仑于 2015 年 11 月 4 日向专利复审委员会提出了无效宣告请求，其理由是本专利权利要求 1 不具备《专利法》第 22 条第 2 款规定的新颖性；权利要求 1—3 不具备《专利法》第 22 条第 3 款规定的创造性，请求宣告本专利全部无效。同时，廖某仑提交了证据 1—3。

证据 1，申请公布日为 2014 年 9 月 17 日，申请公布号为 CN104049440A 的中国发明专利申请公布说明书复印件，公开了一种运动相机稳定器及其稳定控制方法，并具体公开了如下内容：俯仰电机的电机轴的前端固连在相机固定架 1 的横向侧壁上。俯仰横滚电机连杆呈 L 形，该俯仰横滚电机连杆的一端固连在俯仰电机的侧壁上，另一端则固连在横滚电机的电机轴的前端。横滚航向电机连杆呈 L 形。横滚电机的侧壁固连在该横滚航向电机连杆的一端，航向电机的电机轴的前端固连在该横滚航向电机连杆的另一端。固定连接杆 10 呈中空柱状，航向电机的侧壁直接固定在固定连接杆的上端。陀螺仪传感器 2 固定在相机固定架 1 的横向侧壁上。

证据 2，申请公布日为 2014 年 9 月 3 日，申请公布号为 CN104019348A 的中国发明专利申请公布说明书复印件；

证据 3，申请公布日为 2013 年 12 月 25 日，申请公布号为 CN103465191A 的中国发明专利申请公布说明书复印件。

经形式审查合格，专利复审委员会受理了廖某仑的无效宣告请求。在指定答复期内，飞宇公司于 2015 年 12 月 22 日提交了意见陈述书及反证 1：广西壮族自治区桂林市公证处出具的（2015）桂证民字第 16563 号公证书的原件，其内容为苹果公司在中国、日本、美国、中国香港等国家及地区的官方网站的页面，页面显示型号为"feiyu tech g4"的手持式三轴稳定器作为苹果手机的配件在上述各国家和地区销售。

专利复审委员会于 2016 年 2 月 24 日进行了口头审理。

2016 年 4 月 7 日，专利复审委员会作出被诉决定，宣告本专利权无效。

本案诉讼过程中，飞宇公司向法院补充提交了如下 3 份证据：补充证据 1 为陀螺仪传感器、姿态传感器、电子罗盘、三轴加速传感器的百度百科介绍；补充证据 2 为 feiyu tech g4 三周手持式稳定器产品图片；补充证据 3 为本专利的实用新型专利证书及授权公告文本。

在本案诉讼过程中，专利复审委员会提交了如下 5 份证据：申请公布日为 2014 年 9 月 17 日，申请公布号为 CN104049440A 的中国发明专利申请公布说明书复印件，即被诉决定中的证据 1；申请公布日为 2014 年 9 月 3 日，申请公布号为 CN104019348A 的中国发明专利申请公布说明书复印件，即被诉决定中的证据 2；申请公布日为 2013 年 12 月 25 日，申请公布号为 CN103465191A 的中国发明专利申请公布说明书复印件，即被诉决定中的证据 3；本专利的无效宣告请求口头审理记录；本专利的授权公告文本。

上述事实，有本专利授权公告文本、被诉决定中的证据 1、本专利的无效宣告请求口头审理记录及当事人提交的其他证据及当事人陈述等在案佐证。

三、裁判要点

结合各方当事人的诉辩主张，本案的争议焦点在于本专利权利要求 1 是否具有创造性。

《专利法》第 22 条第 3 款规定，创造性，是指同申请日以前已有的技术相比，该实用新型有实质性特点和进步。具体而言，本案的焦点问题主要有如下几点：

（一）证据 1 中的附图标注错误是否影响本领域技术人员对证据 1 所公开技术方案实质内容的理解

法院认为，证据 1 的附图 4 示出了由三个在空间上呈正交分布的电机构成的三轴电机相机稳定器，本领域技术人员通过附图可以明晰该稳定器的相应结构组成及相互的连接关系。另外，证据 1 文字部分本身的描述是清楚的，虽然证据 1 说明书文字记载内容中的附图标记与附图 4 标注的附图标记存在部分不对应之处，但通过将文字描述部分的附图标记和附图 4 的附图标记进行对照，本领域技术人员容易发现这种不对应且能够得知具体错误之处。在此情况下，对本领域技术人员而言，忽略掉错误的附图标记而通过文字描述和附图所示内容能够对技术方案进行正确的理解，并不会造成技术方案实质内容理解上的障碍。故对于飞宇公司的相关诉讼主张，法院不予支持。

（二）本专利权利要求 1 中的三轴云台与证据 1 中的三轴云台在空间结构上是否具有实质性区别

法院认为，本争议焦点中两种三轴云台在空间结构上是否具有实质性区别主要体现在本专利航向电机即 Z 轴电机是否可以 360 度任意旋转。首先，Z 轴电机是否可以进行 360 度的任意旋转在本专利权利要求 1 中没有明确限定；其次，本专利中 Z 轴电机是否可以进行 360 度旋转与三轴云台整体结构部件的设置位置相关，例如控制航向的 Z 轴电机和控制横滚运动的 Y 轴电机之间的连接臂的高度，以及手机夹具的高度等，而在本专利权利要求 1 中并没有对相关结构进行限定。此外，本专利中 Z 轴电机是与手持部连接的电机，从连接关系来看，证据 1 中与固定杆连接的电机可以对应于本专利的 Z 轴电机，而从证据 1 附图 4 中的三轴电机及各连接部件设置的空间结构来看，与固定杆连接的电机也可以实现 360 度的旋转，因此本专利权利要求 1 中的三轴云台与证据 1 中的三轴云台在空间结构上不存在实质性区别。故对于飞宇公司的相关诉讼主张，法院不予支持。

（三）本专利权利要求 1 中的 Z 轴定子与手持部的连接方式与证据 1 中航向电机定子与连接杆的连接方式是否具有实质性区别

法院认为，本专利权利要求 1 中的相关描述为"Z 轴电机的定子与手持部连接"，从该描述来看只是限定了将 Z 轴电机的定子与手持部连接，并没有限定具体的连接方向和连接位置。虽然本专利的附图所示出的是和电机定子底部连接，但是由权利要求所记载的技术方案并不必然排除从侧面进行连接的方式，且侧面连接也同样可以实现权利要求 1 的技术方案，因此本专利权利要求 1 中的 Z 轴定子与手持部的连接方式与证据 1 中航向电机定子与连接杆的连接方式未体现出实质性的区别。故对于飞宇公司的相关诉讼主张，法院不予支持。

（四）本专利权利要求 1 中的姿态板与证据 1 中的陀螺仪传感器是否具有实质性区别

法院认为，首先，在本领域中"姿态"通常用于描述物体在空间的加速度、角速度等位置、方向的运动信息。本专利中的姿态板安装在手机夹具上，用于获取手机夹具的姿态信息，证据 1 中的陀螺仪传感器用于采集固定架的三轴角速度和获取固定架的三轴角度偏移量，即固定架的空间姿态信息，因此二者的功能和作用在本质上是相同的。其次，通常意义的姿态传感器范围包括陀螺仪、加速度传感器、电子罗盘等运动传感器，姿态传感器系统可以由其中的一种或多种传感器构成，即陀螺仪传感器是姿态传感器的一种。另外，对于飞宇公司所认为的本专利中姿态板还包括加速度测量器和电子罗盘，由于本专利中对于姿态板本身没有作进一步的限定，且从本专利技术方案的三轴云台的功能来看，主要是保持手持状态时在空间位置的稳定，对于其运动速度无必然需求，所以难以认定其必然含有飞宇公司所称的加速度测量器和电子罗盘。因此本专利权利要求 1 中的姿态板与证据 1 中的陀螺仪传感器未体现出实质性的区别。故对于飞宇公司的相关诉讼主张，法院不予支持。

（五）本专利权利要求 1 的技术方案是否在商业上取得了成功

法院认为，以专利产品在商业上取得成功为由主张一项权利要求具有创造性时，首先，需要证明该专利产品在商业上取得了成功；其次，需要证明这种商业成功是由专利产品本身的特点直接导致的；最后，需要证明该专利产品在商业上获得成功的主要技术要素以技术特征的方式记载在权利要求所要求保护的技术方案中，且不同于现有技术。

本案中，首先，"商业成功"应综合考虑销售量、销售金额、销售范围、销售频率、销售评价等多种因素，飞宇公司提交的证据仅能证明"feiyu tech g4"手持式三轴稳定器作为苹果手机的配件在中国、日本、美国、中国香港地区等销售的事实，说明苹果公司在一定程度上认可了该款产品，但这并不足以表明该产品已经取得商业上的成功；其次，取得商业成功可能是由于产品本身的特点直接导致的，亦可能是广告宣传等其他因素所致，而飞宇公司提交的证据无法证明其获得苹果公司的认可是因为专利产品本身特点直接导致的；最后，飞宇公司亦未提交证据证明"feiyu tech g4"手持式三轴稳定器与本专利权利要求1的技术方案之间具有对应的关联性。故关于飞宇公司主张的本专利权利要求1的技术方案在商业上取得了成功，法院不予支持。

综上所述，在证据1公开内容的基础上进一步结合本领域常规设计手段能够显而易见地获得本专利权利要求1所要求保护的技术方案，该权利要求1要求保护的技术方案不具有实质性特点和进步，不具有《专利法》第22条第3款规定的创造性。

综上所述，被诉决定认定事实清楚、适用法律及结论正确，飞宇公司的诉讼请求缺乏事实和法律依据，依照《中华人民共和国行政诉讼法》第69条之规定，法院判决如下：

驳回原告飞宇科技股份有限公司的诉讼请求。

著作权侵权诉讼

12 中文在线公司诉搜狐公司侵害
作品信息网络传播权纠纷案

技术意见

一、对涉案技术方案的勘验比对情况

开庭前，法庭组织双方当事人对于原告公证保存文件与权利作品一致性进行了勘验比对。主要过程如下：在电脑不连接互联网的情况下，打开原告26526、26527、26528 号公证书所附公证光盘，三张光盘均内含视频文件及若干文件夹，找到以相应作品命名的文件夹，点击打开，内含若干网页文件，直接点击打开网页文件，显示的网页格式混乱，仅能显示例如"论坛导航－＞文学艺术－＞啃书一族"等引导性文字及图表，没有相应作品内容；关闭相应文件，以"记事本"格式打开，显示相应文件的代码，于是

在 ＜／head ＞之前加入

```
< script >
var $ = {
  club: {
    render: {
      fill: function (m) {
        var id = m. tag. replace (" #","");
```

```
        document. getElementById（id）. innerHTML = m. content；

    ｝

  ｝

｝

｝
```

</ script >

然后进行保存；重新以网页格式打开相应文件，打开的网页中显示有大篇幅文字内容，将其与原告主张权利的涉案作品进行比对。

二、对本案相关技术问题的分析与说明

在本案中，插入上述代码是否会对涉案侵权帖的文本的内容产生影响？

原告方请专家证人出庭，其主要观点为：这段代码是加入 javascript（简称 JS）的一段脚本，当时保存网页时没有将负责显示的脚本保存下来，原告写的脚本是一段函数，它的功能就是将 html 的文件其中的一段显示出来。作用是将整个文件中与该脚本所对应的内容显示出来。断网的情况下，打开网页的保存内容，输入脚本，不会建立其与其他网站的链接或是调取别的内容，只能调取文件中已经有的内容。

被告方质疑："代码的作用是否是将保存的文件还原回网页的内容，能否保证和之前的网页内容的一致性？"

对于当事人提交的书面材料，在 html 网页中，利用不同的标签来表示不同的元素。比如：图像对应的 html 标签是 < img >，表格对应的 html 标签是 < tabel > 等。但是，如果网页中有些标签不是网页浏览器默认的格式，那么直接采取"另存为"方式保存后，标签里面的有些东西就没办法被直接显示出来。加入的这一段代码是将源代码当中有一些#（代表标签的标识）给替换掉。然后让#标签所代表的元素，也就是网页文字能够被显示出来。因此，这段代码的作用是让 html 网页的内容以可读的方式呈现出来，并不存在对原始内容的添加。并且，上述操作是在断网的情况下进行的，因此也不存在通过加载链接而加入其他网站上的网页内容的可能性。技术调查官认可原告证人的观点。

为了进一步查明本案涉及的技术事实，2017 年 8 月 2 日，承办法官组织原被告双方进行谈话，被告方有技术人员出席。本次谈话的目的在于进一步调查"原告所插入的代码"的含义、作用以及是否会影响公证保存证据的真实性。

在谈话中，被告方的技术人员解读了该段代码的字面含义，从上往下依次为：定义了一个叫 $ 的对象，并在该对象下定义了 club 和 render 子对象；然后调用 fill：function 函数，被告认可该函数是搜狐自定义的函数，其作用在于找到网页定义好的空白内容；在函数中定义了一个变量 id，具体为，var id = m. tag. replace（" #",""），其作用是将 m 的子对象 tag 带有的#字符全部删除，而变成空白，以便将自定义的内容填充进网页空白处。

对于此段代码的作用，被告认为其只能部分模拟搜狐社区服务器上的 JS 对社区网页功能及显示的控制作用。因为 var id = m. tag. replace（" #",""）不是按照搜狐的编写习惯所编写的代码。即便如此，被告也认可，该段代码并不会导致网页脚本文件之外的其他内容被添加进来。

谈话过程中，还进行了现场勘验。在原被告的监督下，技术调查官当场打开 26527 号公证书所附光盘中《二月河帝王全集》文件夹，用记事本格式打开其中的 p1 文件，呈现出该文件的原始代码。针对该段代码，被告再次认可原告所加入的代码只是为了将网页源代码中的内容以可视方式呈现出来，但并不能将非网页源代码的内容在网络隔离的状态下链接进来。因此，不会影响公证保存证据的真实性。

根据原被告的意见，结合技术调查官作为本领域技术人员所具有的技术常识，可以得出如下结论：

造成公证保存后的网页不能正常显示的主要原因在于搜狐社区基于公司自己的网页框架搭建网站，网页的显示是由网站服务器上所存在的 JS 来进行控制的，即在这些 JS 中存在控制网页显示的控制逻辑。本案中，采取"另存为"方式仅能保存网页内容，但是控制逻辑没有被保存下来，所以导致网页无法正常显示。原告加入的代码正是为了模拟搜狐社区服务器上承担控制逻辑功能的 JS。因此，上述代码并不会加入额外的内容，网页中除去控制逻辑的部分已经都被保存下来了，也包含那些应当显示在网页空白处的文字内容，即涉嫌侵权作品内容。因此，公证保存证据的真实性可以得到认可。双方也已就该问题达成共识。

但是，被告方进一步抗辩的逻辑是，目前的证据无法再现当时网页的呈现状态。其承认涉嫌侵权的作品内容的确包含在保存下来的网页内容中，但在当时并不是完全呈现给用户的。针对不同权限的用户，网页内容有不同的呈现比例。但是，由于搜狐社区已经关闭，相关技术人员已经离职，因此也无法对上述观点进行进一步的举证。被告承认其在 2017 年 7 月 4 日勘验时所输入的三段代码正是为了展示服务器上的 JS 可以根据预制的条件对网页内容的展示进行控制，比如可以只显示作品标题、作者名称或者一小段内容。但上述三段代码都是搜狐目前常用的代码，而不是搜狐社区当时的源代码，因此仍然缺少能够证明搜狐社区对显示内容有所控制的直接证据。

技术调查官：陈晓华

2017 年 8 月 15 日

【技术调查官自评】

本案中，技术调查官通过阅读代码内容已经初步确定上述代码的插入并不会影响证据的真实性。但是在庭后谈话中，技术调查官并没有表达出倾向性的意见，而是引导双方进行了技术层面上的充分的"对话"，尤其是通过递进式的技术提问最终使得被告当庭承认了上述代码的加入并不会引入非网页源代码的内容，双方在技术事实的确认上达成了一致意见。

【法官点评】

该案属系列案件中的一件，该系列案件涉案作品数量多，标的额大，涉及平台知名度高，裁判结果对于相关行业的发展具有广泛影响，而双方当事人对于关键证据涉及的一个技术问题分歧严重，该技术问题的认定直接关系到案件处理结果的走向，本院邀请技术调查官参与了本案审理。技术调查官通过阅读卷宗、参与庭审对案件进行了深入了解和研究，出具了审查意见，本案判决采纳了该意见的观点及部分论述，判决已生效。

技术调查官参与案件审理至少起到以下三方面积极作用：一是有效补足

了法官的知识短板，使得法官能够对技术事实进行更准确的认定，更容易做出公平合理的裁判；二是明显提高了审理程序的科学性和效率性，避免了因基本概念、专业术语等引起的不必要的争议，有利于将争议焦点及时集中于关键的事实和法律问题；三是极大地提高了审判的公信力，由于对技术问题认定和论述的专业性，增强了案件审理过程及裁判结果对当事人的说服力，也更加充分地发挥了司法案件对于社会公众及相关行业的指引和示范作用。继续结合审判实践探索和完善技术调查官制度，意义重大！

判决书摘编（一） （2017）京 0101 民初 4834 号

原告中文在线公司与被告搜狐公司侵害作品信息网络传播权纠纷一案，法院于 2017 年 3 月 6 日立案后，依法适用普通程序，公开开庭进行了审理，技术调查官陈晓华参与了本案审理。

原告中文在线公司向法院提出诉讼请求：（1）请求判令被告赔偿原告经济损失人民币 132.72 万元；（2）请求判令被告承担本案的全部诉讼费用。

一、当事人陈述

原告诉称，原告经知名作家二月河授权，原告获得了其文字作品《雍正皇帝》《乾隆皇帝》（以下简称权利作品）的信息网络传播权专有使用权，并有权以自身名义对任何侵犯授权作品上述著作权的行为行使包括提起诉讼在内的相关权利。2016 年 12 月，原告发现被告经营的"搜狐社区"论坛下设"文学艺术"板块，该板块下设"啃书一族"栏目。社区版主"浅弄流花"发布涉案侵权网帖"【通告】啃书一族作品目录全攻略（不断更新中）"，该网帖包含了权利作品，被告将该网帖设置为精华帖，同时予以置顶，向用户进行了推荐。原告认为，被告行为构成帮助侵权，侵害了原告对权利作品享有的信息网络传播权和获得报酬权，给原告造成重大经济损失，应承担赔偿经济损失的民事责任，具体金额为参照国家稿酬规定，以人民币 300 元每千字计算的原告实际损失。原告为维护自身合法权益，故诉至法院，望判如所请。

被告搜狐公司辩称，不同意原告全部诉讼请求，理由如下：（1）原告证据不足以证明其具有权利作品相关著作权权利，无权提起本案诉讼。（2）原告无法证明涉案论坛完整传播了权利作品，首先，涉案论坛已经关闭，无法还原涉案论坛的相关情况；其次，原告提供的公证保全的网页文件无法正常打开，需要在文件源代码中输入原告提供的一段模拟指令才能显示权利作品的内容，虽然该等内容包含于公证保全的网页文件源代码中，但是搜狐社区会有一些会员权益的限制，对于不同权限的用户，可能呈现不同的内容，并不能证明被告完整使用了权利作品；最后，原告公证录像中仅查看了部分涉案网页，并未呈现权利作品全部内容。（3）被告仅提供信息存储空间服务，对于涉案网帖的上传并不知情，涉案论坛加精华和置顶的涉案网帖并不直接包含涉案作品，而是其他网帖地址的集合，被告不存在过错，且在得到通知后立即采取了关闭网站的措施，故被告不构成侵权。（4）原告主张的赔偿金额缺乏依据，权利作品可从多种渠道获得，涉案网帖阅读人数有限，被告亦未通过涉案网帖获利。

二、法院经审理查明的事实

当事人围绕诉讼请求依法提交了证据并陈述了意见，法院组织当事人进行了证据交换和质证。法院经审理查明如下事实：图书《雍正皇帝·九王夺嫡》《雍正皇帝·雕弓天狼》《雍正皇帝·恨水东逝》版权页均载明二月河著，出版单位为湖北长江出版集团长江文艺出版社，发行单位长江文艺出版社，2009 年 9 月第 1 版，分别载明字数为 431 千字、448 千字及 484 千字。

图书《乾隆皇帝·风华初露》《乾隆皇帝·夕照空山》《乾隆皇帝·日落长河》《乾隆皇帝·天步艰难》《乾隆皇帝·云暗凤阙》《乾隆皇帝·秋声紫苑》版权页均载明二月河著，出版单位为湖北长江出版集团长江文艺出版社，发行单位为长江文艺出版社，2009 年 9 月第 1 版，分别载明字数为 403 千字、425 千字、451 千字、433 千字、359 千字、387 千字，图书扉页均载有"二月河著"。

2015 年 7 月 18 日，二月河与中文在线公司签订《中文在线数字版权服务合作协议》并于同日出具《授权书》，授予中文在线公司在全球范围内对授权作品的数字出版行使专有使用权（包括但不限于信息网络传播权，制作、复制、发行数字化制品及转授权），并授权中文在线公司以自己名义对任何侵犯授权作品上述著作权的行为进行维权，授权期限为 2015 年 7 月 18 日至 2018 年 8 月 6 日。《授权书》所附授权作品目录中包含涉案作品。

2015 年 8 月 28 日，经北京市工商行政管理局核准，北京中文在线公司名称变更为中文在线公司。

sohu.com 为被告经营管理的网站域名。2016 年 12 月 21 日，原告授权代理人王某在北京市方正公证处公证员及工作人员的监督下，对涉案网站提供涉案作品的情况进行证据保全，主要过程如下：打开公证处连接网络的电脑，进行清洁性操作，在浏览器地址栏输入"www.sohu.com"，进入"搜狐网"首页，点击"网站地图"，在打开的页面中点击"社区"，打开的页面左上角标注有"SOHU.COM 搜狐社区"，地址栏显示为"club.news.sohu.com"，点击其中的"社区论坛地图"，在打开的页面中点击"社区服务"之下的"社区公告"，显示的页面中罗列若干网帖条目，点击打开网帖"【社区公告】搜狐社区管理框架公告（2014.04）"，打开的网帖中载有"搜狐社区管理架构站长（搜狐全职员工）—执行站长—副站长—频道分区主管—频道分区副主管—首席斑竹—斑竹"等内容，在点击"社区论坛地图"打开的上述页面中点击"文学艺术"之下的"啃书一族"，显示的页面中部为罗列的网帖条目，上方有"全部帖子""精华帖""图集"等选项，点击"精华帖"，显示的页面罗列若干网帖，其中有一个网帖题目为"【通告】啃书一族作品目录全攻略（不断更新中）"（以下简称涉案网帖），其后标注有"精华"图标和"置顶"图标，标注的作者为"浅弄流花"，最后回复为"楚云散尽乱花影昨天"；点击"浅弄流花"，显示的页面载有"浅弄流花，女，等级：12，头衔：狐法王，职务：斑竹"等信息。2016 年 12 月 22 日，原告授权代理人王某在北京市方正公证处公证员及工作人员的监督下，对涉案网站提供涉案作品的情况进行证据保全，主要过程如下：打开公证处连接网络的电脑，进行清洁性操作，在浏览器地址栏输入"www.sohu.com"，进入"搜狐网"首页，点击"网站地图"，在打开的页面中点击"社区"，打开的页面左上角标注有"SOHU.COM 搜狐社区"，地址栏显示为"club.news.sohu.com"，点击其中的"社区论坛地图"，在点击"社区论坛地图"打开的上述页面中点击

"文学艺术"之下的"啃书一族",显示的页面中部为罗列的网帖条目,上方有"全部帖子""精华帖""图集"等选项,点击"精华帖",显示的页面罗列若干网帖,其中的第二个网帖题目为"【通告】啃书一族作品目录全攻略(不断更新中)",其后标注有"精华"图标和"置顶"图标,标注的作者为"浅弄流花",最后回复为"楚云散尽乱花影昨天";点击"浅弄流花",显示的页面载有"浅弄流花,女,等级:12,头衔:狐法王,职务:斑竹"等信息;点击打开该网帖,顶端标注有"阅读:1683,回复:31",网帖主体内容均为罗列的条目,每个条目均为一部作品名称及后缀的一个"club. cul. sohu. com"打头的网址,且系列网帖按照作品名称首字的拼音首字母顺序排列;网帖左侧均有用户头像,下方标注有网名"浅弄流花""狐法王12"字样;其中,发表于2016年11月12日23:27:13的网帖中罗列的是首字拼音首字母为Q、R的作品条目,其中R中第七个条目为"《二月河帝王全集》http://club. cul. sohu. com/zz0056/thread/2an7vs2dqhi";点击该条目中的链接网址,显示相应页面,中部为网帖内容,开头载有"作者:二月河,作品集包括:康熙大帝、雍正皇帝、乾隆皇帝、光绪皇帝、爝火五羊城"字样,网帖内容上方标注有"二月河帝王全集,阅读38810,回复2658"字样及页码,网帖内容左侧有用户头像,其下标注有"零一零一"及"狐精灵5",页面右侧有下拉按钮;网帖显示于107个页面,点击打开其中部分页面,显示该等页面的最上部,均包含文字内容,与涉案权利作品具有对应性,页面右侧有下拉按钮;将全部网页另存于本地电脑,北京市方正公证处对下载文件进行了公证封存,并出具公证书对于上述操作过程进行了记载。2017年4月20日,涉案搜狐社区整体关闭。庭审中,原告认为涉案网帖的发布者"浅弄流花"作为版主(斑竹),属于搜狐社区管理人员,其行为代表被告,故被告对该网帖进行置顶、加精华,构成帮助侵权;被告认为涉案网帖由"浅弄流花"进行了置顶和加精华,但其并不能代表被告,因版主"斑竹"系网络用户,其经被告批准成为版主(斑竹)后,系统就会设置其获得加精华和置顶的权限。另,被告主张涉案网帖阅读数仅为1683,说明该网帖并未因为加精华而被大量阅读,未起到推荐作用;原告认为网友发现涉案网帖中汇总的作品后,就会直接进入相应作品地址阅读,而不需要进入涉案网帖，故该阅读数不能说明用户阅读相关作品的次数。

法庭组织对上述保全文件与权利作品进行了勘验比对，主要过程如下：在不连接互联网的电脑上，直接点击打开上述公证封存文件，显示的网页格式混乱，仅能显示"论坛导航－＞文学艺术－＞啃书一族"等引导性文字及图标，没有相应作品内容；关闭相应文件，以"记事本"格式打开，显示相应文件的源代码，在其中的＜／head＞前输入一段代码，然后进行保存；重新以网页格式打开相应文件，打开的网页中显示有大篇幅文字内容，将其与原告主张权利的涉案作品进行比对，内容具有一致性，一致字数约 3394 千字。庭审中，原告主张勘验过程中在保全文件中加入上述代码，在断网的情况下并不会调取保全文件之外的内容，该段代码是一个模拟的指令，作用是将html 文件中由于保存网页时没有将负责显示的脚本保存下来而无法显示的内容重新显示出来，故该公证文件能够证明被告网站使用了权利作品。被告认可公证文件加入的上述代码作用是显示网页内包含的特定内容，加入该代码后显示的文字内容确系包含于该文件源代码中，但因为上述代码是原告方编辑的模拟指令，目前显示的情况并不等于公证保全时搜狐社区上的涉案网页内容；且在经营过程中，涉案网站可能对于不同用户设置不同权限，为其显示不同内容，故无法证明公证保全时涉案网站发布了权利作品。

被告为了证明版主（斑竹）行为不能代表被告公司，提交了《搜狐社区用户条款》网页打印件，其中载有"第 14 条，本社区设定由站长、社区管理员和斑竹组成的梯级管理体系。第 15 条，本社区站长由搜狐公司社区组正式全职员工担任；站长行使本社区全部站务管理职责和权力；站长代表本社区官方立场。除站长之外的任何社区管理人员及网友言论，由其本人承担，均与本社区立场无关"。原告认可该证据真实性，认可搜狐社区存在该用户条款，但不认可证明目的，认为其与公证保全中看到的管理框架公告相矛盾。

被告为了证明原告经营的 17k 网站免费提供涉案权利作品且大量网站转载了涉案作品，故涉案传播行为未对原告造成经济损失，提交了 17k 网站及努努书坊、126 在线阅读网等网页打印件，该等网页均显示了涉案权利作品。原告认可真实性，但均不认可证明目的。

以上事实，有权利作品正版图书、（2015）京东方内民证字第 10194 号公证书、（2016）京方正内经证字第 26526 号公证书、（2016）京方正内经证字第 26527 号公证书、（2015）京中信内经证字 48047 号公证书、网页打印件及勘验笔录、当事人陈述等在案佐证。

三、裁判要点

法院认为，著作权属于作者。作者可以将著作财产权许可他人使用。在无相反证据的情形下，根据出版物、授权书等证据，可以认定原告中文在线公司享有权利作品的信息网络传播权专有使用权。他人未经许可对权利作品进行信息网络传播必然损害原告相关利益，故原告为本案适格主体，有权提起本案诉讼。

当事人对自己提出的主张，有责任提供证据。对负有举证证明责任的当事人提供的证据，人民法院经审查并结合相关事实，确信待证事实的存在具有高度可能性的，应当认定该事实存在。本案中，原告主张被告经营的搜狐社区传播了权利作品，其理应提供证据予以证明，原告通过证据保全方式保存了相应的网页，但该等保全网页文件无法正常打开，在文件源代码中加入相应代码后才能显示与权利作品具有一致性的文字内容。一般的，完整的网页文件除包含网页上直观显示的文字、图片等内容，还应包含控制相应内容显示的控制逻辑（函数），如果直接采取"另存为"方式保存网页时，由于网站自身设置等原因，可能仅保存了网页内容，而未同时保存控制内容显示的控制逻辑（函数），这样就会导致网页无法正常显示。本案中，原被告均认可勘验比对过程中加入的上述代码系模拟涉案网页的控制逻辑将网页文件中相应内容显示出来，显示的文字内容的确存在于相应网页的源代码中，双方争议在于因该段代码并非搜狐社区原始代码，而是原告提供的模拟指令，搜狐社区网站的呈现状态无法通过该证据得以还原，故能否证明原告进行证据保全时涉案网页亦显示了相应内容。对此，法院认为，首先，涉案文字内容存在于涉案网页源代码中，原被告双方对此均予认可；其次，公证录像中浏览的部分网页显示的部分内容可与涉案权利作品对应；最后，原告公证过程中并未显示涉案网站对网帖内容阅读权限进行限制。同时，被告虽辩称涉案网站可能并未完整显示涉案文字内容，但其在作为涉案网站经营者具有举证便利性的情况下，并未提交原始数据、代码等证据予以证明。综上，根据在案证据，法院认定被告经营的搜狐社区传播了勘验比对时显示的涉案文字内容。根据对涉案网站进行证据保全过程中显示的涉案网站标识情况、网帖中显示的用户信息及原被告双方的陈述意见，法院认定涉案文字内容由网络用户上传，被告对涉案文字内容提供了信息存储空间服务。现涉案文字内容经比对与涉案权利作品具有一致性，且无证据表明该传播行为获得权利人授权，故可以认定网络用户上传涉案文字内容侵害了权利人对权利作品享有的信息网络传播权。

根据相关法律及司法解释规定，一般情况下信息存储空间服务提供者对网络用户上传到其网站中的作品没有主动进行审查的义务，只有在其明知或者应当知道他人上传的作品构成侵权但仍然不采取相应措施时，才应承担赔偿责任。本案中，涉案网帖汇集了大量包含文学作品的网帖链接，并通过加精华和置顶进行了推荐，无论具体实施推荐操作的版主是否为被告全职员工，其进行加精华和置顶的操作权限皆系被告审核后授予，故其推荐行为的后果应由被告承担。首先，由于涉案网帖的内容就是作品的名称及网帖链接，故上述推荐行为会使用户更有针对性、更便捷地找到相应文学作品，提升涉案网站用户使用体验，从而可能为网站经营者赢得相应的利益，故被告作为涉案论坛经营者对于涉案网帖负有相应的更高注意义务；其次，涉案网帖内容为直接罗列的大量文学作品的名称及链接，其中还包括大量知名作品，被告只要稍加注意，很容易即可发现包括权利作品在内的大量文字作品存在其间，且基于常识亦应知晓权利人将该等作品大量交由网络用户免费传播的可能性极小，而该种传播方式侵权风险极高。综上，被告在具备合理理由知晓涉案侵权行为存在的情况下，未采取合理措施防止其发生，主观上具有过错，应承担赔偿损失的侵权责任。被告关于涉案作品在原告网站上免费提供且被大量网站转载，故被告行为未造成损失的抗辩意见，缺乏依据，法院不予采纳。

关于具体的赔偿数额，著作权法规定侵犯著作权或者与著作权有关权利的，侵权人应当按照权利人的实际损失给予赔偿；实际损失难以计算的，可以按照侵权人的违法所得给予赔偿；权利人的实际损失或者侵权人的违法所得不能确定的，由人民法院根据侵权情节，判决给予赔偿。现本案无直接证据证明权利人实际损失及侵权人违法所得，因涉案作品业已以纸介质出版发行，故根据使用文字作品支付稿酬规定计算原告损失具有合理性。关于具体计算标准，法院注意到涉案作品自发表以来，长期受到读者欢迎，其创作水平及文学价值广受好评，具有较高的知名度和市场价值；同时，涉案搜狐社区亦为业内影响力较大的网络平台，被告作为规模较大的专业经营商，对于该种集中、大量传播文学作品的行为却未尽到防止侵权的合理注意义务，且鉴于涉案作品的知名度和文学价值，其在涉案汇总网帖中被选择点击和阅读的概率较大，故法院认为应按较高的标准计算本案赔偿金额，但同时考虑到被告系信息网络间接侵权行为，其侵权责任应限于对涉案作品直接侵权后果的扩大部分，原告主张的具体计算标准仍缺乏直接依据，尚嫌过高，法院不予全额支持，法院将综合考虑涉案作品本身价值及被告侵权情节等相关因素酌情予以确定。

综上所述，依照《著作权法》第 10 条第 1 款第（12）项、第 48 条第（1）项、第 49 条，《最高人民法院关于审理侵害信息网络传播权民事纠纷案件适用法律若干问题的规定》第 9 条，《民事诉讼法》第 64 条第 1 款，《最高人民法院关于适用〈民事诉讼法〉的解释》第 108 条第 1 款之规定，判决如下：

（1）被告搜狐公司于本判决生效之日起十日内赔偿原告中文在线公司经济损失人民币 100 万元；

（2）驳回原告中文在线公司的其他诉讼请求。

如果未按本判决所指定的期间履行给付金钱义务，应当依照《民事诉讼法》第 253 条之规定，加倍支付延迟履行期间的债务利息。

判决书摘编（二）　（2017）京 0101 民初 4847 号

原告中文在线公司与被告搜狐公司侵害作品信息网络传播权纠纷一案，法院于 2017 年 3 月 6 日立案后，依法适用普通程序，公开开庭进行了审理，技术调查官陈晓华参与了本案审理。

原告中文在线公司向法院提出诉讼请求：（1）请求判令被告赔偿原告经

济损失人民币 32.91 万元；（2）请求判令被告承担本案的全部诉讼费用。

一、当事人陈述

原告诉称，原告经知名作家熊召政授权，原告获得了其文字作品《张居正》（以下简称权利作品）的信息网络传播权专有使用权，并有权以自身名义对任何侵犯授权作品上述著作权的行为行使包括提起诉讼在内的相关权利。2016 年 12 月，原告发现被告经营的"搜狐社区"论坛下设"文学艺术"板块，该板块下设"啃书一族"栏目。社区版主"浅弄流花"发布涉案侵权网帖"【通告】啃书一族作品目录全攻略（不断更新中）"，该网帖包含了权利作品，被告将该网帖设置为精华帖，同时予以置顶，向用户进行了推荐。原告认为，被告行为构成帮助侵权，侵害了原告对权利作品享有的信息网络传播权和获得报酬权，给原告造成重大经济损失，应承担赔偿经济损失的民事责任，具体金额为参照国家稿酬规定，以人民币 300 元每千字计算的原告实际损失。原告为维护自身合法权益，故诉至法院，望判如所请。

被告北京搜狐公司辩称，不同意原告全部诉讼请求，理由如下：（1）原告证据不足以证明其具有权利作品相关著作权权利，无权提起本案诉讼。（2）原告无法证明涉案论坛完整传播了权利作品，首先，涉案论坛已经关闭，无法还原涉案论坛的相关情况；其次，原告提供的公证保全的网页文件无法正常打开，需要在文件源代码中输入原告提供的一段模拟指令才能显示权利作品的内容，虽然该等内容包含于公证保全的网页文件源代码中，但是搜狐社区会有一些会员权益的限制，对于不同权限的用户，可能呈现不同的内容，并不能证明被告完整使用了权利作品；最后，原告公证录像中仅查看了部分涉案网页，并未呈现权利作品全部内容。（3）被告仅提供信息存储空间服务，对于涉案网帖的上传并不知情，涉案论坛加精华和置顶的涉案网帖并不直接包含涉案作品，而是其他网帖的集合，被告不存在过错，且在得到通知后立即采取了关闭网站的措施，故被告不构成侵权。（4）原告主张的赔偿金额缺乏依据，权利作品可从多种渠道获得，涉案网帖阅读人数有限，被告亦未通过涉案网帖获利。

二、法院经审理查明的事实

当事人围绕诉讼请求依法提交了证据并陈述了意见，法院组织当事人进行了证据交换和质证。法院经审理查明如下事实：图书《张居正》（一至四卷）版权页均载明熊召政著，长江文艺出版社出版，字数 1492 千字，2009 年 7 月第 1 版。

2012 年 4 月 6 日，熊召政（甲方）与中文在线公司（乙方）签订《中文在线数字版权服务合作协议》，约定甲方授权乙方在全球范围内对包括涉案权利作品在内的多部作品的数字版权享有专有使用权，包括信息网络传播权、制作、复制、发行、传播数字代码形式的作品等权利及转授权。在协议有效期内，乙方独家对授权作品进行维权。合同有效期为五年。同日，熊召政签署《授权书》，授权中文在线公司及其关联公司在全球范围内对包括涉案权利作品在内的多部作品的数字版权（包括信息网络传播权）享有专有使用权，并可以自己的名义对任何侵犯授权作品上述著作权的行为行使包括提起诉讼在内的维权权利。授权期限为 2012 年 4 月 6 日起至 2017 年 4 月 6 日止。在授权期限内已进行证据保全的维权案件，维权工作授权期限截至案件结案。

2015 年 8 月 28 日，经北京市工商行政管理局核准，原告名称由北京中文在线公司变更为中文在线公司。

sohu.com 为被告经营管理的网站域名。2016 年 12 月 21 日，原告授权代理人王某在北京市方正公证处公证员及工作人员的监督下，对涉案网站提供涉案作品的情况进行证据保全，主要过程如下：打开公证处连接网络的电脑，进行清洁性操作，在浏览器地址栏输入"www.sohu.com"，进入"搜狐网"首页，点击"网站地图"，在打开的页面中点击"社区"，打开的页面左上角标注有"SOHU.COM 搜狐社区"，地址栏显示为"club.news.sohu.com"，点击其中的"社区论坛地图"，在打开的页面中点击"社区服务"之下的"社区公告"，显示的页面中罗列若干网帖条目，点击打开网帖"【社区公告】搜狐社区管理框架公告（2014.04）"，打开的网帖中载有"搜狐社区管理架构站长（搜狐全职员工）—执行站长—副站长—频道分区主管—频道分区副主管—首席斑竹—斑竹"等内容,在点击"社区论坛地图"打开的上述页面中点击"文学艺术"之下的"啃书一族",显示的页面中部为罗列的网帖条目,上方有"全部帖子""精华帖""图集"等选项,点击"精华帖",显示的页面罗列若干网帖,其中有一个网帖题目为"【通告】啃书一族作品目录全攻略(不断更新中)"(以下简称涉案网帖),其后标注有"精华"图标和"置顶"图标,标注的作者为"浅弄流花",最后回复为"楚云散尽乱花影昨天";点击"浅弄流花",显示的页面载有"浅弄流花,女,等级:12,头衔:狐法王,职务:斑竹"等信息。2016 年 12 月 28 日,原告授权代理人王某在北京市方正公证处公证员及工作人员的监督下,对涉案网站提供涉案作品的情况进行证据保全,主要过程如下:打开公证处连接网络的电脑,进行清洁性操作,在浏览器地址栏输入"www. sohu. com",进入"搜狐网"首页,点击"网站地图",在打开的页面中点击"社区",打开的页面左上角标注有"SOHU. COM 搜狐社区",地址栏显示为"club. news. sohu. com",点击其中的"社区论坛地图",在点击"社区论坛地图"打开的上述页面中点击"文学艺术"之下的"啃书一族",显示的页面中部为罗列的网帖条目,上方有"全部帖子""精华帖""图集"等选项,点击"精华帖",显示的页面罗列若干网帖,其中的第二个网帖题目为"【通告】啃书一族作品目录全攻略(不断更新中)"(以下简称涉案网帖),其后标注有"精华"图标和"置顶"图标,标注的作者为"浅弄流花",最后回复为"楚云散尽乱花影昨天";点击"浅弄流花",显示的页面载有"浅弄流花,女,等级:12,头衔:狐法王,职务:斑竹"等信息;点击打开该网帖,顶端标注有"阅读:1683,回复:31",网帖主体内容均为罗列的条目,每个条目均为一部作品名称及后缀的一个"club. cul. sohu. com"打头的网址,且系列网帖按照作品名称首字的拼音首字母顺序排列;网帖左侧均有用户头像,下方标注有网名"浅弄流花""狐法王 12"字样;其中,发表于 2016 年 11 月 12 日 23:38:56 的网帖中罗列的是首字拼音首字母为 Z 的作品条目,其中第二个条目为"《张居正》http://club. cul. sohu. com/zz0056/thread/29gj52eykmt";点击该条目中的链接网址,显示相应页面,中部为网帖内容,开头载有"《张居正》,作者:熊召政,第六届茅盾文学奖获奖作品"字样及《张居正》内容简介等内容，网帖内容上方标注有"张居正，阅读6851，回复934"及页码，网帖内容左侧有用户头像，其下标注有"霓虹满城"及"狐之王者15"，页面右侧有下拉按钮；网帖显示于38个页面，点击打开其中第1、8、11、14、17、20、23、26、29、32及35页，显示该等页面的最上部，均包含文字内容，页面右侧有下拉按钮，经比对，第1页上显示的"内容简介"与权利图书第一卷《木兰歌》前端的"内容简介"具有一致性，第8页上显示的文字与权利图书第二卷《水龙吟》第一回部分文字内容一致，第11页显示的文字与权利图书第二卷《水龙吟》第十六回部分内容一致，第14页显示的文字与权利图书第二卷《水龙吟》第三十二回部分内容一致，第17页显示的文字与权利图书第三卷《金缕曲》第五回部分内容一致，第20页显示的文字与权利图书第三卷《金缕曲》第十二回部分内容一致，第23页显示的文字与权利图书第三卷《金缕曲》第二十回部分内容一致，第26页显示的文字与权利图书第三卷《金缕曲》第二十七回部分内容一致，第29页显示的文字与权利图书第四卷《火凤凰》第九回部分内容一致，第32页显示的文字与权利图书第四卷《火凤凰》第二十回部分内容一致，第35页显示的文字与权利图书第四卷《火凤凰》第二十九回部分内容一致；将全部网页另存于本地电脑，北京市方正公证处对下载文件进行了公证封存，并出具公证书对于上述操作过程进行了记载。2017年4月20日，涉案搜狐社区整体关闭。庭审中，原告认为涉案网帖的发布者"浅弄流花"作为版主（斑竹），属于搜狐社区管理人员，其行为代表被告，故被告对该网帖进行置顶、加精华，构成帮助侵权；被告认为涉案网帖由"浅弄流花"进行了置顶和加精华，但其并不能代表被告，因版主"斑竹"系网络用户，其经被告批准成为版主（斑竹）后，系统就会设置其获得加精华和置顶的权限。另，被告主张涉案网帖阅读数仅为1683，说明该网帖并未因为加精华而被大量阅读，未起到推荐作用；原告认为网友发现涉案网帖中汇总的作品后，就会直接进入相应作品地址阅读，而不需要进入涉案网帖，故该阅读数不能说明用户阅读相关作品的次数。

法庭组织对上述保全文件与权利作品进行了勘验比对，主要过程如下：在不连接互联网的电脑上，直接点击打开上述公证封存文件，显示的网页格式混乱，仅能显示"论坛导航－＞文学艺术－＞啃书一族"等引导性文字及图标，没有相应作品内容；关闭相应文件，以"记事本"格式打开，显示相应文件的源代码，在其中的＜／head＞前输入一段代码，然后进行保存；重新以网页格式打开相应文件，打开的网页中显示有大篇幅文字内容，将其与原告主张权利的涉案作品进行比对，内容具有一致性，一致字数约1097千字。庭审中，原告主张勘验过程中在保全文件中加入上述代码，在断网的情况下并不会调取保全文件之外的内容，该段代码是一个模拟的指令，作用是将html文件中由于保存网页时没有将负责显示的脚本保存下来而无法显示的内容重新显示出来，故该公证文件能够证明被告网站使用了权利作品。被告认可公证文件加入的上述代码作用是显示网页内包含的特定内容，加入该代码后显示的文字内容确系包含于该文件源代码中，但因为上述代码是原告方编辑的模拟指令，目前显示的情况并不等于公证保全时搜狐社区上的涉案网页内容；且在经营过程中，涉案网站可能对于不同用户设置不同权限，为其显示不同内容，故无法证明公证保全时涉案网站发布了权利作品。

被告为了证明版主（斑竹）行为不能代表被告公司，提交了《搜狐社区用户条款》网页打印件，其中载有"第14条，本社区设定由站长、社区管理员和斑竹组成的梯级管理体系。第15条，本社区站长由搜狐公司社区组正式全职员工担任；站长行使本社区全部站务管理职责和权力；站长代表本社区官方立场。除站长之外的任何社区管理人员及网友言论，由其本人承担，均与本社区立场无关"。原告认可该证据真实性，认可搜狐社区存在该用户条款，但不认可证明目的，认为其与公证保全中看到的管理框架公告相矛盾。

被告为了证明原告经营的17k网站免费提供涉案权利作品且大量网站转载了涉案作品，故涉案传播行为未对原告造成经济损失，提交了17k网站及中学生读书网、126在线阅读网等网页打印件，其中17k网站网页中部有权利作品名称及封面图片，名称下标注有"连载小说""包月小说"字样，下方标注有"8.9764万人次读过此书"字样，原告认可真实性，但均不认可证明目的。

以上事实，有权利作品正版图书、（2014）京中信内经证字02188号公证书、（2016）京方正内经证字第26526号公证书、（2016）京方正内经证字第 26528 号公证书、(2015) 京中信内经证字 48047 号公证书、网页打印件及勘验笔录、当事人陈述等在案佐证。

三、裁判要点

法院认为，著作权属于作者。作者可以将著作财产权许可他人使用。在无相反证据的情形下，根据出版物、授权书等证据，可以认定原告中文在线公司享有权利作品的信息网络传播权专有使用权。他人未经许可对权利作品进行信息网络传播必然损害原告相关利益，故原告为本案适格主体，有权提起本案诉讼。

当事人对自己提出的主张，有责任提供证据。对负有举证证明责任的当事人提供的证据，人民法院经审查并结合相关事实，确信待证事实的存在具有高度可能性的，应当认定该事实存在。本案中，原告主张被告经营的搜狐社区传播了权利作品，其理应提供证据予以证明，原告通过证据保全方式保存了相应的网页，但该等保全网页文件无法正常打开，在文件源代码中加入相应代码后才能显示与权利作品具有一致性的文字内容。一般地，完整的网页文件除包含网页上直观显示的文字、图片等内容，还应包含控制相应内容显示的控制逻辑（函数），如果直接采取"另存为"方式保存网页时，由于网站自身设置等原因，可能仅保存了网页内容，而未同时保存控制内容显示的控制逻辑（函数），这样就会导致网页无法正常显示。本案中，原被告均认可勘验比对过程中加入的上述代码系模拟涉案网页的控制逻辑将网页文件中相应内容显示出来，显示的文字内容的确存在于相应网页的源代码中，双方争议在于因该段代码并非搜狐社区原始代码，而是原告提供的模拟指令，搜狐社区网站的呈现状态无法通过该证据得以还原，故能否证明原告进行证据保全时涉案网页亦显示了相应内容。对此，法院认为，首先，涉案文字内容存在于涉案网页源代码中，原被告双方对此均予认可；其次，公证录像中浏览的部分网页显示了涉案作品第一卷至第四卷的部分内容，且网页顺序及位置与相应章节顺序及位置能够相互对应；最后，原告公证过程中并未显示涉案网站对网帖内容阅读权限进行限制。同时，被告虽辩称涉案网站可能并未完整显示涉案文字内容，但其在作为涉案网站经营者具有举证便利性的情况下，并未提交原始数据、代码等证据予以证明。综上，根据在案证据，法院认定被告经营的搜狐社区传播了勘验比对时显示的涉案文字内容。根据对涉案网站进行证据保全过程中显示的涉案网站标识情况、网帖中显示的用户信息及原被告双方的陈述意见，法院认定涉案文字内容由网络用户上传，被告对涉案文字内容提供了信息存储空间服务。现涉案文字内容经比对与涉案权利作品具有一致性，且无证据表明该传播行为获得权利人授权，故可以认定网络用户上传涉案文字内容侵害了权利人对权利作品享有的信息网络传播权。

根据相关法律及司法解释规定，一般情况下信息存储空间服务提供者对网络用户上传到其网站中的作品没有主动进行审查的义务，只有在其明知或者应当知道他人上传的作品构成侵权但仍然不采取相应措施时，才应承担赔偿责任。本案中，涉案网帖汇集了大量包含文学作品的网帖链接，并通过加精华和置顶进行了推荐，无论具体实施推荐操作的版主是否为被告全职员工，其进行加精华和置顶的操作权限皆系被告审核后授予，故其推荐行为的后果应由被告承担。首先，由于涉案网帖的内容就是作品的名称及网帖链接，故上述推荐行为会使用户更有针对性、更便捷地找到相应文学作品，提升涉案网站用户使用体验，从而可能为网站经营者赢得相应的利益，故被告作为涉案论坛经营者对于涉案网帖负有相应的更高注意义务；其次，涉案网帖内容为直接罗列的大量文学作品的名称及链接，其中还包括大量知名作品，被告只要稍加注意，很容易即可发现包括权利作品在内的大量文字作品存在其间，且基于常识亦应知晓权利人将该等作品大量交由网络用户免费传播的可能性极小，而该种传播方式侵权风险极高。综上，被告在具备合理理由知晓涉案侵权行为存在的情况下，未采取合理措施防止其发生，主观上具有过错，应承担赔偿损失的侵权责任。被告关于涉案作品在原告网站上免费提供且被大量网站转载，故被告行为未造成损失的抗辩意见，缺乏依据，法院不予采纳。

关于具体的赔偿数额，著作权法规定侵犯著作权或者与著作权有关权利的，侵权人应当按照权利人的实际损失给予赔偿；实际损失难以计算的，可以按照侵权人的违法所得给予赔偿；权利人的实际损失或者侵权人的违法所得不能确定的，由人民法院根据侵权情节，判决给予赔偿。现本案无直接证据证明权利人实际损失及侵权人违法所得，因涉案作品业已以纸介质出版发行，故根据使用文字作品支付稿酬规定计算原告损失具有合理性。关于具体计算标准，法院注意到涉案作品自发表以来，长期受到读者欢迎，其创作水平及文学价值广受好评，曾获得权威文学奖项，具有较高的知名度和市场价值；同时，涉案搜狐社区亦为业内影响力较大的网络平台，被告作为规模较大的专业经营商，对于该种集中、大量传播文学作品的行为却未尽到防止侵权的合理注意义务，且鉴于涉案作品的知名度和文学价值，其在涉案汇总网帖中被选择点击和阅读的概率较大，故法院认为应按较高的标准计算本案赔偿金额，但同时考虑到被告系信息网络间接侵权行为，其侵权责任应限于对涉案作品直接侵权后果的扩大部分，原告主张的具体计算标准仍缺乏直接依据，尚嫌过高，法院不予全额支持，法院将综合考虑涉案作品本身价值及被告侵权情节等相关因素酌情予以确定。

综上所述，依照《著作权法》第 10 条第 1 款第（12）项、第 48 条第（1）项、第 49 条，《最高人民法院关于审理侵害信息网络传播权民事纠纷案件适用法律若干问题的规定》第 9 条，《民事诉讼法》第 64 条第 1 款，《最高人民法院关于适用〈民事诉讼法〉的解释》第 108 条第 1 款之规定，判决如下：

（1）被告搜狐公司于本判决生效之日起十日内赔偿原告中文在线公司经济损失 28 万元；

（2）驳回原告中文在线公司的其他诉讼请求。

如果未按本判决所指定的期间履行给付金钱义务，应当依照《民事诉讼法》第 253 条之规定，加倍支付延迟履行期间的债务利息。

第 三 编

技术调查官笔谈

　　技术调查官制度的完善与科学发展离不开专业化、中立化的技术调查官队伍。北京知识产权法院首批技术调查官共有42人，他们来自企事业单位、高校、科研机构、专利审查行政机关、专利代理人协会等不同单位。作为专业领域技术人员，在从事技术事实查明工作过程中，技术调查官起着法官"技术助手"的重要作用。同时，通过参与诉讼活动，技术调查官对司法审判工作也有了更深层次的了解。本编收录了五位来自不同单位、参与案件较多、经验相对丰富的技术调查官撰写的心得感受，他们分别从制度建设、工作体会、促进司法与生产实践相结合等角度谈了自己的感想。从他们的感想中可以看到专业技术人员对于司法审判中技术事实查明工作的认识和理解，也能够使大家了解技术调查官们履行职责时的角度与思路。希望能够与其他知识产权法院、法庭的技术调查官们产生共鸣。

专利代理人做技术调查官的视角转换

济南舜源专利事务所有限公司 张建成

匆匆三年，转瞬即逝。感谢中华全国专利代理人协会的推荐，使我有幸成为北京知识产权法院首批技术调查官的一员。

从事技术调查官工作三年来，我参加了技术调查室组织的历次年度培训，更参与了具体案件的技术事实查明工作。我感触最深的是视角的转变。

所谓"视角"，是指观察事物的角度，即观察者角色的定位。视角不同，观察、分析事物的方法会有较大差异，且这种差异可能会影响最终的判断结论。从事技术调查工作后，我遇到的首个难题，不是技术上的难点，而是视角的转变。

专利代理人的职责是接受当事人委托，为维护其合法权益提供法律服务。因此，代理人观察纠纷的视角是带有倾向性的，是随委托人身份，如原告、被告或请求人、被请求人的变化而调整的；其观察和思维的方式通常是围绕委托人的诉求来分析证据、厘清思路、提出观点。即便采用换位思考方式，也是为了使己方的论据更加扎实，论述更加清晰。身为从业多年的专利代理人，自然也形成了这种观察习惯。

记得第一次参加某专利行政诉讼的技术调查时，由于没有摆脱专利代理人的观察习惯，将大量的时间花费在试图论证各方当事人论据的不足与论述的错误上，且欲罢不能。百般纠结之后，发现症结在于自己并没有实现由专利代理人到技术调查官的角色转换。

技术调查官的职责在于以所属技术领域的技术人员的视角，超脱于各方当事人的讼争利益之外，面对涉案技术方案及其相关的现有技术，客观地分析其相互之间的异同，分析不同技术特征之间转换的难易程度（显而易见性）并得出唯一的结论。当然，前述"超脱于各方当事人的讼争利益"并不是不考虑各方的观点。恰恰相反，技术调查工作本身就是要围绕当事人的争议焦点提出技术分析结论。所谓"超脱"，是指抛弃代理人的法律人角色，换之以技术人员的身份；不去关注当事人叙述中的瑕疵，而专注于专利技术方案自身特点的分析。

说到视角转换，"所属技术领域的技术人员"是回避不开的话题。《专利审查指南》将"所属技术领域技术人员"定义为"一种假设的'人'，假定他知晓申请日或者优先权日之前发明所属技术领域所有的普通技术知识，能够获知该领域中所有的现有技术，并且具有应用该日期之前常规实验手段的能力，但他不具有创造能力……"然而，在实践中，审查员和代理人对于"所属技术领域技术人员"视角把控的跳跃性很大，甚至出现南辕北辙的案例。

从事技术调查官的实践，有两件事让我对"所属技术领域技术人员"加深了理解。

在一件实用新型专利行政案件中，涉及涂层位置的选择是否对本领域技术人员"显而易见"。无效决定中认定该技术特征系"显而易见"的，专利权人意见则与之相左。为了对该技术事实进行准确的认定，我带着问题走访了同类产品生产厂家的多名技术人员。技术人员结合其所掌握的涂层的设计原理和相关国家标准，认为专利技术方案不能成立，也就是说本技术领域技术人员并不认为专利技术方案的可行性是"显而易见"的。

在另一案件中，涉案专利与现有技术的区别在于以某一种传动件替换另一种传动件，而两种传动件结构在工具书中均有记载。从机械设计领域技术人员的视角看，这种结构件的转换通常会被认为是能够想到的。但是考虑到两种传动件在工具书中也被归类为不同的类型，并且性能、特点各不相同。此时，结合传动件所使用的特定环境，该特定技术领域（不是宽泛的、上位的技术领域）的技术人员在选择设计方案时考虑的适应性条件，涉案专利技术方案则通常会被认为"难以满足"相关技术条件而不被考虑。

　　上述两个案例说明：《专利审查指南》"假定的"所属技术领域技术人员，是从能对专利是否具有"实质性特点和进步"的判断者角度做出的具体要求。作为技术调查官，在分析判断时，首先应当确定"所属技术领域"的范围，即确定观察视角。在此基础上有意识地去补充完善对申请日或者优先权日之前发明所属技术领域所有的普通技术知识，包括但不限于使用环境条件、使用安全要求、传统设计理念等方面的知识。在对专利技术方案以及相关技术方案全面了解的基础上，再结合各方当事人的观点审视分析结论，技术调查官就能较为容易地准确把握分析结论。

　　以上是我担任技术调查官以来的一些体会。通过这一段时间的工作，我大大提升了与法官的相互沟通、理解。这份工作经历对同在一个法律共同体中的两个不同职业角色的业务交流十分有益。技术调查官工作不仅帮助我提升了思辨能力，也有助于我更加客观地完成技术事实查明工作。在此，特别感谢北京知识产权法院提供的学习和交流机会。

准确定位岗位职责　助力知识产权专业化审判

国家知识产权局专利局机械发明审查部　陈存敬

2016—2017 年，我有幸受国家知识产权局指派，在北京知识产权法院交流，担任技术调查官，亲历了北京知识产权法院技术调查官制度的逐步建立和蓬勃发展。这段经历对我在知识产权职业道路上的发展也多有裨益。下面就结合从事技术调查官工作的经历，谈一些个人的体会。

一、准确定位　积极参与

（一）准确定位技术调查官岗位职责

在任技术调查官之初，我深入学习了《最高人民法院关于知识产权法院技术调查官参与诉讼活动若干问题的暂行规定》（以下简称《暂行规定》）、《北京知识产权法院技术调查官管理办法（试行）》（以下简称《管理办法》）和《北京知识产权法院技术调查官工作规则》（以下简称《工作规则》），并在工作中谨遵技术调查室负责人仪军对技术调查官所提出的"在法官法律思维的引导下对技术问题进行阐释"的工作要求。

在具体案件的审判过程中，我注重倾听法官对技术事实查明工作的要求，在各个环节对所需要进行的技术事实查明工作进行充分准备，力求在与法官沟通交流过程中以最高效率解决法官所需查明的技术问题。例如，在接受指派参与案件审理后，我都会详细梳理案情，整理争议焦点，并制作涉案专利（或申请）和对比文件附图的彩色对比图纸，以便于法官理解技术方案内容，并尽可能将与法官的沟通时间控制在 10—20 分钟，使法官了解案情、理解技术方案，做到既简明扼要、重点突出，又兼顾全面、听之能懂，大大提高了工作效率。

（二）积极参与法院技术调查官制度和体系建设

我到北京知识产权法院任技术调查官之时，法院的技术调查室刚刚成立三个多月，各项规章制度尚处于不断完善之中。在参与具体案件的技术事实查明工作之余，我还积极参加了北京知识产权法院的技术调查官制度建设工作。

一方面，技术调查室负责人仪军特别重视技术调查官在参与案件审理过程中的中立地位。因此，我于2016年参与起草了《北京知识产权法院技术调查官回避实施细则》（以下简称《回避细则》）。该细则按照当前法院的技术调查官来源，分别规定了应予以回避的情形以及回避的程序等问题，为法院的技术调查官参与案件的中立性提供了制度保障。

另一方面，法院的技术调查官体系正处于不断完善之中，其中一项重点课题是研究"我国知识产权领域技术调查官管理和使用模式"，我作为主要执笔人参与了该课题的研究工作，主要结合北京知识产权法院技术调查官制度的构建和探索经验，分析借鉴域外技术事实查明人员的管理和使用模式，从技术调查官的管理和使用层面上对技术调查官制度的完善进行进一步的探究，为构建和完善具有中国特色的技术事实查明机制提出意见建议。

这些工作，也让我有机会从更宏观的层面审视技术调查官在知识产权审判中的职责、地位和作用，为更好地履行技术调查官的职责起到了促进作用。

（三）充分发挥交流技术调查官的作用

作为交流的技术调查官，我积极推动了专利局与法院之间的业务交流。其中，我协助组织国家知识产权局专利局机械部与法院就交流技术调查官相关工作及专利授权确权业务问题进行座谈交流，组织了专利局机械部等多个部门的同事参加北京知识产权法院典型案件的旁听，多次协助组织法官到专利局多个部门授课和参与研讨会开展研讨交流活动。这些工作的开展使得审查员对技术调查官制度有了进一步的了解，也促进了两个单位之间的相互了解，并对共同关注的业务问题的认识提高起到了积极的推动作用。

二、任职技术调查官的经验和体会

根据《暂行规定》《管理办法》《工作规则》等，技术调查官可以参与多种类型的技术类知识产权案件的技术事实查明工作。在任职技术调查官期间，我主要参与了专利行政案件和民事案件的诉讼活动。

（一）技术调查官工作概述

对于专利案件，技术调查官可以参与庭前的阅卷、调查取证、证据保全、组织鉴定、庭前质证、勘验、开庭审理以及庭前、庭后的合议庭评议等工作。

技术调查官一般经技术调查室指派参与具体案件的审理工作，在开展具体工作前，需要按照北京知识产权法院的《回避细则》进行自我排查，以保证在参与案件中的中立地位。

开始具体案件的技术调查工作后，技术调查官需要阅卷，在庭前合议过程中，技术调查官需要向合议庭介绍案情，还需要和法官讨论、明确争议技术焦点问题、庭审技术焦点问题并参与提问的环节。在开庭过程中，技术调查官同样要按照法官的需要接受其指派参与庭审，庭审过程中需要着装规范、态度中立、表达清晰，同时需要关注当事人对技术问题的辩论是否聚焦于争议焦点。庭审结束后，技术调查官可以列席合议庭评议，并根据法官的需要形成书面的《技术审查意见书》。

（二）技术调查官参与庭审询问技巧

根据《暂行规定》，技术审查意见并不向当事人公开。因此，在技术调查官参与具体案件的过程中，庭审环节技术调查官的表现最能让当事人感受到技术调查官的专业化水平和中立地位，也能通过提问让当事人了解到合议庭在案件审判中所考虑的要点，从而在一定程度上体现技术调查官参与案件审理对当事人的公开。技术调查官需要为庭审做好充分的准备，庭审中要注意询问的立场、时机和方式。

1. 准备充分

为庭审做好充分的准备，除了需要阅卷之外，还需要阅读一些相关资料以及与法官充分的沟通。

阅卷过程中，需要重点查阅起诉状和答辩状、被诉决定、涉案专利、证据。另外，案卷中还有可能包括意见陈述书、专利侵权分析报告等，也需要详细研读以了解各方观点、明确争议焦点。

对于技术调查官自行查找的资料，仅能够用于帮助确认相关观点而不能独立支持某个观点，但是对于属于本领域的技术人员应当知晓的普通技术知识，可以通过当庭询问获得当事人的确认。

此外，与法官的充分沟通是对庭审过程中技术事实查明有序进行的保障，通过与合议庭明确争议技术焦点并商议提问时机，可以顺畅、有序、高效地协助合议庭解决庭审中需要当事人充分发表意见的问题。

2. 询问立场

技术调查官参与庭审需要注意自身定位，其为协助法官引导当事人有针对性地、充分地发表意见的司法辅助人员。技术调查官一般不能直接给出结论，而应将其转化为得到结论的前提来提问。

3. 询问时机

技术调查官要在与法官合作的过程中逐渐形成默契，思考法官询问时所想表达的意思，并适时用专业的技术术语向当事人提问。在针对某争议焦点进行辩论时，时刻关注当事人对技术问题的辩论是否聚焦于争议焦点，可以通过适当提问引导当事人的辩论方向。

4. 询问方式

技术调查官所提出的问题应当针对争议技术焦点问题，将争议技术焦点问题分解。例如当事人对现有技术证据之间的"结合启示"存在争议，可以将可能会影响结合启示的因素作为问题，通过将争议焦点问题进行分解，一方面可以使得当事人发表观点时有针对性且简单、明确，避免辩论方向偏离争议焦点；另一方面也可以让当事人了解判断要点，以充分行使其辩论的权利。

（三）如何撰写适合法官需求的技术审查意见

一份优秀的《技术审查意见书》应当达到全面、准确、有理有据的要求。

"全面"就是要做到项目全面、焦点全面、观点全面、分析全面。

"准确"就是要做到观点准确、表述准确。技术调查官的职责之一就是对专业的技术问题进行专业化的分析，因此，对于争议的技术焦点问题，要用专业技术术语准确表述，并通过确凿的证据和严密的逻辑保障观点的准确。

"有理有据"就是在针对争议技术焦点问题阐释的过程中要保证逻辑严密，同时注意引用证据表明观点，而不能只是表明个人观点。

（四）如何与法官进行有效沟通

技术调查官的主要职责是协助法官做好技术事实查明工作，参与具体案件的过程中主要在庭前合议、庭审及庭后评议过程中与法官存在交流、沟通和配合。在这三个环节，技术调查官都要及时、准确地向法官传递相关案件信息和需要查明的技术问题、需要当事人补充的相关证据等。例如，为了能够让法官了解案情，可以制作争议焦点各方观点对比表；为了让法官能够理解相关技术方案，可以类举生活中常见的例子来解释抽象的、专业化的技术问题，机械领域还可以通过对附图标注技术术语和颜色来清楚地阐释涉案专利（或申请）与现有技术证据的异同，或者从互联网上查找机械装置的工作视频或者三维动图等帮助法官理解。在最终形成的《技术审查意见书》中也要将争议的技术焦点问题、各方观点及技术调查意见阐述清楚，给法官作出法律判断提供充分、有针对性的论据。

总体来说，在参与具体案件的过程中，技术调查官的工作以有助于法官对案件的公正审判、符合审判的实际需要为准则，要与法官保持顺畅沟通，在法官主持下保障庭审有序展开，《技术审查意见书》应全面、准确、有理有据阐述观点。

三、对未来技术调查官制度的一点构想

（一）充分发挥技术调查官在知识产权审判中的桥梁纽带作用

有些案件需要相关领域的专家给出更为专业的解答，有些案件需要进行技术鉴定。不管是询问专家辅助人、技术专家，还是与司法鉴定人员进行沟通，相对于当事人来说，技术调查官基于其中立地位均能够给予法官更为客观的意见建议，而且可以对需要咨询技术专家的问题或者对需要进行技术鉴

定的问题、方案给出更为专业、准确、合理的建议。因此，在采用其他技术事实查明手段的过程中，应该充分发挥技术调查官在法官与专家辅助人、技术专家、司法鉴定人员等之间的桥梁纽带作用。

（二）切实保障技术调查官在具体案件中的中立地位

技术调查官制度的蓬勃发展有赖于其在具体案件中中立地位的保障，除了按照《回避细则》对技术调查官进行要求外，还应当在具体的参与人员、参与程序、参与方式上予以规范。

一方面，在编的技术调查官有助于提高整体技术调查官队伍的中立性，多名技术调查官组成的团队则有利于具体案件中的中立性，通过在编或者不同来源的兼职技术调查官的共同参与则可以打消当事人对特定身份技术调查官中立性的疑虑。

另一方面，应当加大对当事人请求技术调查官参与案件程序的宣传力度，而且，基于当事人对案件的重视程度以及案件所涉技术问题复杂程度，法官一般应当准许当事人的请求，尊重当事人的程序权利。

（三）不断强化技术调查官的履职能力

若要技术调查官在具体的案件审判过程中更好地发挥作用，一方面，选任时应考虑候选人专业技术领域覆盖、对知识产权相关法律知识的掌握等因素；另一方面，对已经任职的技术调查官要不断提高其对相关知识产权法律法规的理解和认识，及时更新技术知识，提升参与诉讼活动能力，从而不断强化其履职能力。

技术调查官工作感想

北汽福田汽车股份有限公司　刘雪飞

我很荣幸在 2015 年 10 月 22 日被北京知识产权法院聘任为技术调查官。回顾这三年的兼职技术调查官工作，既有研究一个技术方案遇到困难时的焦灼，也有因对法律问题重新认识和能力提高后的喜悦。这三年的兼职工作，使我对知识产权司法审判工作有了更多认识，内心深处也颇多感想，主要有以下几个方面：

第一，去法院做"官"的敬畏之心和对审判人员的敬佩之心。2015 年 10 月，我收到北京知识产权法院推荐我为技术调查官的通知。我深感责任重大，谨慎地填写了报名表递了过去。一段时间的等待之后，我收到聘任通知。北京知识产权法院还专门为我们开展了为期两天的制度介绍、经验分享以及庭审观摩等培训工作。安排的培训内容丰富，老师们的讲解细致，举例鲜活，具有很强的可操作性，也使我第一次感受到了北京知识产权法院专业实力的强大。在进行技术调查官指派工作过程中，技术调查室工作人员非常严谨、仔细，每个案件都会针对专业领域、审判时间，以及是否存在回避的情况和我进行沟通、确认。而主审法官则会在庭审前根据案情的需要，向我详细地了解案件的相关技术问题，与我一起确定案件的技术争议焦点，询问我庭审中当事人可能会提出什么问题，以便于形成较好的配合。他们的敬业精神和对工作的严谨细致耐心令我敬佩。在庭审过程中，我真正切身感受到法官审判工作的不易。比如有些行政案件的当事人对法律一知半解，片面地认为行政机关的裁决结果对他们不公平，甚至个别当事人还会当庭对法官出言不逊。

在这样的情况下，法官还是耐心地把案件审理下去，耐心地给当事人反复解释、说明。我真切地感到，法官工作是一个专业能力很强、心理素质很好、情怀境界很高的人才能胜任的工作。

第二，专业知识有了一个质的飞跃。我从事的工作涉及企业的专利管理，侧重对发明人的技术方案审核、对代理人撰写案件审核等专利申请工作，而对专利行政和民事案件的诉讼操作实务接触很少。我对这方面的了解大多是从书本中获得的理论知识。经过这三年的技术调查官工作，我在专利无效和侵权认定等实际操作能力上有了一个质的提升。比如在我参与的案件中，有一个以域外使用公开为由请求宣告专利权无效的案件。证明一项技术在域外进行了使用而处于公开的状态，需要通过一系列的证据予以证明，且形成完整的证据链，这是较为困难的。在这个案件中，通过向法官学习并一起进行讨论，我对域外使用公开，证据链的形成有了更全面的认知，开阔了思路，对相关法律规定也有了更加深入的了解，以后在自己工作中遇到类似的案件，也知道该如何处理了。又如，在工作过程中，我之前对申请专利的类型有时候会存在疑惑和较为主观的判断，但是在作为技术调查官参与了 20 多个案件的诉讼活动后，我在司法实践中了解到实用新型和发明对创造性要求的不同，对主要考虑的因素有了更多的认识。这有助于我在后期工作过程中对专利申报类型的确定，能够更加客观，进而使我对企业的专利以及新技术进行更加科学的保护。再如，我对说明书充分公开与是否能够获得支持的问题也有了进一步的理解，明白了如何才能够客观地站在本领域技术人员的角度看待、分析专利文件。在参与诉讼活动的案件中，我也遇到了一些因为撰写问题而被无效或者缩小了保护范围的专利方案。通过亲自参与案件审理，这种经验教训让我的感受更加深切。这也提醒我，在自己从事的工作中，审核专利撰写案件时要与技术人员以及专利代理人充分沟通，避免这种问题发生。总之，在担任技术调查官期间，虽然从履职角度讲，是我在给法官讲解技术方案，但同时法官也在提升我对知识产权审判实务工作的认识。这种互动使我能够在以后更好地做好本职工作，为企业作出更大的贡献。总之，技术调查官工作对我的专业知识提升非常有益，我也非常珍惜这样一个向法官学习的机会。

最后，感谢北京知识产权法院选择我为技术调查官。在这个平台上，我能够为我国的知识产权司法审判改革贡献自己的一份力量，感到非常荣幸。我承诺，在技术调查官的工作中，我一定尽责、客观地做好法官的"技术翻译"和"技术助手"工作，促进知识产权诉讼纠纷公平公正地解决。

我在北京知识产权法院做技术调查官

国家知识产权局专利复审委员会 陈晓华

2016 年 1 月至 2017 年 12 月，我在北京知识产权法院担任技术调查官。北京知识产权法院是全国第一家专门的知识产权法院，也是中国技术调查官制度的开拓者。作为国家知识产权局选派到法院交流、全职在岗的技术调查官，我经历了技术调查官制度在这个年轻的法院逐步完善的过程，并感受到这一制度发挥出的越来越重要的作用。

（一）健全的制度确保了技术调查官有条不紊地开展工作

在北京知识产权法院，技术调查官的工作接受技术调查室的统一管理。技术调查室成立之后，陆续制定实施了《北京知识产权法院技术调查官管理办法》《北京知识产权法院技术调查官工作规则（试行）》《北京知识产权法院技术调查官回避实施细则（试行）》和《北京知识产权法院技术类案件咨询费用管理办法（试行）》等规范性文件，并结合审判实践多次修改、完善《技术调查官工作记录表》和《技术审查意见》的撰写模板。因此，北京知识产权院率先在全国建立起了一套全方位、多层次的技术调查官管理制度。在该制度下，从法官提出申请，到技术调查室根据案件需求作出指派，再到技术调查官协助法官进行技术事实查明相关工作，一切都有条不紊，有章可循。而同时，作为一名技术调查官，"专业性、中立性、公开性"的工作原则犹如悬在我们头上的"达摩克利斯之剑"，让我们一刻也不能松懈。

（二）审判工作的发展、变化对技术调查官的职业能力提出了更高的要求

传统的审判实践中，技术调查官的职责主要是在庭前帮助法官掌握技术方案和确定争议重点，庭审中通过提问来进一步调查和确认技术事实，以及在庭审后基于自己的专业知识提供一份详细的技术审查意见。在近两年知识产权民事类案件的审判实践中，特别是在专利侵权纠纷、软件技术合同以及著作权等案件中，为了固定证据和查明技术事实，申请证据保全和勘验（外出勘验和当庭勘验）的数量不断增加。在面对当事人利用技术知识故意"发难"试图阻挠证据保全或者勘验时，有了来自不同技术领域的技术调查官做助手，法官能够与之相配合掌控局面以保证保全和勘验工作的正常进行。相应地，审判实践的这一变化也对技术调查官的职业能力提出了更高的要求。这要求技术调查官不仅需要具备丰富的专业知识，还要有良好的沟通交流能力，甚至在遇到困难时还必须有沉着冷静、"见招拆招"的应变能力。

（三）知识产权案件类型越来越丰富得益于技术调查官的有效工作

社会经济和技术发展体现在知识产权司法层面上就是案件类型的变化。据粗略统计，著作权案件是基层法院受理最多的案件类型，而著作权案件中涉及侵害信息网络传播权的案件占比又是最大的，几乎达到了80%以上的占比，网络不正当竞争案也不断出现。这些都是新技术或者新商业模式的涌现和发展带来的明显变化，要适应这些变化就离不开对技术的探究。例如，在软件著作权中比对源代码、在技术开发合同中对合同完成程度进行定量的判断等。在过去的司法实践中，这些案件的审判只能基于司法鉴定的结果，但是仅仅依靠司法鉴定并不能高效、科学地解决所有的技术事实查明问题。幸运的是，技术调查官的三级共享机制解决了基层法院法官的"燃眉之急"。在一个实际案例中，由于技术调查官"一针见血"的提问，原告意识到自己公司拥有软件著作权的代码实际来自于员工对开源代码的抄袭和拼凑，从而撤回了诉讼请求。可见，有了技术调查官的帮助，法官能够驾驭的案件类型会越来越丰富。

（四）技术调查官和法官的完美合作奠定了司法审判的基础

对于技术类案件的司法审判来说，技术事实的查明是绝对的基础。随着

技术调查官制度在司法实践中的不断运用，技术调查官和法官的交流和合作也是越来越充分。在办公桌前、在合议室内，甚至在就餐时，常常能看到技术调查官和法官一起孜孜不倦讨论案件的身影。法官和技术调查官共同进行司法审判，能够有效发挥各自的特点。法官运用法律思维确保了司法审判的合法性、严谨性，技术调查官则利用自身的技术优势，在技术事实的查明过程中抽丝剥茧，还原出技术真相。因此，越来越多的法官借助技术调查官来查明案件的技术事实，越来越多的当事人也尝到了技术调查官参与案件的"甜头"，主动申请技术调查官加入案件的审判工作。

（五）技术调查官助力"四位一体"技术事实查明机制的建立

如今，在知识产权领域技术类案件的审判实践中，技术调查官的使用带来了高效性、便捷性和中立性的优势，但它并不是唯一的一种技术事实查明手段。除此之外，还有专家辅助人、司法鉴定人和专业化人民陪审员。在一些技术事实复杂的案件中，他们各司其职，承担了不同的角色，发挥了不同的作用。而技术调查官则能够在其中承担起沟通协调的工作。例如，组织当事人和司法鉴定人确定双方同意且契合案件调查重点的技术方案，帮助法官向当事人所聘请的技术辅助人发问以便厘清技术事实等。正是由于处于居中地位的技术调查官的存在，技术调查、技术咨询、专家陪审、技术鉴定四种手段才能既相互独立又相互协作，从而形成有机协调的"四位一体"技术事实查明机制。

通过两年的工作，我切实感受到技术调查官制度无疑是司法改革的硕果之一。在加大知识产权保护的大背景下，知识产权案件数量激增，案件情况越来越复杂，也向技术事实查明提出了更多的挑战。相信，在以后的日子里，技术调查官制度的运用会更加广泛，该制度的运作会更加"精细化"，必将更好地帮助法官们去践行他们追求司法公平、正义的目标。

我的技术调查官工作体会

中国航发北京航空材料研究院　肖纳敏

　　2015 年，在单位的推荐下，我很荣幸被选任为北京知识产权法院的首批技术调查官。知识产权法院的成立是我国司法和知识产权领域的一项重大改革，技术调查官制度也是这一司法改革下的重要举措。我作为长期工作在材料科学研究领域的一线科研人员，尽管有撰写发明专利的经历，但是在刚接触到"技术调查官"这一法律意义上的陌生名词，并要开始在此岗位上进行相关具体工作时，心里难免也有点忐忑，不确定自己能否胜任这一神圣使命。

　　在北京知识产权法院技术调查室的精心组织安排下，通过学习、讲座、庭审观摩等形式，我逐渐对技术调查官的职责有了一些认识。在后来的工作中，我接到了一些案件的审理安排。在案件审理的过程中，通过和法官们的沟通交流以及出席庭审的经历，我对技术调查官这一角色有了更进一步的认识和了解。

　　第一，发挥自己专业上的特长，深入浅出讲好"故事"。技术调查官相当于法官的技术翻译，如何做好翻译工作是提高案件审理质量的重要环节。一般来说，技术都是比较枯燥乏味的，许多专利里充满了公式、曲线和数据。对法官来说，要在短时间内系统、全面地了解这些专业知识几乎是不可能完成的任务，更何况还要在此基础上依法作出裁判，因此技术调查官的一个重要任务就是要在保证专业准确的前提下，通过举例、类比等方式将专业技术转化成非专业人员能够迅速理解的表达。比如，我曾经接受过一个行政诉讼案件技术调查任务，这一案件涉及一种新的荧光体晶体材料的创新性发明。新材料的开发是一个非常复杂的过程，成分、工艺、微观结构和性能四要素都非常重要，因此一种新材料是否具有创新性一定要把这四种要素结合起来判断。对绝大部分非专业技术人员来说，要理解这四个要素的关联关系不是一件容易的事情。审理该案件的法官对此非常重视，鉴于相关专利的复杂性，也专门组织了两次庭前技术交流。为了更好地解释这一案件的相关技术背景，我制作了一个 PPT，介绍了四要素在材料开发中的作用，同时用金刚石/石墨、晶体/玻璃等非专业人员能够较快接受的案例来解释这一技术背景，在不偏离专业方向的前提下，让法官团队迅速了解到技术争议焦点，取得了很好的效果。从另一角度来说，深入浅出"讲故事"的能力，对我们从事科研工作也非常有帮助。我们从事科研工作不仅需要在专业上做到最好，更重要的是让别人了解并理解自己做的成果。技术调查官工作提供了一个非常好的环境，让我们学会用浅显的语言讲好专业的"故事"。

第二，拓展专业知识，抓住技术争议焦点。现代的科学技术体系在深度和广度上发展都非常迅速，各种专业划分也越来越细，专业壁垒不断增加。在实际的科研过程中，即便在一个大的学科领域内，如果不是对某一细分专业有深入研究，技术人员一般都不敢随意评论和分析某些新成果。但是对技术调查工作来说，人员是有限的，不太可能非常精准地给每一个案件都指派到专业非常契合的技术调查官。兼职的技术调查官在没有深入了解技术背景的情况下，不会妄下结论。因此在刚开始开展技术调查工作的时候，会发现很多案件的技术背景自己并不是非常熟悉，不太敢接受指派。我自己的科研工作集中在金属材料方面，在技术调查工作期间也接受过织物材料、机械设计、碳材料等方面的案件指派。在案件的审理过程中，我逐渐认识到其实科学技术在逻辑和思维上是相通的，技术调查官可以利用自己的科研训练积累和基础知识，抓住专利中的逻辑关系，帮助法官团队快速找到技术争议焦点。同时，兼职的技术调查官通常会在平时的工作中积累很多的渠道资源，可以找到相关细分领域的专家，比如同单位其他专业的同事、专业学会的同行等。我们可以充分利用在这方面的信息优势，更加全面、系统、充分地进行技术事实查明工作。

第三，认识到技术调查工作和科研工作的异同对于兼职的技术调查官是非常重要的。兼职技术调查官平时主要的工作是科研，因此更多地是从研究角度出发，也会尽量去追求理论和技术的原创性，这一点和技术调查工作是类似的，因为知识产权的目的就是保护技术的原创性。同时，技术调查官要在证据支持下开展技术事实查明工作，技术调查不能抛开证据自作主张寻找相关参考文献或证据来说明技术意见，这一点和科研工作不同。科研工作需要发挥自己的能力去寻找技术原创性，而是技术调查工作是辅助法官查明事实，一切要在法律框架和法律程序内展开。在整个过程中，技术调查官需要保持客观、中立和公正，不能把个人对技术的偏好带入案件审理过程。因此，技术调查官开展工作期间，和法官的沟通交流非常重要。法官会用严格的法律逻辑思维来主导整个案件的审理，技术调查需要充分尊重法律的规定和程序的设置。对兼职技术调查官来说，一次技术调查工作相当于一次真实的知识产权培训，在对知识产权保护中学习法律。一方面，我们可以学习到我们国家知识产权的政策，整个体系的运作模式；另一方面，我们也学习了专利的各种知识概念，可以在平时的科研工作中加以运用，更有效地组织自己的研究成果，促进技术创新和科研成果的转化，对单位和个人的知识产权创新推进都有帮助。

总而言之，对于从事科学技术研究的人来说，对技术有一种本能的尊重，也非常尊重创新，因此我个人很愿意用自己的知识服务于司法审判工作。在这三年的技术调查官经历中，我逐渐意识到，做一名合格的技术调查官，必须兼具清晰的技术认知和对法律规则的了解，只有将两方面相结合，才能独立表达技术观点，辅助法官查明技术事实。技术调查官工作和科研工作相辅相成，通过参与技术事实查明工作，我加深了对科技创新和知识产权保护工作的认识和了解，工作上的创新能力因此得到提升。近年来，党中央、国务院根据国内外新形势对我国知识产权战略提出了更高的要求，我希望未来能继续用自己的专业知识为法官提供科学、客观、中立、公正的技术支持，为我国的知识产权保护工作贡献更多的力量。

第四编

相关规范性文件

最高人民法院关于知识产权法院技术
调查官参与诉讼活动若干问题的暂行规定

（最高人民法院审判委员会第 1639 次会议通过，2014 年 12 月 31 日发布）

为依法规范知识产权法院技术调查官参与诉讼活动，根据《中华人民共和国民事诉讼法》《中华人民共和国行政诉讼法》《全国人民代表大会常务委员会关于在北京、上海、广州设立知识产权法院的决定》以及《关于司法体制改革试点若干问题的框架意见》，结合审判实际，制定本规定。

一、知识产权法院配备技术调查官，技术调查官属于司法辅助人员。

知识产权法院设置技术调查室，负责技术调查官的日常管理。

二、知识产权法院审理有关专利、植物新品种、集成电路布图设计、技术秘密、计算机软件等专业技术性较强的民事和行政案件时，可以指派技术调查官参与诉讼活动。

三、法官根据案件审理需要，可以书面通知技术调查室指派技术调查官参与诉讼活动。

技术调查官参与诉讼活动的，应当在裁判文书首部的案件来源部分列明其身份和姓名。

四、知识产权法院确定技术调查官参与诉讼活动后，应当在三日内告知当事人。

五、当事人有权申请技术调查官回避。技术调查官的回避，参照适用民事诉讼法、行政诉讼法等有关审判人员回避的规定。

六、技术调查官根据法官的要求，就案件有关技术问题履行下列职责：

（一）通过查阅诉讼文书和证据材料，明确技术事实的争议焦点；

（二）对技术事实的调查范围、顺序、方法提出建议；

（三）参与调查取证、勘验、保全，并对其方法、步骤等提出建议；

（四）参与询问、听证、庭审活动；

（五）提出技术审查意见，列席合议庭评议；

（六）必要时，协助法官组织鉴定人、相关技术领域的专业人员提出鉴定意见、咨询意见；

（七）完成法官指派的其他相关工作。

七、技术调查官参与询问、听证、庭审活动时，经法官许可，可以就案件有关技术问题向当事人、诉讼代理人、证人、鉴定人、勘验人、有专门知识的人发问。

技术调查官的座位设在法官助理的左侧，书记员的座位设在法官助理的右侧。

八、技术调查官列席案件评议时，应当针对案件有关技术问题提出意见，接受法官对技术问题的询问。

技术调查官对案件裁判结果不具有表决权。

技术调查官提出的意见应当记入评议笔录，并由其签名。

九、技术调查官提出的技术审查意见可以作为法官认定技术事实的参考。

十、其他人民法院审理本规定第二条所列的案件时，可以参照适用本规定。

知识产权法院技术调查官
选任工作指导意见（试行）

（2017 年 8 月 8 日　法发〔2017〕24 号）

各省、自治区、直辖市高级人民法院，新疆维吾尔自治区高级人民法院生产
建设兵团分院：

经中央组织部、人力资源社会保障部同意，现将《知识产权法院技术调
查官选任工作指导意见（试行）》印发给你们，请结合工作实际，认真贯彻
执行。实施中遇有问题，请及时报告最高人民法院。

2017 年 8 月 8 日

知识产权法院技术调查官选任工作指导意见（试行）

为规范技术调查官选任工作，加强技术类知识产权案件审理，根据《中
华人民共和国公务员法》和聘任制公务员管理有关规定，结合知识产权审判
工作实际，制定本意见。

一、技术调查官是审判辅助人员，负责对知识产权案件审理中涉及的技
术问题进行调查、询问、分析、判断等，为法官裁判案件提供专业技术意见。

二、经省级公务员主管部门批准，知识产权法院可以按照聘任制公务员
管理有关规定，以合同形式聘任技术调查官。

根据审判工作需要，符合资格条件的专利行政管理等部门的专业技术人

员，可到知识产权法院挂职交流 1 至 2 年，在交流期间担任技术调查官。担任技术调查官的专利行政管理部门交流人员应为现职审查员。

其他符合技术调查官资格条件的专业技术人员，经行业协会、有关单位推荐和知识产权法院审核，可兼职担任技术调查官。

三、选任技术调查官，坚持党管干部原则，坚持德才兼备、以德为先，坚持注重实绩、业内认可、以用为本，坚持公开、平等、竞争、择优原则，依照法定的权限、条件、标准和程序进行，并突出知识产权审判工作的专业特点。

四、技术调查官主要从机械、化工、光学、材料、电子信息、计算机、医药、生物等领域从事生产、管理、审查或研究的专业技术人员中选聘。

五、担任技术调查官应符合以下资格条件：

（一）具有普通高等院校理工科专业本科及以上学历；

（二）具有中级以上专业技术资格；

（三）具有 5 年以上相关专业技术领域生产、管理、审查或研究工作经验。

应聘技术调查官的人员除应符合上述资格条件外，还应具备中华人民共和国公务员法规定的条件。

六、具有以下情形之一的，不得担任技术调查官：

（一）曾因犯罪受过刑事处罚的；

（二）曾被开除公职的或者因违纪违法被解除聘用合同和聘任合同的；

（三）涉嫌违法违纪正在接受审查尚未作出结论的；

（四）受处分期间或者未满影响期限的；

（五）其他不适宜担任技术调查官的情形。

七、聘任技术调查官的程序按照聘任制公务员管理的有关规定执行。

八、知识产权法院应当邀请相关领域专家共同组成评审委员会，对技术调查官人选的专业水平进行评审。

九、知识产权法院与聘任的技术调查官应当按照平等自愿、协商一致的原则，签订书面聘任合同，确定双方权利、义务。聘任合同应当具备合同期限，职位及职责要求，工资、福利、保险待遇、违约责任等条款。经双方协商一致后，聘任合同可以变更或者解除。

聘任合同解除或者终止，知识产权法院须出具解除或者终止聘任合同的书面证明，按规定办理人事档案、社会保险关系转移等相关手续后，聘任的技术调查官不再具有聘任制公务员身份，须按要求进行公务交接。

聘任合同的签订、变更、解除或者终止，应当报同级公务员主管部门备案。

十、聘任合同期限为 1 至 3 年。聘任合同可以约定试用期，试用期相应为 1 至 6 个月。

聘任的技术调查官，工资待遇按照聘任制公务员管理的有关规定执行。

十一、以挂职交流或兼职形式担任技术调查官的人员，在担任技术调查官期间，不改变与原单位的人事、工资关系。

十二、知识产权法院应对技术调查官履职情况进行年度考评，及时调整不称职或不能继续履职的技术调查官。

十三、其他具有技术类知识产权案件管辖权的人民法院，经报最高人民法院同意后，可以参照本意见选任技术调查官。

十四、本意见由最高人民法院负责解释。

十五、本意见自 2017 年 8 月 14 日起施行。

北京知识产权法院
技术调查官管理办法（试行）

（2015 年 10 月 23 日　京知法发〔2015〕39 号）

第一章　总　　则

第一条【制定宗旨】 为加强技术调查官工作管理，规范技术调查官参与诉讼活动，根据《最高人民法院关于知识产权法院技术调查官参与诉讼活动若干问题的暂行规定》，结合本院审判工作实际情况，制定本办法。

第二条【组织机构】 本院设置技术调查室，负责技术调查官的日常管理工作。

第三条【技术调查室职责】 技术调查室负责为法官审理专利、植物新品种、集成电路布图设计、技术秘密、计算机软件、涉互联网等技术类知识产权案件提供查明技术事实等方面的相关支持。

本院任命或聘用的技术调查官参与诉讼活动时，接受技术调查室的管理。

第四条【人员组成】 技术调查室设主任 1 人，本院正式行政编制技术调查官 5 人（包括技术调查室主任）。根据实际工作需要，技术调查室可以增设副主任 1 人。

根据工作需要，本院还可以通过聘用、交流、兼职等形式，任命或聘用部分技术调查官。

第五条【技术调查官定位及职责】 技术调查官为司法辅助人员，负责为法官查明相关技术事实提供技术咨询、出具技术审查意见和其他必要技术协助，但对案件裁判结果不具有表决权。

第六条【表明身份及署名】技术调查官参与诉讼活动的，应当在裁判文书首部的案件来源部分列明其身份和姓名，并在尾部落款处署名。

第二章　技术调查官的选任

第七条【人员类型】根据编制类型和来源渠道，技术调查官分为在编的技术调查官、聘用的技术调查官、交流的技术调查官和兼职的技术调查官。

在编的技术调查官属于本院正式行政编制人员，由本院自主进行选拔招录。

聘用的技术调查官由本院面向社会公开自主进行招聘，签订相关劳务合同，解决组织人事关系、薪酬待遇等问题。

交流的技术调查官由国家机关、行业协会、大专院校、科研机构、企事业单位等向本院派驻，任命后组织人事关系不变动，薪酬待遇由原单位保障。

兼职的技术调查官由本院通过单位推荐、自我推荐等形式，从相关领域的技术人员中选择聘用，聘用后组织人事关系不变动，薪酬待遇由原单位保障。

第八条【技术专家委员会】对于技术调查官难以解决的相关技术领域内的重大、疑难、复杂技术问题，可由技术专家委员会专家提供咨询。

第九条【选任领域】技术调查室根据本院审判工作需要，在机械、通信、医药等技术领域配备在编的和聘用的技术调查官，并可进行调整。

交流的技术调查官所涉技术领域主要覆盖医药、通信、材料、化学、电学、机械领域，其他技术领域可以根据派驻人员情况进行增补。

兼职的技术调查官除涵盖上述技术领域之外，还可以包括熟悉集成电路布图设计、植物新品种、计算机软件、互联网技术的相关专业人员。

第十条【任职期限】在编的和聘用的技术调查官的任职期限为其在本院工作期限。

交流的技术调查官的任职期限为 1 年。经本院和派驻单位协商一致，可以延长至 2 年。

兼职的技术调查官的任职期限为 3 年，期满可以根据工作需要由本院重新聘用。

第十一条【任职条件】技术调查官应当具备以下任职条件：

（一）具有大学本科及以上学历；

（二）具有相关技术领域教育背景；

（三）从事相关技术领域的专利审查、专利代理或者其他实质性技术工作5年以上；

（四）年龄不超过45周岁，但兼职的技术调查官不受该年龄限制。特殊情形下，在编的、聘用的和交流的技术调查官经本院审判委员会同意，可以不受年龄限制；

（五）品行端正、身体健康。

第十二条【不予选任的情形】相关人员具有以下情形之一的，不予选任为技术调查官：

（一）曾受党纪、政纪处分且仍在受处分期间的；

（二）因涉嫌违法违纪问题正接受审查的；

（三）曾被开除公职或者被辞退未满5年的；

（四）不适合担任技术调查官的其他情形。

第三章 技术调查官的管理

第十三条【日常管理】技术调查官的日常工作由技术调查室统一负责管理。

技术调查官应当遵守本院有关廉政、保密、考勤、调研、培训、司法行为等方面的规章制度和要求。

第十四条【技术调查官人员管理档案】技术调查室为技术调查官建立各自独立的技术调查官人员管理档案，客观记载技术调查官在本院工作期间参与案件审理、调研、培训、考核等各方面的工作情况。

第十五条【案件审理】技术调查官参与诉讼活动时，应当同时接受合议庭的工作安排，根据合议庭审理案件的实际需求，提供查明技术事实的相关支持，并将相关情况记入技术调查案件档案。

对于参与诉讼活动中获悉的案件信息，以及涉及当事人的商业秘密和技术信息，技术调查官负有保密义务。

第十六条【报酬】兼职的技术调查官参与诉讼活动的，给予每件案件1000—2000元的报酬。

在编的、聘用的和交流的技术调查官参与诉讼活动不另行给予报酬。

第十七条【调研】经技术调查室主任同意，技术调查官可以申请加入相关调研小组，参与本院调研工作，相关情况应当记入技术调查官人员管理档案。

技术调查官参与本院调研工作时应当同时接受各调研小组的管理，期间所产生的与调研相关成果的知识产权归属于本院。经本院许可，技术调查官可以公开发表或者使用相关调研成果。

第十八条【培训】技术调查官应当参加技术调查室为其组织的定期和不定期培训。对于本院组织的其他培训活动，技术调查官可以选择参加。

技术调查官可以接受技术调查室的指派或者接受相关部门的邀请，对特定对象进行业务培训。

技术调查官进行培训的相关情况应当记入技术调查官人员管理档案。

第十九条【考核】技术调查室根据在编的和聘用的技术调查官工作表现，从"德、能、勤、绩、廉"五个方面进行年度考核，确定为优秀、称职或不称职，并计入技术调查官人员管理档案。

技术调查室根据交流的和兼职的技术调查官工作表现，出具《技术调查官年度工作意见》，并向原单位或个人进行反馈。必要时，技术调查室可以提出更换交流人员或技术人员的意见。

第二十条【退出机制】技术调查官任职期限届满的，免除其本院技术调查官职务。

技术调查官具有犯罪、严重违纪、连续两年被考核为不称职或者具有其他不适宜继续担任技术调查官职务情形的，由本院免除其技术调查官职务。

第四章　附　　则

第二十一条【解释主体】本办法由北京知识产权法院技术调查室负责解释。

第二十二条【实施时间】本办法自2015年10月22日起开始实施。

北京知识产权法院
技术调查官工作规则（试行）

（2015 年 10 月 23 日　京知法发〔2015〕38 号）

第一条　为规范技术调查官参与诉讼活动，切实提升本院审理技术类案件时对技术事实的查明能力，根据《最高人民法院关于知识产权法院技术调查官参与诉讼活动若干问题的暂行规定》，结合本院审判工作实际情况，制定本规则。

第二条　法官审理有关专利、植物新品种、集成电路布图设计、技术秘密、计算机软件、涉互联网等专业技术性较强的知识产权案件时，可以根据审理需要，书面请求技术调查室指派技术调查官参与诉讼活动。

书面申请应当载明案件承办法官、案号、案由、当事人情况、立案日期，明确要求技术调查官参与的事项，并附起诉状、答辩状、保全申请、相关证据等必要诉讼材料，也可以对相关技术问题进行说明。

前款所称必要诉讼材料也可以电子形式提交。

第三条　技术调查室收到法官要求技术调查官参与诉讼活动的书面申请后，应当填写收案登记表，并根据案号和案件承办法官提供的诉讼材料编立技术调查案件档案。

第四条　技术调查室应当在收案登记之后 3 个工作日内，根据案件所涉技术领域指派相关技术调查官参与诉讼活动。

法官因处理紧急事项需要技术调查官提供支持的，技术调查室应当在 1 个工作日内确定技术调查官。

在上述期限内指派技术调查官确有困难或者本院无相关技术领域技术调查官的，技术调查室应当及时告知案件承办法官，另行采取措施解决。

第五条　技术调查室确定技术调查官后，应当立即向案件承办法官发出指派技术调查官参与诉讼活动的书面通知，载明技术调查官的姓名和专业技术领域。

案件承办法官认为技术调查室指派的技术调查官不能胜任相关技术支持工作或者存在不适宜参与诉讼活动情形的，可以书面说明具体理由，要求技术调查室另行指派。

第六条　案件承办法官收到技术调查官参与诉讼活动的书面通知后，应当在3日内告知案件各方当事人，同时告知当事人有权对技术调查官提出回避申请。

第七条　技术调查官存在下列情形之一的，应当自行回避，当事人也有权以口头或者书面方式申请回避：

（一）是本案当事人或者当事人、诉讼代理人近亲属的；

（二）与本案有利害关系的；

（三）与本案当事人、诉讼代理人有其他关系，可能影响案件公正审理的。

技术调查官接受当事人、诉讼代理人请客送礼，或者违反规定会见当事人、诉讼代理人的，当事人有权要求回避。技术调查官存在上述情形的，应当依法追究其法律责任。

第八条　当事人对技术调查官提出回避申请，应当说明理由，并在案件开庭审理前提出。回避事由在案件开庭审理后发现的，当事人也可以在法庭辩论终结前提出。

第九条　技术调查官的回避，由审判长决定。

技术调查官在本院作出是否回避的决定前，应当暂停参与本案的工作，但案件需要采取紧急措施的除外。

第十条　对当事人提出的回避申请，应当在申请提出之日起3日内，以口头或者书面形式作出决定。

申请人对决定不服的，可以在接到决定时申请复议一次。复议期间，被申请回避的技术调查官不停止参与本案的工作。

对当事人提出的复议申请，应当在 3 日内作出复议决定，并通知复议申请人。

第十一条 技术调查官根据法官的要求，就案件有关技术问题履行下列职责：

（一）通过查阅诉讼文书和证据材料、询问当事人，明确技术事实的争议焦点；

（二）对技术事实的调查范围、顺序、方法提出建议；

（三）参与调查取证、勘验、保全，并对其方法、步骤等提出建议；

（四）参与询问、听证、庭审活动；

（五）提出技术审查意见，列席合议庭评议；

（六）必要时，协助法官组织鉴定人、相关技术领域的专业人员提出鉴定意见、咨询意见；

（七）其他相关工作。

第十二条 技术调查官参与诉讼活动时，经法官许可，可以就案件有关技术问题向当事人、诉讼代理人、证人、鉴定人、勘验人、有专门知识的人发问，并记入相关笔录。

第十三条 参加庭审时，技术调查官座位设置在法官助理左侧，书记员座位设置在法官助理右侧。

第十四条 技术调查官应当列席所参与案件的评议。

技术调查官列席案件评议时，应当就法官对技术问题的询问，提出技术意见，但对案件裁判结果不具有表决权。

技术调查官提出的全部技术意见应当记入评议笔录，并由其签字确认。

第十五条 技术调查官应当在案件开庭审理结束后及时出具书面技术审查意见。

案件承办法官认为没有必要提交书面技术审查意见的，技术调查官可以口头形式说明相关技术问题。

第十六条 技术调查官认为技术问题疑难复杂需要进一步确定的，可以报请案件承办法官同意后，提请技术调查室召开相关技术领域的技术专家委员会会议进行讨论。

第十七条 技术审查意见应当由经办技术调查官独立出具并签名，载明以下内容，并加盖技术调查室印章：

（一）案号、案由、合议庭组成、当事人情况等案件基本信息；

（二）案件所涉技术问题的归纳；

（三）针对各技术问题分别出具的意见和理由，必要时应当对当事人就技术问题提出的诉辩主张予以回应；

（四）相关参考资料的内容和出处；

（五）其他与案件技术问题相关的必要内容。

技术审查意见应当依据案件的情况和法官的具体要求，以相关科学理论和专业实践为基础，以本领域之外非专业人员能够理解为标准进行撰写，必要时可以借助图形、声音、视频、模型等技术手段或者进行相关的科学试验。

第十八条 技术审查意见可以作为法官认定相关技术事实的参考。

技术审查意见应当置于案件卷宗副卷，不接受当事人及其代理人的查阅。

第十九条 技术调查官应当在案件审结后将以下材料随同案件卷宗立卷归档：

（一）法官申请技术调查官参与诉讼活动的材料；

（二）收案登记表；

（三）技术调查室指派技术调查官参与诉讼活动的通知；

（四）起诉状、答辩状、保全申请、相关证据等诉讼材料；

（五）相关技术领域技术专家委员会会议纪要；

（六）相关参考资料；

（七）案件评议笔录；

（八）技术审查意见；

（九）案件裁判文书；

（十）其他案件材料。

第二十条 本规则由北京知识产权法院技术调查室负责解释。

第二十一条 本规则自 2015 年 10 月 22 日起开始实施。

北京知识产权法院
技术调查官回避实施细则（试行）

（2017 年 1 月 9 日　京知法发〔2017〕2 号）

各部门：

为保障技术调查官依法公正履行职责，确保案件公正审理，根据《北京知识产权法院技术调查官工作规则（试行）》《北京知识产权法院技术调查官管理办法（试行）》的有关规定，结合我院工作实际，就技术调查官回避的有关问题制定本实施细则。现印发你们，望认真贯彻落实。

北京知识产权法院

2017 年 1 月 9 日

第一条　技术调查官存在下列情形之一的，应当自行回避，当事人及其代理人也有权以口头或者书面形式申请其回避：

（一）是本案的当事人或者与当事人有直系血亲、三代以内旁系血亲及姻亲关系的；

（二）担任过本案的证人、专家辅助人、鉴定人、勘验人、诉讼代理人的；

（三）与本案的诉讼代理人有夫妻、父母、子女或者兄弟姐妹关系的；

（四）存在本细则第二条至第五条规定情形或与本案当事人有其他利害关系，可能影响案件公正处理的。

第二条　来自专利代理机构或者律师事务所的技术调查官，存在下列情形可能影响案件公正处理的，应当回避：

（一）技术调查官本人是本案所涉专利申请或专利的发明人、申请人、专利权人的；

（二）技术调查官本人或其所在的代理机构或者律师事务所正在代理或曾经代理过本案当事人委托的纠纷类法律事务，该纠纷类法律事务正在进行中尚未结案，或该纠纷类法律事务虽已经结案，但结案尚未超过一年的；

（三）技术调查官本人或其所在的代理机构或者律师事务所正在代理或曾经代理的纠纷类法律事务的相对方是本案当事人，该纠纷类法律事务正在进行中尚未结案，或该纠纷类法律事务虽已经结案，但结案尚未超过一年的；

（四）技术调查官本人或其所在的代理机构或者律师事务所正在或曾经受本案当事人委托办理专利申请、专利有效性分析或其他咨询业务，尚未办理完结，或最后一件办理完结未满一年的；

（五）技术调查官本人或其所在的代理机构或者律师事务所参与了本案所涉专利的申请、有效性分析或其他咨询业务的。

本条第一款第（二）、（三）项中所称的"纠纷类法律事务"是指民商事、执行等类型的诉讼、仲裁或行政查处案件，"结案"是指案件已有生效判决或裁定。

第三条　来自企事业单位、研究机构、大专院校的技术调查官，存在下列情形可能影响案件公正处理的，应当回避：

（一）技术调查官本人或其所在的企事业单位、研究机构、大专院校是本案所涉专利申请或专利的发明人、申请人或专利权人的；

（二）技术调查官本人或其所在的企事业单位、研究机构、大专院校与本案当事人正发生法律纠纷的；

（三）技术调查官本人或技术调查官代表其所在的企事业单位、研究机构、大专院校与本案当事人正在商议签订合作合同，或已签订合作合同但合同尚未履行完结的。

第四条　来自国家知识产权局专利局、专利复审委员会、各专利审查协作中心、北京市知识产权局等单位的技术调查官，存在下列情形可能影响案件公正处理的，应当回避：

（一）技术调查官所在单位是本案的当事人的；

（二）技术调查官是本案所涉专利申请或专利的发明人、申请人、专利权人的；

（三）技术调查官是本案所涉专利申请或专利在审批阶段的审查员，或是复审阶段、无效阶段的合议组成员的；

（四）技术调查官曾经对本案所涉专利的技术方案进行过检索、评价、专利侵权等咨询业务。

第五条 技术调查官接受指派拟参与案件诉讼活动后，应当对是否存在本细则第一条至第四条的回避事由自行进行利益冲突排查，来自专利代理机构或律师事务所的技术调查官应当提交其所在代理机构或律师事务所出具的利益冲突检索结果证明。

技术调查官经自行进行利益冲突排查不存在回避事由的，应当在参与本案诉讼活动之前签署关于自行排查不存在回避事项的承诺书。

来自企事业单位、大专院校、科研院所的技术调查官自行进行利益冲突排查未发现回避事由，但当事人提出存在回避事由的，技术调查官应当提交其所在的单位针对当事人所提回避事由的排查结果证明。

第六条 技术调查官具有下列情形之一的，当事人及其代理人有权要求回避，但应当提供相关证据材料：

（一）未经批准，私下会见本案一方当事人及其代理人的；

（二）为本案当事人推荐、介绍代理人，或者为律师、其他人员介绍办理该案件的；

（三）接受本案当事人及其委托的人的财物、其他利益，或者要求当事人及其委托的人报销应由其个人支付的费用的；

（四）接受本案当事人及其委托的人的宴请，或者参加由他们支付费用的各项活动的；

（五）向本案当事人及其委托的人借款、借用交通工具、通讯工具或者其他物品，或者接受当事人及其委托的人在购买商品、装修住房以及其他方面给予的好处的。

技术调查官经查确实存在上述情形的，将按照相关规定处理，并依法追究法律责任。

第七条　当事人对技术调查官提出回避申请的，应当说明理由，并在案件开庭审理前提出。回避事由在开庭审理后发现的，当事人也可以在裁判结果作出前提出。

第八条　技术调查官的回避，由审判长决定。

在本院作出是否回避的决定前，技术调查官应当暂停参与案件诉讼活动，但案件需要采取紧急措施的除外。

第九条　对当事人提出的回避申请，应当在申请提出之日起三日内，以口头或者书面形式作出决定，并通知当事人。

申请人对驳回决定不服的，可以在接到决定时申请复议一次。复议期间，被申请回避的技术调查官不停止参与待指定案件的诉讼活动。

对当事人提出的复议申请，应当在三日内作出复议决定，并书面通知复议申请人。

第十条　技术调查官明知存在前述回避情形但未自行提出回避，严重违反法定程序导致案件被发回重审、引起再审或造成其它不良后果的，对在编的和聘用的技术调查官，给予警告、记过或者记大过处分，情节严重的，给予降级或者撤职处分，情节特别严重的，给予开除处分；对兼职的、交流的技术调查官，予以解聘，并通报其所在单位或主管部门。

第十一条　技术调查官参与诉讼活动后发现存在回避事由，经决定回避的，应由技术调查室重新指派技术调查官参与案件诉讼活动。回避的技术调查官已经出具的技术审查意见等不作为法官审判的参考。回避的技术调查官对于之前参与诉讼活动中接触到的案件信息有保密的义务。

第十二条　技术调查官在确定参与指定案件的诉讼活动后，不得接受本案当事人的委托为其就本案提供咨询等相关服务。

第十三条　本细则由北京知识产权法院负责解释。

第十四条　本细则自发布之日起实施。

技术调查官参加诉讼活动工作流程图

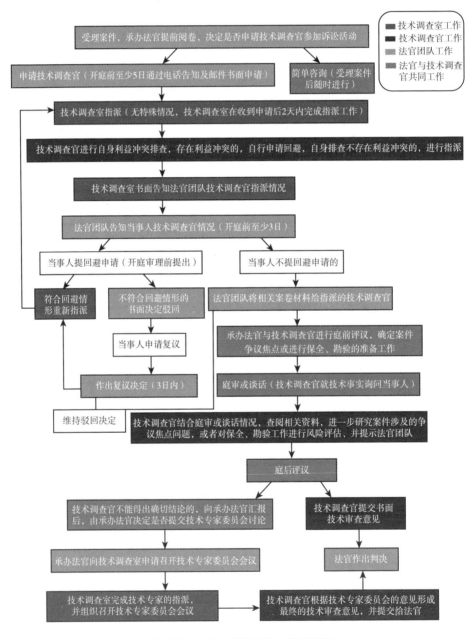

技术调查官参加诉讼活动工作流程图